日本経済の構造と変遷

武田晴人・石井晋・池元有一【編著】

日本経済評論社

目　次

序章　経済史の構造的な分析に向けて……………………………石井晋　1

　　1　経済史研究の課題について　1
　　2　本書の構想　8

第1部　分析方法の検討

第1章　日本経済史研究の現代的課題………………………武田晴人　21

　　1　継承されるべき論点を探る　21
　　2　政治経済史学から経済史学へ　25
　　3　発展段階論再構築の可能性　31
　　4　イノベーションの内生化──段階的変容　36
　　おわりに──構想されるべき経済発展の構造変動論　46

第2章　産業史研究の意義と方法………………………………呂寅満　57

　　はじめに　57
　　1　産業史研究の登場──1970年代　58
　　2　産業史研究の多様化──1980-90年代　63
　　3　産業史研究の転換──2000年代以降　68
　　おわりに──産業史研究の展望　72

第3章　生産性上昇と有効需要
　　　　　──経済成長値論から構造分析へ……………………石井晋　79

　　はじめに　79
　　1　経済成長理論の展開　81
　　2　ケインズ的な経済成長メカニズム　86
　　3　構造的な経済史分析と「段階論」の試み　95

おわりに　99

第4章　日本経済史研究における「企業と市場」……… 日向祥子　107

　　はじめに　107
　　1　資本主義史研究における「企業と市場」　107
　　2　企業システム，制度と「企業と市場」　116
　　3　資本主義経済システムと「企業と市場」　120

第5章　全体史としての武田史学
　　　　　──その史学史的位置づけ ………………… 高嶋修一　131

　　はじめに──普遍的価値をめぐって　131
　　1　普遍的価値と主体性　133
　　2　1960年代における歴史研究の多元化　139
　　3　1970年代以降の日本経済史研究と武田史学　143
　　おわりに　153

第2部　歴史的な実証

第6章　1930年代における造船用鋼材の企業間取引 …… 金容度　161

　　はじめに　161
　　1　造船用鋼材の需給変遷および自給率の上昇　162
　　2　需給カルテル間の取引　166
　　3　個別需給者間の取引拡大の誘引　170
　　4　個別企業間取引における組織性と市場性　175
　　おわりに　180

第7章　戦間期の石油産業の変化と独占の成立 ………… 内藤隆夫　189

　　はじめに　189
　　1　1910年代までの石油市場と内外4社協定　190
　　2　1920年代の変化　195

3　内外6社協定の破綻と石油独占の成立　202
　おわりに　209

第8章　戦間期・戦時期の三菱における財閥組織 ……… 杉山里枝　217

　はじめに　217
　　1　研究史の整理と経営組織に関する概観　217
　　2　戦間期三菱の経営組織①——1920年代　220
　　3　戦間期の経営組織②——1930年代前半　225
　　4　戦時期における本社部門　230
　おわりに　244

第9章　指定生産資材割当規則と鉄鋼業 ……………… 長谷部宏一　251

　はじめに　251
　　1　両大戦間期の鋼材生産メーカーと鉄鋼問屋　255
　　2　戦時期の鉄鋼統制法規とその運用　256
　　3　戦後の鉄鋼統制規則と指定生産資材割当規則　259
　　4　主要需要鋼材の分析と鉄鋼問屋・特約店の動向　268
　おわりに　272

第10章　日本におけるME化とリース
　　　　　——工作機械の事例 ……………………………… 宮﨑忠恒　279

　はじめに　279
　　1　リース利用の開始と総合商社の工作機械離れ（1960年代-70年代前半）　280
　　2　NC化とリース利用の伸展（1970年代後半-1983年度）　289
　　3　中小企業メカトロ化減税の実施とリース利用の急増（1984年度～）　293
　おわりに　296

第 11 章　日本造船業——国際的地位を維持し続けた構造不況業種
　　　　　　　　　　　　　　　　　　　　　　　　　　祖父江利衞　305

　　はじめに——問題関心と課題の設定　305
　　1　石油危機後の造船業における不況対応　308
　　2　石油危機と日本造船業の経験　315
　　おわりに——小括にかえて　325

補論　企業と行政の共生関係と市民の動員
　　　——水俣港の国際港化を例として………………吉田和彦　333

　　はじめに　333
　　1　水俣病事件研究における行政の評価　333
　　2　企業と行政　336
　　3　1920年代からの築港計画　338
　　4　水俣開港記念祝賀祭における市民の動員　344
　　おわりに　352

あとがき

序章

経済史の構造的な分析に向けて

石井 晋

1 経済史研究の課題について

1.1 資本主義経済システムの構造的分析

　近代以降の経済史研究の中心的な課題は，資本主義経済システムの成立条件と，その変化のダイナミックスを問うことにあったといってよいであろう．近代以降，資本主義経済システムが，素朴で単純な形態から変貌を遂げながら複雑に発展し，社会に広く浸透してきたと考えられるからである．

　本書の課題は，このような経済史研究のうち，特に構造的な視点から動態的な変化を分析した過去の研究を重視しながら，その分析方法を批判的に再検討してブラッシュアップし，そうした分析方法を踏まえて実証的な研究を進めることにある．

　以上の課題を解いていくために，最初に，「資本主義経済システムとは何か」，また「資本主義経済システムの発展とはどのようなことを意味するのか」について，本書の基調となる考え方をできるだけ簡潔に整理しておきたい[1]．

　資本主義経済システムの基本的な要素は，文字通り"資本"である．"資本"とは，現象的には，一貫性のある管理システムのもと，現在から将来にわたって収益を生み出すことを目的に集約された，物的資産，人的資産，無形資産など各種資産の集まりである．基本的な管理の単位として，およそ営利企業を想定すればよいが，公的機関がそうした機能を果たす場合もあるし，また営利企業のすべてが必ずしも収益を生み出す活動のみをするわけではないことに，あらかじめ留意する必要がある[2]．一方，資本主義経済システムとは，資本の円滑な活動を支えるための制度や慣習，それに基づくメカニズムなどの各パーツによって支えられるが，各パーツの集合体を指す概念ではない．"資本"を生

みだし，その増殖に向けて，繰り返し再生産させる作用そのものが，資本主義経済システムであると考える[3]．

ただし，ここで「繰り返し再生産」といっても，その安定性や持続性は相対的な度合いで測られるほかない．たとえば，限られた湯量しかない温泉のみを資本としたシステムは，源泉が枯渇するまでのきわめて短期的な生命しか持たないし，それを契機としたシステムの拡張可能性（Ex. 収益を他の資源を活用することのできる別の産業に投資する，など）に欠ける．よって，そうしたシステムが一時的に成立したとしても，資本主義経済システムとしてはきわめて脆弱なものである．一方，現代の世界においては，多くの産業を包み込みながら，資本主義経済システムが形成・展開していると考えられるが，もし，これが，いずれ枯渇する限られた天然資源に支えられているのだとすれば，必ずしも永続的であるわけではない．しかし，数世代を超える長期にわたってシステムの持続を見込むことができれば，資本主義経済システムが有効に作用しているといってもよいであろう．

要点は，以下である．"資本"が収益を生み出すためには，市場において付加価値として実現するような生産を可能とする何らかの実体（固定資本や人的資本など）に体化される必要がある．しかし，"資本"の増殖に向けた継続的な再生産はそれだけでは保証されない．"資本"の再生産が，限定された資源や産業のみに依存するのではなく，他産業への投資を通じて，多様な資源の利用可能性や産業発展に結びつくことによって，現実的に，かつ継起的に生じている場合，資本主義経済システムが強力に作用している，と考える[4]．逆に，産油国など特定資源に強く依存した経済は，資本主義経済システムが成立していたとしても，脆弱である，と考えるべきであろう．

よって，資本主義経済システムの作用の強さの度合いを測るための重要な指標は，以下の二点である．第一に資本を実体化し得る付加価値生産の展開（簡略化して表現すれば，各種産業発展の実態）であり，より具体的には，分業の深化によって展開する，産業や企業における専門的な物的・人的資本の蓄積の度合いである．第二に資本の流動可能性の高さであり，より具体的には，資本市場の発展や企業や企業グループ内での組織的な資源配分などである．この2点が，資本主義経済システムを分析する際の原理論的な出発点となる．

資本主義経済システムの作用を分析するためには，以上の2点について，その具体的実態を明らかにし，そうした実態がどのような条件によって支えられているかを示すことが必要であろう．このためには，産業や企業において利用される技術，取り巻く自然環境，法制度，政策，さらには市場や商慣習などのあり方について，資本の増殖に向けた再生産という視点からシステマティックに理解しなければならない．このような研究方針は，資本主義経済システムの作用を支える"構造"の分析と呼ぶことができ，本書の一つの根幹をなす．

構造を重視する分析方法は，経済学において主流となっている数理的な分析方法とは対照的である．経済学の分析ツールは，方法的個人主義（構造やマクロ現象を個人の意思決定に還元する分析手法）をベースに，理念化された「経済人」が分析の前提となっており，個人の経済的利得の極大化が行動原理とされる．現実の社会に生きる個人の行動は，確かに経済的利得に大きく左右されるであろう．しかし，それ以外のさまざまな動機が作用することも自明である．逆に，明確な目的をもって経済的利得を追求する個人を前提とし得るような状況はかなり特殊であり，自明とはいえず，入り組んだ説明を必要とする．仮に「経済人」という見方が一定の有用性を持つとしても，それが成立する歴史的，社会的な条件は，かなり複雑に入り組んでいる．そうしたさまざまな条件をひとまとまりの構造としてとらえ，そのような構造がなぜ成立，発展するのかを問わなければ，経済史を十分に描いたものとはいえないであろう[5]．

そのような分析方法の違いは，目的が異なることから生ずる．構造的な分析の目的は，資本主義経済システムを自明の前提として，その運営のノウハウを獲得することにあるのではなく，現実の人間社会の在りように立脚して，構造の成り立ちを分析することにより，その歴史性を理解することにある．これに対して，経済学の問いは，端的には，「どのようにすれば，経済システムが有効に作用するか」となろう．それは，超歴史的な問いであり，代替的なテクノロジーのうち最適なものを追求する．一方，構造を重視する経済史学は，「なぜ，経済システムが有効に作用し，人間社会に広く拡大してきたのか」を問う．それは歴史的な問いであり，人類史のユニークで不可逆的なプロセスの解明を目ざすものである．先に述べた構造の重視に加え，そうした歴史性の強調が本書のもう一つの根幹をなしている．

1.2 主要な論点

（1）　講座派とその限界

　本節では，前述した，資本主義経済システムの作用の指標となる二点（産業発展ないし専門的な物的・人的資本の蓄積，資本の流動性）を念頭に置きながら，構造的分析をめざした主要な先行研究を簡潔に整理する[6]．

　最初に参照すべきなのは，資本主義経済システムの成立に関する，古典的な「産業革命論」であろう．その中でも代表的なものが，山田盛太郎による，消費財と生産手段の「二部門定置説」に代表される講座派の研究である[7]．一連の産業において営利企業が持続的に営業活動し得る状況の成立が重視され，「国民経済」論が展開された．さらに，こうした「国民経済」の展開を支えるものとして，「国民国家」の統合を支える制度，慣行が強調された．

　講座派の分析手法は，構造を非常に強く意識したものであった．日本資本主義の後進性や脆弱性を指摘し，特に安価な不熟練労働力の再生産[8]に関して，天皇制を背景とした寄生地主制という経済外的な社会構造に目を向けた．講座派の目標は，日本資本主義を支える構造には柔軟性がなく，いずれ崩壊に至るような脆弱性を持つことを証明することにあった．そうした意味では，講座派の見解は，構造を固定的にとらえすぎた観が強い．私見によれば，講座派は，前述の資本主義経済システムの度合いを測る二つの指標のうち，第一の産業発展の実態的側面を重視する一方，前近代的な制度によって歪められた産業構造（経済学的にいえば産業間の不均衡）が，資本市場の発達，労働市場の高度化，労使関係の変質などによって柔軟に調整される可能性を十分に認識しなかったことに問題があったように思われる．資本主義経済システムは，前近代的な要素を取り込むことにより，日本においては西欧とは異なる構造を構築したのであり，そうした変幻自在な柔軟さによって作用を強め，時間の経過とともに内的なダイナミズムを生み出し，決して崩壊することなく形を変えて存続したと理解するのが適切であろう．

　また，講座派の強調した「国民国家」，「国民経済」についての理解にも留保が必要である．歴史的に相伴って発展してきたと考えられるところが多いとはいえ，資本主義経済システムが「国民国家」を前提条件とするとは必ずしもい

えない．確かに，特定の言語，文化，歴史を共有する集団の形成は，取引の執行をめぐるコストを低減させる一種のインフラとして，資本主義に限らず，さまざまな経済システムの作用にきわめて有用である．しかし，「国民国家」は，時に過剰なアウタルキー（自給自足）志向を生むことがあり，それは"資本"に忌避される可能性がある．さらに，アウタルキー志向が国家間の競争を高じさせ，武力行使に至り，過剰な破壊に帰結するとすれば，資本主義経済システムの基盤が掘り崩されるかも知れない．また他方で，西欧的な意味での「国民国家」が未成熟であった20世紀前半の中国のような地域においても，資本主義経済システムのかなりの発展が見られた．「国民国家」は，資本主義経済システムの作用を補完するかも知れない．しかし，逆に，資本主義経済システムの障害となる可能性も小さくない．このことは，「国民国家」も「国民経済」も，資本主義経済システムにとっては歴史的な存在であることを示唆する．ある時代においては大きな役割を果たすかも知れない．しかし，次の時代において，"資本"はいとも簡単にそれを捨て去るかも知れないのである．

（2）「段階論」の展開

各種産業の発展の実態の重要性を認識しつつも，資本の流動可能性を視野に収め，段階的な資本主義発展論を展開したのが，「綿工業中心説」に代表される，宇野派の影響を受けた大内力や高村直助らの一連の研究である（以下，これに連なる系譜の研究を「段階論」と呼ぶ)[9]．これらの研究では，「労働力の商品化」や「労資関係の再生産」が重視され，それらを促す産業が「基軸産業」とされる．「基軸産業」の蓄積による再投資が，軽工業から重化学工業へと展開することにより，「基軸産業」の交代を主要な画期とする「段階論」的な経済発展のプロセスが強調された．

本書では，構造的な経済史分析を進めるにあたって，このような「段階論」を批判的に検討して再構築することが有望であると考える．後述するように，「段階論」的な研究は，構造への関心に加え，内的なダイナミズムの分析を志向しており，歴史性を理解するために有用と思われるからである．以下，本章のこれまでの議論に即して，「段階論」的な研究を再検討したい．

「段階論」的にとらえるということは，資本主義経済システムは超歴史的な

「資本の再生産」が本質であるとはいえ，その作用のあり方が歴史とともに変化することを想定した見方である．ただし，作用のあり方は一定期間，安定した様相を示し，それが段階としてとらえられる．したがって，そうした安定を支えるような歴史的な構造があるものと考える．歴史的な構造は，産業の実態（各産業における専門的な物的・人的資本の蓄積）と強く相関するが，それだけでなく，政治体制や慣習・文化・共同体など人間社会の多様なあり方とも関わる．

「段階論」的な方法が有用であるとしても，先行研究には不十分な点が多い．過去における，典型的な「段階論」は以下のようなものである．初期の資本主義は，不熟練労働力に多くを依存し，自由競争のもとで周期的な恐慌を経て，個別企業が淘汰されながら，経済全体としては"資本"が再生産されてきた．これが「自由主義」段階と呼ばれた．やがて，独占資本による競争制限が強まる「独占資本主義」段階が続き，さらには国家が経済に介入する傾向が進む「国家独占資本主義」段階に至ったとされる[10]．

このような「段階論」は，発展ないし変化の理論であり，一定の段階を画すような構造の理解と段階的変化の理論を含む．「段階論」がマルクス経済学をベースとしていたことから，構造の理解の中心となっていたのは，生産関係（主に労資間の階級関係）と生産力（主に産業構造と生産性の水準）であった．特に旧来の宇野「段階論」では，労資関係が重要視され，その矛盾が生産力発展の限界を画すというロジックが濃厚であった．このため，変化の理論として最初に提示されたのは，「資本主義固有の矛盾」が顕在化して生ずる「危機」への対応との見方である（以下，「危機論」）．

具体的には，資本主義経済のメカニズムに本質的に伴う不安定性（景気循環と恐慌），階級対立の激化や国家間の植民地獲得をめぐる対立の激化などの「危機」への防衛的対応と考えられた．一部の論者は，独占段階，国家独占段階へと進むにつれて，資本主義の腐朽性が強まり，市場への介入に伴う自己矛盾によって，その存立基盤が掘り崩され，社会主義に至ると考えていた．

しかし，こうした見方は，現実の歴史とかけ離れていったために，説得力を失った．難点は，不熟練労働力の再生産に強く依存していた「自由主義」段階が，資本主義経済システムの理念的な純粋型と考えられていたことにある．そうした意味では，宇野派の原理論に基づく「危機論」もまた硬直的であった．

宇野派は，講座派に比すれば，資本の流動性を認識し，資本主義的な産業発展の可能性を視野に収めていた．しかし，資本と労働の対立という古典的な階級史観にとらわれていたために，人的資本を蓄積させると同時に一般大衆の消費需要を拡大させるようなメカニズムが広汎に展開する可能性を十分にとらえきれなかった．このことが，「危機論」的な「段階論」の限界であった．実際には，人的資本が生産要素として重要な意味を持つような，技術的に高度な産業の発展とともに，労資関係の調整や所得の再分配が進展することで，資本主義経済システムは大きく変質したのである．

（3）「成長論」の射程

「危機論」に対する批判的問題意識から，1970-80年代にかけて，橋本寿朗，武田晴人らにより，戦間期に関する実証研究が進展した．橋本寿朗らは，のちに「20世紀システム論」で，それまでの硬直的な「段階論」を克服するため，「変化の理論」として「成長論」的な説明を強調した[11]．すなわち，資本主義経済は，カルテル等による市場機能の制限，企業の組織化の進展による資本の流動化，基幹労働者の体制内化と企業内熟練形成による生産システムの飛躍的発展によって，投資をより安定的に促進し，「成長体質」[12]を強めたとする議論である．「成長論」により，生産性上昇とその分配を通じた労働者の所得上昇を基盤とした，第二次大戦後の大衆消費社会的発展（フォーディズムと呼ばれる）を射程に収めることが可能となった．人的資本の蓄積をロジックの中に取り込むことで，労資関係の矛盾という制約を解消しつつ，生産力発展の限界を乗り越えるような，資本主義経済システムの可能性が示されたといってよいであろう．

「成長論」の特徴は，「国民経済」の自律性を基本的な前提とし，主に日本経済が分析の中心に据えられている点である．日本経済がきわめて先進的なシステムと考えられた1980-90年代が，研究の時代背景となっていることが一つの理由であろうが，それだけではない．戦後の世界経済において，金本位制から管理通貨制への移行と資本移動の制限を前提に，政策的にも，産業発展においても，「国民経済」の自律性が強められたという歴史的現象を踏まえたものだと思われる．そして，いくつかの「国民経済」の中で，第二次大戦後の数十年

間において，もっとも華々しく成長したのが日本であったことから，日本をサンプルとした研究には大きな意義があった．

旧来の硬直的な「危機論」に替わる「成長論」は，一定の説得力を持ち，「段階論」の射程が広がった．しかし，「国民経済」の枠組みを前提とし，生産システムの発展を中核に据えた「成長論」自体の歴史性が，資本主義経済システムの作用を支える構造との関連で，十分に自覚されてきたとはいいがたい．「成長論」が，主に製造業の発展を詳細に分析する一方で，サービス産業の比重の上昇や，金融技術の革新にともなう資本の流動化を求める圧力の極端な高まりを十分にとらえきれなかったことが，その射程の限界であった．さらには資本主義経済システムの作用を支える構造への関心が背後に退き，経済成長の説明に偏ることで，経済学的な分析との差異も曖昧となった．この結果，構造的な分析が下火となる一方，経済史研究が経済成長論のケーススタディに解消されてしまう傾向が強まってきたように思われる[13]．1990年代以降，市場経済がグローバルに拡大したことと並行して，新古典派経済学をベースに高度に発展した経済成長理論[14]が勢力を増し，経済史研究においてもその影響が強まっていったのである．

2　本書の構想

2.1　近年の経済史研究について

本書は，近現代の日本経済の歴史を構造的に分析することを目的としている．前節で述べたように，構造的な経済史研究は，かつて華々しく展開したが，現在では影が薄い．本節では，構造的な分析に立ち返ることの研究上の意義を考えるために，近年（主に1990年代以降）における他の経済史研究を取り上げてその限界を指摘した上で，本書の分析方法の特徴を論ずる．

近年の経済史研究においては，大きく分けて，3つの傾向が見られる．第一は，成長会計を中心とする計量分析ツールを用いて，変数間の因果関係（資本・労働・技術進歩と所得水準の関係など）を発見していく研究である（以下，数量経済史研究と呼ぶ）．第二に，取引コスト理論や自己執行的なナッシュ均衡

を分析ツールとして用い，制度や組織と経済的パフォーマンスが一定のルールのゲームのもとで同時決定すると想定した上で，その制度や組織の発生・維持・変遷の条件を探る，比較（歴史）制度分析に代表される研究である（以下，制度的研究と呼ぶ）．第三に，先験的な因果関係や均衡の成立を事前には想定せず，史料に基づいて，事実を記述し，歴史の各場面に即した，その特殊な条件のもとにおける，一回限りの出来事を可能な限り再現的に描こうとする研究である（以下，歴史実証研究と呼ぶ）．最初の二つの研究手法は方法的個人主義を採用した経済学に近く，最後のものは歴史学に近い．

　どのような研究手法をとるのであれ，歴史を理解するにあたって，何らかの因果関係をできるだけシステマティックに説明していくことは，恐らく共通の課題であろう．研究手法の違いは，歴史的事実に関して推定された一回限りの特殊な因果関係について，どのようにして一般性を付与しようとするかという点にある．もしかしたら，徹底した歴史実証主義者は，あらゆる一般化を否定するかも知れない．しかし，もしそうであれば，特殊な因果関係による説明も困難になる．ある歴史的事実に関して，因果論的な説明をするということは，そうした因果論を想定する時点ですでに，より普遍的に理解し得るような何らかの一般的なロジックに従っているからである．とすれば，歴史実証主義者もまた，困難な葛藤を抱えながらも，何らかの理論的想定に基づいたシステマティックな説明の追求を停止することはできないであろう．したがって，歴史実証研究はそれだけでは完結し得ず，理論的な説明が求められることになる．

　ただし，理論的な説明をする際に留意すべきなのは，通時的な理論を歴史的な事実に直接にあてはめるべきではないということである．数量経済史研究や制度的研究は，通時的なミクロ主体の合理性を想定した方法的個人主義をとることが多い．このような理論展開は，実のところ，現実の人間を想定しない理論に帰結せざるを得ない[15]．そこでは，「個人の合理性」は，理論上仮定された機能に過ぎず，個人や企業が「合理性」を判断する前提となる，次のような歴史的実在性が十分に考慮されていないからである．すなわち，個人の行動は必ずしも明確な目的を持つものではなく，また目的があったとしても多様であるから，「合理性」の準拠対象は拡散している．たとえば人間の社会的承認への欲求は強く，それは経済的利得という単一量に還元されることのない，複雑

で移ろいやすい性質を持っている．現実の個人は，そのように揺らぎながらも，複合的かつ歴史的な関係性（このような関係性の束を構造と呼ぶことができるだろう）のなかで生存している（以上をここでは歴史的実在性と呼ぶ）が，通時的な「個人の合理性」を仮定した途端，このような現実が見失われる．

　方法的個人主義に立脚し，「個人の合理性」を前提に分析することにより，二つの異なる問題が発生する可能性がある．第一に，歴史的な動きに何らかの影響を与えたかも知れない重要な事実が，通時的な理論に適合しないとして捨象される可能性である．第二に，歴史的な事実が通時的な理論に適合する側面からのみ分析され，「合理的であるがゆえに存在した」と安易に結論づけられる可能性である．どちらも，アプリオリなミクロ理論から導かれる解と，歴史的事実とが予定調和的に収れんすることを想定した見方である．歴史から原因と結果のみを取り出し，局所的にのみ通用するノウハウを学ぶのであればそのような分析方法も許容されるだろう．しかし，原因と結果の間をつなぐ経路については，きわめて多様な可能性が考えられるし，その経路もすべてが事前に想定できるものではない．その中から，なぜ，ある一つの経路が選択され，実際にどのようにしてその経路をたどったのかについて実証的に明らかにしなければ，歴史研究としては十分ではないであろう．そうした意味において，数量経済史研究や制度的研究は，歴史の理解をミスリードする要素を原理的に持ってしまっている．

　以上を踏まえれば，本書で進めるべき構造的な経済史分析は，次のような特徴を持つこととなる．第一に，分析の視点が複合的である点にある．たとえば，「労使関係において，生産性上昇を賃金上昇に反映させる仕組み」が成立したとしよう．この仕組みは，資本主義経済システムを支える構造の重要なパーツであるが，分配の公正性や社会秩序を支える，政治体制，文化，慣習，伝統などによって複合的に形成されたシステムのパーツでもあるし，生産性上昇を可能とするような科学技術的な知識の蓄積を裏付けとして必要としている．一般に，構造を形成するパーツには，さまざまなシステムの複合的な歴史が流れ込み，歴史的事実は複合的な構造の中で生ずる．

　複合的に分析するということは，単に説明変数を増やすということではない．歴史的な出来事が複合的な構造の中で生ずるということは，原因と結果を結ぶ

経路は，決して一義的に決まるわけではないことを意味する．構造が人々の選択に影響を与えることもあれば，人々の選択が新たな構造を作り出すこともある．構造によって歴史的事実が説明されるという一方向の関係にはならず，逆に歴史的事実を詳細に記述することによって，構造が明るみに出ることもある．外からのインプット（ないし外的ショック）に対して，構造が一義的にあるアウトプットを産出するというケースは決して一般的ではなく，構造が影響する中にあっても，常に内的なダイナミズムが働くことで，さまざまな経路と結果が生ずる可能性があることに，十分に留意する必要がある．したがって，構造的な分析の第二の特徴は，分析の中に内的なダイナミズムを包含しなければならないという点にある．構造は固定的なのではなく，常に揺らぎを内包しているのであり，理論，構造理解，歴史的事実の間の，不断の相互フィードバック過程が，歴史研究には不可欠の作業なのである[16]．

以上より，構造的に経済史を分析する視点は，複合的なものであり，かつ内的なダイナミズムを包含するものでなければならない．

2.2 本書の問題意識と分析方法の特徴――"産業"の重視

資本主義経済システムの展開プロセスを解明するための，構造的な経済史分析はどのようになされるべきであろうか．

通時的な理論を直接に適用するのではなく，歴史性を重視するスタンスからすれば，まずは，時代ごとの"資本"の活動を具体的に体現する営利企業の活動に注目する必要があろう．ただし，それは，個別企業の経営史にとどまるべきではない．"資本"は，何らかの実体に体化されなければ，価値増殖の契機を持たない．したがって，企業活動を資本主義経済システムの作用の中で描くとすれば，各企業が具体的にどのような産業に資源を投下し，"資本"を再生産するシステムの全体にどのように関わるのか，実態を踏まえて分析する必要がある．そのためには産業の全般的な動向の中で，企業の活動をとらえなければならない．他の経済史研究の方法と比較するならば，本書でめざす構造的な経済史分析は，産業構造と産業史，および産業史との関連を十分に考慮した企業史を重視して，"資本"の再生産のメカニズムにアプローチする点が外見的な特徴となろう．

産業というくくり方は，数量経済史研究で生産性を計測する時にもよく用いられる．ただし，成長会計分析は一財モデルに抽象化されており，生産要素間の移動がきわめて円滑になされるという，超長期の視点に立っている．産業は，連続的に変化する資本・労働比率の数値を具体化したものとして，便宜的に用いられる傾向が強い．

一方，比較制度分析のような制度的研究では，一定のパラメータを前提とした，経済的取引に関するゲームの中で成立するナッシュ均衡として，制度と経済的パフォーマンスが同時決定される．その基本的な主張は，以下にまとめられる[17]．すなわち，円滑な取引の流れを実現できるような自己執行的な制度の成立が，経済的パフォーマンスを高める．ただし，取引の全貌はきわめて複雑である一方，個人は「限定合理性」しか持たないため，最適な体系を発見することは容易でない．よりパフォーマンスの高い制度は，歴史的に逐次発見され，経路依存的に発展する[18]．その際，産業という概念はせいぜい均衡の結果に過ぎず，産業発展の内的なダイナミズムのプロセスは，均衡に向けての収束過程としてしかとらえられない．その時々の均衡を支える制度のセットが，分析の中心になっている．

これに対して，本書は，数量経済史研究や制度的研究とは異なり，産業ごとの生産要素の組み合わせのヴァリエーションや短中期的な生産要素の組み合わせの固定性や各産業・各企業の自律的発展がより強調されることになる．"資本"は，高い流動性を志向するが，その再生産過程では，具体的な産業に投資され，物的・人的資本として実体化する．このため，その時々のさまざまな歴史的条件に即した何らかの固定性に拘束されざるを得ない．このような固定性の影響を受けることで，生産要素は，市場によって決定される利潤・賃金比率の単なる従属変数として配分されるのではなく，市場価格の動きから一定の独立性を持つ．均衡から逸脱するのが常態であり，各産業，各企業においては常に不均衡が生じている．

現実の産業において，生産要素の組み合わせは多様である．さらに，企業内に蓄積された専門的能力や組織的工夫によって，有形無形のさまざまな新たな生産要素が創出され，イノベーションや生産性上昇に結びつく活動が発生する可能性は大いにある．さまざまな組織の中で企業を際立たせるもっとも基本的

な特徴は，ある特定の産業における財・サービス生産に関する専門性であり，そうした専門性が産業や企業に個性を与え，それぞれに独特なダイナミズムを生み出すのである[19]．

　以上の見方は，市場価格（利潤・賃金比率）の調整による生産要素の最適な組み合わせ（資本・労働比率）のスムーズな決定を前提に，通時的な経済成長の主要因として，抽象的に数値化された外生的な技術革新を強調する新古典派的なパースペクティブとは大きく異なる．重要なことは，各産業部門は資本労働比率に還元できるものではなく，資本主義経済システムの中で，歴史的な段階に応じて，それぞれ独特の機能的位置づけを与えられているとの理解である．要素賦存を与件として，市場均衡の結果，あるいは市場均衡に収れんすべきものとして，産業構造を理解すべきではなく，各産業・各企業は常に不均衡を抱えており，また，おそらく不均衡を抱えているがゆえにさまざまな革新を生み出し得るものとして理解すべきである[20]．したがって，特定のいくつかの産業やその中の企業を取り上げ，その専門性を支える物的・人的資本の蓄積の実態を分析し，その自律的な発展プロセスを具体的に実証することが，資本主義経済システムを理解するための適切な基礎になるであろう[21]．個性を持つ産業の独特の発展のあり方が，資本主義経済システムの作用を特徴づけ，歴史的な変化をもたらす起点となるものと考える．このためには，特定の「基軸産業」に注目し，産業構造とその変化のダイナミズムを中心的な論点としてきた「段階論」的な研究を前進させることが有用なのである．

2.3　本書の目標

　現時点において，構造的な分析の有効性を改めて問い直し，再構築するためには，経済成長論やゲーム理論の発達によって多彩化した経済学の市場や企業に対する見方を受けとめた上で，従来の経済史研究を再検討する必要があろう．かつては構造的な経済史分析とともに展開した産業史分析に関しては，近年では実証分析は数多く現れたとはいえ，個別産業のみに特化し，視野狭窄に陥っているケースが少なくない．さらに，資本主義経済システムを包括的にとらえる志向が後退したことから，その展開の歴史性が問われることも少なくなり，同時に社会と経済を取り巻く複合的な構造への関心も後退してきた．構造への

関心を取り戻し，構造的な経済史研究の射程を広げるとともに，分析方法を洗練させるため，一歩でも前進することが，本書の目標である．

以下，本書は大きく二部に分かれる．第一部は分析方法の検討であり，第二部は歴史的な実証である．第一部では，まず，第1章「日本経済史研究の現代的課題」において，過去の構造的な経済史研究がたどってきた歴史を詳細に振り返った上で批判的に継承し，そうした研究の有効性と現代的意義について論ずる．次に，第2章「産業史研究の意義と方法」において，本章で強調した産業分析の意義を再確認するための産業史研究の最検討を行う．こうした研究史を踏まえた上で，新たな経済史分析を進めることを目的として，まず，第3章「生産性上昇と有効需要」で，理論経済学において発展した経済成長理論を批判的に検討しながら，資本主義経済システムの歴史分析のための，新たな「段階論」を提示する．第4章「日本経済史研究における「企業と市場」」では，資本主義経済システムの基本的要素となる企業の歴史的な重要性について，市場との関係性を考慮しながら，経済史的な考察を深める．第5章「全体史としての武田史学」では，歴史研究の中で経済史研究が占めてきた位置を「主体性」の観点から再検討することにより，構造的な経済史研究が重視してきた全体史の可能性を論ずる．

第二部は，第一部での分析方法を念頭に置き，歴史的な産業構造および市場との関連に配慮しながら，主に企業や組織の役割に注目し，実証的な日本経済史の分析を行う．第6章「1930年代における造船用鋼材の企業間取引」では，取引における組織性の進展と市場の関係が分析される．第7章「戦間期の石油産業の変化と独占の成立」では，戦前期の石油産業の発展と企業間のカルテルの推移を検討する．第8章「戦間期・戦時期の三菱における財閥組織」では，豊富な資料をもとに三菱財閥のマネジメントの組織的な発展史が描かれる．第9章「指定生産資材割当規則と鉄鋼業」では，戦後統制期における軍需から民需への転換過程，市場取引の復活の前提となる商業企業の回復が分析される．第10章「日本におけるME化とリース」では，リース方式が，中小企業を含む幅広い製造業の設備投資行動に与えた影響を取り上げる．第11章「日本造船業——国際的地位を維持し続けた構造不況業種」では，造船業に対する構造調整政策が独特の効果を持ち，造船業界がダイナミックに変動しながらも高い

実績を維持した要因が分析される．補論の「企業と行政の共生関係と市民の動員」では，高度成長期における企業城下町の状況が描写される．

以上の分析は，包括的というにはほど遠い．第一部の分析方法をさらにブラッシュアップした上で，多くの実証分析を積み重ねていくことが，われわれの今後の課題である．

注
1) 以下，システムに関しては，経済理論に加えて，ニクラス・ルーマン Niklas Luhmann によって展開された社会システム理論の発想にヒントを得ている．ニクラス・ルーマン著，佐藤勉監訳『社会システム理論』上・下，恒星社厚生閣，1993 年，1995 年，ニクラス・ルーマン著，春日淳一訳『社会の経済』文眞堂，1991 年．資本主義経済システムの見方に関しては，マルクスの次の一節を参照としている．「価値が剰余価値をつけ加える運動は，価値自身の運動であり，価値の増殖であり，したがって自己増殖である」．カール・マルクス著，岡崎次郎訳『資本論 (1)』大月書店，1972 年，270 頁．
2) たとえば，経営者の私的満足が極端に追求された場合，営利企業とはいい難い．また，企業が労使関係，所得，雇用の安定をもたらすことによって，社会統合的機能を果たす場合もある．
3) 資本主義経済システム自体が，何か目的を持ったものと考えているわけではない．結果的に社会の豊かさに貢献する場合があるにせよ，それがシステムの目的であるわけではないし，人間の意図を体現したものでもない．資本主義経済システムは，"資本" を生産し，再生産を繰り返す作用そのものであり，"資本" となる可能性のあるあらゆるモノを取り込むことで，歴史的に，社会の中でその作用を拡大させてきたものと考えている．
4) "資本" は実体に固定的に体化されながら，常に他の実態に転化し得る流動性を持たねばならないという意味で一種の矛盾をはらんでいる．これについては，次のマルクスの指摘が示唆的である．「資本主義生産の真の制限は，資本そのものである．資本とその自己増殖とが生産の出発点と終点，動機と目的として現れるということである．生産はただ資本のための生産だということ，そしてそれとは反対に生産手段が生産者たちの社会のために生活過程を絶えず拡大形成して行くための手段なのではないということである」カール・マルクス著，岡崎次郎訳『資本論 (6)』大月書店，1972 年，408-409 頁．
5) もし，現代経済学の分析ツールにのみ頼って歴史を書くとしたら，「経済システムが有効に作用するか否かに関する，過去の断片的なエピソードの寄せ集め」として，まとめられてしまうかも知れない．目的のはっきりした，限定された経済的課題を局所的に分析する者やそれに対応する政策の実務的立案者にとっては，そうしたエピソードの寄せ集めとしての歴史をノウハウとして利用するだけで，十分かも知れない．しかし，人

間社会や個々の人々の人生は，全体として，特に何か明確な目的を有するものではない．社会も個人も，さまざまな社会システムによって目的が細分化され，それぞれの目的に向けた効率性の追求を促されるとすれば，それによる成果を承認しながらも，常に何らかの違和感を抱き続けることとなる．なお，こうした理解は，現代社会をシステム化社会ととらえる議論を参照している．山之内靖『システム社会の現代的位相』岩波書店，1996 年など．

6) 先行研究に関するレビューとして，武田晴人「解説・近代の経済構造」武田晴人・中林真幸編『展望・日本歴史 18 近代の経済構造』東京堂出版，2000 年，および，武田晴人「はしがき」石井寛治・原朗・武田晴人編『日本経済史 3 両大戦間期』東京大学出版会，2002 年を参考としている．本書の多くは，武田晴人の研究に触発されている．

7) 山田盛太郎『日本資本主義分析』岩波書店，1934 年．

8) マルクス以来，(不熟練) 労働力ないし労使関係の再生産が，資本主義経済システムの欠かせない要素と考えられ，それに触発された研究も多い．しかし，本章では，これに与さず，資本主義経済システムとは，"資本"の再生産を軸にするものと考える．

9) 宇野弘蔵『経済政策論』弘文堂，1954 年，大内力『「経済学」批判』日本評論社，1967 年，高村直助『日本資本主義史論』ミネルヴァ書房，1980 年．

10) 国内産業の収益低下等を背景とした資本輸出が「帝国主義」的植民地進出の背景であると説かれたような旧来の議論もまた，以前から武田晴人が指摘していたように，資本の流動可能性を考えれば容易に成立しがたいものである．「国民経済」と同じように，「帝国主義」もまた，資本主義経済システムの発展にとって必須のものではない．

11) 東京大学社会科学研究所『20 世紀システム 1 構想と形成』東京大学出版会，1998 年．

12) 「成長体質」については，1930 年代の分析でも指摘されている．橋本寿朗『大恐慌期の日本資本主義』東京大学出版会，1984 年．

13) 経済史研究の学問的，社会的な影響力の低下については，本書の第 5 章を参照．

14) こうした経済成長理論については，本章の第 3 章を参照．

15) 「限定合理性」を前提とする場合でも，入手可能な情報と情報処理能力が限定されるだけで，合理性の準拠対象が経済的利得という単一量に還元されている点は変わりない．

16) 構造は，研究者の認識手段や解釈なのではなく，また，表象を越えた本質なのでもなく，歴史的事実そのものの中に書き込まれていると考える．

17) Douglass North, *Institutions, Institutional Change and Economic Performance*, Cambridge University Press, 1990 (ダグラス・C. ノース著，竹下公視訳『制度・制度変化・経済成果』晃洋書房，1994 年)，Masahiko Aoki, *Toward a Comparative Institutional Analysis*, The MIT Press, 2001 (青木昌彦『比較制度分析に向けて』NTT 出版，2003 年)，岡崎哲二・奥野正寛編『現代日本経済システムの源流』日本経済新聞社，1993 年，Avner Greif, *Institutions and the Path to the Modern Economy : Lessons from Medieval trade*, Cambridge University Press, 2006 (アブナー・グライフ著，岡崎哲二・神取道宏監訳『比較歴史制度分析』NTT 出版，2009 年)．これらの制度重視の研究は，主に，市場経済が有効に機能するための条件という視点からの分析である．

しかし，本書で考える資本主義経済システムの作用を支える構造という分析視点にも参考となる．実際，いくつかの制度のセットの拡充が，産業構造の高度化や資本の流動性を支える条件であることは間違いないであろう．

18) ただし，ここでの経路依存は，外的なショックに対する反応の積み重ねとしてとらえられており，内的なダイナミズムの内実がとらえられているわけではない．これについては，本章の第1章を参照．

19) 逆にいえば，専門性の蓄積が優位性を発揮しにくい産業（多くの単純労働に依存するような産業．たとえば，いくつかのサービス業など）では，何らかの制度に支えられなければ，企業の存立発展は容易ではない．

20) これについては，本書の第3章を参照．

21) これまでの経済史研究において，硬直化した「基軸産業」中心の分析に対して，より多様な産業展開のあり方を強調する「在来産業」研究などもある．「在来産業」についても，メインストリームとは異なる発展の系譜論とするのではなく，資本主義経済システムにおける構造的な位置づけを想定して分析する必要があろう．

第 1 部　分析方法の検討

第1章

日本経済史研究の現代的課題[1]

武田晴人

1 継承されるべき論点を探る

　1930年代に着手され，第二次世界大戦後に本格的に展開することになった日本経済史研究は，時の経過とともにその対象とする時期を新しい時代に移しながら，実証的な成果を上げてきた．時代の変化に柔軟に対応したともいえる研究の進展は，見方を変えれば時代の制約のもとにあったことを意味している．そして，その研究史のなかから私たちが何を学ぶか，とくに方法的な視点として何を学ぶかが，明確にされる必要がある．

　このような視点から日本経済史研究の研究動向を振り返り，経済史研究の現代的な意味を考えてみたい．

1.1 原点としての資本主義論争

　1930年代の経済史研究は，岩波書店から刊行された『日本資本主義発達史講座』（1932-33年）を代表的な成果としている．この講座に示された捉え方に対する批判と反批判が「日本資本主義論争」として展開することを通して研究の主要な論点が明確化され，以後長く続く多岐にわたる論争の起点となった．そこには明治維新の性格規定や近代天皇制の評価，地主制の特質規定などが論点として含まれており，そこからも明瞭なように資本主義史研究は，近代日本史研究の中核部分を捉えることを意図し，経済的な問題にテーマを限定することはなかった．

　もっとも，この論争は当時のマルクス主義的な政治経済学的認識に制約されていたと同時に，論争に参加した人々の多くが社会主義革命を支持する左翼陣営との何らかの関係を持っていたことから，政治的な方針，つまり社会主義革命を企図する組織の運動方針に関する路線論争に強く影響されたという限界を

持った．運動する主体の現状認識とは切り離して社会科学として見たとき，その認識は不十分で方法的には未熟であった[2]．

　しかし，そうした限界があるというだけで，この研究の原点を振り返る必要のない研究として切り捨てるべきではない．個別的な論点はともかく，ここでは三つの点について，現在の研究者が克服できていない方法的な問題がすでに示されていたからである．そのうちの一つは，資本主義史研究が日本の経済社会全体を構造的に捉えようとする広い視野を持っていたという点である．経済成長の解明や企業行動の分析の重要性が増しているとはいっても，経済史研究が視野に入れるべき問題を自己限定すべきではない．当時の認識がマルクス経済学的な経済決定論に依拠し，それ故に経済過程の分析が経済構造に規定されている政治構造などの説明を与える基礎となると考えていたことが，このような課題設定をもたらしたことは否定できないだろう．しかし，そのような理論的な仮定に立たないとしても，経済現象が経済的な諸要因によってすべて決定されていると考えない限り，現実の経済現象の分析は，開かれた論理体系を前提に試みられるべきだろう．そうだとすれば，政治的な側面も社会的な側面も視野に入れる，あるいはそうした問題を主として扱うような他の社会科学分野との協働が可能な分析を試みるべきだろう．閉ざされた系として経済現象に関心を集中することは，その基盤となる論理が異なっても現実的に，経済決定論と同様に経済過程の分析ですべてを説明できるとの誤った判断に近づく危険がある．

　もう一つ継承すべき点は，構造的な把握と経済発展の歴史的認識との関係についてである．講座派の代表作とされる山田盛太郎『日本資本主義論争』（岩波書店，1934年）に対する重要な批判点に向坂逸郎による「分析には発展がない」というものがある[3]．『日本資本主義分析』は歴史的な変化を論点に含んでいるとはいえ，日本資本主義の構造的な特質を把握することに重点があったことから，そうした方法的な特徴が歴史的な変化を説明する論理がないとの批判を受けたのである．この点は，構造的な分析が陥りやすい問題点であり，資本主義社会の経済システムをある特質を持った堅固な構造として描こうとすればするほど，その叙述は静学的となりダイナミックな変化を説明しにくいものになりやすい．その意味では構造的な把握に伴う困難は，このときに指摘され，

現在に至るまで十分には克服されていない経済史研究の方法的な問題点である.

他方でこの論争では,『日本資本主義分析』を批判する側（労農派）が資本主義経済の発展は同質的であり, より純化された形態に収斂すると考えて, 日本の特質よりも資本主義発展の一般的な特徴から論じうるとの立場に立ったことにも難点があった. ここに第三の問題点がある. 労農派の論者が日本の固有の特徴的な要素は消えていくものと見なした背後には, 経済発展は経済学の理論的な枠組みによって十分に説明できるという確信があったということであろう. しかし, それは前述のような閉ざされた系としての説明に陥る危険を持っていたということでもあった. そして, そうした難点を経済学による現実経済の分析に際して回避する方法的な試みとして, 宇野弘蔵による三段階論, つまり経済学の原理論——原理的な枠組みの提示と, 段階論——経済発展を通した国民経済の段階的な変化と, 現状分析の三つによって構成される方法的な問題提起も生まれた. 急いで付け加えておけば, 現時点でこのような問題提起も, 段階論的な経済発展の認識が図式化して「現状分析の基準」としての意味を見失いがちであり, 同時に移行の論理が不明確であるために, 帝国主義段階以降の資本主義経済の現実を分析する指針としては不十分であるという限界が明らかになっている. このことは, 以下の叙述でも指摘することになる.

1.2 戦後民主主義と経済史研究

このような限界を持ってスタートした資本主義発達史研究は, 第二次大戦後になると, 党派的な対立を残しながらも, 社会科学の研究分野として自立するようになり, 1950年代には資本主義経済への移行期である幕末維新期が, 1960年代には産業革命期が, そして1970年代には両大戦間期がというように, 主たる問題関心を移しながら分厚い研究史を蓄積してきた[4].

この一連の研究の展開は, 1980年代前半ころまで, 次のような特徴を持っていた. 第一に, 戦後日本の経済発展に伴う問題関心の推移に影響されていたことである. 戦後改革を背景とした変革期は資本主義形成期への関心を生み, 高度経済成長を背景として資本主義経済そのものの分析の必要性が叫ばれると歴史分析も移行期から資本主義の確立期の分析へと関心を移動させた. そして開放経済体制への移行に伴う国際的関係への関心は, 歴史的な文脈では帝国主

義世界体制のあり方と日本との関連を問う研究関心を醸成し，現代的な資本主義体制へとつながる段階的な変化を明らかにする必要性を認識させた．

　第二に，この一連の研究は，基本的にはマルクス経済学的な研究視角によって，資本主義経済の構造的な特徴やその段階的な変化の把握という点では，一致した方向を示しており，人口史研究などの数量経済史的なアプローチなどは限られた少数派に過ぎなかった[5]．

　第三に，これに関連して，少なくとも 1970 年代終わりころまで，イギリスを中心とした西欧社会における資本主義発達史に資本主義経済発展の典型を見出すという限りで，日本経済史研究はヨーロッパ経済史研究と密接な関連性を有していた．そこには後進国日本という当時支配的であった日本の国際的位置に関する認識が強く影響していた．ヨーロッパ経済史研究は，日本資本主義の段階的な発展を明らかにするための基準となるような典型的な姿を示し，それぞれの段階の特質とともに段階移行の論理を明確化するうえでも格好の手掛かりを与えると考えられた．そのような関心から日本経済史研究の分野でも，資本主義移行期の研究では，イギリス経済史研究を基礎とする大塚久雄の「局地的市場圏論」が強い影響力をもち，資本主義経済の形成期の理論的・実証的な研究の指針となった[6]．経済発展の段階的な特質を明らかにしていこうとする経済学的な構造分析を補完し，段階移行の論理を明確にするための手がかりを与えたところに，大塚の研究が多くの経済史研究者を惹きつけたポイントがあった．

　こうして比較史研究が重要な役割を果たしたことが，この時代の経済史研究の特質の一つであった．日本とヨーロッパのそれぞれを対象領域とする経済史研究者の相互交流が，研究の発展に大きな役割を果たしつづけていた．しかし，比較経済史的な視点に基づく協働性は，それ以降になると次第に希薄になっていく．ヨーロッパ経済史の潮流がヨーロッパにおける社会史的な関心の高まりに対応して，社会経済史的な関心に傾斜していったこと[7]，その一方で，日本経済史研究が後述するような経済的な現象に関心を集中するようになるとともに，両者の関心のずれが明確となったからである．

2　政治経済史学から経済史学へ

こうした研究状況は，1980年代半ばからかなり顕著な変質を示すようになる．

この変質を簡明に表現すれば，それは「政治経済史学から経済史学へ」という転換と，研究対象とする時期の「拡散」とであった．

2.1　マルクス経済学的アプローチの後退

このような変化には，大きくいって二つの事情が影響している．

第一は，経済決定論的な歴史解釈が，マルクス主義の影響力の低下のなかで後退していったことである．そのためもあって，1990年代には，史的唯物論は，現実の社会主義経済体制の崩壊のなかで，もはや説明仮説としても無意味となったとの意見が表明されるようになる．その当否はともかくとして，こうした状況のなかで分析視角・方法に関わる変化が生じ，それが政治経済史学から経済史学への転換を促すことになった．

現実の社会主義がどのような運命を辿ったかという問題以上に，マルクス経済学が魅力を失った基本的な要因は，それが現代の経済現象を積極的に解明し，批判的に改革の方向を提示できなかったことにあった．馬場宏二の「過剰富裕化論」などが提示した批判は[8]，それ自体として傾聴に値する側面はあったものの，現実の経済現象を全体として批判し，代替的な経済体制を構想し説明するうえでは説得力が不足していた[9]．

こうして「経済大国」化した1980年代の日本について現状肯定的な経済分析が支配的となり[10]，このような経済分析を背景に経済史研究でも，資本主義経済発展に関わる批判的な視座が後退していった．

これに対して，この時期以降に急速に影響力を増したミクロ経済学の各領域は，市場主義的な政策運営などの時代の風潮にも合致し，企業の経済学などの発展を通して解釈のためのさまざまなツールを提供していた．それらは，歴史研究の帰納的な方法とは対照的に，演繹的な方法を基本的な枠組みとするものであっただけに，経済現象を特定の社会的な状況や歴史的な文脈とは切り離し

て，理論的に解明することを得意とする研究領域でもあった．「経済大国」化した日本の現実は，そうした形で研究者の関心を経済的な現象の解明それ自体に向かわせた．ミクロ経済学に基づく分析の中には「信仰」という以外にはないような市場システムへの過剰な信頼が表明されることもあった――それはかつてのマルクス経済学の代わりに別の経済学が教祖となったに過ぎないものでしかなかった[11]――が，経済現象を部分として切り取って説明するとき，それなりの説得的な解釈が提示されることも少なくなかったから[12]，多くの人々の関心はそちらに向いていった．しかし，それは演繹的であると同時に，部分的な現象しか説明することができないという意味では，歴史研究が求めるような全体像を提示する方法としては不向きなものだった．

2.2 経済現象の自律性の拡大

第二の要因は，これと密接に結びついているが，研究の関心が近代移行期から産業革命期，両大戦間期，戦時経済期，そして戦後の経済発展へと時期をずらして移行していくなかで，対象とする経済現象の自律性が強まったことであった．つまり，経済現象が現代社会においては，政治的，社会的な要因と切り離して説明できる側面が大きくなったのである．研究者の関心が現代史に移行すれば，その影響は当然強くなる．必ずしも適切な例ではないが，戦時経済期には政治過程の影響が顕著であることを認めることはできるが，そうした場合でも，経済史研究における戦時経済体制研究は，戦争遂行という至上課題の意味を問わず，それを前提とする限りにおいて，経済過程の統制的な枠組みが如何に目的合理的であったか否かを問いかけるにとどまることはできた[13]．まして，そうした政治過程の強い影響を見出しにくい時代には，政治過程との関係を問わずに純粋に経済現象だけを対象とするようになっていった．そして，その場合には，経済現象を固有に分析するためのツールが上述のように用意されていた．

もちろん，このような要約にはさらに必要な注釈がある．かつて「国家独占資本主義」という概念が論争点となり，経済政策体系の枠組みが問題になったときには，政治過程と経済過程は不可分に結合しているとの理解が主流であった[14]．それは近代移行期に，後進国としての日本が資本主義化していく場合に，

政府の役割が大きく，資本主義の成立そのものを政治経済学的な視点から分析しなければならないという意味でとられた研究スタンスとは異なっていた．現象が不可分に結びついているというのではなく，経済過程への政府の介入こそが時代の特徴，経済体制の本質的な要素として捉えられていたからこそ，そのような分析枠組みが求められ，また，当然視された．ただし，国家独占資本主義を唱えたマルクス経済学者たちが経済規定論にたって政治過程の独自性を軽視したことから，この政治経済学的外見をもつアプローチは経済過程に関心を集中する傾向を持った．そうした論理構造であったことから，異なる立場とはいえ，ケインズの経済学は，政治経済学的な分析との共同と緊張との関係を作りうるものであった．

　ところが，1980年代以降には，ケインズ経済学などのマクロ経済学的なアプローチや経済体制に関わる議論は，上述のような経済学の関心の移動とともに，省みられることが少なくなった．経済史の領域では，「国家独占資本主義」は死語に等しくなり，現代資本主義や「20世紀システム」という言葉にかわった[15]．元来，「20世紀システム」という評価が登場した背景には，この世紀が経済的な枠組みとして19世紀とは異なるのではないかという漠然とした認識とともに，20世紀に入って国際連盟，国際連合，国際決済銀行，国際通貨基金など，諸国間の利害を調整するような多様な国際機関が設立され機能するようになった時代という地球規模の枠組みの変化が横たわっていた[16]．それらの枠組みはすぐれて国内外の政治過程における意思決定・選択によって作り出されていたから，その限りで，このような捉え方は，引き続き政治経済学的なアプローチの重要性を示唆するものであった．にもかかわらず，いつの間にか，「20世紀システム」論も分析の焦点は，フォーディズムのような経済固有の問題へ，しかもそのミクロ的なレベルでの特徴へと収斂していった[17]．

2.3　経済史研究の現在

　こうして経済史の分析の多くは，経済現象についての自己完結的な分析に終始し，歴史学の他の分野との対話可能な余地，手がかりを残すことは少なくなった．むしろ，非経済的な要因を説明変数として残す分析は，経済史の分析としては不十分であると見なされているかの如くである．奇妙なことに，経済決

定論的な考え方が敬遠されるようになるとともに，経済史家の説明は，経済現象のうちに閉じこもるようになり，他方で，より広い領域をカバーする歴史家たちとの対話が乏しくなった．自己完結的な分析に専念するのであれば，経済学の用意するさまざまな分析ツールは多様な問題関心にそって，未だ適用されたことのない歴史的な事実に対する調理道具としては，誠に切れ味が鋭く，分析者を充分満足させるものであったから，その成果は一種の陶酔感を与えつつ広がっていった[18]．そこでは政策的な要素などが登場することはあっても，基本的に市場経済メカニズムの効率的な運行を妨げる「悪役」をあてがわれることが多くなった．経済史研究の対象が市場メカニズムとその論理によって説明できる範囲にとどまるようになった．

こうしてミクロ経済理論に基づいた経済史分析が政治経済史分析に取って代わっていったが，歴史的な文脈から切り離された経済現象を分析することを得意とするという方法的な特徴のために，対象とする時期の「拡散」を可能にした．他方で，マルクス経済学の影響下にあった構造的なアプローチの後退によって，構造的な問題関心にそった課題設定から自由になり，資料の発掘に即して多様な「実証研究」が生まれた．この状況も，研究対象時期の拡散をもたらした[19]．

このような潮流に対しては，経済史は，経済現象が分化していく過程を記述するという側面があることを指摘した，ヒックスの『経済史の理論』を思い出す必要があろう．そこで彼は，経済史のこのような傾向が，現実の過程における事象の分化と対応した学問の専門化をもたらしており，それ故に認識の部分性を意識せざるを得ないことを指摘して，次のように書いている．すなわち，「経済史の一つの大きな役割は，経済学者，政治学者，法律学者，社会学者および歴史家——一般史家，思想史家，技術史家——が一堂に介して互いに話し合える公開討論の場を作り上げることである」[20]．

問題意識のレベルでの視野の狭窄症に陥っている危険があるということであろう．

2.4 代案の一つとしての歴史制度分析

1990 年代に入って，それまでの経済史研究の方法に代わる試みの一つとし

て，比較制度分析を歴史研究に適応する歴史制度分析が提起された[21]．このような方向を含めて，ミクロ経済学の過剰進出が経済史研究にどのような貢献をするかは，まだ判断できる状況にはないが，その研究史上での貢献と限界は次のようにまとめることができる．

比較制度分析が注目を浴びたのは，それまでの単線型の経済発展モデルでは説明できない，「経済大国日本の成功」の「要因」を説明できると自認し，この主張が1980年代の「日本型経済システム礼賛論」に適合的だったからであった．いくつかの制度的な要因が経路依存的に形成されると，外見的には異なる制度的な枠組みによってそれぞれ均衡が成り立ち，それ自体として効率的な経済システムとなりうるという主張は，メインバンクシステム，日本的な雇用慣行，株式持ち合いなどの，日本に特徴的であり，それまでの研究が日本の後進性を示すと捉えていた諸制度の評価を変えた[22]．後進性にとらわれていた既存の研究への批判として，あるいはアングロサクソン型の経済発展モデルを唯一神とするような主張を相対化することに，比較制度分析は貢献したのである．それは新しい構造論の登場であった．

理論的には青木昌彦らの比較制度分析研究によって支えられて，日本経済史研究の分野では岡崎哲二らが歴史制度分析を導入して活発な研究成果を公表することになった．戦時経済期の経済諸制度が戦後経済の源流であるとする「戦時源流論」はその現れの一つであり[23]，さらに岡崎は「取引制度」「生産組織」などの共同研究を次々と公表した[24]．もっとも，このような成果は，現在のところ，既知の出来事に関する「新しい」解釈を与える程度にとどまっていると評価される性格が強いものである[25]．

1990年代に日本経済が「長期の低迷」に陥る中で，日本型経済システムが低迷の主因として批判されるようになり，そのために説明仮説としての比較制度分析は次第に影響力を失い，今日ではこうした枠組みで問題を提示することは少なくなっている．その意味では，かつてマルクス経済学が経験した現状分析の道具としての限界が歴史研究の道具としての評価も下げていくという運命を，歴史制度分析が辿らない保証はないと言うべきだろう．

しかし，その成果に関わる評価とは別に，より重要な問題点として指摘しなければならないのは，この新しい方法——歴史制度分析——の持つ方法的な限

界についてである[26]. 現状分析の方法としての比較制度分析は, その主唱者たちによって歴史研究に導入されると同時に, 経済学と経済史学との関係に関わる未解決の問題に直面しているからである. それは, より一般的には, 歴史分析に用いられる経済学がどのようなものであれ, 直面する方法的な問題と言い換えてもよい.

経済学の分析方法としての比較制度分析の最大の弱点は, 動学的な変化の説明力を充分には備えていないところにある. 主流派の経済学的な分析方法に共通している特徴でもあるが, 経済学の基本的な枠組みは, 「均衡論」にあり, そこでは「時間」の観念が欠けている. ある初期条件から均衡状態まで, どのような経路を辿ってどのような問題を随伴させながら, 経済学的に望ましい均衡状態を達成するのかは, 理論的に問われることはない. 均衡は瞬時に達成される. この点では, いわゆる近代経済学でも, マルクス経済学でもその考え方の基本的な構図に差異はない[27]. したがって, そこでは歴史研究としては当然のように問題となる事柄, つまり, ある構造的な特徴がどのような要因の因果的な連鎖のなかで紡ぎ出されたのか, そしてそれが一応の安定を保つことになったとしても, その構造のなかに次の変化を準備するような, どのような要因が内包されていたのかを, 明示的には説明しにくいものになる. 制度間の補完性を強調した議論がしばしば「千年王国」を描いているかのような筆致になるのはそのためであり, その安定性を崩す要素は内在的にではなく, 外生的に発生するような論理になりやすい. この点では, かつて『日本資本主義分析』に対して提起された「発展がない」という批判の古いフレーズが, 思い起こされる必要がある. 動学的な理解に可能性を開くように, 歴史制度分析はその理論的な枠組み自体の見直しを必要としている[28]. アブナー・グライフが認めているように制度を演繹的に説明しうる論理は未構築である以上[29], 制度の特性は観察者によって理念型的に抽出される. その複数の制度の組み合わせを, ちょうど規格品のボルトとナットのように堅固なかみ合わせに固定されると考えることに躓きの石がある. 実際の制度の組み合わせは, 理念的に洗練されたものとは異なって曖昧さの残る実態のルースな組み合わせにすぎず, それを堅固に見せているのは観察者の論理（しばしばレトリックを含むような）である. もちろん, こうして発見される歴史的な事実についての解釈の文脈が無意味である

ということではない．組み合わせの堅固さを一面的に強調するのではなく，そこに見出しうる変化の可能性をも認識することによって制度間の補完性が内包する限界にも向き合った歴史認識が求められるということである[30]．

3 発展段階論再構築の可能性

3.1 実証分析の基準としての段階論の未成熟

「時間」の観念の欠如に対する一つの解答は，歴史学派とその影響下にある経済学者の提示した発展段階論であった．マルクス経済学が歴史研究のなかで影響力を保持できた理由の一つも，このような発展段階論的な認識を内包していたからであった．

自由主義段階から帝国主義段階へ，そして国家独占資本主義へという枠組みとして提示されていた，このような捉え方も，しかしながら，マルクス経済学の影響力の後退のもとで新たな枠組みの提示が求められるようになった．まず，1980年代には，上述の段階論については，それまでの単線型の発展段階論から，複線型の発展段階論へと展開し，資本主義でも二つの資本主義が論じられるようになる[31]．このような動きは，既述の歴史制度分析が注目を集める追い風ともなった．

これに対して，マルクス経済学的な研究潮流からも段階論の見直しが進んだ．「20世紀システム論」もその現れであったが，それがミクロ的な問題関心に傾斜するなかで，さらに加藤栄一・三和良一などによって現代的な福祉国家体制の歴史的な位置づけが再検討され，1980年代に西欧諸国で進展する新自由主義的な潮流を資本主義の新しい段階を切り開く動きと見なす「新しい段階論」が提示されている[32]．もっとも，このような試みは，第一に，西欧典型論の性格が強く，そのため第二に，各国資本主義経済の個性的なあり方をその類型的な差異を含めて分析しうる道具となりうるかは未だ明確ではないという限界がある．

仮にこのような説明仮説が分析基準となりうるとしても，現段階ではそれを特定の資本主義国の経済発展に適用して分析した例はなく，試論的な提示にと

どまっている．今後の課題であるが，同時にこのような具体的な分析が行われるためには，提示された試論を適用する際の実証上の焦点を明確にしなければならないだろう．その意味では，「新しい段階論」は方法的には未完成といわざるを得ない．

この問題点は，これまでの段階論に共通するものであり，単線型であれ，複線型であれ，あるいは「新しい段階論」であれ，いずれの議論でも，歴史的な変動・発展の説明には不十分さが残っていたことに由来している．

すなわち，歴史制度分析も含めて複線型の発展段階論のように資本主義経済社会の類型差を認める場合には，その構造的な側面において類型的な差異が見出されるとはいえ，産業革命期，独占段階などの段階的な差異については，暗黙の前提とされているように見える．だとすると，段階移行の論理が，類型ごとに異なるものとなるのか，それとも普遍的な共通の要素を見出すのかによって，当然のことながら歴史の記述は異なるだろう．求められていることは，そうした変化の過程を記述する説得的な論理が，それぞれの経済社会構造の特質に基づいて内生的に示されることのように思われるが，現段階では適切な解を見出してはいない[33]．

こうして変化の過程は一般的には外生的な要因から説明されてきた．このような傾向はとりわけマルクス経済学では顕著であったが，近代経済学の場合にも多かれ少なかれ同様であった．具体的には，発展の原動力と見なされる生産力の上昇を，自然史的な過程として外生的な変化の動因としていることに現れている．例えば，マルクス経済学では生産力の発展が生産関係に影響を及ぼし変化をもたらす，という論理構成をとっているが，その場合，生産力の発展そのものは説明される変数とは見なされず，例えば産業構造の重化学工業化に示される一国の生産力の発展は，自明の事柄であった．問われたのは，そうした生産力の発展が特定地域の経済においていつ頃発現するのか，そのタイミングであり，そのタイミングを規定した条件であった．このように技術発展の外生性に依存する論理は，動学的な変化を説明することの苦手な経済学のパラダイムそのものの生まれながらの問題点だったといってもよい．

こうした問題に比較的早くに気がついていたのが，変化をもたらすものとしての「企業家」に注目したシュンペータであった．彼がマルクスの資本主義社

会に関する動学的な捉え方に強く影響され，これを乗り越えるものとして構想したのが，「企業家」であった．均衡論的な体系を持つ経済学的な分析では，動学的な発展を説明する論理を持ち得ないと考えるシュンペータは，この均衡を破壊するものとしての「企業家」に着目した．しかし，それも，均衡論のなかでの例外的な事象として捉えられているという限りでは，偶然的で確率的な過程でしかなかった[34]．

もっとも，多くの経営史家たちは，この理論的に見れば不確実な変動の条件の発生過程にこそ主体としての人間の能動的な営為があると捉え返し，この考え方に，経済過程の客観的で自律的な過程から一方的に規定され続ける人間存在というような，矮小化された経済決定論からの離脱が可能な糸口を見出した．こうして「企業家賛歌」を紡ぎ出すことになる．しかし，それらはしばしば英雄待望論的な歴史認識という陥穽に陥る危険をはらんでいた[35]．

3.2 分析の焦点としての産業と企業

経営史研究の現状が経営者史学に傾斜していることによる問題点は，改めて企業史研究の枠組みの再構築によって果たされなければならない．その方法的な枠組みは，産業と企業を分析の焦点とすることによって実現できると考えている．もちろん，そのような試みが意味を持つのは，経済発展の動学的な説明に有効であり，企業家の偶発的な発生を想定するのではなく，外生化されている生産力の発展を内生変数として取り込みうるような枠組みを構想できる場合に限られる．

改めて説明するまでもないことであるが，ここで強調しておきたいのは，産業と企業とを分析の焦点とすることは，経済史研究がその対象とする分野を産業と企業とに限定すべきだということを主張するためではない．経済史の研究が目指しているのは，経済発展の全体像をそれぞれの対象とする国民経済に即して明らかにすることであり，そのためにはマクロ的な視点での研究も，あるいは政策史的な問題関心も，ともに重要な役割を果たすことが期待されている．個々の研究分野で洗練されてきた分析手法を生かしつつ，その成果をこのような全体像の構築に統合していくためには，方法的な視点の再構築が必要であり，その手がかりを産業と企業の分析の枠組みを見直すことに求めようというので

ある.

　私見では，このような再構築の試みに際して前提とすべきは，資本主義経済の発展が市場経済メカニズムの発展・進化とともに，その市場のプレーヤーである企業という組織の発展を伴っていたことに着目することだと考えている．資本主義経済は，主流派の経済学者が主張するような市場メカニズムの発展によってのみ実現されたわけではなく，その一方で大企業による経済活動の組織化の成果によっても支えられていること，言い換えると市場の成長と組織の成長とが車の両輪のように経済発展を支えていることに注目すべきだということになる．このような捉え方は，資本主義経済の確立を資本家的経営の成立に見出す伝統的な産業革命論，資本主義史とも整合的であろう．

　この場合，市場の発展は，第一義的には産業史の領域での実証的な検討の対象となる[36]．財やサービスの一般市場が，理論的にはともかく歴史具体的には存在しない以上，市場機構の具体的な機能のあり方は，特定の財やサービスの市場として，つまり特定の産業における価格分析を中心に果たされることになる．そこでは，価格の変動が当該産業内の企業にどのようなシグナルを送るか，そしてその価格変動が相対価格の変動を通して産業間の資本の移動にどのようなシグナルを送るかが留意されなければならないだろう．同時に，このような市場分析は，非価格競争の展開を視野に入れることによって産業発展の具体的な動因を浮き彫りにすることもできると考えられる．

　これに対して，企業の分析は，その投資行動や，市場行動，組織のあり方などのさまざまな側面にわたるであろうが，焦点となるべき問題はそのコスト構成と水準を規定する諸要因を明らかにすることである[37]．既存の理論において漠然と想定されている「生産力の発展」はミクロ的なレベルでは，二つの要素，金額として表示される「生産費」の低下と，物的な生産要素の有効量の度合いを示す「原単位」の低下に現れているはずだからである[38]．これらは生産関数の形状を変化させる基本的な要素であり，そうした変化が産業内に普及すればそれはその産業の技術発展の成果と認識される．ただし，このような二つの基準があるにもかかわらず，経済学では生産性の上昇を労働という投入資源の節約によって実現されるコスト低下に着目し，それを比較可能な形で示すために金額ベースの付加価値生産性を基準に議論を積み上げており，労働以外の資源

の節約という重要な要素が経済発展に果たす役割の認識が曖昧になっていることは留意されてよい．指標としては不完全なのである．

　企業の分析は，組織化された経済活動としての企業行動が，その組織内部で，市場からの価格のシグナルを前提としながら，生産費や原単位の低下をもたらすような累積的な革新を生み出す可能性を持っており，そうであるが故に資本主義経済の高い成長性の原動力となるという意味で重要である[39]．市場での競争それ自体が技術の発展に具体的な意味を持つのではなく，競争によって促される企業内の組織的な努力に基づくコスト低下にこそ，発展の原動力があるとすれば，この企業の分析は，経済発展の段階的な変化を説明するための基礎的な要因を提供するはずであろう．したがって，企業史研究において企業の収益率の高さなどの表面的な現象に着目するだけでは解明すべき問題を捉えたことにはならない．

　こうして産業における価格分析と企業におけるコスト分析とは，経済発展の両輪となっている市場と企業とを統合的に検討する鍵を握るものと位置づけられる．

　この場合，市場における競争と企業の組織性との関係は，財やサービスの市場だけに限定的に捉えることは適切ではない．労働力市場や資本市場の発展にも，同様の歴史的な変化を説明する上で不可欠な要素が含まれている．詳しく述べる余裕はないが，誤解を恐れずに簡明に論点を示しておけば，労働市場における労働組合による取引規制は，労働市場の組織性の増大を示すものであり，同時に，ホワイトカラーを中心に主要国で広範に見られる内部労働市場の展開は，労働市場が部分的に企業の組織性のなかに分離され，一つの市場としては機能していないことを示している．そして，それが，一定の条件が整えば企業の効率的な運営を助けていると評価されている．また，資本市場については，そもそも市場の寡占的な構造が強まるなかで，市場として本格的な発展をみるという遅行性を備えているのであるが，それだけでなく，資本調達において，持株会社組織が登場し，あるいは巨大企業の自己金融化が進むと，資本市場の市場メカニズムによる資金の配分は部分的なものとなるなど，内部資本市場の発展による組織的な資金配分と資本市場の発展の相互関係を考えていく必要がある，ということである[40]．

市場と企業の分析が生産力＝技術進歩という発展の原動力を説明するとすれば，労働力と資本にかかわる分析は一面では，マクロ的な経済構造を明らかにする上で重要な位置にあり，そうであるが故に，経済構造の段階的な変化を規定し，また各国資本主義の類型的な差異を明らかにすることになる．

4 イノベーションの内生化——段階的変容

このように述べてくると，産業と企業の分析によって明らかにされる諸相が経済発展の歴史的経過を明らかにしうるかのような印象を与えるかもしれない．しかし，それでは私たちは再び迷路に迷い込むことになる．改めて経済理論と歴史分析との関係に関わる古くて新しい問題を思い起こす必要がある[41]．産業や企業の分析の焦点は，資本主義経済の発展とともに変化していると考えることが重要だからである．

4.1 産業革命期のイノベーションの外生性

歴史的変化の中で，イノベーションを内生化する企業を論じることは，経済発展の原動力を論じていると同時に，経済発展の結果を論じていることでもある．変化をもたらす力は，それぞれの時代の経済構造の段階的な特質に規定されていたからである．たとえば，産業革命期の経済構造のもとでは，一般的には相対的な過剰人口が労働力市場で前提できる限り，労働節約的な投資は生まれにくい．機械制大工業のもとで不熟練労働力の利用が可能になる一方で，農村における小経営の広範な残存などによって資本主義経済の外延部に社会的なセーフティーネットが存在しているからである．しかも，原料市場も製品市場も市場メカニズムによる価格調整はかなり不完全で，価格の乱高下が起こりやすい状況であり，これを利して安く原料を購入すること，高く製品を販売することなど商人的な活動によって収利の機会が広く存在したから，生産工程の工夫によってコストを下げる地道な努力が二の次になるというのも陥りやすい状態であろう[42]．こうした条件の下では，企業が生産性を向上させるような努力を重ねるような形で経営資源を配分することは少ないだろう．生産力の発展が外生的に見えるのは，企業内にそうした努力を促すようなメカニズムが弱かっ

たからであり，それが成立期の資本主義経済の特徴でもあった．そうした特徴を持つ限り，初期の資本家的な経営は，外生的に与えられた技術的な条件によりながらも，市場での取引に活路を見出すプレーヤーとして観察すれば理解可能という錯覚を歴史認識に生むことにもなったというべきかもしれない．そのために古典派の経済学は一般に技術進歩を外生的なものとして捉える傾向にあるように思われる．経済学的な認識はそのような出発点に規定されている．時代の制約を負った認識であったことになるが，そうであれば時代の変化とともに捉え方も変化させる必要があることは強調されてよい．

4.2 独占段階への移行

このような条件は，産業発展が重工業部門を巻き込んで進展するようになると，いくつかの面で変質し始める．繊維産業を中心とする先行する産業構造が量的に拡大するとともに，これを支える機械生産，その素材の供給の拡大が必要になるとともに，前者については技術的な熟練を必要とするような生産システムが，後者の素材については熔鉱炉などの装置を利用する大規模な生産システムが求められるようになった．もともと，繊維産業における蒸気力の利用がエネルギー源としての薪炭の欠乏に伴う石炭の利用の追求であったという技術進歩の経路は，同様の資源制約からエネルギー多消費の装置に対して規模の拡大による燃料コストの低下などを求める方向で継続することになる．このことは，それまで以上に大規模な資本投資を企業に求めるようになった．幸いなことに新エネルギー源となった石炭の供給量には不安がなく，大規模な資源開発が可能となるにつれて問題はコストに反映される限りでの価格の変化であり，資源の有限性ではなかったから，大規模なエネルギー消費を伴う技術進歩が製品コストに有利である限り，この傾向は維持されたといってよい．資源の有限性への認識が稀薄であった基盤には，植民地等における資源が収奪的な低価格で潤沢に確保しうるという，この時代の帝国主義的世界編成があった．したがって植民地領有は独占段階の技術進歩のあり方と不可分に結びついた固有の意味をもつことになったと言うことができる．

他面で，必要とされる「設備投資」の負担が企業行動の制約要因となった．加えて，これらの産業分野では機械の生産でも装置の操業でも，一定の経験を

必要とするという意味で，希少性をもつような特異な労働力を不可欠の生産要素とすることになった．この面では資源調達に制約をもたらすことになった労働力の質的な変化は，労働力市場のあり方を変えていった．それに労働者の階級意識の形成に基づく労働組合運動などの抵抗が加わり，労働条件が集団的交渉を経た決定に委ねられるなど，市場の調整能力を減殺する結果となった．

4.3 独占段階の経済構造

市場メカニズムの人為的コントロールは，製品市場においてより明確に現れた．それがカルテルなどによる部分的修正，組織化の動きであった．この変化は，市場における機会主義的な行動による収利の可能性を小さくし，価格変動を安定化するものであった[43]．他面で価格管理は一方的な価格の引き上げを伴いうるという問題をはらんでいたが，一般的にはカルテル統制は企業間取引が優勢な中間財に普及したことから，取引関係にある企業間，産業間の経済力の如何によって価格行動の影響は異なり，そのなかで独占的な企業と中小企業との二重構造を生むこともあった．このような企業間格差は，独占形成が進む重工業大経営において協調的な労使関係が模索されるなかで，基幹的な労働力に対する賃金面での優遇が図られる一方で，周辺的な不熟練労働力に強いられることになる低賃金が中小企業の存続を可能にするという関係と対応していた．労働力供給という点では，資本主義経済の発展とともに縮小傾向にある非資本主義セクターの労働供給余力は低下したから，こうした形の労働力プールがこれに代替することになった．

カルテル的な統制による市場メカニズムに対する人為的介入は，カルテル部門における景況の変化に伴う操業率の変動を回避し，価格の崩落による倒産リスクを低下させることを通して，設備投資に固定されて流動性を失った資本の価値を保全する役割を果たした．また，操業に必要な基幹的な労働力を企業内に囲い込むことを可能とした．実物資本の固定性によって資本の流動性に対する制約が大きくなったのは，資本設備の巨大化の結果であったが，このような大規模な設備投資が必要になったことから，企業は自己蓄積を超えた社会的資金を吸収するために株式会社制度などを利用することになる．それは一定の規模の富裕層が社会的に存在することを前提としながら株式発行市場の拡大を求

めるものであった．こうして発達する資本市場は，製品市場における独占形成にとって，第一に競争企業の買収という手段によって独占的産業組織を強化する手段を提供しただけでなく，第二に余裕資金（過剰資本）などを他の産業分野への経営多角化や国内外への証券投資などに振り向けることを可能にした．そして，第三に株式の流通市場の拡大を促すことを通して，資本の流動性の制約を緩和する役割も果たすことになった．設備の制約や管理価格の設定などを介して市場経済メカニズムによる自律的な調整がゆがめられ，産業間・企業間の利益率格差が発生するなかで，株式市場を中核とする資本市場の発展は，有利な投資機会を求める資本に流動性を与えた．ただし，このような資本市場の特性を利用できるのは名声が確立した大企業に限られていたから，経済システムとしてみると，資本移動の円滑性はいまだ体制的には保証されていなかった．資本市場が独占的大企業の経済的支配力を強める手段を提供する側面が大きかったことは，この段階の特質であった．

　独占的な経済構造は企業行動を企業内部の資源の有効な利用に注意を向けさせるようになったという意味で新たな発展の契機となった．これに関連して何よりも重要なことは，基幹産業部門で価格管理が進展すると，産業革命期のような価格変動を利用した収益機会は小さくなったことに加えて，企業間取引における価格設定でも，双方寡占のような産業間取引では価格の引き上げ手段には限界が生じたことである．それ故企業が利益を拡大させるためには，販売価格ではなく生産コストに注目してこれを引き下げることが不可欠となった．企業内部に目が向かうのはこうした市場条件に由来していたが，そればかりではなかった．鉄鋼業や肥料製造業などの装置産業では綿糸紡績業ほど生産工程は標準化されておらず，各企業の熔鉱炉や転炉，反応炉などの大きさや形状，原燃料の投入量や投入比率などは工夫と改善の余地があるものであった．経験のある基幹労働力が優遇されたのも，このような技術的な条件に依存していた．現場での工夫が求められるとともに，装置それ自体がもつ特徴から規模の拡大や装置の改善による燃料の節約などが生産コストを引き下げる効果を持つ限り，大規模な投資が追求されることになった．しかし，このような大規模な投資は供給能力の不連続な拡大によって産業企業の経営状態を不安定化するリスクを伴った．他方で機械生産では，いまだ標準製品の大量生産は電動機などの限ら

れた範囲にとどまり，一般の産業機械は受注生産の形態をとっていた．完成品の製造には製品の差異に柔軟に対応できる技能が求められるとともに，製品分野によってはこれを構成する部品などについては標準化され規格化された製品の量産化が求められていくという技術レベルにとどまっていた．このような限界のなかで，各企業はコスト低下による競争力の向上に努めていた．

4.4 独占段階の制約要因

この独占段階の経済構造には重大な制約があった．労働の現場での工夫が必要である分だけ経営は労働側に譲歩を求められることになったが，これは生産性の上昇を伴わない限りコストアップ要因であった．また，独占的な産業組織を維持する限りシェアの急拡大を期待できない以上，規模の急拡大は鉄鋼などの中間財に対する最終需要の拡大を必要条件とした．産業機械生産が主力である限り，機械生産の増加は設備投資の動向に強く規定されていたからである．とくに鉄鋼需要の代表的な産業部門である造船業では海運市況による受発注量の変動が大きく不安定であった[44]．他方で，規模の拡大は供給力の階段状の急拡大を伴うために，経過的には過剰供給に陥りやすく，投資には強い制約がかかることになった．このような事情が独占停滞論を生む根拠ともなったということもできよう．しかも，独占体制が大企業の私的共同行為に依存する限り，二重構造という経済格差の発生を不可避とするものであった．中小企業部門を中心とする低賃金労働，農工間価格差の発生に伴う農業部門の低収益化などの条件は，一方でそれらの部門における景気後退期の抵抗力や労働力プールとしての余力を削ぐものであった．それは他方で社会的な不満を鬱積させ，経済社会の安定化のためには社会政策的な国家の介入を不可避とした．この介入の形態は，反体制運動のあり方などによって規定されてさまざまであったが，そうした弥縫的な介入による格差の是正には限界があり，民衆の生活水準の改善は置き去りにされた．

大恐慌の発生に伴う失業の増大とそれを背景とした社会主義勢力の発言力の拡大は，この微妙なバランスの下で保たれていた社会的安定性を大きく損なうものとなった．失業救済が当面の対応策として必要となるなかで，資本主義経済社会はより安定的な社会構造の構築に向かうことが求められた．失業の急増

には，独占的な産業組織の下で管理価格体系の維持のために，価格による調整ではなく生産数量による調整が優先され，これに伴って生産現場から大量の労働力が排出されたことが強く影響していた．市場経済システムの対応力が制約されていたということになる．ただし，このような対応では広範囲の小生産者を悲惨な貧困の淵に陥れた大恐慌の嵐が緩和されることはなかった．二重構造のなかで不況圧力への耐力を失っていたことに加えて，恐慌の影響は農業生産を中心に激しい価格調整を伴ったからであった．市場メカニズムに基づく調整過程が価格の暴落という非情さを発揮し小生産者を襲った．生産の組織化，管理価格に基づく数量的調整は部分的で工業製品の主として中間財に限られていたからである．その意味では，世界的な金融システムの崩壊という現象が注目される世界大恐慌の危機的様相は先行する経済システムが独占を基軸としていたことが深く関わっていた．それ故，新たに取り得る方策は，大企業を中核とする独占体制の再構築ではあり得ず，経済格差の拡大を抑制するような分配面への強い配慮と，市場価格の乱高下を回避できるような財政金融政策による市場システムへの介入であった．それが新しい経済社会の安定をもたらすことが期待された．

4.5 現代経済社会への転換

　世界大恐慌が外見的には価格の暴落，生産の著しい減退，第一次産品の過剰生産などとして顕在化させ，市場メカニズムの調整力の限界を示したことから，第二次世界大戦後に開花する資本主義経済の高成長は，政府による反循環的景気調整政策の展開と，雇用を確保し，分配面での不公正を是正するような介入的な政策メニューを前提とするものであった．介入的な政策の一方で，恐慌の深刻化が独占的な経済構造に由来する側面があり，独占的な組織化が公正な取引を阻碍し，消費者の利益を損なうとの観点から独占禁止法が制定され，競争促進的な市場環境が整えられることになった．この政策的な枠組みは，独占形成という企業間の「契約の自由」を奪うとの批判を内包させることになったが，景気調整政策によって物価の激しい変動が抑制される限り，企業にとっても受入可能な制約であった．

　こうして企業はそれまでとは異なる条件の下での利益追求を求められること

になったが，同時に企業活動はこれらの条件を体制的に整え，強化する役割も果たすことになった．経済格差の是正が雇用の保障を伴って進展し，所得上昇を介して生活水準が改善したのは企業活動の成果でもあったからである．もっとも第二次大戦後に経済成長を常態化するような経済発展への転換がスムースに進んだというわけではなかった．

戦後の転換は，次の二つの条件によってきっかけを与えられた．一つは戦時の技術進歩の民需品への転換利用が模索されるなかで戦時に繰り延べられていた消費需要と出会うことで，消費生活の改善につながるような個人消費の拡大が動機づけられたからであった．もう一つは，欧州では社会民主主義政党が議会で一定の議席を占めるようになり，国政の動向に強い影響を与えうる公式のルートを確保したことであった．社会主義・共産主義がパージされた米国でも東西対立という対抗軸への配慮なしには政策決定が不可能であった．体制間競争とでもいうべき状況が福祉社会を一つの理念とするような現代的な経済構造の政策的な枠組みを実現させ，そうした分配面への配慮が勤労者の所得水準を改善し，連鎖的に小生産者に及ぶとともに消費拡大の制度的基盤を整えた．こうして消費拡大を支えうるような所得の増加を実現する枠組みが出現する．

4.6 高成長経済の構造

勤労者の所得上昇は耐久消費財需要の増大につながり，産業発展の様相を変えていった．それは独占段階の中間財を中心とする重化学工業化と対比すると機械工業化というべきものであった．鉄鋼業などの素材やエネルギーの供給は，経済発展の基盤として豊富で安定的であることが求められ，引き続き規模の拡大を追求し，大規模な設備投資の主役として機能した．他方で耐久消費財分野では，組立機械生産が家電，自動車などの分野を中心に拡大することになった．この機械産業の特徴は，第一に，部品生産の下請け協力企業も含めて産業の裾野が広く，雇用拡大の効果が大きいことであった．第二にそれは複数の分割可能な生産工程の組み合わせによって完成品を生産するものであっただけに，それぞれの工程の生産性の差異が明確化しやすく，そうして発見されるボトルネックを累積的な工夫によって改善できるなど，生産性の上昇が持続的であった．このような特質は，製品価格が製品の普及とともに持続的に低下する傾向にあ

った製品市場の特徴に対応したコスト低下を可能にする基盤でもあった．価格管理を制度的に放棄させられていた企業に価格維持の選択肢は限られていた．同時に製品の普及は，更新需要を喚起することも含めて絶えざる製品の革新を必要とするという特徴も備えていた．

製品の革新は，必ずしも新たな事態ではなかった．独占段階でもあるいはそれ以前でも，コストの低下を実現するために新しい素材による代替が必要となり，あるいは高性能の産業機械生産のために材料の改質が求められるなどの工夫が積み重ねられてきた[45]．そうしたなかで，耐久財に典型的に現れる更新需要に対応した製品開発だけでなく，製品分野の「多角化」のために企業は自らの経営資源を有効に活用しうるような新製品分野にも力を入れるようになった．こうした歴史的な背景から新製品の開発に経営資源を配置し続けることが「大衆消費社会」を支えるビジネスモデルとして定着する．新製品の開発には，潜在的なニーズにいかに対応できるかという探索が求められるとともに，その普及にはコストの低下が不可欠であったという限りでは，製品開発の焦点は絞り込まれていった[46]．

消費の拡大の基盤は持続的な雇用の拡大であった．それは協調的な労使関係の下で雇用労働者の労働条件の改善だけでなく，マクロ的な雇用拡大を伴っていたから，小経営が支配的であったかつての追加的労働力供給基盤が次第に先細りになり，そうしたバッファに依存しない経済社会への移行を推し進めた．移民労働力などに依存しない限り，このような条件は，さらなる賃金上昇につながるものであり，それを原動力として消費拡大からの連鎖を生むものであった．こうして経済成長が持続的に促されることになる．

労働力供給が制限され賃金上昇圧力を受けながら，他方で価格転嫁が難しい市場条件の下で，企業行動の焦点は，コスト低下による利益幅の拡張へと向かった．大規模な投資が必要であった独占段階とは異なって機械工業化が進展する高成長経済では，既述のような条件の下で生産工程に工夫の余地があり，新素材の利用や原単位の改善による原価低減が進展した．こうしてイノベーションを内生化した企業行動が定着する．

このような企業行動は，第二次大戦後の国際的な枠組みにも適合的であった．経済のブロック化などの貿易の利益を毀損する対外政策が世界大戦に結びつい

たという記憶の下で，戦後の国際社会は通貨・貿易面での協調的な枠組みを作り出す方向で一致していた．通貨管理の実効性を担保するために半ば制限された資本移動の下で，貿易面では自由貿易を追求するという限りで政策の同質化が図られ，それによって先進国間の競争条件を同一の基盤の上に置こうとした．このような努力は，ILO による労働者の権利の擁護などの面でも続けられた．それは個々の企業から見れば，当面の関税保護や貿易数量の割り当てなどの措置によって産業発展の道が開かれたとしても，いずれは同一の競争条件の下で存続可能な国際競争力を具備することを求めるものであった．そのため，開放体制のもとでの競争に備える上でも技術の導入・開発を推進し，製品原価の引き下げを図っていくことが持続的な目標となった．

　企業利益は，生産性の上昇に応じて労働者にも分配されるとともに，企業拡大のための投資の原資となった．家計部門の所得増加が貯蓄率を高めていたから，直接・間接を問わずいずれかのルートでそうした余裕資金も資本市場・金融市場を介して投資の原資となった．とはいえ資本市場の果たした役割は限定的であった．第二次大戦後の先進資本主義国では，米国でも経営者資本主義と呼ばれたように企業経営の自立性が強く，企業の投資原資のかなりの部分は分厚い内部留保によって賄われる傾向をもち，大企業部門の自己金融化が指摘されるほどであった．それでも順調な企業成長に基づく安定的な配当と株価上昇が見込まれる限り，株主の利害との鋭い対立は顕在化しにくかった．

4.7　高成長経済の内包する限界

　もっとも，このような経済構造にも重大な制約があった．労働力不足経済への転換は，社会的なバッファを失わせることになったから，摩擦的な失業対策だけでなくさまざまな側面で社会的給付を拡張する必要があり，社会福祉政策の拡充が財政面での負荷を増加させる危険をはらんでいた．順調な経済成長により税の自然増収が実現し，成長それ自体が雇用の機会を提供する限りは問題が顕在化しなかっただけであった．成長が覆い隠していた制約は資本市場にも潜在していた．株価の変動に伴う企業価値評価の変動は，それ自体としては実物投資に固定されている資本を株式の売買を通して移動させることを可能にするという機能を持っていた．それは企業買収などに際しては実物資本の市場価

値を再評価するとともに，資本の流動性を高めていく限り，資本利用の効率性に貢献した．しかし，そうした資本市場の機能は，株式価格の変動を介して短期的な譲渡利益を得るような投資行動を育てる基盤でもあった．流通市場の展開はそれを保証する制度的条件であった．しかも，貯蓄率の上昇は大衆の零細資金に生命保険などへの運用の余地を開くものであった．また，社会的給付が十分な制度的基盤を持たない米国などでは，年金などへの資金運用も広げることになった．こうして誕生する大規模な投資主体は次第に資本市場での発言力を強めることになり，結果的には経営者の主権と鋭く対立する契機を内包することになった．投資家の運用益が専門的な経営者の投資判断と両立し得たのも高成長が持続していたからであった．

　イノベーションを内生化した企業は，こうして経済成長を牽引する基本的な役割を自ら引き受けることになった．生産コストの低下に現れるような生産性の上昇が見出される限り，経済成長の持続を可能とし，それ自体が企業の存続条件を確保するものでもあった．しかし，このような高成長は，持続可能な経済システムではなかった．なぜなら牽引力となっている企業の製品は，自らが所得を提供している消費者の消費拡大に依存していたからである．生活水準の向上が進み始めた頃には，横並びでも新しい耐久財などの需要が拡大し，大量生産される衣料品などが消費者に選択された．しかし，消費者の嗜好の多様性は，需要が飽和状態に近づくにつれて顕在化することになり，多品種少量生産が求められるだけにコスト削減には限界が画された．加えて，消費需要の形態はモノからサービスに対する需要へとシフトする傾向も強まった．サービス産業には多様な形態があり，金融や輸送などのような大規模なオペレーションが新しい情報技術と結びついて展開する場合には，これまでには想像できなかったような高い生産性を実現することも可能であった．しかし，その一方で医療や介護などのサービス生産では生産性の上昇には限界があった．こうした分野では，一人の労働者が提供できるサービスの大きさには限界があり，付加価値生産性を高めようとすれば，付加価値を構成する賃金と企業利益の双方か，そのいずれかが増加することが必要だった．賃金上昇が企業利益を損なわずに可能になるためには，サービス価格の引き上げが必要となる．サービス需要が所得弾力的な性格を持つものであれば制約は小さかったが，対人サービスでは

人口構成の高齢化などのなかで生じた生活の質の劣化を補正することを求める分野が多く，そのためにサービス価格の引き上げはニーズを持つ人々の実質所得を低下させる傾向を持つものであったから，サービス化の進展のなかで好循環を作り出すためには，社会的な給付の拡充などを必要としていた．そして，そのような選択は，成長率の鈍化とともに発生した財政収入の伸び悩みによって制約されていた．

　こうして生じる国内市場の限界に直面して企業は輸出への傾斜を強め，自国内の労使関係に亀裂を入れるような「株主の論理」が優先されるようになると，それは自国内の製品の買い手である消費者という「金のなる木」を立ち枯れさせるものであった．

おわりに——構想されるべき経済発展の構造変動論

　イノベーションによって実現される社会的な生産力の上昇は，産業発展を通して経済社会のあり方を変えてきた．そうした事実を踏まえながらさらに検討すべき問題が経済史の研究には残っている．実現された高い生産力はその社会の構成員たちに，モノの豊かさを享受しうるような条件を与えてきた．それは，彼らの生活のあり方，消費者としての生活，労働者としての生活をどのように変えたのか，変化は彼らの生活のあり方とどのような関係にあるのか．それは成長の成果として「享受する」と表現することが適切なのか，それとも彼らが選び取ってきたものなのか．ここでは，アブナー・グライフの「比較歴史制度分析」などの議論と広く対話できるように，これまで分析の焦点として論じてきた産業・企業の歴史的な変化を，その基盤で支えているさまざまな経済主体の選択の結果として考えていくことにしたい．

　描かれている経済発展の段階的な変容は，経済システムがそれぞれの時代の制約のもとで必然的に移行したわけではないことを示唆している．それ故，作り出された具体的な経済システムは，国民経済のそれぞれで様相を異にし，また同じ国民経済でも異なるシステムが選択可能であった．政治的条件，社会的な条件の差異と変容は，このような変化——システムの遷移[47]）を条件づけるものであった．したがって，企業行動に見られる段階的な変容の同質性が見出

されたとしても，それを一つの型にはめて理解することは避けなければならない．

この点は，たとえば労働組合のあり方が，ギルド的伝統の下にある労働組合を持つイギリスと，大量の移民労働力を持続的に受け入れているアメリカと，長期雇用と企業内組織化が優先された日本と，それぞれの特質をもってきたことに注目すれば分かりやすいかもしれない．経営のカウンターパートとして組織化された労働者のあり方は，企業行動にそれぞれに異なる特質を刻みつけてきた．それは，同時に政治構造における社会民主主義の受容の仕方に影響を与えていたであろう．

それだけでなく，選択の積み重ねによって人々の行動が特定の方向に制度化されていくことを私たちは歴史研究で忘れるべきではない．その意味で，一つの理念型として「制度」をその都度提示し，人々の行動を理解可能な様式で記述することが第一次接近としては尊重されてよい．しかし，制度が人々の行動を律するものとして観察されるのは，選択の結果を確認しているに過ぎず，したがって制度から人々の行動を理解するのは結果論が陥りやすい本末転倒なのである．人々の選択の結果として制度が形成されることは，同時に人々の行動によって制度そのものが掘り崩されていく可能性を常にはらんでいることに，より注意深い観察の目を向ける必要がある．

たとえば，独占段階への移行に際して労働者の権利意識の高揚や集団的な交渉による労働条件の改善は，豊かな社会への歩みの第一歩を開くものであったし，そうした運動を背景としながら社会民主主義運動が政治勢力として定着すると政策決定過程に確実な影響力を行使できるようになっていく．それは労働者の組織的行動を認めるような制度があって生じたことではなく，労働者たちの行動の結果であり，社会的地位の平等化を求める要求に基づいて，選挙を通して表明された民衆の選択を反映したものであった．注意しなければならないのは，このような労働者の行動を規定したのは，賃労働者・被雇用者として経営と労働条件を交渉する主体という性格を超えて——したがってそのような意味で「制度」化された労働者の行動原理を超えて——社会的弱者としての政治的な要求が平等に認められるべきだという近代社会の理念であり，その意味で彼らは労働者ではなく「市民」であったということである．このように歴史具

体的な人間存在は，同時に複数の行動原理のなかで選択を重ねることになる．

労働者の組織化の進展の過程では，人々の選択の基準が伝統的な社会に支配的であった共同性などから離れていく過程でもあった．長期的に見れば，近代を通して人々は「経済人」として振る舞うように教育され，経済的利益の多寡をさまざまな行動の選択肢をより分ける重要な基準として受け入れるようになる．なぜなら雇用機会を確保すること以外に，生存の保障は得られなかったからである．それは市場経済システムを基盤とする資本主義経済社会にとっては好都合な経済観念の変化であった．こうして経済人が制度化される．近代の経済学はこのような側面にフォーカスして人々の行動を説明してきた．しかし，それは生まれながらに「経済人」であるが故に妥当なのではなく，ある歴史的な段階において経済社会の安定と発展のために望ましいとされて作り出された側面を強調しているに過ぎない．それ故に，人々の選択はこのような捉え方からの「逸脱」と見られるような多様性を許容しうる．イノベーションがそうであるように，「常態」からの逸脱が新しい地平を切り開くこともあるし，「共生」や「共感」のような経済的利益には還元できない理念が社会的に必要な課題解決の原動力となることもある．経済人のように特定の機能的な側面にフォーカスすることは理解可能な記述への近道ではあるが，ここで主張したい歴史認識の姿勢ではない．その意味では特定のミクロの局面を捉えて説明することにとどまる比較歴史制度分析は，特定の座標軸での記述に自己限定しているものであり，複数の座標軸（制度化された行動原理）をもつ現実の人々の行動，企業などの組織の行動が示す多元的なベクトルを捉え切れてはいない．制度に規定される面があることは否定できないが，特定の制度のもとで安定的に行動が繰り返されるように見えるのは，理念型として写し取られた制度が緩みのない堅固なものとして「机上」では描かれているからに過ぎず，その意味で均衡状態とされる「安定」は観察者によって作り出されたもので，現実の状況をある方向から写し取られた写像である限り現実的であるが，同時に現実のもつ立体感を表現し切れていないからである．

しかも，仮に一つの座標に限定しても，経済人が制度化されることで変化が終わるわけではない．多くの人々が自らの経済的利益の増加を求め始めることによって，企業行動は制約が加えられることになる．福祉社会が登場し，所得

増加による豊かな生活への希求が人々の行動を突き動かしているような雰囲気が生まれた．その結果，分配の公正さを求めるような政策的な介入は，さまざまな側面で企業の行動を規制し，市場活動の成果を再配分するように求めることになった．この状況に対して，改めて企業行動の自由の回復を図る動きが急速に拡大しているのが現在である．雇用に対する保障を放棄し，社会的給付を削減して財政上の負担を軽減し，企業課税を圧縮して残る負担を間接税体系にもとめることは，このような動きを典型的に示している．これに同意を与えるかどうかは，消費者としての生活，労働者としての生活の将来像をどのような姿に描き，自らの意思を表明していくのかにかかっている．そして，この表現の中に問題の複雑さが示されている．つまり，同じ個人が経済社会のなかでは消費者であり，同時に労働者でもあることが一般的だからである．消費者としての利益を求めて製品価格の引き下げのために賃金の引き下げが望ましいと考えたとしても，それが自らの勤労所得の減少を同時に意味しかねないとすれば，選択の方向は一義的には定まらないかもしれない．しかし，実際にはそのような矛盾をはらんだ存在として選択を積み重ねることが求められている．経済史の研究は，この選択がどのような方向に帰着するのかについて直接的な答えを用意するものではないが，歴史的な変化の基盤に私たちの選択の積み重ねがあり，それが構造的な遷移をもたらす重要な意味を持ち続けてきたことを明らかにしていることは尊重されてよい．

　以上のような捉え方は，歴史的研究の中から生み出されたものであり，こうした形で「現在」の歴史的位置を示すことができることが経済史研究，広く歴史研究の持つ現代的な意義ではないかと考える．

注
1) 本稿は2008年に韓国経済史学会で報告し，韓国語に翻訳して公表した「日本経済史研究の動向と方法的課題」を基礎に大幅に加筆修正してまとめたものである．
2) 当時の資本主義社会に関する認識は，マルクス主義の教条主義的な枠組みにとらわれている面があったから，資本主義経済がやがて革命的な力によって打ち倒され，社会主義経済へと移行することを前提としていた．そうした認識のもとでは，左翼勢力にとって問題なのは，その必然的な過程に沿って「今，何をなすべきか」であり，それを正当化できるような社会科学的な認識の裏づけを経済史研究に求める，という顛倒的な関係

になっていた．
3）向坂逸郎「『日本資本主義分析』における方法論」『改造』1935 年 10 月．
4）代表的な研究の推移と文献リストについては，とりあえず武田晴人・中林真幸編『展望日本歴史 18 近代の経済構造』東京堂出版，2000 年を参照．
5）人口史研究の開拓的な成果は，速水融『近世濃尾地方の人口・経済・社会』創文社，1992 年にまとめられている．この研究の系統の中で注目すべき成果をあげているのは，斉藤修『商家の世界・裏店の世界——江戸と大坂の比較都市史』リブロポート，1987 年，同『賃金と労働と生活水準』岩波書店，1998 年があり，一橋大学日本経済研究所を拠点とする長期経済統計の推計が与えた研究上のインパクトは極めて重要である（大川一司ほか編『長期経済統計』全 14 巻，東洋経済新報社）．また，数量経済史的なアプローチによる近代日本経済史研究のもっとも良質な成果として，中村隆英『戦前期日本経済成長の分析』岩波書店，1971 年が参照されるべきであろう．
6）大塚の研究は，その著作集によって全容を知りうるが，このような西欧経済史研究の影響は，何よりも典型的な発展を示すイギリスに対して，特殊性をもち後進性を伴う日本が比較史という視点によって強調されたことに見出すことができる．その一方で，そのような典型とはみなされないアメリカ合衆国に関する研究上の関心は低く，この分野の研究はヨーロッパを対象とする経済史研究と比較した場合，日本では著しく立ち遅れた．なお，大塚の議論をフランス経済史研究で独自に展開した高橋幸八郎によって，この大塚のモデルは，ヨーロッパの経済史研究にも少なからず影響を与え，それが後には，プロト工業化論などの資本主義移行期にかかわる経済発展に独自の理解をもたらすことになるという意味では，国際的にみても重要な貢献を残した．
7）方法的な意味では，日本における西欧経済史研究は，社会史的な側面を重視するという大陸ヨーロッパの研究潮流からの影響が強まるとともに，日本経済史研究との方法的な乖離が大きくなったということができる．そのような状況が生まれた背景には，次の二つの事情がある．一つは，後述するように単線型発展段階論への疑義が生じ，複線型の経済発展論を受け入れることによって，もはや典型としてのイギリスという位置付けが難しくなったこと，第二は，個々の研究者が現地の研究者と密接に交流することが可能になることによって，その領域での高い実証性と，それぞれの分野において共有される問題意識に応える必要性が研究の方向を定めるようになっていることである．その点は，比較制度分析などの経済史研究への影響が希薄なヨーロッパの経済史研究に対応して，日本の西欧経済史研究では，比較制度分析への関心が日本経済史研究に比して著しく小さいことに端的に現れている．
8）馬場宏二『富裕化と金融資本』ミネルヴァ書房，1986 年など参照．
9）古典派経済学批判として出発し成立期の資本主義経済体制の持つ構造的な特質とその経済システムとしての限界面，矛盾点を突き詰めようとしたマルクスの経済学が持っていた批判的な精神が，社会主義が実現するであろう分配面での公平さと高い生産力という理念に寄りかかって，変貌しつつある資本主義経済システムの柔軟な対応力を軽視したところに躓きの石があったということであろう．

10) そのような潮流を代表するのが，青木昌彦・伊丹敬之ほか『企業の経済学』岩波書店，1985年，青木昌彦・小池和男・中谷巌『日本企業の経済学』TBSブリタニカ，1986年である．
11) 新古典派経済学の限界については，かつて「新古典派経済学は，1950-60年代の米国という限定された社会状況にマッチするような形で形成され，やがて『制度化』された疑似科学である．それは科学性を謳いながらも実は（カール・ポッパーの意味での）科学ではなく，むしろイデオロギーと呼ばれるにふさわしい」と批判されるような傾向をはらんでいた（佐和隆光『経済学とは何だろうか』岩波新書，1982年）．
12) たとえば，「仕切られた競争仮説」を提示した伊藤元重ほか『競争と革新——自動車産業の企業成長』東洋経済新報社，1988年，下請協力関係についての浅沼萬里著，菊谷達弥編集『日本の企業組織革新的適応のメカニズム——長期取引関係の構造と機能』，東洋経済新報社，1997年などの例を挙げることができる．
13) もちろん，中村隆英編『「計画化」と「民主化」』岩波書店，1989年，原朗・山崎志郎『戦時日本の経済再編成』日本経済評論社，2006年などに結実する戦時経済研究の意義を否定するものではない．問題はそれらの研究が日本の戦時体制について何を語るかという点で課題を残しているということである．この点は，たとえば，岡崎哲二「第二次世界大戦期の日本における戦時計画経済の構造と運行」『社会科学研究』第40巻4号，1991年の鋭利な分析が戦時経済の運営において，必要とされる計画数量の実現にどのような手段が模索され講じられたのかを明らかにしていること，そうした課題・目的に対する合理性を論じたことによる研究上の前進が，戦時体制の理解にどのような含意を見出すかに関わっている．
14) 大内力『国家独占資本主義』東京大学出版会，1970年，および三和良一『戦間期日本の経済政策史的研究』東京大学出版会，2003年参照．
15) 橋本寿朗・工藤章編『20世紀資本主義』1-2，東京大学出版会，1995年，および東京大学社会科学研究所編『20世紀システム』1-6，東京大学出版会，1998年．付言すれば，「国家独占資本主義」は，分析的な概念としては，本論で述べたような経済過程への国家の介入という現代資本主義の特質の一つを直截に示しているという長所があった反面で，これを資本主義の発展段階のなかに位置づけることが難しく，「大衆消費社会の到来」との評価もある第二次世界大戦後の先進工業国の現実を解明するうえでは不十分であった．このことが，「死語」となった基本的な理由といってよい．それは，開発独裁体制のような政治システムを持った後発国において，しばしば見られる，政治指導と一部の特権的な資本家グループの癒着と腐敗を批判するために流用された政治的な概念を指しているわけではない．もっとも，インフレターゲットによる経済成長という簡明な処方箋を重視し，雇用対策や分配面での補正に冷淡な現在の自民党政権の政策枠組みは，かつて大内力が提示した管理通貨制の下でのマイルドインフレーションこそ国家独占資本主義の本質的な特徴と捉えたこととの共通性を見ることができるという点では，全くの見当外れの議論ではなかったと言うべきかもしれない．
16) 「20世紀システム」という言葉が，何時のどのような意味で使い始められたかは，必ず

しも明確ではない．しかし，それは当初は国際政治体制などを表現する言葉として登場したことは間違いないようである．橋本寿朗がこれを自覚的に経済発展の段階的な規定に取り入れた時にも，第一次世界大戦を起点として進展する国際機関の発展，すなわち，本文に例示したものの他，国際労働機関，GATT＝WTO，先進国首脳会議などの展開が重視されていた．この点についてとりあえずは，前掲，東京大学社会科学研究所編『20世紀システム』参照．

17）この関心の移動については，フランスのレギュラシオン学派の影響がきわめて重要な意味を持ったと考えられる．

18）ただし，カミソリで木を切ることが難しいように，対象に即した分析方法の選択の必要性は変わることはない．方法的な特徴がもつ分析上の限界に明敏である必要はある．

19）たとえば，岡崎哲二『江戸の市場経済──歴史制度分析からみた株仲間』講談社，1999年はその典型的な例であるが，これについては石井寛治が『経済発展と両替商金融』有斐閣，2007年で批判しているほか，近世史の研究者からは必ずしも支持を得られていない．

20）J・R・ヒックス著，新保博，渡辺文夫訳『経済史の理論』講談社学術文庫，1995年，12頁．

21）この研究は，はじめ歴史研究者と経済学者の共同研究としてスタートし，バブル崩壊後の日本経済システム批判の潮流に加わった「1940年源流説」として展開した（岡崎哲二・奥野正寛『現代日本経済システムの源流』日本経済新聞社，1993年）．その後，経済政策の意味などを問いかけた青木昌彦・奥野正寛・岡崎哲二編『市場の役割　国家の役割』東洋経済新報社，1999年，戦後の金融システムに関する岡崎哲二編『戦後日本の資金配分──産業政策と民間銀行』東京大学出版会，2002年などがまとめられている．またこの研究を主導している岡崎哲二は，最近では比較制度分析よりも歴史制度分析という表現を，自らの研究の方法的な特徴を表すものとして意図的に用いている．このような方向に沿った入門テキストも書かれている．

22）具体的な分析としては，青木昌彦『日本経済の制度分析──情報・インセンティブ・交渉ゲーム』筑摩書房，1992年，またその理論的な基盤に関わるものとしては，青木昌彦『比較制度分析に向けて』NTT出版，2003年（原著は英文版 Masahiko Aoki *Toward a Comparative Institutional Analysis*, The MIT Press, 2001）がある．これに対する批判としては，とりあえず武田晴人「日本的経済システム論批判の再考」『交詢雑誌』第511号，2007年，および，貝塚啓明・財務省財務総合政策研究所編『再訪日本型経済システム』有斐閣，2002年を参照．

23）前掲『現代日本経済システムの源流』参照．

24）岡崎哲二『取引制度の経済史』東京大学出版会，2001年，同『生産組織の経済史』東京大学出版会，2005年．

25）中林真幸の製糸業に関する研究（『近代資本主義の組織──製糸業の発展における取引の統治と生産の構造』東京大学出版会，2003年）は，そうした意味の典型的な作品の一つである．また，前掲『取引制度の経済史』『生産組織の経済史』も編者が強調す

るほどには個々の実証論文における方法的な統一性に乏しく，新しい方法が説得的な成果をあげていることを示すという点でも力強さに欠けている．今後の課題であろう．
26）中林真幸は，最近の「経済理論と経営史」と題する論考で，組織の静学的な含意を分析的に示すことは組織の経済学によって果たしうるが，「移行過程は，文字通りの歴史記述として描」くことになるとして，現段階の理論的な成果を前提に変化の過程を経済学の理論によって分析的に記述することはできないとの考え方を明らかにしている（経営史学会編『経営史学の50年』日本経済評論社，2015年，20頁）．
27）日本で発達したマルクス経済学の一学派である宇野弘蔵の経済学における原理論体系は，そのような意味では，新古典派経済学と共通するような閉鎖的な均衡体系（純粋資本主義）を前提としたものである．もちろん，このような原理論体系の特徴を意識して，宇野は段階的な把握の必要を強調するとともに，現状分析的な研究分野における理論の直接的な適用には慎重であった．
28）「歴史制度分析」がこれまでの経済史研究に対して提示した批判点が，経済問題の歴史的分析では「制度」に対して，これまで以上に強い関心を払うべきだということであれば，「改めていうまでもない」ことがらであろう．つまり，これまでの日本経済史の研究蓄積は，制度的な問題を極めて重要な要素として議論してきているからである．したがって，この新しい研究動向が持つ積極的な意味は，そのような従来の研究が制度を「単に記述してきた」のに対して，制度間の関係の「補完性」や「経路依存性」に注目することで，分析対象となる制度の影響度や重要性を評価しうる構造論的なアプローチを提起したことにあると捉えるべきだろう．そして，それ故に，歴史分析の方法としては，ダイナミックな変動の可能性をこれらの研究が開きうるかどうかが問われている．しかし，その基盤となっている理論的な説明からはその可能性が小さいこと，したがって，そのような限界を自覚的に乗り越えていく努力が歴史制度分析には課せられていると考える，というのが本稿の立場である．
29）アブナー・グライフ著，岡崎哲二・神取道宏監訳『比較歴史制度分析』NTT出版，2009年，17頁．
30）たとえば，伝統的な経済史研究が強調してきた資本主義経済制度と寄生地主制との関係は，産業革命期に低賃金と高率小作料の相互規定によって専制的な日本の経済社会を特徴づけたと指摘されてきた．そうだとしても，労働力市場を主たる媒介環とする2つの経済制度の関係は，米価の動向如何によって対立する契機を含んでいたことはよく知られている．
31）このような捉え方は，特に日本に固有のことではない．前述の比較制度分析が提出した問題も，異なる制度的な枠組みによって経済的には効率的な経済システムが成立しうるという意味において新しさを主張していたし，経済史の分野でも複線型の発展論を明示的ではないにしても考慮している研究は多い．これに関連して，ロナルド・ドーア著，藤井眞人訳『日本型資本主義と市場主義の衝突——日・独対アングロサクソン』東洋経済新報社，2001年，ブルーノ・アマーブル著，山田鋭夫ほか訳『五つの資本主義——グローバリズム時代における社会経済システムの多様性』藤原書店，2005年などを参

照．
32) 加藤栄一・馬場宏二・三和良一『資本主義はどこに行くのか――二十世紀資本主義の終焉』東京大学出版会，2004年．
33) これに関連して，最近の日本経済史研究の展開のなかで大きなウエイトを占めている「在来産業論」が内包する経済発展の理解とその可能性についてもふれておく必要がある．在来産業論にはさまざまな系譜があるが，それらの論者の共通する関心は，経済発展の連続性に関わるものといってよい．すなわち，幕藩体制期に見出される広汎な市場経済的な活動に着目しつつ，それとの連続性において日本の近代を理解しようとするものである．近代産業に対置する概念としての「在来産業」には，その概念上の曖昧さがつきまとっていることはこれまでも研究史において指摘されてきている．しかし，それにも関わらず，このような研究に関心が集まる背景には，それらの研究が部分的な経済現象を経済学的に説明するという最近の研究動向に最も適合した分野であるとの側面を持っているからであろう．ある特定の地域における取引制度や生産組織を切り取って説明する限り，都合のよい史実を選び出すことは難しくないが，そこでは，取り出された事例がどの程度一般性を持つかを説明する必要性すら認識されない危険がある．これに加えて，より重要な問題は，連続性にこだわる問題意識の故に，それらの在来産業分野でおきている技術変化や企業経営のあり方の変化に無関心であるために，発展の原動力そのものを明らかにするという関心に乏しく，いわば切り取られた小宇宙の世界を描くだけにおわる危険もある．たとえば織物業では，問屋制家内工業の形態を持つ小経営の存続が，管理費用の節約などの条件の故に合理的な選択だとされる一方で，電力供給が実現されるなどの条件が整えば工場制への移行が進むとも言われる．ここでは，変化は外的な条件に左右されており，経営発展の内的要因が十分には考慮されないままにおわっている．
34) このような問題点については，武田晴人「市場と企業家活動」『社会科学研究』第54巻6号，2003年を参照．
35) いちいち例を挙げることは避けるが，日本の経営史研究には，このような傾向がきわめて多く見出される．最近の経営史学の成果については前掲『経営史学の50年』を参照．
36) 産業史研究が企業研究を活性化させてきた経緯については，武田晴人「経営史と産業史」前掲『経営史学の50年』参照．
37) このような分析を志向したものとして，松崎義『日本鉄鋼産業分析』日本評論社，1982年，武田晴人『日本産銅業史』東京大学出版会，1987年がある．
38) このような視点を重視した研究として，武田晴人編『日本経済の戦後復興』有斐閣，2007年および，武田晴人編『戦後復興期の企業行動』有斐閣，2008年などを参照されたい．
39) ただし，このように説明しても，価格のシグナルが一方的に企業行動を規定すると考えているわけでない．価格を与件として分析することが有効な局面が多いということは認められるが，他方で企業の価格行動，企業が自らの製品にどのような価格を設定し，

市場の上に応じてこれを操作するかは，企業のあり方を考え，さらには市場の働きを考えるうえでも重要な問題になる．たとえば，石井晋はアパレルメーカーがシーズン内に価格をマークダウンするような操作を行っていることを指摘している（「アパレル産業と消費社会」『社会経済史学』第 70 巻 3 号，2004 年）．こうした双方向の関係として価格についても考察する必要があることは留意されなければならない．

40) なお，資本市場に関しては，前掲『戦後復興期の日本経済』を参照されたい．
41) なお，本書第 4 章日向論文も参照されたい．
42) これについては高村直助『日本紡績業史序説』塙書房，1971 年などを参照．
43) なぜカルテルが結成されたのかというミクロの問題に限定すれば，ここでの説明と「繰り返しの協調ゲーム」を用いた理論的な説明とに大きな差はない．中期的な視点から見れば敵対的な行動よりも協調的な行動を選択することがインサイダー企業にとって有利と判断された限りでカルテルの結成は有力な選択となった．しかし，重要なことはカルテルが結成されたことによって市場が安定化したときにどのような変化が生じるかであって，カルテルの結成はゲームの終わりでも，永遠に繰り返されるようなゲームの開始でもないことである．本論でも強調するように，企業はゲームのルールに反しない，つまり協調に基づいて設定された管理価格による販売などの契約に違反しない限り，たとえばコストの低下によって，あるいは新製品の開発によって新たな地平を切り開こうとするという能動的な主体となり，そうした行動の積み重ねがゲームを成り立たせている条件を掘り崩す可能性を持つということである．
44) 設備投資財を生産する分野で，受注量の変動に対処して生産量を平準化するために受注から納品までの期間が長期化する傾向が見出されるのは，このような状況に対する対応策の一つであった．
45) 先行する時代に新製品が開発されていく基盤の一つには，新素材による代替がコスト低下につながることからその開発が中間財などで繰り返されて来たことがあった．アルミ，化学繊維，プラスチックなどの素材がそうした形でイノベーションの結果として登場したことを考えると，ここでも重要な推進力はコスト削減のための企業行動を捉えることの重要性は確認できる．
46) 製品革新の意味については，それが消費者の生活の利便性を向上・改善している側面をどのように評価するのかという需要サイドの問題を視野に入れる必要もある．生活水準の向上は，製品価格の低下にともなって生じる実質所得の上昇から評価できる側面だけでなく，生活の利便性などの側面で，その意味では質的な意味での生活の改善に貢献しているのかという問題を評価できる視点を明確化していくという課題を残している．
47) 「遷移」という捉え方については，武田晴人編『高度成長期の日本経済』有斐閣，2011 年の序章を参照されたい．

第2章

産業史研究の意義と方法[1]

呂寅満

はじめに

本章は1970年代から最近までの産業史研究の主要な成果を問題意識・方法論を中心にサーベイし，今後の産業史研究の意義と可能性について検討することを目的とする．

産業史は，いうまでもなく経済史の一分野であるが，それは，特定時代・地域（国家）の経済活動あるいは資本蓄積過程を具体的に分析するためには，同種の商品から構成される産業の分析が必要であるという認識を前提としている．もっと積極的には，序章にも指摘されたように，経済システムの構造分析のためには産業単位での分析が欠かせないと言える．実際に，産業はマクロ経済と企業とのメゾの領域に位置しており，その選び方および分析の仕方によって経済史の追究する特定時代の全体像あるいはその像の変化の特質を描き出すことが可能である．

こうした個別産業を具体的に分析する産業史研究は，日本経済史分析の深化にともない，1960年代終わりから1970年代初頭にかけて経済史の中で一定の領域を占めるようになった．それまで産業史は，農業史，工業史，商業史というような分類に過ぎなかったが，その頃から産業の中分類くらいを対象にして，それぞれの産業の特性に注目しながら具体的な分析を進めていくという手法が明確に意識され始めたのである[2]．

ところで，個別の産業を素材とした産業分析は，日本経済史の研究動向に影響されながら行われたが，日本経済史の分析手法や問題意識は時代ごとに変化した．1970年代には日本の産業革命期を主な分析対象時期としながら，日本資本主義の形成過程の特徴を解明するという問題意識を有し，個別産業分析から日本資本主義の構造的な特徴あるいは形成過程のダイナミズムを分析しよう

とした．1980-90年代には主な対象時期が戦間期へと移り，日本資本主義の成長過程の特徴を解明しようとする問題意識が多くなった．なお，個別産業分析を通じて，独占，組織（カルテル），財閥の「機能」を新たに解釈して日本資本主義像に一定の修正を迫る成果を上げた．2000年代以降には，問題意識の面で日本資本主義論との結びつきが弱くなる一方で，個別産業の国際競争力，キャッチ・アップ，コーポレート・ガバナンス，さらには「日本的経営」の検証の一環としての産業史研究が多くなった．

　以下では，まず1970年代以降最近までの産業史研究を，以上のような3つの時期に区分し，それぞれの時期に行われた主な産業史研究を取り上げて，その問題意識・方法論を中心に検討する．そして，その成果と限界を確認した後，今後の展望について私見を述べてみることとしたい．

1　産業史研究の登場——1970年代

　産業史研究の方法が初めて明示的に提示されたのは隅谷三喜男の『日本石炭産業分析』（1968年）によってである[3]．それはつぎのような目次をみても明らかである．

　　第1部　日本石炭産業の史的分析
　　第2部　石炭産業分析の方法
　　　第1章　生産分析
　　　　　　1．労働過程　2．労働手段　3．労働力　4．鉱区所有と資本
　　　第2章　市場分析
　　　　　　1．市場と価格　2．企業と市場　3．資本制生産の展開

　このうち，最も詳細な分析が行われたのは生産分析であり，石炭産業の個性を労働対象と労働過程に求め，また，産業の特徴を「生産資本」の循環形式としてとらえる方法論を提示した．ただし，その方法を第1部の産業の歴史に適用したのではない．第1部は主な分析時期である第2部の時期に至るまでの前史を紹介するという側面が強い．これは，第1部が資本主義の成立する以前の時期を対象としているからでもあるが，書名にも表れるように本書がもともと歴史分析を目指したものではなかったためである．したがって，その後に活発

第2章 産業史研究の意義と方法　59

に行われる産業史分析のように産業分析の成果を当時の日本資本主義論と関連付ける意識はあまり見られない．もっとも，労働過程，すなわち具体的な生産現場を分析することによって，その現場での労働の具体的な「支配のされ方」を明らかにし，さらに，それを市場分析と結合させることによって資本の蓄積過程を解明した本書の産業分析の方法は，石炭産業あるいは鉱山業に留まらず，他の産業にも適用可能な汎用性の高いものであった．

　一方，産業史の方法論を提示しながらの本格的な歴史研究は高村直助『日本紡績業史序説』(1971年)[4]から始められた．この研究は日本資本主義論との関係を強く意識したものであるが，資本の本質を自己増殖する価値という観点から「貨幣資本」の循環形式に基準を求める方法を採用した．それは次のような目次からも窺い知ることができる．

　　序　章　紡績資本形成の前提条件
　　第1章　紡績資本の形成と構造
　　第2章　紡績資本の確立過程
　　　第3節　形成期紡績資本の再生産構造
　　　　1．資本金と紡績設備　2．原料綿花　3．労働力と生産過程
　　　　4．製品綿糸
　　第3章　確立期紡績資本の再生産構造
　　　第1節　資本金と紡績設備
　　　第2節　原料綿花
　　　第3節　労働力と生産過程
　　　第4節　製品綿糸

目次から読み取れる本書の分析上の特徴は，過渡的な変化の時期と，ある時点での構造とを組み合わせながら段階的な紡績資本の発展過程を解明していることである．もう一つの特徴は，資本蓄積に不可欠な論点を再生産プロセスのなかで過不足なく検討していることである．すなわち，論点が資本金と設備の調達，原材料の調達，労働力と生産過程，そして製品の販売といった調達から生産，販売にまで至っている．

　ただし，その代わりに個々の具体的な企業を取り上げて議論する余地がなく，また，企業間の競争構造を分析しにくい．これは資本家を機能資本家として，

労働者を労働力として取り扱うという，言い換えれば個別企業の「個性」が排除されていたからである．

これと関連して，この分析では，企業という用語を使っておらず，また先述した隅谷と違って労働過程という用語より生産過程という用語を重視している．これも，紡績業という産業の個性に注目するのではなくて，紡績資本の蓄積過程を解明するという問題意識のためだったと思われる．これが，先述した隅谷の方法論とは根本的に異なった点である．そして，この分析は，当時紡績業の日本経済に占める比重の高さという状況もあって，産業史であると同時に日本の産業革命論であり，明治期の日本資本主義論となっていた．

蚕糸業という産業を素材としつつ，産業革命期における日本資本主義の構造的な特質を解明しようとした石井寛治『日本蚕糸業史分析』(1972年)[5] も高村の研究と方法論的な類似性を有していた．この研究の目次は以下の通りであるが，まずは世界市場での接し方によって，製糸家の類型という産業の編成上の特徴を見出していることが注目される[6]．方法論的には，生産過程を重視した隅谷に比べて商品の販売過程に重点を置きつつ資本の蓄積過程を分析しているといえる．

　　序　章
　　第1章　世界市場における日本製糸業——製糸家の二類型
　　第2章　売込問屋支配体制の成立と展開——内発的発展との関連
　　第3章　製糸女工の存在形態
　　第4章　製糸資本家と養蚕農民

それ以外にも，この研究では第2章の副題から読み取れるように日本資本主義論争を意識していること，労働力の代わりに女工という用語を使っていること，また養蚕農民をも分析の枠組みに含めることによって階級構造を議論しようとしたことなどの特徴がある．全体的には産業の特性，産業内の企業の差を強調しようとした点において高村の方法よりは隅谷の方法に近いともいえる．もっとも，この研究が高村の研究と同様に産業革命期の日本資本主義論であったことには間違いない．

ところで，高村・石井の問題意識を共有しながらも，産業史分析の意義と方法をはじめて明示的に提示したのは山崎広明『日本化繊産業発達史論』(1975

年）である[7]．目次は以下の通りであるが，そこからはまず体系性が注目される．

　　序　章　日本化繊産業史分析の意義と方法
　　第1章　日本レーヨン工業の発端
　　第2章　日本レーヨン工業の成立
　　　第1節　反動恐慌と企業再編成
　　　第2節　人絹糸用途の拡大と織物産地への普及
　　　第3節　人絹糸の流通構造と特約店制度
　　　第4節　外国技術の導入と技術進歩
　　　第5節　労働市場の動向と生産手段の調達
　　　第6節　企業間競争の構造と資本蓄積
　　第3章　日本レーヨン工業の発展
　　　第1節　日本人絹工業の発展と三井物産・綿紡績各社の新規参入
　　　第2節　織物輸移出主導型の市場拡大
　　　第3節　特約店網の再編とオッパ取引の盛行
　　　第4節　人絹製造技術の進歩
　　　第5節　労働市場の動向と生産手段の調達
　　　第6節　企業間競争の構造と資本蓄積
　　第4章　日本レーヨン・ステープル工業の勃興

　すなわち，第2章と第3章はレーヨン工業の成立期と発展期をそれぞれ対象としているが，節立てはまったく同じである．また，販売，技術，労働力，設備など資本の再生産に必要な全プロセスに分析が及んでいることもわかる．なお，先述した隅谷の生産資本，高村の貨幣資本，石井の商品資本の循環形式に比べると，この分析は調達―生産―販売の全過程を視野に収めた本格的な「産業資本」の循環・蓄積に重点を置いたものといえる．

　ところが，この分析が先行研究と決定的に違っている点は，産業活動の歴史具体的な主体としての企業をその分析の対象とし，産業発展の具体的な諸相（資本蓄積）を企業間競争として総括していく視点を提示したことである．もう一つの特徴は，産業史が日本資本主義分析の方法として使われるためには「国際的」，「動態的」な視点を備えるべきだと強調したことである[8]．すなわ

ち，国際的に見て日本資本主義の成長過程の特徴を産業レベルで分析する必要性を指摘したのである．こうした提言がレーヨン産業という素材分析のためだったことは想像に難くないが，後述するように，こうした問題意識は1990年代以降の研究に大きな影響を与えた．もちろん，産業史は日本経済史の一部であり，「個別産業分析が一国資本主義分析の深化に貢献するためには，対象となる産業が，日本資本主義，もしくは日本産業のなかで量的・質的に有意味な重要性を有するものでなければならない」[9]と指摘しているところでは，先述した高村・石井の立場と変わらなかった．

このように，この時期に新たに登場した産業史分析は「当該産業を含む国民経済の産業構造上の特質を，したがって生産力構成の特質と，これによって規定されている当該経済社会の資本による編成のされ方の特質を論じ得る手がかりを与え」られる可能性を示した．付言すれば，産業史分析は「分析者の日本資本主義像を映す鏡」[10]となったといえよう．

そして以上の四つの研究によって，産業史研究の方法はほぼ出そろったといえる[11]．それを大別すると，まず，ある産業をその特徴に即して分析し，ある時代・時期の特徴がその産業の変化にどのように現れるのかを分析するという方法がある．もう一つの方法は，ある産業を素材として取り上げて分析し，それを通じてその時代・時期の全体像の特徴・核心を捉えるということである．この場合，取り上げられる産業はその時代・時期の中心的な地位を占める「リーディング」「主軸」産業でなければならない．こうした分類に従うと，隅谷・山崎は前者の方法に近く，高村・石井は後者の方法を目指したといえる．両者が完全に区別できるわけではないが，どちらに重点を置くかの差はあるといえる．

こうした区分は1980年代以降の研究方法にも基本的にはつながる．すなわち，前者の方法は，ある産業の発展過程そのものを解明することに研究の重点を置く，あるいは時代の特徴を念頭に置きながらある産業の変化を描く，という方法につながる．後者の方法は，産業を素材として特定の分析目的を果たす，あるいは，特定の分析目的のために産業の特定部分に焦点を絞る，という方法につながる．もちろん，このつながりというのはやや便宜的な区分であり，方法論的にはっきり分けられることではないのはいうまでもない[12]．

2 産業史研究の多様化——1980-90年代

　この時期の産業史研究では，前の時期に比べて日本資本主義論との直接的なつながりが前面に現われなくなった一方で，多様な問題意識・方法論が出された．

　まず，日本経済史としての産業史，すなわち時代像の構築を意識しながら行われた研究が挙げられる．こうした研究の代表的な作品としては武田晴人『日本産銅業史』(1987年)[13]を挙げることができる．この研究はまず，「採取産業としての性格を持つ採掘と，装置産業としての特性を強める製煉という二つの異質の生産過程を内包する産銅業の特殊性に留意」するという隅谷の方法論を採用している．そして，産銅業の展開に重要な意味を有する市場構造の変化，技術進歩，労使関係，企業間競争構造などのテーマを分析しているが，そこから当時の日本資本主義の特徴，あるいは独占の特質にただちにつなげるわけではない．すなわち，「産銅業史観」を目指してはいない．どちらかといえば，資本制生産（第2章）と独占の成立（第3章）のもとで，産銅業がどのように展開していたかを「できるかぎり実証的に検討する」[14]こと自体に目的があったのである．

　実際に，この研究では工学部の「実習報告書」など従来あまり使われることのなかったさまざまな「産業特殊的」な資料を駆使することによって，実証のレベルを飛躍的に上昇させ，その後の研究に大きな影響を与えた．なお，この研究では，例えば労使関係の変化を分析するのもそれがどれだけコストに影響を与えたかを解明するためという，分析対象となったさまざまなテーマを企業行動の焦点となるべきコスト分析を中心に総括しようとしたという[15]．しかし，この分析方法は明示的には提示されず，新たな方法論としての影響は限られた．

　阿部武司『日本における産地織物業の展開』(1989年)[16]も高い実証水準を代表する研究の一つである．この研究は「戦間期における日本の産地綿織物業の実証分析を課題」としており，先述した武田の問題設定と一致している．一方で，この研究は，織物業では従来あまり見られなかった「発展的側面」を解明しようとした．すなわち，紡績と織物の二重構造という産業史の常識を覆すこ

とを目論んだ．その問題意識は「中堅企業論」との親和性があり，山崎が提示した「動態的」な分析方法の影響を受けているともいえる．その結果，成長した企業・産地が発見され，それを可能にした諸要因が解明された．ただし，「成長要因の分析に終始して，その要因間の相互関連の分析や相対化に成功せず」[17]，方法論的には限界が残された．

　谷本雅之『日本における在来的経済発展と織物業』（1998年）[18]は同じく織物業を素材にして精緻な実証研究を行ったものであるが，問題意識の面では1970年代に行われた日本資本主義論を論じるための産業史研究に近かった．すなわち，「（本書は）農村に広範に存在した織物業の展開過程の分析を通じて，日本経済は『在来的経済発展』と称されるべき経済発展のパターンを，その発展過程の内に含んでいたことを明らかにすることを課題」[19]としており，問題意識は先述した高村・石井のそれに近かった．そして，従来紡績に比べて重点産業ではなく後進的な側面が強調されがちだった織物業を「在来的な発展」ととらえ，「近代的」な発展部門と並行的に発展したことに日本資本主義の成立過程の特徴があるとした．先述した阿部［1989］に比べて，織物業そのものの発展過程の説明が目的でなく，それを通じて日本資本主義を論じようとしたのである．

　一方，この時期には機械産業に対する研究も活発になった．そのうち，鈴木淳『明治の機械工業』（1996年）[20]は産業革命論を強く意識しながら，方法的には機械産業の特徴に注目した．そして，「機械工業の同時代的な意味」を問う，すなわち，「画期的な機械の製造事例や大規模工場の発展過程でなく，同時代の諸産業の求めに応じて展開した機械類の製造・修理体制の全体像としての機械工業を把握」[21]しようとした．その結果，日本の機械工業は，中小機械供給部門をみる限り，通説のように後進的でなく，産業革命の進行に並行して順調に発展したと主張した．

　ところで，この研究は，当時流行であった産業技術史，あるいは技術普及論の影響を受けたものと思われる．日本産業の形成・発展過程で技術の役割に焦点を当てる産業技術史研究は以前から盛んであったが，1978-82年に行われた国連大学の研究プロジェクト「技術の移転・変容・開発——日本の経験」の成果によって日本経済史研究からの関心も高まった[22]．ここでは「適正技術」な

どの概念を使って，西欧技術の影響を取り入れつつ，適用と変容を通じて，在来産業の発展ひいては日本経済の発展が可能であったと主張された．こうした主張は従来日本の後進性といわれてきた事柄が，後発国の工業化の独自の過程として理解されうるというインプリケーションを有していたと解釈された．先述したように，この時期の研究には日本産業の「発展的側面」あるいは「在来的発展」を強調する傾向が多く見られたが，それらの研究はこうした産業技術史研究との親和性があったのである．

　同じく機械産業に関する沢井実『日本鉄道車輛工業史』『マザーマシンの夢』(1998, 2013年)[23]は問題意識の面で鈴木とは異なり，むしろ1970年代の隅谷の方法論に近かった．すなわち，鉄道車輛については，自動車・家電といった戦後日本における主な機械産業と異なる重機械産業の戦前の展開過程を分析することを，工作機械については鉄道車両と同じく注文生産型・建造型機械産業でありながら，生産構造がまったく異なることによって産業の形成・発展がいかに異なるのかを分析するのがそれぞれ研究の目的となっている．両産業の分析を通じて戦前日本資本主義の特徴を解明することを，必ずしも主たる課題としていなかったのである．

　日本資本主義論との関係を意識するなら，鉄道車輛の場合には，従来強調されたように，有力ユーザーとしての国家セクターとの密接な関係を重視し，その意味を分析したはずであるが，ここではこの問題もユーザー（鉄道院）とメーカーの製品共同開発という一般性として理解している．一方で，両産業の展開過程については精緻な実証が重ねられ，該当産業の構造や変化が見事に描かれたが，個別産業史の成果にとどまり，産業史一般に適用しうる方法論が提示されるところまでは至らなかった．

　なお，この時期には経営史的なアプローチが産業史研究の方法として新たに導入された．経営史的アプローチとは企業の戦略・組織あるいは企業家活動を中心に産業史を叙述するものと理解しうる．まず，前者の代表としては，下谷政弘『日本化学工業史論』(1982年)[24]を挙げることができる．この研究は副題からもわかるように，化学企業の多角化過程を分析した化学産業史であるが，独占的な大企業の研究方法としても新しい試みの一つであった．すなわち，この研究では，技術革新と生産性の向上が個々の生産過程の機械・装置だけでな

く，工場配置などの多様な組み合わせに依存することが指摘された．こうした特徴は産業の特性や発展段階に基づいており，隅谷の提起した方法論と一致するものといえる．

一方で，橘川武郎『日本電力業の発展と松永安左ヱ門』(1995年)[25] は企業家活動を中心として電力業という産業の発展過程上の特徴を描こうとした研究である．産業の全過程でなく，一部の特徴を解明しようとした点ではこれまでの産業史研究とは異なっており，さらに，分析時期の日本資本主義との関係を論ずるのではなく通史的・国際的に見た日本電力業の特徴を解明することを分析の目的としていた．一般的に戦間期の電力業に対する分析は，1920年代の「リーディング産業」として，独占資本主義・金融資本主義への転換過程との関連を明らかにすること．また，当時の最大外債発行元であったために資金調達のメカニズムの解明も重要であった．ところが，この研究ではそれだけではなく，政府統制からの電力業経営の自立性という点を特徴と見做し，それが可能になったのは松永安左ヱ門を典型とする経営者・企業家の主体的な活動のためとしている．「(本書は) 日本電力業史の事実経過を淡々と叙述するというようなタイプの書物ではない．……電力業経営の自立性の検証と松永安左ヱ門の役割の解明とに焦点をあわせた，問題意識を鮮明にもつ歴史書」[26] だったのである．

他方で，岡崎哲二『日本の工業化と鉄鋼産業』(1993年)[27] の問題意識は「鉄鋼産業のケーススタディーを通して，第2次世界大戦前期の日本における経済発展のメカニズムの分析」をすることにあり，1970年代の高村・石井のそれと近かったが，方法論の面では経済発展論の手法の採用を試みた．ただし，ここでいう経済発展論とは従来のマルクス経済学のそれでなく，新古典派経済学のそれであった．具体的には「比較制度分析の視点を取り入れて日本の経済発展の再検討」を試み，「経済史と経済発展論との連係」[28] を模索したのである．この研究は方法論（比較制度分析と新古典派経済学）と問題意識（国際競争力と日本的経営）の面で，後の時期の研究に大きな影響を与えることになるが，かといってこの研究がその方法論に沿って具体的な実証分析を行ったとは必ずしもいえない限界があった．

以上で検討したこの時期の産業史研究について，これ以前の時期と比べて特

徴をまとめてみよう．

　まず，研究の蓄積が進み，産業史研究が日本経済史研究のなかに主要な地位を占めるようになった．分析時期は戦間期が，対象産業は重化学工業が多くなった．なお，多様な資料を駆使することによって実証水準が高められた．

　方法論の面では，それ以前の時期の四つの研究に対峙しうる新たな方法論を前面に出した研究はなかったが[29]，技術史，経営史，比較制度分析など国内外の関連分野の手法が取り入れられるようになり，方法的により多様化したといえる．問題意識の面では，産業の特性をとらえてその発展の特性を解明しようとする研究が多く，産業を素材にして日本資本主義論あるいは経済発展理論などとの接続を図り全体への一般化を試みる研究は少数であった．

　ところで，この時期に日本資本主義論との直接的な結びつきが少なくなったのは，その時代の「主軸産業」あるいは「リーディング産業」ではない産業を分析対象として取り上げたためでもあった．その場合，日本資本主義論を論じるためには，何らかの媒介が必要であるが，それに対する模索がそれほど活発ではなかったのである．もっとも，この時期には明示的ではなかったが，経済理論とくにマルクス経済学理論への挑戦・再解釈を試みる研究が活発となり，その一部が産業史研究にも活かされた[30]．そのため，産業史研究では一般理論との直接的なつながりを控えたという側面もあったように思われる．

　このマルクス経済学理論への挑戦が目指したのは結局のところ，日本資本主義の「強靭性」あるいは成長，国際競争力を合理的に説明することであったと思われる．これは当時の日本経済史研究の全般的な傾向とも一致していた[31]．先述した沢井［2013］について問題意識があいまいだと指摘したが，実はあとがきにその理由とも取れることが記されている．そこでは，その研究の目的が対象産業の後進性からの脱却＝「成長」を解明することにあったとされる[32]．

　この時期の研究は方法論は異なっていたものの，それ以前の時期の問題意識とともに，新たな同時代的な問題意識，すなわち，なぜ日本経済は強くなったかということを共有していたのである．また，この問いかけに対する産業史研究からの回答の一環として現れたのが，武田晴人編『日本産業発展のダイナミズム』（1995年）である[33]．それ以前の時期に産業史研究における「動学的」側面の重要性を強調した山崎広明は，ここでは「産業発展における遺産の発

促進作用」を強調した．この意味するところはあまり明確ではないが，その後の時期に日本の主要産業の国際競争力あるいは「日本的経営」の源泉を探る産業史研究が多くなることに大きな影響を与えたように思われる．なお，ここで収録された論文で武田は戦後の自動車産業を事例に取り上げながら，企業がコストを節減することに集中することによって，どのような成果を挙げ，結果的にいかに国際競争力をつけていくのかを見事に分析した．

3　産業史研究の転換——2000 年代以降

　この時期には産業史研究がより細分化していく一方で，共同研究を通じて注目すべき成果をも挙げた．以前の時期と比べて問題意識や方法論の面において新しいものが現れるというよりは，1980 年代半ば以降の問題意識を継承しつつ，なおそれまでの方法をより洗練化させていった．前節同様，個別の著作を紹介・検討した後に共同研究についてみてみよう．

　中林真幸『近代資本主義の組織』(2003 年)[34] は，前節で紹介した岡崎の方法論を引き継ぐ研究である．この研究は，資本主義的な経済発展がいかなる条件でどのように始まったかが解明されていないとした後，製糸業の事例を取り上げながら，「産業構造の変化に注目してきた伝統的な経済史研究と，成長の数量的な把握を進めてきた新古典派的な経済史研究の，双方の議論を踏まえて，近代的な経済発展を見る視角を取り直す」[35] ことを目的とした．しかし，実際には，比較制度分析と組織の経済学という分析方法を製糸業の発展過程に適用する方法をとっている．したがって，書籍に収録された原著の論文における事実発見に分析の枠組みをあてはめたきらいがある[36]．

　金容度『日本 IC 産業の発展史』(2006 年)[37] は 1960-70 年代の集積回路（IC）産業を対象としている．従来の産業史の対象が完成品だけだったのに対して部品，とくに日本の主要産業の国際競争力をバックアップする部品を分析する必要を提起している点では，前節で紹介した沢井の問題意識と類似しているといえる．また，産業の全過程でなく，製品開発という一部局面・過程に集中して掘り下げて分析しているが，その製品開発という過程が注文品であるという産業の特性が企業間関係にどのような影響を与えるのかを解明しようとする分析

目的に最も適合したためであった．分析の対象時期が比較的最近という面もあって，資料として関係者とのインタビューを多く使っているが，先述した山崎同様その利用に成功し，方法的な可能性を広めたといえる．また，この研究は日本企業の生産システム，長期相対取引など「日本的経営」要因との関係を強く意識しつつ行われた．

宮地英敏『近代日本の陶磁器業』(2008年)[38]は陶磁器業を対象産業として取り上げながら近代日本における産業発展のあり方を明らかにすることを目的にしている．問題意識の面で以前の時期の谷本の研究と類似し，全般的な主旨は Piore と Sable の主張を思い起こさせる[39]．そして，「複層的な生産構造」という，前述した沢井の研究に取り上げられた産業で見られる「重層的な」生産構造と類似した概念でまとめている．具体的には規模別大・中・小の企業が棲み分けする現状を説明している．ただし，これが日本近代産業発展における一般性であると主張するためには，その論理の洗練化とともに多くのケースを集める必要があるように思われる．

呂寅満『日本自動車工業史』(2011年)[40]は戦前から1950年代までの自動車産業の展開過程を実証したものであり，問題意識と方法論の面で以前の時期の鈴木・沢井を踏襲している．すなわち，自動車という産業の特性に注目しながら，完成車だけでなく，修理・部品・販売企業の総合としての産業を捉えなおし，とくに，三輪車などの「小型車」分野が果たした役割を新たに実証した．なお，時期別に自動車産業にかかわる多様な論点を検討したが，全時期を貫く論理が見つかりにくく，一つの産業分析にとどまっている限界がある．

渡辺純子『産業発展・衰退の経済史』(2010年)[41]は綿紡織業を素材に産業の発展と衰退過程を分析した．対象とするのは戦前の最盛期から戦後の停滞・衰退局面に転換していく時期までである．そして，拡大から停滞・衰退への転換に対する対応を産業調整政策と企業戦略の二つの方向から検討した．ただし，1970年代以降本格化する産業調整の際に，それ以前の産業・企業の成長過程の特徴がどのように影響するという問題への視点が弱いという限界があるように思われる．

ところで，この研究は，石炭などエネルギー分野以外の製造業分野で衰退・調整に焦点を当てた先駆的な研究であり，産業のライフ・サイクル全過程に及

んでいるだけに，これから議論すべき多くの論点を含んでいる．例えば，多角化・業種転換など企業の対応によってもともとの産業の範囲を超える問題が発生し，産業の衰退と企業の成長が両立しうる可能性がある．これは半導体・重電の事業分野をも含んでいる企業によって構成される家電産業においても発生しうる問題である．この場合，山崎の方法論，すなわちある産業を企業間競争で総括する方法を採用しにくくなる．産業の成長過程でも孕まれていた産業と企業の「境界」問題が，衰退過程ではより複雑になるが，分析の目的にあわせて分析範囲を定める必要があるように思われる．

　以上のように，この時期の産業史研究は以前の時期に比べて対象時期として戦後を扱ったものが増え，検討素材としての産業も多様化し，実証水準も相当高いレベルに達したものが多かった．もっとも，以前の時期に比べて方法論に対する模索が活発に行われたとは言い難く，それまでの方法論をそれぞれの実証研究に利用するという傾向が強かった．また，リーディング・主軸産業を選んで日本資本主義論との関連を意識したものはなくなり，一般理論との緊張関係を維持しようとするものも少なくなった．その意味では，個別産業史の研究に留まり，歴史学・経済学との関連が弱くなったともいえる．

　しかし，こうしたことの原因は，1990年代初頭以降の，産業史の問題意識が成長要因あるいは国際競争力の獲得過程の解明という点に集中し，それが暗黙的に当然視されたことにあった．さらに，この時期には，日本経済史研究で比較制度分析，日本経営史分野で「日本的経営」の影響が広まったこともあって[42]，方法論的にもそれほど議論が活発化しない傾向があった．というのは，比較制度分析においては，ある経済構造が分析可能な細分化した諸制度に分けられ，またその制度間には相互補完性・経路依存が前提とされているため，分析者は対象産業を分析する意味と方法に関する議論を省いて，成長要因あるいは「日本的経営」の要素に関連しうる分野・制度の実証に集中することができたからである．もちろん，その過程では，本文では紹介しなかったが，1970年代までの研究が日本資本主義の「後進性」に収斂したのと同じく，「日本的」な強さの「源流探し」に終始する弊害も現れた．

　ところで，このように個別研究では一般理論あるいは全体像につなげられるものが少なかったが，実はこの時期には共同研究の形でそれに対する模索が続

けられた.

　例えば，武田晴人編『日本経済の戦後復興』,『戦後復興期の企業行動』,『高度成長期の日本経済』(2007, 2008, 2011年)[43]はその代表的な成果である．これらでは復興期と高度成長期の「時代像」づくりを試みており，とくに復興期については一定の成功を収めている．そこでは，個別産業史の事例分析だけでなく，その時代が前後する時期と区別されうる論理的・歴史的条件をも分析しており，それを「未完の構造転換」,「遷移」といった印象的な用語でまとめられている．すなわち，この時期は高度成長期という新たな段階・社会たりうる構造条件をまだ満たしていないという意味で「未完」であるが，ある段階内での変化は確実に見られる「遷移」過程であったとしたのである[44].

　また，これらの共同研究では個別産業史の分析方法についても，注目すべき試みがなされている．例えば，セメント産業に関する分析は[45]，武田［1987］で試みられた，企業行動をコストに集約させて分析する方法を援用したものであり，石炭不足という当時の状況において，企業が原単位改善，生産性向上によって対応する過程が描かれている．同じく，硫安産業に関する分析も，コストに対する企業行動が産業組織・競争条件に与える影響を分析したものであり[46]，企業分析と産業分析の相互関係に対する分析方法の一例と言える．

　実は，こうした産業史研究の意義や方法論については，武田［2008］[47]が詳しく指摘したことがある．この論文は，資本主義の成長，すなわち生産力発展を内生的に説明するためにはどういう方法が必要かという問いかけに対する答えとして用意されたものであった．そして，資本主義経済の発展は市場経済機構の発展・進化とともに，その市場のプレーヤーである企業という組織の発展を伴っていたことに着目すべきだとし，それを具体的に分析するためには「産業における価格分析と企業におけるコスト分析」を重視すべきだとしていた．すなわち，ここでは，成長要因の解明といった1980年代以降の産業史研究の問題意識の意味が再確認されるとともに，そのための具体的な分析方法も提示されたのであり，先述した産業分析はその適用例だったのである．

　一方で，この時期には，先述した比較制度分析，組織の経済学といった分析方法を共有した共同研究も現れた[48]．これらは書名からもうかがえるように，ある特定の時代の解明を目的としておらず，また，産業を分析対象とした場合

でも産業の特性にあまり注意を払っていない．もっともこれらの研究が分析対象としているのは，多くの場合，産業史の領域と重なっており，産業史研究として取り上げられるべき成果も多い．ただし，「制度」，「組織」などを分析ツールでなく，分析目的としている限りでは本格的な産業史研究と看做し難い．

おわりに——産業史研究の展望

以上の内容を簡単にまとめてみよう．

1960年代末から70年代初頭まで産業史研究が本格的に開始され，経済史研究の一つのジャンルを占めるようになった．その過程で，問題意識の面において異なる二つの研究方法が登場した．一つは，産業を素材として日本資本主義あるいは経済学理論の検証を試みるものであり，もう一つは産業の特性に注目しながら産業そのものの変化過程を説明するものである．前者は高村と石井の研究に代表され，隅谷の研究は後者に属するといえる．山崎の問題意識は後者に近いが，国際比較，日本資本主義の成長要因解明を強調し，その後の研究に大きな影響を及ぼした．1980年代から90年代には隅谷，あるいは山崎流の問題意識を引き継ぐ研究が多くなり，対象となる産業が主軸産業だけではなくなった．ただし，それらと日本資本主義論あるいは経済理論との関係を「念頭におきつつ」行われたとはいえる．2000年代以降は，日本経済あるいは日本産業の成長メカニズムの解明という問題意識が当然の前提となり，「日本的経営」の要因探しも多くなった．

一方で，方法論の面から見ると，1970年代にはマルクス経済学の資本の循環形式を用いる方法が主なものであったが，1980-90年代には経営史，産業技術史，比較制度分析などの多様な分析方法が適用され，2000年代以降はそれまでの方法論がより洗練化された．

分析対象とする時期は1970年代の産業革命期からはじまって，1980年代以降は戦間期，戦時期，戦後とその時期を広めてきた．その中で，注目すべき産業史研究が蓄積され，日本経済史研究をより豊かなものとした．とくに戦間期以降を対象とした研究は，日本経済の成長メカニズムを解明するのに大きく寄与した．なお，産業史研究者の共同作業によって時代像を作る模索が続けられ，

戦間期と復興期については一定の成果を挙げた．

　つぎは，これからの産業史研究について展望してみよう．

　これまでの産業史研究は日本経済史研究と密接な関係の中で行われてきたが，そうした傾向はこれからも続くであろう．その場合，まず，1990年代以降の長期不況，あるいは右上がりの景気がもはや望めない状況となったことの影響が前面化し得る．これまでの成長メカニズムの解明に徹してきた問題意識も，例えば，幸福・生活というものに代わられる可能性が高くなる．このような問題意識の変化は，対象産業および関心部門にも影響を与え，これまで国際競争力の観点から選ばれた製造業とものづくりからサービス業・消費といったものに拡大・変更することと思われる．なお，それは新たな方法論の模索にもつながることになる．

　ところで，成長メカニズムの解明という「呪縛」から産業史の目的が解放されるときには，1990年代半ば以降に深化しつつあった政治経済史学の経済史学への「純化」傾向に歯止めがかかることになる可能性がある．すなわち，成長要因を解明するには，マルクス経済学・新古典派経済学を問わず経済学だけで十分なケースが多く，歴史学との対話の必要性が少なかったが，成長ではなく，幸福・生活という観点から見る場合には，歴史学・社会学などとの交流がより重要となるからである．

　こうした関連分野との対話の拡大は，産業史研究を通じた時代像を作る作業の活発化にもつながることになる．これまで産業史により形作られてきた時代像は戦間期と復興期，そして高度成長期の一部について行われたが，安定成長期以降の時期についても新たにその時代の意味を問う研究が多くなると思われる．

　ただし，こうした展望はこれまでの問題意識や方法論がなくなるということを意味するものでない．むしろ，成長メカニズムの解明という問題意識や企業分析などの方法論によっても，まだ解明されていない産業史研究分野が多く残されている．とくに，エネルギー産業，消費財産業など非貿易財産業分野ではそうである．方法論としては，これまで本格的に取り入れられることの少なかった経営学理論を援用した研究が多くなると思われる．たとえば，「アーキテクチャ（設計思想）」論はもともと隅谷の方法論との親和性が高く有用な分析

道具の一つとなる可能性がある[49].

　なお，産業の現状を反映して，産業の成長だけでなく，形成―成長―衰退といったライフサイクル全体にかけての分析が増えると思われるが，その過程では多角化・国際化が多く見られるだけに，その解明のためには，産業史の範囲や産業と国民経済との関係に対する新たな分析方法の模索も活発に行われると考えられる．

　注
1) 本稿は,「日本産業史研究の動向と展望」(『経営史学』第30集第2号，2015年6月，韓国経営史学会［韓国語］）を修正・加筆したものである．
2) 武田晴人「近代の産業と資本」社会経済史学会編『社会経済史学の課題と展望』有斐閣，1992年，97頁．ついでに，本稿は，この論文と武田晴人教授の東京大学大学院での1996年・1998年講義（講義内容は録取され「異端の試み」として在職中に武田教授のホーム・ページに公開されており，2017年に『異端の試み――日本経済史研究を読み解く』日本経済評論社として刊行された）に触発され，それを批判的に継承しようとするものである．したがって，いちいち注記はしなかったが，とりわけ第Ⅰ節では随所で武田教授の解釈に依拠したことを予め断っておきたい．
3) 隅谷三喜男『日本石炭産業分析』岩波書店，1968年．
4) 高村直助『日本紡績業史序説』塙書房，1971年．
5) 石井寛治『日本蚕糸業史分析』東京大学出版会，1972年．
6) この類型論という方法上の特徴について，先述した武田晴人教授の「講義録」では，当初は「大塚史学」からヒントを得たものとしている．当時は産業史だけでなく日本経済史の研究および教育において西洋経済史との交流が当然とされており，1990年代以後の「隔離した」風土とはかなり違っていたと思われる．
7) 山崎広明『日本化繊産業発達史論』東京大学出版会，1975年．
8) 「日本資本主義分析の今後の課題として，国際経済論的な視角の重視と動態的日本資本主義論の構築の必要性を痛感するが故に，産業研究のいっそうの深化が必要だ」（前掲『日本化繊産業発達史論』3頁）．
9) 前掲『日本化繊産業発達史論』4頁．
10) 前掲「近代の産業と資本」101頁．
11) もちろん，これらの他にも産業史研究がなかったわけではない．例えば，山口和雄『産業金融史研究』（製糸金融編1966年，紡績金融編1970年，織物金融編1974年，いずれも東京大学出版会）は，日本資本主義の後進性に基づく上からの小生産者の再編成の過程を金融を媒介にして明らかにしていく試みであり，先駆的な産業史研究に含めてしかるべきであろう．もっとも，これについては，産業間の比較という視点が次第に消失したという評価があり（前掲「近代の産業と資本」97-98頁），産業史というより経

第 2 章　産業史研究の意義と方法　75

12) 例えば，ここで，産業を素材として分析したと筆者が分類した石井の研究は，その後に，典型的に産業特徴の解明を目的とした日本機械産業の分析方法に大きく影響したと思われる．すなわち，後述するように，工作機械産業における市場の「重層性」(沢井実『マザーマシンの夢——日本工作機械工業史』名古屋大学出版会，2013 年)，自動車産業における「小型車」部門と「大衆車」部門という分析 (呂寅満『日本自動車工業史——「小型車」と「大衆車」による二つの道程』東京大学出版会，2011 年) は石井の製糸業研究における類型論を思い起こさせる．
13) 武田晴人『日本産銅業史』東京大学出版会，1987 年．
14) 同上，ii 頁．
15) 前掲「近代の産業と資本」98 頁．
16) 阿部武司『日本における産地織物業の展開』東京大学出版会，1989 年．
17) 前掲「近代の産業と資本」98 頁．
18) 谷本雅之『日本における在来的経済発展と織物業』名古屋大学出版会，1998 年．
19) 同上，1 頁．
20) 鈴木淳『明治の機械工業』ミネルヴァ書房，1996 年．
21) 同上，5 頁．
22) これについて詳しくは，中岡哲郎「技術移転と在来産業」社会経済史学会編『社会経済史学会の課題と展望』有斐閣，1992 年を参照．
23) 沢井実『日本鉄道車輛工業史』日本経済評論社，1998 年；前掲『マザーマシンの夢』．後者に収められた主な論文は 1990 年代半ばまでに学会誌にすでに発表されていた．
24) 下谷政弘『日本化学工業史論——戦前化学企業の多角的展開についての研究』御茶の水書房，1982 年．
25) 橘川武郎『日本電力業の発展と松永安左ヱ門』名古屋大学出版会，1995 年．
26) 同上，10 頁．
27) 岡崎哲二『日本の工業化と鉄鋼産業』東京大学出版会，1993 年．
28) 同上，1 頁．
29) この時期の研究成果については，「個別的な実証，つまり事実の発見には貢献したものの，方法的な進化を見せなかった．企業資料の発掘が進むなどの前進の反面，極度の『実証性』の追求が資料至上主義に傾斜して断片的・部分的な分析にとどまった」(前掲「近代の産業と資本」97 頁) という指摘もあるが，これはあまりにも消極的な評価であろう．
30) 代表的な論点が，宇野経済学の原理論にみられる「労働力の商品化の限界」を段階論の分析に適用するための模索から独占，カルテル，財閥などに対する新たな解釈が生まれたことである．また，こうした解釈に基づいた共同作業が，橋本寿朗・武田晴人編『両大戦間期日本のカルテル』御茶の水書房，1985 年；橋本寿朗・武田晴人編『日本経済の発展と企業集団』東京大学出版会，1992 年であるが，本文で紹介した著者のほとんどがこの作業に参加した．

31）この研究傾向に大きな影響を与えたのが，橋本寿朗『大恐慌期の日本資本主義』東京大学出版会，1984 年であることは言うまでもない．
32）「（1970 年代末－1980 年代初頭に）歴史研究としても後進性の認識にとどまるのは問題ではないかとの意識が次第に強くなっていった．後発工業国の工作機械工業が技術的後進性に苦しむのはいわば当然であり，研究の焦点は，後進性の確認ではなく，後進性の具体的な根拠，構造的諸要因を明らかにし，同時に後進性からの脱却のために費やされた努力の軌跡を過不足なく描くことではないか」（前掲『マザーマシンの夢』483 頁）．
33）武田晴人編『日本産業発展のダイナミズム』東京大学出版会，1995 年．
34）中林真幸『近代資本主義の組織——製糸業の発展における取引の統治と生産の構造』東京大学出版会，2003 年．
35）同上，1 頁．
36）ついでに，この研究が批判している石井寛治［1972］とこの研究との差は，この研究が主張するように制度と組織を理解したかどうかではなく，それを日本資本主義の成長に寄与したものと見るか，歪んだ・日本特殊的な資本主義をもたらしたものと見るかという見解の相違にあるように思われる．
37）金容度『日本 IC 産業の発展史——共同開発のダイナミズム』東京大学出版会，2006 年．
38）宮地英敏『近代日本の陶磁器業——産業発展と生産組織の複層性』名古屋大学出版会，2008 年．
39）Michael J. Piore and Charles F Sable, *The Second Industrial Divide : Possibilities for Prosperity*, The Basic Books, 1986（マイケル・J. ピオリ，チャールズ・F. セーブル著，山之内靖・石田あつみ・永易浩一訳『第二の産業分水嶺』筑摩書房，1993 年）．
40）前掲，呂『日本自動車工業史』東京大学出版会，2011 年．
41）渡辺純子『産業発展・衰退の経済史——「10 大紡」の形成と産業調整』有斐閣，2010 年．
42）日本経済のパフォーマンスの変化から「日本型経済システム」，「日本的経営」に対する批判は 1990 年代後半以降強まったが，研究傾向としてはむしろその時期がそれに対する関心が最も高まった時期であり，2000 年代後半まで続いたと思われる．こうした経済実態と研究傾向との間のずれは，方向は反対であったものの 1970 年代に産業史研究の登場の時期にも見られた．
43）武田晴人編『日本経済の戦後復興——未完の構造転換』有斐閣，2007 年；武田晴人編『戦後復興期の企業行動』有斐閣，2008 年；武田晴人編『高度成長期の日本経済』有斐閣，2011 年．
44）すなわち，「遷移」は復興期の日本社会がそれと前後する社会とどう違うかを説明するするための概念であり，「現代資本主義」「21 世紀資本主義」という概念では包括しきれない，段階内の変化を説明するための用語として捉えられる．
45）武田晴人・韓載香「セメント」前掲『戦後復興期の企業行動』．さらに，韓載香「自動車産業」『高度成長期の日本経済』もこの分析方法を駆使している．

46) 山崎澄江「硫安」前掲『戦後復興期の企業行動』.
47) 武田晴人「日本経済史研究の動向と方法論的課題」『経済史学』第44号,韓国経済史学会,2008年(韓国語).なお,本書第1章も参照.
48) 岡崎哲二編『取引制度の経済史』東京大学出版会,2001年;同『生産組織の経済史』東京大学出版会,2005年
49) Karl Ulrich, "The role of the product architecture in the manufacturing firm," *Research Policy*, 24. 1995; 藤本隆宏ほか編『ビジネス・アーキテクチャ――製品・組織・プロセスの戦略的設計』有斐閣,2001年.

第 3 章

生産性上昇と有効需要——経済成長理論から構造的分析へ

石井晋

はじめに

本章の課題は，経済成長理論の批判的検討を通して，資本主義経済システムの歴史を構造的に分析することの意義と方法を明らかにすることである．

戦前以来，経済史研究者たちが，構造的な分析に取り組んでいた時，経済理論は十分に発達しておらず，利用できるデータも限られていた．歴史研究に大いに関連する経済成長理論は，1980年代まで素朴なモデルにとどまっており，「ソロー残差」に示されるように，モデルでは「説明できない部分」が非常に大きかった．その後，1990年代，「内生的成長理論」などの「新しい経済成長理論」(new growth theory，以下，NGT) が発展し，理論的に精緻化した．同時に，各種データの蓄積とともに，多くの実証研究が現れてきた．

NGT の背後にある問題意識は，橋本寿朗，武田晴人ら経済史研究者たちが，かつて「独占段階」の特徴として重視していた内容と重なる部分が少なくない．しかし，これまでのところ，経済史研究者たちの構造的な分析や「段階論」的な理解と「新しい経済成長理論」が相互に対話し，有用な知見が得られることはなかった．その理由として考えられるのは，以下である．経済成長理論はさまざまな装いを持ちながらも，超長期的な収斂傾向に強い関心がある．収斂しない場合，その原因は制度やその他の社会的条件とされ，理論モデルの枠外に追いやられる．これに対して，構造的な分析をめざす経済史研究者は，社会や制度などと経済との関わりを重視し，均衡や収束など全体の一般的傾向よりも，歴史的プロセスのユニークな特徴を描こうとする．やや抽象的にいえば，経済成長理論が想定している世界は，ミクロの経済主体が対称的な分布をしており，スムーズな微分方程式に沿うような一般的な傾向とそこからの偏差によって描写される．マクロの動きは，ミクロの相似拡大形として，シンプルな方程式に

集約される．一方，経済史研究者にとって，ミクロの経済主体はもっと複雑で多様であり，いびつで非対称な分布をしている．マクロの動きは，ミクロの拡大形とは異なり，特定の事例の積み重ねとして描かれ，きわめて複雑である．分析の綜合は，しばしば断念されるか，あるいは個々の研究者ごとに違いが大きくなる．

　NGT に関しては，理論的発展は華々しかったものの，モデルの手が込んでいる一方，頑健性に欠ける部分が少なくなかった．一方，NGT に刺激され，ソロー・モデルを拡張した形の実証研究が見直されてきた．結局のところ，NGT は，拡張的なソロー・モデルに収束したとの観が強い．このため，新古典派的な前提に伴う難点が多く残された．

　一方，構造的な経済史研究は，構造の複雑さのゆえに，研究者の間で理論的認識があまり共有されず，また単純な定量的分析に落とし込むことが困難であるがゆえに，議論が錯綜してきた．たとえば，第一次大戦後の歴史に関して，「現代資本主義」，「20 世紀資本主義」，「独占資本主義」および「国家独占資本主義」などさまざまな呼称が提示された．各論者は，類似した特徴を挙げるが強調する点はそれぞれに異なる．しかし，それらの特徴をとらえ，一貫した視点が明示されなかったために，研究が十分に発展しなかったように思われる．そこで，構造的な分析を前進させるために，明示的なモデルを持つ経済成長理論を参照することには意義があるものと考える．

　本章では，NGT とその帰結としての拡張ソロー・モデルの検討を通してその限界について検証し，経済史分析における「段階」とそれを支える構造のとらえ方を明確にすることを目指す．拡張ソロー・モデルの限界として特に注目するのは，産業間の不均衡が理論的に軽視されている点である．不均衡は逸脱した事態とされ，効率性の観点から否定的に評価される．これに対しては，ケインズ的アプローチによるきわめて有力な批判がある．そうした批判を受け継ぎながら，経済成長理論を構造的な経済史分析に有効活用することが，本章の具体的内容である．

　以下，第 1 節では，経済成長理論の再検討をする．まず，ソロー・モデルから NGT への展開について概観した上で，NGT の基本的な特徴と，それが持つ新古典派や制度的分析との親和性，およびその限界と非現実性について論ず

る．第2節では，産業間の不均衡に関して，有効需要の役割を重視するケインズ的アプローチについて論じ，その上で一般的な経済成長メカニズムを考える．第3節では，経済史分析に有用と思われる新たな「段階論」を提示する．おわりにで，本章の内容を簡潔にまとめる．

1 経済成長理論の展開

1.1 ソローモデルから新しい成長理論へ

ソロー・モデルの基本的な性質は，時間に関する以下の微分方程式に集約されている．

$$\dot{k} = sf(k) - (n+g+\delta)k$$

ここで，kは資本・労働比率，sは貯蓄率，fはkの増加に関して逓減的な，一人あたり産出量の生産関数（資本と労働に関して1次同次性を満たす），nは労働の増加率，gは労働の効率性の成長率（または，広義の技術進歩率，ないし説明されない部分，ソロー残差．以下では，残差成長率と呼ぶ），δは資本減耗率である[1]．

これに従えば，kは，$\dot{k}=0$ となる値 k^* に収束する．このとき，資本および効率労働の量はそれぞれ，n+gの率で増加し，生産関数の仮定から産出量もn+gで増加し，一人あたり産出量はgで増加する．これは，均斉成長率ないし定常状態の成長率と呼ばれる．

ソロー・モデルの最大の特徴は，一人あたり産出量の水準は資本・労働比率kによって決まり，また収穫逓減の生産関数を仮定することによって，長期的に成長率が収束する点にある．これがどのような経済にもあてはまるとすれば，成長率や一人あたり産出量水準の経済ごとの格差は，nとδを所与とすれば，貯蓄率sと残差成長率gによって決まることとなる．外生的な貯蓄率sによって，k^*の値は異なる．また，sが上昇したとしても，均斉成長率は不変であるが，一人あたり産出量の水準は上昇する．したがって，ソロー・モデルでは，どのような経済も長期的な均斉成長率に向かって収束する[2]．もし収束傾向が

見られなければ，それは外生的な貯蓄率と残差成長率の分散によって説明されることになる．

　所得の資本分配率の現実的な値（一般に3分の1程度．この分配率は，上記の生産関数のもとで，産出量の資本ストックに対する弾力性に等しくなる）を前提とした簡単なシミュレーション結果によれば，ソロー・モデルの貯蓄率sを現実的に可能な範囲内で大きく変動させたとしても，一人あたり産出量水準のせいぜい数十％の格差しか説明することはできないとされる[3]．したがって，現実の世界各国間の一人あたり所得格差がきわめて大きいこと，および格差が必ずしも収束傾向を見せているわけではないという現実を説明するのに不十分である[4]．

　同様の問題は，定常状態に向かう途上にあるkの数値に関しても指摘することができる．もし，ある経済が長期的な均斉成長率から遠い位置にあるとすれば，k^*に比して資本・労働比率が低く，一人あたり産出量水準も小さいものとなる．しかし，ソロー・モデルにしたがえば，一人あたり産出量水準の格差を資本・労働比率kの違いのみで説明するためには，kの格差が産出量の格差よりも数桁大きいと仮定する必要があり，現実的でない．

　以上より，ソロー・モデルによって経済成長を説明するためには，そのほとんどを外生的な残差成長率に依拠せざるを得なくなる[5]．この結論は，ソロー・モデルが収穫逓減的な生産関数を仮定していること，また一財モデルによってマクロの経済成長を説明可能であると仮定していることに基づく．収穫逓減的な性質の結論への影響は，数式から明らかであろう．

　一財モデルの仮定は，以下のように，背後にある新古典派的な想定から導かれる．もし，経済が多部門からなりたっていたとしても，生産要素市場が効率的に機能すれば，価値限界生産は部門間で同一となり，それは生産関数の形状と要素賦存のみによって決まる．資本，労働それぞれの生産要素市場において唯一の均衡が決まり，これによってマクロ的な資本・労働比率が決まる．前提となるのは，採用される技術において資本・労働の代替が円滑になされ，また生産要素市場が効率的に機能することである[6]．

　ソロー・モデルの問題は，残差成長率が大きく，説明できない部分が多く残されている点にあった．この残差成長率を内生化する試みが内生的成長理論で

ある．NGT は，内生的成長理論を中心に展開し，さまざまなモデルが考案された．これについて，以下に見ていこう．

　NGT にはいくつかのヴァリエーションがある．一つの方向性は，何らかの形で生産関数の収穫逓増性を仮定するものである．NGT の本格的展開の嚆矢となったポール・ローマー［Paul Romer 1986］のモデルがこれにあたる[7]．ローマーは，知識資本の外部性に基づく収穫逓増の生産関数を考案した．このモデルは，定常状態における持続的成長解を持ち得るものであったが，発散を抑制するために成長率の限界を外生的に導入する必要があった．ローマー・モデルに限らず，一般的にいって，ミクロ主体による最適化を前提とする以上，収穫逓増の生産関数によって安定的な均衡を導き出すことは困難であり，モデルは発散してしまう．したがって，収穫逓増を導入しようとするあらゆる試みは，線形成長モデル（Y=AK モデル）などの，生産関数に関する何らかの恣意的な仮定を導入せざるを得なかった[8]．

　次に，知識生産のための R&D 活動を内生的に組み込んだモデルがいくつか現れた[9]．これらのモデルは，R&D 活動による知識の生産（収穫逓増の可能性を含む）を組み込み，知識資本ストックの蓄積が内生的に生み出される点に特徴がある．知識資本の生産に振り向けられる資源は，ソロー・モデルでの貯蓄率 s（本来は投資率であるが，新古典派モデルでは貯蓄率に等しい）の変形であり，貯蓄率（＝投資率）が変化する拡張ソロー・モデルと解釈することができる．このような貯蓄率（＝投資率）概念の拡張が NGT のもう一つの主要な方向性である．

　もっとも，知識資本を組み込んだ「内生的成長」モデルだけでは，均斉成長率に収束することのない，持続的な成長にはつながらない．成長率が発散せず，かつ持続的な成長が実現するためには，知識資本の成長率が知識資本の蓄積水準に左右されず一定であることを必要とするのである．これも一種の Y=AK モデルである．

　このほか，経験による学習（Learning-by-doing）を通じた知識蓄積を組み込んで内生化したモデルもある．この場合は物的資本の蓄積が新たなアイデアの生産を生むため，従来よりも物的資本の経済成長への貢献割合が大きくなる．また，人的資本の蓄積を内生化したモデルでは，物的資本と人的資本を含めた

貢献のシェアが大きくなり，それによって各国間の一人あたり産出量水準の格差をより現実的な数値で説明しやすくなる．

以上の検討から，「内生的成長理論」の最も有用な部分は，資本の概念を知識資本や人的資本に広げたこと，すなわち貯蓄率（＝投資率）の拡張である．具体的には，企業内でのR&D投資や人的資本の育成，経営管理技術の向上，企業間のスピルオーバー，中間財部門の発展などによる生産性上昇をモデル内に内生化したものと見ることができるだろう．企業の役割や企業間関係の重要性を想定して，生産性上昇の内生的メカニズムを組み込んだのであり，現実的な経済成長モデルに向けて前進したものといえる[10]．

1.2 新古典派的成長理論と制度的研究

ソロー・モデルの残差成長率に関して，実証的には，成長会計的な研究が発展した．資本の質，人的資本（教育），政治体制（民主主義か否か），法制度の安定，宗教・文化など，多様な変数を導入する研究が展開し，一定の成果が得られた[11]．多くの場合，人的資本が生産要素に含められており，「内生的成長理論」が強調したように，ソロー・モデルの貯蓄率（＝投資率）を拡張した分析と見ることができる．これらの実証分析により，制度的，政治的状況をコントロールした場合，経済成長率が収束に向かうという結果が見いだされた．R.バロー（Barro）らは，これを「条件付き収束」と呼び，ソロー・モデルの有効性を再評価した[12]．生産関数についての非現実的な仮定を断念し，収穫逓減に回帰したものといえる．

これと関連して，世界経済の長期的な経済成長を分析したアンガス・マディソン（Angus Maddison）は，「「身近」に生ずる事情と「究極的に」生ずる事情とのあいだの相互関係に注意を向けさせる」ことの重要性を指摘する[13]．ここで，「身近」に生ずる事情とは，物的資本，人的資本，技術進歩，規模の経済などの経済変数である．一方，「究極的に」生ずる事情とは，より広い意味での社会的・制度的条件である．たとえば，西ヨーロッパが近代経済成長をスパートさせた時点における法制度，金融制度，会計制度，国民国家，家族制度等，幅広いものを含む．これに関しては，経済史家ダグラス・ノース（Douglass North）の所有権制度に関する議論が著名であろう[14]．

経済成長に関わる制度をより幅広く解釈するならば，ホール＆ジョーンズ（Hall & Jones）による，社会インフラストラクチャー（Social Infrastructure, 以下，社会インフラ）という概念が有用であろう[15]．社会インフラとは，私的収益と社会的収益を調整する諸制度の体系である．国家による恣意的な税，略奪による所有権保護の不備，さまざまな外部性を内部化する制度の欠如などが，私的収益と社会的収益を乖離させる．ミクロ経済学において伝統的に「市場の失敗」と呼ばれてきた，この乖離を制度的に抑制することが，市場取引の円滑化をもたらす効果を持ち，経済成長の究極的な条件とされるのである．

　社会インフラに関しては，数量的に実証することは困難であり，断片的なエピソードや歴史的なケース・スタディによって記述されることが多い．序章で述べた，経済史の制度的研究はそうした研究の流れの中に位置づけることができる．ノースやグライフ（Greif）が示したように，市場取引の拡大を分析する際には，制度の拡充や成熟，およびそうした条件のもとでの組織的協力行動の発展はきわめて重要である[16]．なお，制度の拡充によって，新たに取引が開始され，市場間の統合が進めば，その過程では経済成長が生ずるであろう．経済成長による取引量の拡大は制度を強化し，よりその機能を高め，さらなる経済成長を生むという一種の内生的成長メカニズムを考えることができる．しかし，市場の統合を推し進めれば，やがて空間的な限界に衝突するため，こうしたタイプの経済成長もまた，いずれ定常状態に達し，新古典派と同様，均斉成長率に収束するであろう．

　現在の経済成長理論の主流は，人的資本を加えた拡張ソロー・モデルと社会インフラによる説明の組み合わせとなっているように思われる．社会インフラの大きな相違によって，各国間の定常状態における均斉成長率，および一人あたり産出量水準の差が説明され，社会インフラを統制した上で，ソロー・モデルの条件付き収束が成立する，との理解である．その際に，組織的な協力行動が重視されることはあるが，社会インフラも組織も，ナッシュ均衡によって決まる内生変数として理解される．以上より，新古典派的な均衡モデルと制度的分析の総合によって，経済成長が説明される．

　社会インフラとなるような制度が市場取引の拡大に及ぼす効果の大きさは，誰も否定しないであろう．ただし，それが，序章や第1章で触れた比較（歴

史)制度分析が示唆するような,自己執行的な均衡になっているかどうかは,また別の問題である.もし,社会インフラとなる諸制度がナッシュ均衡であるとするならば,NGTによる拡張ソロー・モデルと合わせて,社会全体をミクロの均衡の束としたモデルができあがる.そうした理論が完成すれば,一見,一貫した説明を与えるように見えるかも知れない.実際,定常状態のモデル化としては有用であろう.ただし,ミクロ的な均衡は,実証困難な仮説に過ぎない.現実は,ミクロ的な不均衡を示唆する,さまざまな現象にあふれている.そして,歴史のダイナミクスは,そうした不均衡を起点として生じることが多い.とすれば,以上のような新古典派均衡モデルと制度的分析による説明は,歴史を理解するための理論としては,重大な難点をはらんでいる.これに関して,節を改めて,ソロー・モデルのもう一つの新古典派的な仮定である,生産要素市場の均衡(価値限界生産の均等化)が,経済理論としても問題が多いことを検討する.

2 ケインズ的な経済成長メカニズム

2.1 生産性格差とケインズ的アプローチ

新古典派の最も基本的な特徴は,各産業部門における価値限界生産が均等化するように,スムーズに生産要素の移動が生じて均衡が成立するとの仮説にある.しかし,現実には,部門間の価値限界生産の格差はきわめて大きいものと推計されている[17].実証分析においては,限界生産性の計測が困難であるため,平均生産性で代用されることが多い.要素価格と比較する場合には,限界生産性の値が必要であるが,分布を議論する際には平均生産性で代用することで大きな支障は来さない.コブ=ダグラス型の生産関数を想定するならば,限界生産性は平均生産性に比例するからである[18].

産業間,および同一産業内における企業間の生産性格差(Productivity Dispersion)については,かなり昔から指摘されている[19].日本においては,1950年代末に,特に賃金格差に注目した「二重構造論」が脚光を浴びたが,これと関連して大企業と中小企業との間の生産性格差が注目された.その際には,生

産性格差が大きく開くのは後進国特有の現象（先進国から移植された近代的産業と伝統的な前近代的産業の共存）と考えられることが多かった[20]．これに対して，アーサー・ルイス（Arthur Lewis）は，開発経済学的な立場から，共同体的な農業と近代的な工業との二重構造を理論化した．これを拡張すれば，後進国に限らず，経済発展のプロセスで生産性格差が拡大する時期が生ずる可能性を理論的に示すことができる[21]．

　以上のいずれの議論においても，近代産業の拡大とともに，生産性格差がやがて解消に向かうことが想定されていたといってよいであろう．となると，市場が十分に機能し，近代産業が経済全般に拡大した先進国経済においては，生産性格差は消滅に向かうことになる．しかし，現実には，生産性格差は先進国においても強固に残存し，拡大する場合さえある．格差が縮小するようなメカニズムに乏しいことも，近年の研究で明らかとなってきた．生産性に関するデータベースが拡充したことによる研究成果である．

　経済成長理論との関連で，比較的はやく，この点に注目したのがリアル・ビジネス・サイクル（RBC）理論を提唱してきたプレスコット（Prescott）の論文である[22]．プレスコットは，アメリカ，日本，ドイツ，イギリス，フランスを比較し，各国内において産業間の生産性に大きなバラツキがあること，国によって産業間の生産性分布に大きな違いがあること（Ex.日本は製造業の生産性が高く，アメリカではサービス業の生産性が高い etc.）を指摘した．この違いは，計測困難な人的資本や知識資本によっては説明できないという．なぜならば，第一に，人的資本に大きな影響を与える教育水準は国レベルのものであり，一国内の産業間の生産性の相違を説明することはできない．第二に，知識資本は多国籍企業の活動によって国際的に利用され得るのであり，同一産業の生産性が国ごとに大きく異なることが説明困難だからである．そこで，プレスコットは，新たな技術や知識の採用に対する各種の制約を想定し，その中でも規制や法律による制約の度合が国ごと，産業ごとに異なる可能性を強調する．

　生産性格差について，より包括的に検討したバーテルスマン＆ダムズ［Bartelsman & Doms 2000］は，生産性に影響を与える要因として，規制，企業経営・所有のあり方，技術と人的資本，国際市場との接触を挙げている[23]．これらを受けて，2000年代において，生産性格差に関する多くの実証研究が展開

した.

　2000年代の実証研究を包括的にレビューしたサイヴァーソン（Syverson）[2011]によれば，まず，企業内における生産性上昇要因として，経営者の経営能力，投入される資本と労働の質の向上，IT技術とR&D，経験による学習（Learning-by-doing），製品開発，企業の意思決定のあり方などが研究されたという[24]．これらは主に，企業組織の役割を重視する研究である．しかし，それらは生産性に大きな影響を与える要因ではあるとはいえ，産業間や企業間の生産性格差が持続的に存在することの説明としては不十分である．前述したように，市場が効率的に機能すれば，生産性格差の縮小傾向が想定されるからである．そこで，生産性格差を持続させる企業外的な要因として，以下の四つが指摘されている．それらは，関連する産業・企業へのスピルオーバー，製品市場における競争とりわけ輸出市場における国際競争，規制緩和ないし適切な規制，生産要素（資本・労働）の移動の円滑さの度合である．

　2000年代の生産性格差に関する研究では，産業間および企業間に大きな生産性格差が存在し，縮小しない状態（もしくは拡大する状態）は，非効率的であると考えられていることが多い．前掲のプレスコットの立場が典型的であり，制度や規制が円滑な市場機能を妨げ，価値限界生産の均等化が実現されていないと考える．日本に関しても，価値限界生産が要素価格に等しいと仮定した場合の仮想の資源配分を効率的と考え，現実の資源配分との差を計測し，その差を非効率性の指標と評価する研究がなされている[25]．すなわち，生産性格差の持続は，逸脱した不均衡状態であり，非効率的であるから早急に解消すべきであるとの理解である．

　ここで重要なのは以下の点である．低生産部門から高生産性部門への移動が，マクロの生産性を上昇させ，経済成長の要因となることは，事後的に結果を計測すれば明らかである[26]．また，市場における競争が生産性格差を縮小させる動因となり得ることも確かであろう．しかし，そのことは生産性格差の持続的存在が資源配分の歪みであり，市場への障害を除去することによる資源移動の促進が成長に結びつくという理解の正しさを意味するわけではない．歴史的経験に鑑みれば，1920-30年代や1950年代の日本において，二重構造の出現が観測されたが，それは経済成長がスパートし始めた時期であった[27]．すなわち，

経済成長の結果として生産性格差が生じていた可能性が高い．とすれば，生産性格差縮小を促すような，市場を通じた資源移動は，経済成長そのものの動因ではなく，経済成長にとって必須とは限らない，いくつかの要因の一つに過ぎないことになる．このことは，生産性格差の縮小をもたらすような資源移動が，資源配分の効率性を高め，それが経済厚生ないし成長率を高めるといった，新古典派的なアプローチ[28]の難点を示しているように思われる．

以下では，「有効需要の原理」を重視するケインズ的な立場から，以上のような新古典派的アプローチの限界を鋭く指摘した，青木正直，吉川洋らによる「確率的マクロ均衡モデル」と「ケインズ的成長モデル」について検討する[29]．

ソロー・モデルなど新古典派的なモデルと比較したときの，青木正直，吉川洋らの「確率的マクロ均衡モデル」の特徴は，代表的ミクロ経済主体の最適化行動の結果としての均衡を想定していない点である．このため，産業および企業において生産性が異なることが前提となる．モデルにおいて，各企業は，製品差別化された市場に直面する「独占的競争状態」にあり，限界費用関数は一定とされる[30]．賃金は，インセンティブが考慮された「効率賃金」として企業ごとに決まり，労働市場からの圧力は緩和されている．これらをもとに，ある経済において，生産性の異なるセクターがあり（家事なども含む），一定数の人々はこれらのセクターに労働力ないし失業者として配分される．配分の結果として生ずる労働力ベクトルに生産性ベクトルを乗ずれば生産量が決まる．この生産量が外生的なマクロの有効需要に等しいことが制約条件となる．この制約条件のもとで，確率的にもっとも生じやすい，労働生産性の異なる部門別の労働力配分の分布が確率的マクロ均衡として定義される．この分布は，統計力学で多用されるボルツマン分布となるという．

モデルにおいて，有効需要が増大すれば，労働力の分布はより生産性の高い部門の比率が高くなるように変化する．このモデルでは，最終的には外生的な有効需要が，最も高い確率で出現する生産性格差の分布を決定するのであり，ミクロ・レベルで最適化がなされているか否かは定かではない．むしろ，ミクロ・レベルの経済主体はそれぞれにきわめて異質であり，さまざまな要因によって行動が左右されるものと想定される[31]．そうした異質な行動が互いに打ち消し合って，ミクロ主体が代表的消費者を中心に正規分布することは想定でき

ない．人々の目的は多様であり，きわめて複雑だからである．ミクロ主体のそれぞれ独自の論理にしたがった行動を最終的に制御するのは，マクロにおける総需要と総供給の均衡のみである．

以上のように考えれば，部門間の生産性格差はマクロ的な均衡状態でも持続的に存在し得るのであり，また格差を縮小させることが望ましいとは限らないことになる．有効需要によって制約されているから，もしある労働者を低生産部門から高生産部門に移すとすれば，逆の移動も行わなければ需給は均衡せず，マクロの産出量水準はかわらない．したがって，たとえば何らかの規制緩和が労働者の移動を促し，成長につながることは一概に想定できない[32]．これらは，限界生産性の均等を効率的状態と考える新古典派理論とは正反対の結論である．

「確率的マクロ均衡モデル」は，ソロー・モデルからNGTにつながる新古典派的経済成長モデルと異なり，有効需要水準が経済成長に大きな影響を与えることを明示的にモデル化している点が利点である．これに伴い，NGTが持続的成長を説明するために必要とした，生産関数についての非現実的な仮定を想定する必要がなくなる．テクノロジーではなく，有効需要が効果的な制約条件となるからである．

吉川，青木らの「確率的マクロ均衡モデル」に近い立場からの，生産性格差の実証研究として，青山秀明らによる「経済物理学」的な研究がある[33]．生産性の分布がべき分布となることを実証的に示している点が注目される．べき分布とは，累積分布の対数が直線になるものであり，xの累積分布が，$x^{-\mu}$に比例する形で表される[34]．正規分布に比してきわめて裾野の広い分布（ロング・テール）となる．こうした分布は企業の申告所得額や都市人口の分布などにも表れ，およそμが1から3くらいの範囲の値となるという．不平等度との関連でいえば，μが大きくなれば不平等度（ジニ係数）が低下する．青山らの実証研究によれば，労働生産性の分布は，業種（s），企業（f），労働者（w）ごとに，一定のxの大きさ以上でべき分布し，べき指数μの間に，$1<\mu_s<\mu_f<\mu_w$の関係が常に成り立つという[35]．したがって，労働生産性の格差は，産業，企業，労働者の順に大きいと考えることができる．

留意すべきは，常に生産性格差がべき分布し，しかも業種，企業，労働者ごとのパラメータに安定的な関係が見られる点である．このことは，ミクロ主体

の最適化による説明には限界があり，マクロ的にのみ作用する何らかの法則を考えざるを得ないことを意味する．新古典派的な均衡は，常に作用するある理由によって妨げられ，永久に実現することはないと考えるほかにない．よって，新古典派的な均衡は，現実の経済を分析するためには不十分であり，効率性の基準としては不適切である[36]．ただし，「確率的マクロ均衡モデル」のもとでも，新古典派的なミクロ均衡に向かう圧力は潜在的に作用し続けるであろうから，新古典派的な均衡概念が無意味なわけではない．もっとも均衡に向かうことよりも，現実の経済が不均衡にとどまるとの認識の方が重要である．後述するように，ミクロ的な不均衡を想定することは，経済のダイナミズムを生み出す上で，きわめて有用なのである．

2.2 一般的な経済成長メカニズム

「確率的マクロ均衡モデル」は，家事労働なども含み込むことができるため，資本主義経済システム以外の経済にも通時的に適用可能な基礎理論となり得る．一方，序章で述べたように，資本主義経済システムは，資本の再生産ないし自己増殖のプロセスである．それは自ら生成したものだけでなく，さまざまな外的な要素を取り込みながらも，常に内生的な経済成長メカニズムの可能性を追求し続けるであろう．本節では，「確率的マクロ均衡モデル」を前提として，こうした経済成長メカニズムのあり方を検討する．

　このモデルにおいて，さしあたり外生的与件となる有効需要の拡大を別とすれば，経済成長は次の二つのメカニズムで内生的に生じ得る．一つは，各部門内での生産性上昇であり，もう一つは，低生産性部門から高生産性部門への生産要素の移動である．

　新古典派理論では，生産要素市場における部門間の裁定圧力が生産性向上を促す要因となり得るが，均衡においては生産性格差も圧力もゼロとなる．利潤・賃金比率の変化が，設備投資や技術革新を促す契機と想定されているが，これも均衡においては変化が収束する．また，原ソロー・モデルでは投資が貯蓄によって外生的に決まるのに対し，NGT では自律的な企業活動によって投資が促される契機を想定している．しかし，前述したように特殊な生産関数を想定しなければ，いずれ均衡に収束し，生産性向上は外生的な技術進歩に頼る

ほかなくなる.

　これに対し,「確率的マクロ均衡モデル」では,主体的最適化も生産性の均衡も前提とされていない.高生産性部門は常に有効需要によって制約されているため,この部門が高賃金だとしても雇用吸収力は限られている.一方,低生産性部門が低賃金であるとすれば,労働など生産要素の移動インセンティブは潜在的にはきわめて強力である[37].たとえば高生産性部門への需要拡大により雇用が増えれば,即座に移動が生ずることが予想される.したがって,このようなミクロ的不均衡の存在ゆえに,マクロ的均衡下においても,生産要素市場の各部門に対する競争圧力は持続し,常に生産性向上活動が刺激されることになる.生産性向上のため,企業は,設備投資や技術革新,人的資本の蓄積,経験による学習,経営の効率化などに向けて不断の活動を行う.このような広い意味での各種の投資は,労働供給や貯蓄水準の変化によって外生的に決まるのではなく,常にミクロ的不均衡があるために,競争的圧力を受けながら,企業内で自律的に決定されるのである.すなわち,部門内における生産性上昇の実現は,競争圧力が企業にどのように作用し,企業がどのように投資行動を行うかにかかっている.

　生産要素の移動についても同様である.新古典派理論では要素市場での裁定圧力が移動を促すが,均衡において移動は収束する.均衡下において生産要素のスラックが存在しないため,ある企業が新たな投資を計画したとしても,円滑な要素移動は生じえない[38].一方,「確率的マクロ均衡モデル」では,有効需要による制約のもとで,産業や企業ごとに賃金決定されるため(内部労働市場の成立と考えてもよい),生産要素市場の裁定は十分に機能していない.ただし,ミクロの均衡を想定しないので,不均衡下においてスラックが散在している.そこで,企業が投資行動を行う場合,まずは部門内スラックが利用され,設備稼働率が上昇し,労働時間増加や労働強化が生ずるであろう.次に,外部から生産要素のスラックが吸収される.具体的には,失業者や労働市場からの一時的な退出者である.これに加え,相対的に低賃金だとしても,価値限界生産以上の賃金を支払われている労働者(過剰雇用)が各部門で常に存在している.このため,賃金の高い高生産部門が,賃金の低い低生産性部門に存在するスラックを引き抜くコストは,かなり小さい[39].したがって,高生産性部門の

雇用吸収力が高まった場合，高生産性部門への円滑な生産要素移動が生ずるであろう[40]．

　次に考えるべきことは，これまで外生的な与件とされた有効需要の拡大がどのようにして生ずるかである．これについては，現実的には，外生的なショック（新市場との取引の開始，金融・財政政策など)[41]に依存することも少なくない．しかし，資本主義経済システムにおいては，内生的メカニズムも発展してきた．吉川洋の「ケインズ的成長モデル」では，この点が強調されている[42]．具体的には，各部門における企業の技術革新（特にプロダクト・イノベーション）が，生産性の向上だけでなく，内生的な有効需要拡大を生み出す可能性がモデルに導入されている．これにより，経済の中のある主導的な部門における革新が有効需要に影響を及ぼすほどの需要創出を実現し，同時に生産性を上昇させる可能性が示される．このような技術革新もまた，不均衡の存在を契機とする競争圧力に促されて生ずるものと考えられる．なお，主導部門での技術革新により生産性格差は広がる可能性があるが，同時にマクロの有効需要を増大させることにより，高生産性部門への資源移動を促し，高い経済成長率に結びつくことになる．

　さらには，序章でも触れた，フォーディズム的な生産性上昇を賃金上昇とリンクさせる分配のあり方の広がりもまた，有効需要を安定的に拡大させるメカニズムとなる．もっとも，フォーディズムで想定されているような高生産性部門での分配のあり方は，主に大企業における組織的な協力行動によって規定されるものであり，必ずしも全部門を覆い尽くすわけではない．したがって，このような内生的な有効需要拡大メカニズムの効果は，まずは高生産性部門の雇用吸収力にかかっている．それは，当該産業の技術革新の需要創出効果，技術革新が各生産要素需要に与える影響のバイアス，産業組織や人的資本の形成のあり方など産業の個性によって強く規定される．

　さらには，有効需要の内生的拡大メカニズムが低生産性部門にまで波及するかどうかは，生産性上昇率が低い部門で，賃金上昇を商品・サービスの価格に転嫁することが可能か否かにかかっている．このことは，1960年代の日本で見られたような，「生産性上昇率格差インフレーション」と呼ばれた現象をもたらす[43]．これは，有効需要の伸びの大きさだけでなく，市場における価格決

定のあり方に依存しており，企業の市場支配力や当該部門における規制や制度的慣行にも規定される[44]．

　以上のように，「確率的マクロ均衡モデル」をベースとしたモデルでは，生産部門間の不均衡とそれに伴う競争圧力が常態的に発生することにより，①各生産部門内での企業の投資活動等による生産性上昇，②部門間の生産要素の移動，③プロダクト・イノベーションを中心とする技術革新，および生産性上昇と賃金上昇のリンクによる有効需要の拡大，という3つの内生的といえそうな経済成長メカニズムを抽出することが可能である．その際，留意すべきは，この3つのメカニズムの中で，企業の投資活動による生産性上昇と技術革新による有効需要の拡大が成長の起点となり得る能動的な動きであるのに対して，生産要素の移動は，企業の活動に付随して生ずることが多い，受動的な動きであるという点である[45]．

　このような3つの内生的経済成長メカニズムが相互作用的に展開する状況は，以下のように描くことができる．生産部門間の不均衡を背景とした競争圧力の中で，ある生産部門において技術革新が生じ，需要拡大が刺激されれば，同部門の雇用吸収力が拡大し，低生産性部門から生産要素が移動してくる．同部門での生産性上昇が賃金上昇をもたらすような分配がなされれば，有効需要はさらに拡大，雇用吸収力も高まる．このことは，他部門の生産性向上活動を刺激し，各部門の生産性上昇メカニズムが活性化される．

　生産性上昇率は部門間で異なり，賃金上昇率も部門間で異なるが，その分散は通常，生産性上昇率格差よりも小さい．生産性上昇率の低い部門が一定規模で存在すれば，賃金が価値限界生産を上回ることによる生産要素のスラックが，絶えず生み出される．このスラックが，高生産性部門に円滑に移動できれば，成長は持続する．

　一方，有効需要拡大圧力が高まれば，物的な生産性向上が技術的に困難な部門においても価格転嫁がなされ，賃金上昇が波及する．この結果，有効需要がさらに拡大するとともに，生産性上昇が部門を越えて広がる．もっとも，成長が広く波及すれば，スラックが生じにくくなり，供給制約が発生する．これに加え，物的生産性上昇率の低い消費者向けサービス部門などでの価格上昇が進めば，賃上げ圧力が高まる．賃上げが物的な労働生産性上昇率を越えれば，利

潤が圧縮される．この結果，投資の伸びが低下すれば，有効需要拡大にブレーキがかかる．

このような形で成長率循環は生ずるだろうが，技術革新の需要創出効果，生産性上昇と賃金上昇のリンク，高生産性部門の高い雇用吸収力などの条件が満たされれば，内生的な有効需要拡大メカニズムが強力に作用し，各部門の生産性上昇メカニズムを刺激し，持続的な経済成長メカニズムとなる．

第二次大戦後から1970年代までの，日本をはじめとする先進諸国は，ここで描いたような3つの経済成長メカニズムが包括的に実現した典型的な事例と考えることができるだろう．もっとも，常に，経済成長メカニズムの包括的な展開が可能となるわけではない．それが実現するかどうかは，いくつかの特定の産業部門の発展を軸としながら，その効果を波及させるような構造が有効に機能するか否かにかかっている．重要なことは，経済成長メカニズムは，歴史的な構造と関連しながら作用するのであり，したがってそうした構造は歴史的に変化するとの認識である．

以上は「確率的マクロ均衡モデル」をベースとしたモデルであり，吉川洋にならって「ケインズ的成長モデル」と呼ぼう．新古典派的なミクロ均衡を排し，生産性格差を想定しているため，産業間の非対称性を直視し，産業が経済変動に果たす役割を明示的に考慮できる．よって，序章で述べた構造的な経済史研究にとって，分析を前進させるための，明示的な理論的ベースとして有用であるものと考える．

3　構造的な経済史分析と「段階論」の試み

本節の課題は，前節で提示した「ケインズ的成長モデル」をベースに，歴史的な経済成長メカニズムを明確に示すことによって，資本主義経済システムの歴史を分析するための，新たな「段階論」を試論的に提示することである．

前節で述べたように，内生的な経済成長メカニズムは，各部門（産業ないし企業）における生産性上昇，生産要素の部門間移動，有効需要拡大の3つの経路によって作用することが理論的には想定できる．それらは相互作用によって強められ，時にきわめて高い成長率を実現し得る．もっとも，資本主義経済シ

ステムは，当初からこのような3つの成長メカニズムを包括的に取り込んで作用していたわけではない．時代が下るとともに，それぞれのメカニズムが高機能化し，その作用が強化したと考えるのが妥当であろう．現在の資本主義経済システムは，その完成形ではないにしても，主要なメカニズムを含み込んでいるものと考えることができる．そこで，まずは，現代における経済成長メカニズムを提示し，それとの対比でより古い段階のメカニズムを示すことにしたい．

3.1 「大衆消費社会」段階

前節で述べた，3つの成長メカニズムを包括的に含んだ「ケインズ的成長モデル」によって最も適切に描写できるのは，第二次世界大戦後から近年に至るまでの日米欧諸国および1970年代以降の東アジア諸国であろう．このような状況は，第二次大戦前の世界においては十分に展開できなかったものであり，それ以前とは異なる「段階」ととらえるのが妥当であるものと思われる．

この「段階」の構造を支えた要素は多岐にわたるが，ポイントは以下の点にあろう．すなわち，企業の大規模化による一定の独占力行使と市場からの自由度獲得，企業の大規模化とその長期的な存続を支えると同時に資本の流動化を保証する金融・資本市場の発展，企業内での人的資本育成を可能とするような雇用形態，生産性上昇が円滑に賃金上昇につながるような所得分配のあり方，景気変動を一定範囲に抑制するとともに成長通貨を供給する財政金融政策，各国民経済の安定を支える国際通貨体制などである．

3つの経済成長メカニズムが作用する焦点となったのは，機械工業，特にその中でも耐久消費財産業である．その特徴は，生産システムの改善による持続的なコスト削減効果の高さ，各種の金融ネットワークを背景とした資金調達の円滑化，技術革新の需要創出効果と雇用吸収力の高さなどにあった．

この「段階」においては，それ以前に比して，内生的な成長メカニズムはきわめて強力であり，外的ショックへの依存度は低い[46]．この時代，多くの国々が人類史上かつてない高成長を経験した．すべての国がこの成長モデルを経験したわけではないが，資本主義経済システムの歴史として世界史的にとらえ，第二次大戦後の時代を「大衆消費社会」段階と呼びたい[47]．

3.2 「帝国主義」段階

　では，第二次大戦以前の時代をどのようにとらえることができるだろうか．18-19世紀の西欧における「産業革命」以来，分業の深化とともに続々と新たな産業が生まれ，発展した．ただし，「相対的過剰人口」の存在は大きく，持続的な賃金上昇が消費需要の拡大につながるようなメカニズムは未成熟であった．企業内における生産性向上活動やプロダクト・イノベーションに結びつくような技術革新も見られたが，ほとんど組織化，内部化されてはいなかった．

　一方，この時期，輸送，通信，金融など市場取引の拡大を支える各種インフラが拡充し，国内の地域間取引や輸出取引が拡大し，それがさらなるインフラ投資需要を高めた．インフラの拡充がさらなる市場取引の空間的拡大を可能とする形で，有効需要が拡大したことが，この段階の重要な特徴である[48]．経済成長メカニズムの作用の焦点となったのは，輸出産業とインフラ関連産業である．インフラ投資需要が重工業を拡大させ，投資率上昇を通じて成長率を高める動きも見られた[49]．しかし，このメカニズムは消費需要にまで十分におよぶことはなく，また景気対策の乏しさから変動も激しかった．さらには，市場取引の拡大のみでは，いずれフロンティア空間の限界に達することが明らかであった．

　このような輸出産業とインフラ関連産業の発展は，国内および世界各地の地域間の経済的な統合により，市場取引を支える制度が空間的に広がることで可能となったものである．その前提となったのは，権力集中による国民国家の形成，欧米日による植民地化や不平等条約の強制による従属国化など，軍事力を背景とした強権的な支配（以下，「帝国主義」と呼ぶ）と考えることができる．このような政治権力による制度変革が，一種の革新となって有効需要拡大メカニズムを起動させたのである．そうした意味では，この段階は，「帝国主義」という外的なショックに強く依存していた[50]．

　このような構造を支える条件も多岐にわたるが，主要なポイントは，内外の地域間・産業間の円滑な資本移動を可能とするような金融・資本市場の発展と，「帝国主義」的世界秩序であろう[51]．したがって，この時代を「帝国主義」段階と呼ぶことができるだろう[52]．この段階は，18世紀半ばのイギリス産業革

命期に始まり，19世紀を通して持続した[53]．20世紀初頭までには，おそらく市場取引のフロンティア空間は縮小しつつあったものと思われるが，その後も第二次大戦の終了まで「帝国主義」的世界秩序は存続し続けた．

3.3 「独占」段階と二つの大戦

そうした旧来の構造のもとでも，19世紀末以降の欧米先進国において，特に重化学工業の独占的大企業による大規模な設備投資，垂直統合，R&D投資，人的資本育成，生産方式の改善や経営管理の効率化など高度な専門性の蓄積により，産業や企業の内部に生産性上昇メカニズムが定着しつつあった[54]．また，労働需給の逼迫や労働組合の発展に対応して，賃金・労働条件など労働者の待遇を改善する動きも広がった．アメリカにおいては，のちに「フォーディズム」と呼ばれる，需要拡大を想定した賃金分配への動きも始まった[55]．

一方，少し遅れて，第一次大戦後の日本においても，主に重化学工業大企業において，労使関係を調整し，企業内での人的資本育成を強化する動きが見られた．これらの企業は，一定の独占力を行使し市場からの自由を保つことで，長期的な視点に立った投資を拡大させ，持続的な生産コストの低下を目ざした．このことは，投資需要拡大と生産性上昇をもたらした．第二次大戦後に比すれば，消費需要拡大のメカニズムを欠いている点で脆弱であるが，重化学工業を中心に，市場取引拡大のフロンティア空間に依存しない，「帝国主義」段階とは異なる新たな経済成長メカニズムが形成され始めたものといえる．

この変化は，「帝国主義」段階における産業発展の結果から生じたものと考えられる．チャンドラー（Chandler）によって強調されたように，生産性上昇メカニズムを内生化した近代的大企業は，市場取引の空間的拡大の主役であった鉄道・通信の大企業から始まった[56]．こうした動きは重化学工業の大企業に広まることになる．また，資本主義経済システムの地域的な拡大浸透に伴って，労働供給の制約が強まり，労働市場における賃金上昇圧力を高めるとともに，労働条件改善に向けた労働組合側の交渉力が高まってきたことが，構造変化の要件として大きい．

以上のような，新たなメカニズムを支えた構造は，独占的大企業への資金集中を可能とするような金融・資本市場の発展，経営者と労働組合との間の交渉

制度の形成などである．過去の研究史にならって，この段階を「独占」段階と呼ぶのが妥当であろう．「独占」段階は，19世紀末から第二次大戦終了時まで続いた．しかし，一方で，市場取引のフロンティア空間が縮小したにもかかわらず，「帝国主義」にかわる新たな世界秩序が容易に見いだせなかったことが，国際政治の不安定要因となった．「帝国主義」諸国間の争いは激化し，市場統合により成長した植民地諸国が自立傾向と反発を強めた．これらの流れが，結果的に，二つの世界大戦につながったことを想起するならば，「独占」段階は，きわめて不安定な過渡期であったものといえる．

この不安定な過渡期の最終的な帰結が第二次世界大戦であった．第二次世界大戦の影響についてここで詳述することはできないが，その中でも最も重要なことは，旧来の「帝国主義」的世界秩序を終焉させ，「大衆消費社会」段階への道が拓かれた点にあるものと考える．資本主義経済システムは，「帝国主義」的世界秩序の制約から解放され，新たに技術革新をベースとした有効需要拡大メカニズムが顕著に発達したことで，内生的経済成長メカニズムがより強力に機能するに至ったのである．

以上をまとめれば，世界の資本主義経済システムの展開史において，18世紀半ばの産業革命期から19世紀末までが「帝国主義」段階，19世紀末から第二次大戦までが過渡的な「独占」段階，第二次大戦後が「大衆消費社会」段階である．

おわりに

本章では，経済成長理論を再検討し，ケインズ的アプローチの成果をベースに，「内生的成長理論」を批判的に吸収した上で，生産性上昇，生産要素の移動，有効需要拡大の3つの内生的な経済成長メカニズムを含む「ケインズ的成長モデル」を提示した．この明示的な成長モデルをベースに，資本主義経済システムの発展史における，新たな「段階論」を試論的に展開した．

資本主義経済システムの発展に大きな影響を及ぼしたダイナミクスとして重視すべきなのは，以下の三点である．第一に，市場取引の空間的拡大．第二に，企業など組織的な生産性向上活動．第三に，プロダクト・イノベーションを中

心とした技術革新，および生産性上昇とリンクした所得分配による有効需要の拡大．経済成長理論における先行研究では，社会インフラ論や制度的分析が第一の点を，ソロー・モデルの拡張としての「内生的成長理論」が第二の点を，「ケインズ的成長理論」が第三の点をそれぞれ重視してきた．本章が特に参照とした，両大戦間期の橋本，武田らの経済史研究においては，第二の組織的な生産性向上活動を重視しつつ，第三の有効需要の拡大メカニズムを射程に収めていた．

これに対し，かつての，マルクス経済学の影響を強く受けた旧来の「段階論」は，資本家・労働者の階級関係を軸に構成されていた．しかし，労使関係とその矛盾がもたらす資本主義の限界を示すことに研究を集中させたため，第二次大戦後の経済成長を十分に説明できなかった．

本章は，経済成長理論の成果を批判的に検討し，構造的な経済史研究を踏まえた上で，労資関係を資本主義経済の本質と考えるのではなく，序章で述べたように，"資本"を繰り返し再生産させる作用として「資本主義経済システム」を定義し，一貫した理論的視点のもとに，明示的な成長モデルを提示することにより，「段階論」を再構成する試みであった[57]．

本章では，「大衆消費社会」段階までを提示したが，現時点においても新たな段階に向けた変化の胎動が生じている．注目すべき変化は三点ある．第一に，金融技術の革新が資本の流動化への圧力を高め，生産要素の迅速な移動を可能とする制度や組織への再編が進みつつある．これにともない，株価収益率が重視され，一般労働者の立場が弱まり，生産性上昇が賃金上昇に結びつきにくくなり，結果として有効需要拡大メカニズムが弱まっている．第二に，サービス産業の比重が拡大し，高い生産性上昇を実現する部門が相対的に減少することで，生産性上昇メカニズムが弱まりつつある．第三に，所得上昇の結果として生じた高齢化によって，消費需要サービス化（医療・介護など）が加速すると同時に，租税等による社会保障負担が高まり，ひとびとの政府への不信や将来不安を招いている．

サービス産業の比重拡大と高齢化は不可逆的な変化であろう．また，製造業が飛躍的に発展した時代に実現した生産性上昇と賃金上昇のリンクが，一般的に持続することも望めそうにない．そうなると，資本主義経済システムの経済

成長メカニズムは，本章の議論を敷衍すれば，生産要素の高生産部門への移動にのみ頼る脆弱なものとなってしまうかも知れない．これを避けるためには，高齢化や所得の不安定化に対応できるような，信頼できる所得再分配システム（おそらく高い税負担が必要）を再構築することにより，新たな有効需要拡大メカニズムを整備する必要があろう．主に北欧諸国が進めているこうした方向への転換が拡大することで，近い将来，資本主義経済システムは，「大衆消費社会」段階を超える新たな段階に達するのではないかと予想する．

注
1) ソロー・モデルは，Robert Solow, "A Contribution to the Theory of Economic Growth," *Quarterly Journal of Economics* 70, Feb, 1956, p65-94. にさかのぼる．周知のように，膨大な文献があるが，ソロー・モデルの性質と限界およびNGTをまとめたものとして，Robert J. Barro & Xavier Sala-i-Martin, *Economic Growth*, 2nd Edition," MIT Press, 2004（R.J. バロー，X. サラ－イ－マーティン著，大住圭介訳『内生的経済成長論1，2』九州大学出版会，2006年），および，David Romer, *Advanced Macroeconomics*, 3rd Edition," McGraw-Hill Companies, Inc., 2006（邦訳，デビッド・ローマー著，堀雅博ほか訳『上級マクロ経済学』，日本評論社，2010年）の第1～3章を参照にした．
2) もっとも，kの上昇プロセスは，産業構造の変化でいえば重化学工業の発展とリンクしている．これに伴う投資財産業の拡大が投資率（ソロー・モデルでは貯蓄率と等しい）を上昇させ，sf (k) の上方シフトにより成長率が高まるような，一種の内生的成長メカニズムを考えることができる．ただし，ソロー・モデルでは，このことが均斉成長率への収束をもたらすという長期的な傾向を変えることはない．
3) 前掲『上級マクロ経済学』31-35頁．
4) 残差に影響を与えると考えられる他の条件をコントロールした条件つき収束は，実証的に確認されることが多い．これに関しては，後述する．
5) 実証研究によっても，ほとんどが残差として残されることが明らかとなった．Robert Solow, "Technical Change and the Aggregate Production Function," *Review of Economics and Statistics*, 39, 1957.
6) 多数財モデルを想定したとしても，生産要素市場におけるミクロ的な均衡を仮定するならば，ソロー・モデルと同じ難点を共有することになる．
7) Paul Romer, "Increasing Returns and Long Run Growth," *Journal of Political Economy*, 94, Oct, 1986, pp.1002-1037.
8) 吉川洋が鋭く指摘しているように，「定常状態における正の成長」は，「特定の弾力性が1であるときのみ，また生産性が絶対レベルとしてではなく比例的に上昇するという仮定の下でのみ」可能とされている．吉川洋『現代マクロ経済学』創文社，2000年，

216頁.このような頑健性に欠ける,非現実的な仮定を必要とするのは,NGT が,新古典派的なミクロ主体の最適化行動の結果としての均衡を堅持しようとしているからである.

9) Paul Romer, "Endogenous Technical Change," *Journal of Political Economy*, 98, Oct. 1990 ; Gene M. Grossman & Elhanan Helpman, *Innovation and Growth in the Global Economy*, MIT Press, 1991 (G.M. グロスマン,E. ヘルプマン著,大住圭介監訳『イノベーションと内生的経済成長——グローバル経済における理論分析』創文社,1998 年); Philippe Aghion & Peter Howitt "A model of Growth through Creative Destruction," *Econometrica,* 60, March, 1992.

10) こうした理論展開は,序章で述べた「段階論」の発展としての「成長論」の展開と類似しており,十分に対話可能であるものと考える.

11) Gregory Mankiw, David Romer & David Weil, "A Contribution to the Empirics of Economic Growth," *Quarterly Journal of Economics*, 107, May, 1992, Robert J. Barro, *Determinants of Economic Growth : A Cross-Country Empirical Study*, MIT Press, 1997 (R. J. バロー著,大住圭介,大坂仁訳『経済成長の決定要因——クロス・カントリー実証研究』九州大学出版会,2001 年)など.

12) Robert Barro & Xavier Sala-i-Martin, "Convergence," *Journal of Political Economy*, 100, 1992.

13) Angus Maddison, *Monitoring the World Economy 1820-1992*, OECD, 1995 (アンガス・マディソン著,金森久雄監訳『世界経済の成長史 1820-1992 年』東洋経済新報社,2000 年) 邦訳 52 頁参照.

14) Douglass North, *Structure and Change in Economic History*, W.W. Norton, 1981 (ダグラス・C. ノース著,大野一訳『経済史の構造と変化』日経 BP 社,2013 年).

15) Robert Hall & Charles Jones, "Why Do Some Countries Produce So Much More Output per Worker than Others?," *Quarterly Journal of Economics*, 114, February, 1999.

16) North, op. cit., *Structure and Change in Economic History* ; Avner Greif, *Institutions and the Path to the Modern Economy : Lessons from Medieval trade*, Cambridge University Press, 2006 (アブナー・グライフ著,岡崎哲二・神取道宏監訳『比較歴史制度分析』NTT 出版,2009 年).

17) 多くの実証研究によれば,計測誤差を考慮したとしても,生産性格差の存在の大きさは否定できない.

18) $Y = AK^a L^{1-a}$ (K:資本,L:労働)とすれば,労働の限界生産性は,

$$\frac{\partial Y}{\partial L} = (1-a)A\left(\frac{K}{L}\right)^a = (1-a)\cdot\left(\frac{Y}{L}\right)$$

同様の計算は,資本の限界生産性,総要素生産性 (TFP) についても成り立つ.

19) 代表的な文献として,W.E.G. Salter, *Productivity and Technical Change*, Cam-

bridge University Press, 1960.
20) 篠原三代平『産業構造論』筑摩書房，1976 年，第 4 章など．
21) Arthur Lewis, "Economic Development with Unlimited Supplies of Labour," *Manchester School of Economic and Social Studies*, May 1954.
22) Edward C. Prescott, "Needed : A Theory of Total Factor Productivity," *International Economic Review*, Vol. 39, No. 3, Aug. 1998.
23) Eric J. Bartelsman & Mark Doms, "Understanding Productivity : Lessons from Longitudinal Microdata," *Journal of Economic Literature*, Vol. 38, Sept. 2000.
24) Chad Syverson, "What Determines Productivity?," *Journal of Economic Literature*, Vol. 49, No. 2, 2011.
25) 宮川努・深尾京司・浜潟純大・滝澤美帆「産業レベルの資源配分効率性」深尾京司・宮川努編『生産性と日本の経済成長―― JIP データベースによる産業・企業レベルの実証分析』東京大学出版会，2008 年．
26) 前掲『世界経済の成長史 1820-1992 年』でも，この点は強調されている．
27) 所得分配の不平等度も，1920-30 年代，1950 年代に拡大している．南亮進『日本の経済発展と所得分布』岩波書店，1996 年．
28) こうしたアプローチは，規制改革による資源移動を主張する近年の日本の「構造改革」論者や経済史の制度的分析論者たちと親和性が高い．
29) 前掲『現代マクロ経済学』，Masanao Aoki & Hiroshi Yoshikawa, *Reconstructing Macroeconomics : A Perspective from Statistical Physics and Combinatorial Stochastic Processes*, Cambridge University Press, 2007. Hiroshi Yoshikawa "Stochastic Macro-Equilibrium and A Microfoundation for the Keynesian Economics," *CIRJE Discussion Paper (University of Tokyo)* F-827, July 2013.
30) したがって，収穫逓減は前提とされない．現実のマクロ的な価格の動きから，限界費用一定が推定されている．筆者の解釈によれば，費用一定の仮定は，生産性の高いいくつかの主要産業において成立すれば十分であり，それは現実的な仮定であろう．高生産部門において，有効需要が効果的な制約となることがモデルの要で，これにより生産性の高い部門の職の数が限られる．
31) 労働者が職を選ぶ場合にも，単に賃金および労働・余暇の選好関係のみを考慮して最適行動をとっているわけではない．労働者の属性（年齢，性別，家族構成，職業的能力，健康状態，資産状態など）と多様な労働条件（賃金，将来的なキャリア・パスの見込み，居住地と勤務地，勤務時間のあり方，雇用期間，雇用先の評判など）など，考慮すべき条件は多種多様である．したがって，労働者本人がたとえ主体的に最適化行動をとっていたとしても，それを客観的に描写することはほぼ不可能であるし，その確率的な分布を描くこともまず無理であろう．「確率的マクロ均衡モデル」は，マクロ経済を理解する際には，方法的個人主義に立ったミクロ主体の最適化による説明を断念しているのである．
32) 規制に関しては，確かに市場の機能の円滑化を妨げるだけの既得権益保護の機能を果

たすものも少なくないであろう．しかし，多くの規制には複数の論理（安全，社会の安定，環境保護等）が入り組んでいる．これらの全体を考慮せずに規制改革を行った場合に，思わぬコストが発生する可能性が高い．

33) 青山秀明ほか『パレート・ファームズ』日本経済評論社，2007年．
34)「確率的マクロ均衡モデル」では，ボルツマン分布が導出された．よって，べき分布となる現実の説明のためにはモデルが改良される必要があろう．
35) Hideaki Aoyama, Hiroshi Yoshikawa, Hiroshi Iyetomi & Yoshifusa Fujiwara, "Productivity Dispersion : Facts, Theory, and Implication," *Journal of Economic Interaction and Coordination*, Vol. 5, 2010.
36) したがって，新古典派的な均衡を最適と考える，経済厚生に関する規範的な分析には問題が多い．
37) 前近代のように職業移動が制限されていれば，移動インセンティブは抑制されるだろう．もっとも，移動が制限されていたとしても，職業倫理や社会的圧力を制度化することによって，各部門の生産性上昇活動を刺激することは可能である．市場の圧力がすべてではない．
38) 逆にいえば，新古典派的モデルでは，ミクロ的な均衡理論を中核に据えているため，現実世界の中で経済成長を発生させるためには，外的なショックとともに，何らかの破壊的強制力により，すでに投じられた部門から生産要素を瞬時に奪取するプロセスを想定していると考えざるを得ない．このことは，新古典派が，市場原理の有効性を主張する側面とは裏腹に，権力による強制的な資源配分への介入と親和的な思想を密かに有していることを示している．
39) 一般に，部門間の賃金の分散は，労働生産性の分散よりも小さいから，この仮定は十分に現実的である．これは，生産水準に大きな支障なく，伝統部門から近代部門に労働移動が生ずる，前掲したアーサー・ルイスの無制限労働供給モデルと類似したメカニズムである．
40) 以上の議論において，スラックとなるような「過剰労働力」は，営利企業の外部だけでなく，内部にも継続的に発生し得ることに留意しておく必要がある．スラックのあり方は，経済状態だけでなく，歴史的な社会変化の影響も強く受けるのであり，このため，資本主義経済システムの全貌を描くためには，社会統合のあり方について分析する必要がある．
41) 新市場との取引の開始とは，たとえば「新大陸や新航路の発見」，「ベルリンの壁崩壊」など．一方，金融・財政政策は，国家の経済基盤の強化に依存するから，短期的には外生的ショックだが，経済成長に伴って内生的に決まる面も少なくない．
42)「ケインズ的成長モデル」の最初の試みとしては，吉川洋『日本経済とマクロ経済学』東洋経済新報社，1992年，第8章．「確率的マクロ均衡モデル」は，「ケインズ的成長モデル」に，ミクロ的な均衡とは異なるマクロ的基礎づけを与えるものである．なお，吉川の「ケインズ的成長モデル」では，長期的な成長率は，$\frac{\theta}{(1-\lambda)}$ となり，「残差

に還元されることのない持続的成長を考えることができる．ここで，θ は外生的な需要成長率，λ は，投資による内生的な需要創出効果である．

43) これについては，髙須賀義博『現代日本の物価問題』新評論，1972年．
44) たとえば，低成長期における零細サービス業は，制度の支えなしに，価格転嫁を実現することは困難であろう．
45) こうした認識は，企業者による革新を強調したシュムペーターの主張に近い．J.A.シュムペーター著，塩野谷祐一・中山伊知郎・東畑精一訳『経済発展の理論』岩波書店，1977年．一般に，経済成長において主要な起点となるのは，企業などの革新的行動であり，市場における資源配分調整はそれを円滑化する条件である．
46) ただし，景気対策としての公共事業など，補助的に外的ショックが要請されることは少なくない．もっとも，恒常的な財政支出を可能とするのは，政府の信用であり，経済成長メカニズムによって担保されており，高い成長率と税収への信頼から派生した現象ともとらえられる．
47) この発想は，ウォーラステインの「世界システム論」に近い．Immanuel Maurice Wallerstein *The Modern World System : Capitalist Agriculture and the origins of the European World-Economy in the sixteenth century*, Academic Press, 1976 (I. ウォーラーステイン著，川北稔訳『近代世界システム――農業資本主義と「ヨーロッパ世界経済」の成立 1，2』岩波書店，1981)．
48) 本章では，このような有効需要拡大メカニズムを重視する．古典的な産業革命論で重視されてきた，旧制度の変革に伴う生産要素の移動の円滑化（マルクス経済学的にいえば「労働力の商品化」）も軽視するわけではないが，それは成長を支えるための多分に受動的な動きであった．成長の起点となり，また成長を能動的に推進したのは，有効需要拡大メカニズムであったものと考える．ただし，この段階の有効需要拡大は多くの場合，当初は外的なショックを契機としていた．
49) 前述したように，ソロー・モデルの枠内での，k の上昇プロセスでの重化学工業の発展→投資率の上昇という内生的メカニズムと考えることができる．
50) このような市場取引の空間的拡大は，社会インフラの役割を重視する制度的分析が注目した論点に近い．歴史制度分析においても，取引空間の拡大を可能とした制度の発展が重視されている．前掲の Greif, *Institutions and the Path to the Modern Economy : Lessons from Medieval trade*, が強調したように，制度は必ずしも政治権力に支えられるのではなく，自生的に発達し得る．おそらく，国民国家への権力集中は，自生的な制度発展の延長線上にとらえられるものではなく，経済システムからは独立性の高い現象であろう．したがって，ここでは，外的ショックとしてとらえているのである．
51) したがって，外的ショックとして，市場取引の空間的拡大だけでなく，帝国主義的秩序維持のための軍需拡大も軽視できない．
52) ここで，国内における市場統合と海外への輸出による市場拡大を区別していない点が問題となるかも知れない．しかし，ブローデルが「すべては連関している」として印象的に描いたように，イギリスにおける国内輸送の拡充による市場統合と遠隔地貿易の拡

大は連続した出来事であった．フェルナン・ブローデル（村上光彦訳）『物質文明・経済・資本主義　世界時間2　15-18世紀』，みすず書房，1999年，269頁．原著は1979年．また，国内においても先進地域が後進地域を強権的に従属化する側面も否定できないから，本質的な支配力の作用のあり方としても連続的なものと考える方が妥当であろう．したがって，国内の地域統合と海外進出を含めたものを「帝国主義」と簡略化して表現しておく．より正確には，「地域統合・帝国主義」段階といった呼称にすべきかも知れない．このような「帝国主義」の理解に関して，参考になるのが「自由貿易帝国主義」論である．John Gallagher & Ronald Robinson "The Imperialism of Free Trade," *Journal of Economic History*, Vol. 6, No. 1, Aug. 1953, G.H. Nadel & L.P. Curtis *Imperialism and Colonialism*, Collier Macmillan Ltd., 1964, を参照．なお，「帝国」の多様なとらえ方については，山本有造『帝国の研究――原理・類型・関係』名古屋大学出版会，2003年．

53) 産業革命期から19世紀後半までは，宇野弘蔵などの「段階論」から「自由主義段階」と呼ばれるのが一般的である（宇野弘蔵『経済政策論　改訂版』弘文堂，1971年）．「自由主義」との呼称は，イギリスにおいて，関税を低下させる自由貿易が政策的に強く推進されたことに基づく．もっともその理論的支柱となったリカードの比較優位の原理は，「保護貿易」と「自由貿易」の利害得失よりも，貿易がない状態から貿易がある状態への変化がきわめて大きな利益をもたらすことを強調している．イギリス帝国にとっては，「自由主義」とは，これまで貿易取引がなされなかったフロンティア地域を強権的に開国させ，貿易および海運サービスの利益を得ることをも意味していた．以上の宇野「段階論」の批判的検討，および「大衆消費社会」段階の重要性に関しては，武田晴人の議論を踏まえている．武田晴人「はしがき」石井寛治・原朗・武田晴人編『日本経済史　3　両大戦間期』東京大学出版会，2002年．

54) Alfred D. Chandler, Jr., *The Visible Hand*, Harvard University Press, 1977（アルフレッド・D.チャンドラー Jr.著，鳥羽欽一郎訳『経営者の時代』上・下，東洋経済新報社，1979年）など．

55) この点を強調したのが，レギュラシオン理論である．ロベール・ボワイエ著，山田鋭夫訳『レギュラシオン理論――危機に挑む経済学　新版』藤原書店，1990年．

56) Chandler, Jr., op. cit., *The Visible Hand*, pp. 79-205.

57) とりわけ，「大衆消費社会」段階についての描写は，序章で取り上げた橋本寿朗らの「成長体質」を強調する議論や前掲の武田晴人の議論と大きな違いはない．ただし，橋本，武田の議論では，マルクス経済学の影響がかなり強く残存しており，労資関係が最も重要なキーになっているように思われる．

第4章

日本経済史研究における「企業と市場」

日向祥子

はじめに

　本章は，日本経済史研究において，「企業」と「市場」に対し，いかなる分析上の関心が置かれてきたか，その推移を整理するとともに，若干の問題提起を行うものである．

　「経済学における最も基本的な語彙」というものをどのように選定しようとも，そこに「市場」という語が含まれないということはなかろう．経済史学においても同様である．しかし，「基本的」ということは単純であることと同義ではない．実際，日本経済史研究において「市場」という語の意味するところは，論考ごとに固有の検討課題に対応するかたちで相違を示している．そして，このことは「企業」に関しても同様に当てはまる[1]．

1　資本主義史研究における「企業と市場」

　かつて日本経済史研究は，日本資本主義史研究として為されていた．この潮流は，「資本主義の最高段階としての帝国主義」と現代との関係をめぐって明快な解釈を与えられないまま，行き場を失いつつあるようにも見受けられる．しかしながら，日本経済史学それ自体の歩みを踏まえるならば，まずは資本主義史研究における議論の在り方を問題とすべきであろう．

1.1　産業革命期研究

　資本主義史上の位置づけを正面から問題とした日本の産業革命期研究において，具体的な分析上の指標として重視されたことは，端的にいえば自給的生産の解体と輸入代替の進展であり，解明すべき課題として重視されたことは，そ

うした事態に反映された「資本蓄積」の構造的特質（≠「資金蓄積」，富の増大そのもの）であった．こうした固有の検討課題は，そこでの「企業」，「市場」の取り上げられ方をいかに規定しただろうか．ここでは，大石嘉一郎『日本産業革命の研究 上』[1975年]における産業資本の「資本蓄積」にかかる叙述，より具体的には同書中，西村はつによる「産業資本（1）綿業」，石井寛治による「産業資本（2）絹業」のそれをとりあげよう[2]．

これらの論考においては，そもそも「市場」という語の登場自体ごく少ないのであるが，それが帯びる意味合いは，概ね「モノの売れる量」と「モノの売れる場所」の二通り，より端的には「市場シェア」に関わるものとみてよい．例えば，「国内綿布市場の回復＝輸入綿布の駆逐[3]」，「輸入糸との競争によって市場を拡大するほかはなかった[4]」，「綿織物業は国内市場の拡大の上に立って生産を拡大していった[5]」という西村の用語法，また，石井が「生糸世界市場と日本製糸業」と題した項[6]において輸出先の比重を概説した点や，絹織物輸出額と同国内消費額を比較して「絹織物市場の中心は国内市場にある[7]」と指摘した点などにみられるごとくである．これらの研究において「市場」というとき，それは総じて製品消費量の大きさとその国際的分布によって把握され，その意味で「市場」の示すものは達成事実としての経済的成果（供給実績）[8]とほぼ同義であった．

他方で「企業」という視角は，これら論考のうちに必ずしも明確でない．目立って用いられる表現は，「紡績業は」，「紡績会社は」，あるいは「日本製糸業は」，「製糸家は」というような，諸経営体を総体的に把握するごときものである．個別経営体ごとのユニークな条件に焦点が当てられることはなく，せいぜい2，3のカテゴリーに類型化される程度の処理に止まった．また，近代的絹（綿）業者同士の競争関係は問題にされず，むしろ日本の近代的絹（綿）業－海外絹（綿）業間，または近代的経営群－前近代的経営群間の競争関係（＝シェアの奪い合い）が重視される．これら論考のうちに個別経営体への言及が為されるのは，各当該産業の総体的な動向を叙述するうえで，その代表例として具体的なエピソードを示す局面に限られている．もちろん，企業内部における新技術導入[9]に基づく生産性上昇や，企業間の共同行為[10]による国際競争力強化が強調されるように，「企業」という表現の不在は，必ずしも企業の創造

的な活動を無視する姿勢を意味しない．しかしながら，資本蓄積メカニズム（拡大再生産を支えた社会的な仕組み，運動）の要として一層強調された点は，労働力（製糸業の場合はこれに加え原料）の調達コストを低位に止めた階級間の搾取構造であった．

このような「企業」と「市場」の扱われ方は，同じ時期を検討対象とした後年の論考と対照することによって，その含意をより明確にするかもしれない．上に言及した石井自身を編者に含む石井寛治・原朗・武田晴人編『日本経済史2 産業革命期』[2000年]を参照しよう[11]．同書中，花井俊介「軽工業の資本蓄積」が，綿紡績業と製糸業の「資本蓄積」を論じている．

ここで「市場」という語が「市場シェア」ないし「供給実績」の問題に傾斜して用いられている[12]ことは，大石[1975]の場合と同様である．「企業」についても，「紡績資本（紡績業）」，「製糸業（製糸家）」といった総体的な把握のうちに，それらを代表する個別経営のエピソードを配するという構図自体は，大石[1975]と共通している．しかし，後者＝「企業」に向けられる視角に関しては，微妙ながらも重要な変化を看取しうる．引用されるエピソードの量および詳細さが明らかに増していることに加え，それらは，各経営上の固有の戦略や，試行錯誤および偶発的展開を含み込んだ意思決定プロセスを強調するように叙述される．このような叙述スタイルは，既述のように「近代紡績（製糸）業」総体としての把握を前提にするとはいえ，戦略立案や意思決定という営為の帰属先として，結果的に，主体性ある企業のイメージを浮かび上がらせるのである．

「資本蓄積」の語られ方には，一層明確な変化が窺える．「資本蓄積が不十分な明治前期に，富岡並の設備をもつ器械製糸場を設立するのは不可能に近かった[13]」という表現が象徴するように，「資本蓄積」は，カネという経営資源や，経営規模の拡大に対応する言葉となり，かつて重視されていた動態的な，社会的機構の運動自体に焦点を当てる概念ではなくなりつつある．明示的に「蓄積」への言及が重ねられる「2-4 製糸資本確立期の蓄積構造」は，石井を中心とする諸研究の知見に拠りながらも，製糸家の経営戦略を叙述する性格を一層強く匂わせるものとなっており，ここでの「蓄積様式」，「資本蓄積のあり方」という表現を「ビジネスモデル」と置換してほとんど違和感がない．先に

言及した西村や石井の論考において，こうした置換は決して成立しえないだろう．

　花井の論考が，この間に進展した経営史的研究の成果を重視したものであることは間違いなかろうし，（「資本蓄積様式」の在り方に即した構造把握の代わりに）量的な成長軌道のうちに変化の画期を見出すような「歴史」把握の潮流[14]に少なからず影響されているとみることも，それほど乱暴な理解ではあるまい．あるいは，資本主義史としての産業革命期把握にはすでに共通理解が確立されているとの認識が前提されている可能性もある．いずれにしても，この論考においては，「資本（蓄積）」という用語に拠る必然性が，もはや失われているようである[15]．経済構造の，いわゆる「内実[16]」に対する関心が大きく後退した研究史の状況が，ここに端的に示されているといってよいかもしれない．

　両者の対比は，次のことを浮き彫りにした．第一に，産業革命期（に相当する時代）を叙述するうえで，企業の具体的な活動にどこまで焦点を当てるかは，前提する問題意識に依存すること[17]．西村・石井のように，社会の再生産の構造に焦点を当て，産業革命期に固有なその特徴を描き出すうえでは，同一産業内の企業活動を相当に単純化・図式化して捉えることが，必ずしも大きな障害とはならなかった一方で，花井のように，変化のダイナミズムを論じようとすれば，具体的な企業活動に言及を要したのであろう．他方で第二に，「市場」の捉え方に関していえば，既述のふたつのアプローチに大きな相違はなかったことから，この点については分析視角の相違よりも，両者によって分析対象に据えられた時代の共通性が，一層重い意味をもったと理解できる．1900年前後の経済活動を日本に即して描写するうえでは——その時期を資本主義史上の産業革命期と捉えるか，単に近代的産業の定着および成長が進む時期と捉えるかを問わず——，「市場」は需要の満たされ方＝供給実績として把握すれば足りる状況にあったのかもしれない．「市場」を供給実績とほぼ同一視するということの意味，また，それを分析対象時期に規定された問題と理解することの意味は，続く帝国主義段階の研究と対比することで，より明確化するであろう．

1.2　帝国主義史研究

　改めて確認すれば，前項に引いた西村や石井の議論は，自給的生産の解体と

輸入代替の進展,日本における産業資本的「資本蓄積」の構造的特質を示そうとするものであった.自給的生産の解体は近代的経営群－前近代的経営群間の市場シェア推移によって論証され,輸入代替の進展は日本の近代的綿業－海外綿業間のそれによって論証された.日本における産業資本的「資本蓄積」は,絹綿各業における機械制生産の拡大再生産実現という事実を通じて示され,より重視されるその構造的特質は,主には,「半封建的」構造を留める農村との結びつき方(低賃金労働,養蚕農民からの搾取,棉作地の没落)に階級間の搾取構造を看取する形で描かれた.ここで強調しておくべきは,上記の課題に即した前時代からの変化が,器機械の導入や市場シェア,労働調達および賃金水準など,外形的な事実の指摘によって概ね論証可能であったということである.

さて,帝国主義段階における独占(金融)資本的「資本蓄積」の分析に関しては,いわばその開拓者として高村直助の貢献[18]が大いに認められるところであろう.高村は,生産の上位集中度および利潤率格差,財閥コンツェルンにおける他人資本動員といった指標に注目し,独占(金融)資本検出の方法論を提示した.このアプローチには,産業革命期研究の名残と,そこからの跳躍,この両面が存在する.高村が依拠した指標は,上に列挙したような外形的事実の指摘に基づく論証という限りにおいて,産業革命期研究の方法論に沿う一面をもっていた.他方で,高村が生産の上位集中度や利潤率格差に注目したことは,経営単位としての企業の境界を必然的に明確化するものであると同時に,「市場」を同一産業における競争の舞台,ひいては「独占利潤」の創出に関わる価格形成の舞台として把握する姿勢を示すものでもあった.もはや企業は均質性を前提されえず,「市場」は「モノの売れる量／場所」に止まりえなかったのである.高村が提起したアプローチは,例えば大石［1985］における独占資本成立過程の分析中,高村直助「資本蓄積(1)軽工業」,村上勝彦「資本蓄積(2)重工業」に継承されている[19].そこでは「独占的」な企業の成立が,上位集中度と利潤率格差の両面から示され,したがって具体的企業にかかるデータの提示が不可欠な位置を占める.「市場」については,「中国市場」・「アメリカ市場」といった「モノの売れる場所」としての用語法,「粗布市場」・「軍需市場」といった需要セグメントを示す用語法を留めつつも,上位集中度を論じる前提となる企業間競争の舞台として「市場」を捉える視角,さらには「量

的占有率では示されない新たな市場独占[20]」,「一定範囲での売越・買越による市場への機敏な対応[21]」,「船舶の売手市場化[22]」というように,価格形成の舞台として「市場」を位置づける視角が導入されている.「市況」という表現が著増した点も,「市場」の価格形成機能に対する注目の高まりを示すものであろう.高村は,帝国主義的蓄積構造の分析に挑むなかで,「企業」と「市場」に対する注目を引き上げるような方法的発見をもたらしたのである.

しかしながら,同じ大石[1985]において,高村の「独占資本」分析に対する異議申し立てが為されている点を見逃すわけにはゆくまい.武田晴人による「資本蓄積(3)財閥」がそれである.武田の問題提起は,同年に刊行された橋本寿朗との共編著作『両大戦間期日本のカルテル』[1985年][23]において一層明示的であるため,双方を一括して引くのが便宜であろう.武田,橋本は,これらの著作を通じて,高村の分析手法が「資本蓄積」様式の変容を積極的に論じるものではないとの理解を示した.高村の分析手法に拠っては,独占資本ないし金融資本の蓄積様式がいかなる意味で帝国主義段階の経済構造を表現すると理解できるのか明確に示しえないこと,そうであるとすれば,そこで示される独占(金融)資本は無概念的な存在でしかありえないこと,これらが批判の要点であった.彼らは,「市場支配力をもつ独占資本」の存在を前提とした「独占利潤」の検出[24]が論理的には同義反復に過ぎないとし,また,「資本蓄積」様式上の積極的変化を具体的に提示しえないまま「財閥のコンツェルン化」を指摘すること[25]は,それを敢えて「金融資本」と評価する十分な根拠を欠くと主張したのである.ここに,一方では,(前提となる高村説をまずは批判するために)歴史的事実として存在した企業集中やコンツェルン化が,それ自体では独占(金融)資本の成立を意味しないことを示し,他方では,「独占利潤」の本質に立ち返ってその存在を論じるという,二段構えのアプローチが提唱されることとなる.その具体的な方法論は,「独占」を価格メカニズムの阻害ないし修正の問題として[26],「金融資本的蓄積」を持株会社による独特な金融資産操作の問題として[27],それぞれ読み替え,実証するというものであった[28].

こうした武田や橋本の問題意識は,企業と市場の扱いに関する高村の方法的「発見」を,一層拡張させることとなる.彼らは価格そのものではなく,それ

が在庫量や設備稼働率といった指標とともに示す需給不均衡の状況に注目し，需要と供給の双方に固有の質的条件，企業による市場管理行動の実態を重要な論点とした．「市場」は資源配分の舞台として積極的に位置づけられ，そこでの需給関係形成プロセスが，企業の主体的な行動と関連づけつつ検討された．翻って「企業」はといえば，一方ではそうした市場管理行動の主体として，すなわち「市場」という資源配分の舞台に立つ主要なプレイヤーとしての位置づけを与えられ，他方では，自ら部分的にコントロールした外的環境＝市場を前提に生産や投資を担い，コスト削減努力を重ねるという意味で，「企業」それ自体が意識的な資源配分の舞台でもあることが強調された．「市場」と「企業」は，いわば入れ子式の資源配分機構として描かれたのである．「金融資本的蓄積」の検証にあたっては，財閥コンツェルンにおける持株会社－事業会社間の関係が資金需給関係として把握され，「資本そのものの独占（柴垣和夫）」の実態は，資本市場と内部資本市場との接点に生じる固有の利益機会として明示されることとなる．

　帝国主義史研究において「企業」と「市場」に向けられるに至った視角を以上のように整理したとき，いまや前項に示した産業革命期研究におけるそれとの違いは明瞭であろう．「市場」に関しては，次のような指摘が可能である．高村は「独占」の存在を市場の寡占構造に，「独占利潤」の存在を利潤率格差に，それぞれ読み替えたため，「市場」には競争の舞台および価格形成の舞台という意味が付与された．橋本・武田は「独占」のメカニズムを価格メカニズムの阻害（修正）に帰し，「独占利潤」創出のメカニズムを独占組織による市場管理行動に帰したため，「市場」には，価格メカニズムを主要な原理とする資源配分の舞台としての性格と，価格メカニズムを人為的に制御するような異種のメカニズム＝調整行動の展開される舞台としての性格とが付与された．「企業」に関しても，産業革命期研究にみられたような総体的な把握は後景に退いた．高村にとっては，特定の企業が市場シェアと利潤率の両面で優位にあることを示す必要があり，橋本・武田にとっては，調整行動の前提として，「調整」の対象となる利害相反が存在すること，つまり各経営に固有の経営資源や経営環境，（場合によっては「非合理」とも解釈されうる[29]）固有の経営課題が存在することを示す必要があった．それゆえ両者とも，企業一般ではなく，

個別のユニークな企業に焦点を当てざるをえなかったのである．高村，あるいは橋本・武田，いずれのアプローチにとっても，「市場」の意味するところは「財の供給実績」という内容を大きく超えており[30]，「企業」はもはや若干の類型論で処理しうる程度の均質性を前提とした「一群の主体」ではなくなっていた．そして，このような含意の拡張を要した根本的な理由は「独占」の把握，すなわち帝国主義的経済構造を論じるという課題そのものにあったのである．

ところで，産業革命期研究からの方法論上の跳躍は，高村の場合以上に，橋本・武田において一層顕著であったといわざるをえない．このことは，根本的な問題意識においてはむしろ，橋本・武田が産業革命期研究のそれを，高村以上に積極的に継承しようとした結果であるという意味で，逆説的とも表現しうる．橋本・武田は，かつて大石編の産業革命期研究がその蓄積様式を重視したのと同様に，帝国主義段階に固有の資本蓄積様式を描き出すことを重視し，高村の方法論がそれに応えるものでないことを論難した．そのうえで彼らが採った方法論は，西村や石井の産業資本分析，高村の独占（金融）資本分析が依拠したような，外形的事実の指摘ではなかった．価格メカニズムの阻害を基軸に置く新たな資本蓄積様式の在り様は，調整メカニズム発動の具体的な経路を示すことによって初めて浮き彫りにされたのである．

他方で，橋本・武田の跳躍は，方法論上のそれに止まらなかった．後続する構造として帝国主義段階を措定すればよかった産業革命期研究に対し，帝国主義史研究は，同時代的に生々しい記憶の残る第二次大戦後の高成長経済社会との間に論理的架橋を要求するものであった．従って彼らは，帝国主義的経済構造下の経済発展を論じること，すなわち「独占＝停滞論」を否定する論理の探求に，禁欲的ではいられなかったのである．とりわけ武田は，固有の条件と主体性とをもつ企業が，企業間関係を梃子に外部環境（端的には市場価格）の安定化を図る一方，相対的に安定した環境の下で経営内部の合理化を不断に志向することを強調した[31]．このようであるかぎり，市場が寡占的になったとしても，企業の生産性向上努力が失われるとみる理由はなく，独占段階における「経済発展[32]」は可能であった．ここに至って，「企業」と「市場」の把握に関する橋本・武田のさらなる貢献を指摘しうる．彼らは，市場における資源配分を規定する基本的な原理が価格メカニズムにあることを前提として，同じ資源

配分の舞台である市場に，専ら企業間の協調的な行動に拠る調整メカニズムが浸透する局面を積極的に論じた．また，それと同時に，意識的な資源配分の舞台であるところの企業が，生産性向上努力の方向性ないし評価に対する指針として，しばしば価格メカニズムに依拠することをも強調した．彼らは「企業」・「市場」という概念が，「資源配分の舞台」/「資源配分の原理」という二重の意味で対になっていることを浮き彫りにし，このふたつの概念ペアを切り離す——資源配分の舞台としての「市場」にも「企業」にも[33]，資源配分の原理としての「価格メカニズム」と「人為的調整メカニズム」がともに作用しうることを示す——業を展開したといえる[34]．彼らにとって，価格メカニズムと調整メカニズムは相容れない代替的原理ではなく，相互に不可避的に補完しあう原理であった．彼らが注目した「企業」に視点を定めて表現するならば，価格メカニズムは，企業による適切な努力の方向性を示すものとして重要であり，調整メカニズムは，適切な努力を傾注するための相対的に安定した環境を創り出すものとして重要なのである．企業の努力が現実の時間の流れのなかで進行するものである以上，ある時点における競争の結果が，その後に続く企業努力を導く有効なシグナルとして機能するためには，価格メカニズムが過度にセンシティブでないこと，つまり，価格メカニズムの作用が，流れる時間のなかで生じる企業の努力を翻弄せずにおく程度に非効率であることの意味が大きい．橋本・武田による議論の鍵となった「組織化」概念は，企業が，その境界を超えて環境の部分的な制御を志向する意思と，それをある程度まで可能にする力とを持ち始めたことを歴史的に表現するものであった．

　彼らは，産業革命期研究からの問題意識の継承，帝国主義史研究における方法論上の批判（高村説に対して）と対案提起，さらには現代資本主義への架橋という複数の課題を一挙に処理しようとしたのである．ここに，彼らの議論のもつ史学史上の画期性と，代償としての不幸な難解さが，ともに生じたといえるかもしれない．

2 企業システム，制度と「企業と市場」

2.1 企業システム

　企業活動が市場の変化を規制する側面は，「独占資本」が何らかの市場支配力をもつと想定される帝国主義段階の研究において前景に躍り出たのであるが，企業が，その内外の諸条件に対して主体的な働きかけを行う単位であること自体は，特定の資本主義段階に固有の問題ではない．その一方で，カルテルやコンツェルンに関する分析の深化は，内外の諸条件に対する企業の働きかけが，企業間関係をその主要な経路のひとつとするものであることを際立たせて示した．つまり「企業」は，それ自体，複雑かつ多様な条件のなかから一定の要素を隔離し，単純化・安定化させたもの[35]であると同時に，自らの境界を超え，市場を介して他「企業」をはじめとする諸主体と取り結ぶ様々な関係（取引関係，競争関係，協調・協力関係，雇用関係，出資，規制，規範など）をも，しばしば環境制御の手段とする，そのような主体として一般化されうるのである．日本経済史研究は，帝国主義的経済構造の把握を志向するなかで「企業」と「市場」の発見に至ったが，この発見は，元来「企業」を関心の対象としてきた経営史家との共同作業を通じ，より普遍的な意味合いを帯びるようになる．ここでは大河内暁男・武田晴人編『企業者活動と企業システム』［1993年］を採り上げよう[36]．

　同書は，企業内部における主体的な技術選択や経営管理，生産現場の組織化の在り方に加え，それらと相互規定関係にある産業構造や社会的分業の在り方，政治環境，労働組合ないし出資者と企業との関係までを「企業システム（ビジネス・システム）」として包括的に把握する視角を打ち出している．このシステムは，市場における競争条件の変化をもたらすような「企業者活動」を原動力として，歴史的に構造変化を遂げてゆくものと把握される．ここでは，システム自体が常にイノベーションの契機を内包しているという，いわば「イノベーティブなシステム」観に立つことで，新たな歴史叙述の可能性[37]が問われているのである．彼らは，課題の認識と解決手段の探求に主体性を発揮する「企

業者活動」を重視すると同時に，そうした活動にコミットしている個別主体の経営構想力や革新実行力が，それぞれは限定的な視野に基づくものに過ぎないことを強調した．一方では，そのような限定された視野を糾合する意味をもつ，いわば革新の制度化が「企業」の本質として理解され，他方では，限定された視野同士が企業境界を超えて結びつくことによる，多分に偶発的な——すなわち，権威を前提とした強制力に基づく統一的な意思・意図が必ずしも共有されない——展開も重視された．

　こうして，「多様な経済主体間の関係性」が変化＝革新の源泉のひとつに位置付けられるようになると，「市場」のもつ，経済主体同士の関係性を定義付ける舞台としての性格が浮かび上がるようになった．企業と出資者（金融機関）との資金需給関係，同業企業同士の水平的関係[38]，企業 - (他の企業を含む) 主要顧客間の垂直的関係，国際収支や社会政策上の問題をめぐる企業と政府との関係，さらには労使関係，これらはみな，ヒト・モノ・カネの市場を介して，その時ごと固有の状況を呈する．「企業システム」というアプローチは，市場を介して，様々な次元で取り結ばれるプレイヤー同士の関係性を，革新ひいてはシステム変容の起点として包括的に論じる可能性を示したのである．これらの論点が，「資本蓄積」に対する含意を超えて，より直接的に社会全体の変容を語る文脈に位置付けられた点に，このアプローチのもつ方法的な新しさが存在した．なお，「経済主体間の関係性」に敢えて注目するということは，必然的に，それらがみなユニークなものであることを自ずから認める立場を表している[39]．つまり，企業境界を超えて形成される，したがって市場を介した関係性についても，価格メカニズムの作用を相対化するような，相互に干渉しあう多様なロジックの影響を受けるものであることが，ここでは重視されるのである．

　しかし，これまでのところ，「企業システム」論の延長上に「現代の企業システム」が語られることはなく，あるシステムのうちに継起するイノベーションと「企業システム」自体の段階的変化との関係は，十分吟味されないままのように思われる．このアプローチが，意欲的な試みという以上に積極的な継承対象となっていないことには，いくつか理由が考えられよう．例えば，同書で比較分析対象として選定された日・英の各テーマは，結果的には，少なくとも

直接的な対照を容易に許さなかった.このことは,彼らのアプローチに拠った歴史把握に乗り出そうという意欲を削ぐ意味をもったかもしれない.また,「企業者活動」という鍵概念が,直感的には「特定の企業家個人が負う機能」を想起させるためか[40],予め「企業の組織の中での積重ねの結果としてのイノベーション」を「企業者個人の役割が大きいシュムペータ的な意味でのイノベーション」以上に重視すると表明された[41]にも拘わらず,同書中の討論パートにみられるごとく,「組織による企業者的な活動」という理解が十分に共有されず,議論に混乱が生じたようでもあった.「企業システム」論が,その予測される困難のなかで,敢えて「企業者活動」概念に拘った背景を忖度すれば,そこには,環境決定論的・基底還元論的な議論に対する異議申し立てとして,人々の主体的な営為に注目する意図があったものと思われる.しかし,「人々の主体的な営為」というものを「特定可能な個人の・具体的な活動」と同一視せずにおかないような理解に阻まれるかぎり,この試みに成功の見込みは薄かったといえよう.

2.2 「制度」に注目した「歴史」把握

ところで,経済主体間の関係や,それを取り巻く環境条件に注目する「企業システム」論は,その限りにおいて,「制度」による「歴史」把握と類似している.しかし,いうまでもなく,両者はこの部分的な類似性にも拘わらず,歴史に対する姿勢を全く異にしている.ここでは中林真幸『近代資本主義の組織』[2003 年]に拠って,その差異を検討してゆこう[42].

「制度」は,経済主体間に安定的に共有される自己執行的な行動制約の束と看做されており,その自己執行的な性格は,監視と評価から成る誘因体系が保障するものと想定される.歴史的事実として経済発展を牽引した特定の産業部門,さらに同部門を主導した特定の組織は,高い効率性ゆえにそれを為し得たものと看做され,自己執行的な行動の束を特定の制度・組織に収斂させた枠組みとして,誘因体系の機能が前提される.誘因体系・組織・制度の在り方は,効率性上昇のプロセスを辿って変容するものと理解され,そうした演繹的ロジックに即して評価される.論理展開がこのようであるかぎり,そこで描かれる世界がいかなる現実的基盤のうえに生じたかということは,事実上問題になら

ない. 必要とされるのは「何らかの変化があった」ということ, その変化が効率性の上昇をもたらしたと解釈するための「何らかの論理」が想定可能であること, この推論と矛盾しない経済的パフォーマンスの向上が観察されること, 以上を示すことだからである. 特定の産業部門・組織に着目した理由が経済的パフォーマンス向上の事実にあった以上,「変化」と矛盾しないパフォーマンス向上事実の存在は必ず保証される. こうした議論の目的は, 歴史の把握・叙述を行うことにあるのではなく, 経済システムが有効に作用したことを示すエピソードの提示にある. 前項までに挙げた諸研究が, 経済主体の行動を規定した諸要因のうちに「時代性」を見出そうとするのに対し, ここでは経済主体の行動に対する規定因が自明かつ普遍的, 超歴史的なものとして洗練されているのである.

こうした研究において,「市場」は, そこでの優勝劣敗状況によって経済主体の効率性如何を報せるディスプレイとして位置付けられる. 他方で「企業」は, 入れ子式に重なる諸誘因体系中, そのひとつないし一部分（構成要素）として相対化されている.「企業」が諸誘因体系の構成要素と位置付けられるという点は, ここでの分析対象が企業でなく組織と設定されていることのうちに, 端的に表現されている. 効率性上昇の達成単位は企業ではなく組織であり, それは例えば「生糸共同出荷結社－売込問屋－貿易商社」の（市場を介した）連合体から共同再繰結社へ, さらには一貫生産組織へと, 形態の変容を伴っている. 組織形態の変容過程を効率性の上昇過程に重ねあわせることは, 取引費用の経済学によって根拠付けられ, 正当化されている. イノベーションの発生に関して, 企業境界を超えた焦点の設定が為されている点は「企業システム」論と共通しているのだが, 他方で, ここには「なぜ, そうなったか」という, 文脈に固有の・多様なロジックを前提とした問いの存在する余地がない. 取引コスト理論では, 市場における取引コストと組織における管理コストとが理念的に――つまり具体的には特定できないものとして――措定され, 両者の相対的な高低によって合理的に組織形態が定まると仮定される. このため, 変化は必ず, 総体としてのコストを引き下げる方向に生じねばならない. こうした仮定を前提として, 関連事実にかかる理論上の評価が下される.

中林は, 企業境界を超えうる一連の過程を「組織」と捉え[43], これを明示的

な検討の単位に据えるという極めて示唆に富む方法を提起する一方で，そのような，形態のうえでは柔軟な「組織」の拠って立つ原理を，一様に普遍的なものとして措定した．これをやや図式的に先の「企業システム」論と対比するならば，「大河内・武田らは organization（組織）の明瞭な措定を伴わずに organizing（組織化）を論じたが，中林は organization（組織）を採り上げて organizing（組織化）を語らなかった」といえるかもしれない．歴史上の，何らかの具体的なエピソード，例えばある時代に特徴的な産業構造，技術体系，社会慣行などを採り上げるとしても，そうした静態的な枠組みの内側で生じる事柄を，すべて普遍的な論理に拠って解釈しようとするのであれば，それらにその時代らしさを与えている要素は，実のところ，その時代らしさを具現するものとして自ら採り上げた産業構造，技術体系，社会慣行などそれ自体でしかない．このようであるとき，「時代」とは何を意味しうるのだろうか．

3　資本主義経済システムと「企業と市場」

　ここまで，日本経済史研究において「企業」・「市場」という語が，実際には文脈ごとに異なる意味を与えられてきたとの解釈を提示してきた（図4-1）．企業の「不在」（大石）から，「舞台」とそこに立つ「主体」という把握（高村），代替的な「舞台」でもあり，そこに相互浸透する補完的な「メカニズム」でもあるという把握（橋本・武田），そして両者をともに「システム」のうちに包摂する視角（大河内・武田）へ，というのがそれである．こうした「企業」概念・「市場」概念の変遷を，より大局的な資本主義経済システムの歴史と関わらせて検討しよう．各「段階」における「企業」・「市場」の「語られ方」を，改めて通時的な流れのうちに，相互に位置付けるのである．

　図4-1は，「『企業』概念・『市場』概念に付与される経済史分析上の意味が，歴史（研究史）とともにどう変容してきたか」ということを示しているのみならず，その背景に，企業と市場それ自体の歴史（資本主義史）的な変容過程を示唆しているとみてよかろう．産業革命期研究に企業の視点が必ずしも明らかでないことを研究者の無自覚に帰するのは恐らく妥当でないし，帝国主義史研究に「企業」・「市場」が相異なる複数の意味を帯びて現れたことを議論の混乱

図4-1 本章で言及した論考における「企業」と「市場」の含意

		市　場	企　業
産業革命期研究	（大石）	市場シェア 供給実績	──
帝国主義史研究	（高村）	競争の舞台 価格形成の舞台	競争主体
	（橋本・武田）	二次的な資源配分の舞台　　企業間関係	一次的な資源配分の舞台
		価格メカニズム*	調整メカニズム*
「企業システム」論	（大河内・武田）	経済主体間の関係性を定義付ける舞台	「企業者」活動の主要な一構成要素 ■ 対内的には,「革新の制度化」を体現する単位として ■ 対外的には,様々な関係性を媒介し,「イノベーティブなシステム」の重要なハブ機能を担う単位として
「制度」に拠る把握	（中林）	取引の舞台 経済主体の効率性を示すディスプレイ	取引の舞台 （入れ子式の諸誘因体系中に相対化）
		組　織	

（注）本章の議論を図式的に要約．なお，*について一方のメカニズムが100%に達することはない．

に帰することも恐らく適切ではない．

　高村が示したような，同一産業に属する「企業」同士を相互に競争する主体と捉える視角は，企業という形態をとった組織が産業単位で一定数出揃うとともに，それらが国内経済活動に相応の位置を占めるようにならねば，積極的な意味をもちえない．その意味で，企業という制度自体が定着途上にあり，日本企業が国内経済活動のうちに地歩を固めるべくなお奮闘している段階＝産業革

命期において,「企業」の競争主体としての側面が必ずしも強調されなかったことは怪しむに足るまい.

武田・橋本のように,「企業」と「市場」を入れ子式の資源配分機構とみる(とりわけ「企業」が意識的な資源配分の舞台であることを強調する)ことが重要となるのは,組織内部に取り込んだ諸活動の編成方法に創意を発揮する[44] 余地が大きくなって以降であろう.それには企業の大規模化,現実に選択しうる技術の多様性,工程の多段階性ないし分割可能性,関連活動の広がり,技術的な拡張可能性の高さといった点が問題となり,これらは,日本経済史上の現実的経験に照らせば,重工業化の進展と深く関わっていた[45].企業への価格メカニズムの浸透／市場への調整メカニズムの浸透は,前時代からの資本蓄積様式の変容を端的に表現するものとして,語られるに足る重要性を帯びるに至った.荒々しい価格変動や情報の非対称性を巧みに活用すること(それに失敗した者の淘汰が進むこと),手工業生産を機械生産に置き換えてゆく素朴な生産性向上といった段階を超えて,企業内部で諸経営資源の配置を洗練させてゆく創意に富んだ営みが,生産力の発展にとって決定的な意味をもつようになり,そうした営みを裏打ちするものとして,市場における不確実性の制御が重大な関心事となったのである.

やはり戦間期を対象とした「企業システム」の議論は,企業を媒介に様々な次元で取り結ばれる経済主体間の関係性が,実に多様であることを浮き彫りにした.これは,社会システムのうちに企業をハブとする経済システムの占める位置が著しく高まったこと,他方で,経済主体(「労働者」,「出資者」,「消費者」,「経営者」,「企業」など様々な次元で措定される[46])が選び取ってゆく論理,経済活動における選択肢がますます複雑化していったことを示すものとして理解できる.

以上要するに,日本経済史研究における「企業」・「市場」の「語られ方」の変化は,社会における経済活動の活発化,広がり,多様化等といった事態の進展に対応している.有用な財・サービスの供給を専ら営利企業が担うようになり,諸経済主体の「自給的[47]」な活動の範囲を狭めながら,「市場」(=資源配分の舞台)を介して取引される財・サービスの範囲はますます拡大してきた[48].こうしたなかで,家計にしろ,企業にしろ,一定の経済的活動を組織する経済

第4章　日本経済史研究における「企業と市場」

主体が，その単位境界を超え「市場」（＝資源配分の舞台）を介してヒト・モノ・カネを取引するような経済活動のネットワークは，その広がりと濃密さを増してゆくこととなった．すなわち，一方では，通信・交通といったインフラ上の，あるいは財の素材・成形・梱包・保管・品質保持といった管理に関わる，様々な技術革新がネットワークの「外縁」を押し広げ（＝拡大），他方では，人口・世帯数・企業数の増加，それら各々についての可処分所得の増大，取引に供される財・サービスの開発といった変化が，ネットワークに新たな「網目」を紡ぎ出して（＝稠密化）きたのである．

しかも，諸経済主体の単位境界を超えた，「市場」（＝資源配分の舞台）経由の取引といっても，その取引の「在り方」（＝資源配分のメカニズム）が一様であるわけではないし，それらが超歴史的に一定の性格を保ち続けるわけでもない．例えば，物財「市場」（＝資源配分の舞台）を通じた原材料調達について，カルテル結成による価格交渉力を背景としたものとそうでないものを同一視するわけにはゆかないし，労働「市場」（＝資源配分の舞台）を通じた雇用について，その対象が特定の出自の女性に概ね限定されているもの，逆に女性を専ら排除しているもの，学歴によるセグメント化が為されているものなどを，みな「市場を介した労働力調達」として，それぞれの「需給調整の原理」（＝資源配分のメカニズム）を顧みずにおくわけにもゆくまい．「『市場』（＝資源配分の舞台）で展開される取引」は，「価格メカニズムに律せられる取引」と同値ではなく，しかも，価格メカニズムによって律せられる度合いが低いことを以て直ちに「非効率」と断じられるべきものでもない[49]．諸経済主体をつなぐ「網目」の「紡がれ方」（＝資源配分のメカニズム）についても，創意によって，価格メカニズムと調整メカニズムとの「調合のレシピ」が新たに生み出されたり，規制や因習，他の諸活動とのバランスなどによって制約されたりしながら，利用可能なメニューが不断に書き換えられてゆくのである．これが経済活動のネットワーク自体の拡大・稠密化とともに進行するならば，経済活動はますます多様化してゆくことになる．

大衆消費社会という歴史的構造を例にとれば，これは一国の経済活動のなかで家計をエンジンとするモメント[50]が著しく影響力を高めた状態を指すものとみてよかろう．このとき，家計による消費では「同じ部類の商品の異なった

商標の競争的販売の代わりに，異なった部類の商品のあいだの競争[51]」が（企業間取引の場合以上に）極めて重要な意味をもつ[52]ため，競争関係の把握は一層複雑になるはずである．広告やブランディングは，忠誠心の高い顧客を組織化する（ひいては価格メカニズムを相対化しようとする）試みの一例といえよう．他にも，現在進行中の現象に目を向けるならば，「無料」の財・サービスの拡大，非営利組織の増加など，「市場」観・「企業」観がさらに問い直されるべき状況にある．

　「市場」（＝供給実績）が基本的に拡大していくなかでは，生産性の向上が，「社会的な豊かさの増大」と必ずしも矛盾しない「経済的な豊かさの増大」を意味しえた[53]が，「市場」（＝供給実績）の成長鈍化や，産業構造における対人サービス業の比重の高まりが，生産性向上と雇用との間に鋭い緊張を強いるようになるならば，「市場」にも「企業」にも，資源配分のメカニズムとして新たな装置の付加が求められてゆくだろう．その新たなメカニズムを総体的に把握しようとするとき，換言すれば，そこに時代性を見出す構造把握の姿勢を堅持しようとするとき，企業境界を超えた作用への慎重な目配りや，企業活動の依拠する論理が多様でありうることへの自覚的な意識が，今やその重要性を一層高めつつあるようにも思われる．従来の「企業」観が基本的には営利企業のみを前提にしていたということはもちろん，情報通信技術の飛躍的な向上を主な背景として，環境を制御しようとする手段の潜在的な選択肢は企業境界を容易に超えるものとなり，しかもますます重層性を高めるようになった[54]からである．

　研究者の問題意識が，その主体的経験に根差すものであるとするならば，「企業」・「市場」に対する視角は，今後も引き続き書き換えられてゆくものとみるべきであろう．21世紀初頭を生きる我々が目撃しているのは，社会システムにおける経済システムの働きが極めて大きな意味をもつ有り様であり，同時に，そうしたなかで社会システムの「安定化装置」について不安が広がりつつある状況であるかもしれない．そうした認識に立てば，新たな「企業」観・「市場」観の基盤となりうるものは，例えば，コンフリクトの解消や再分配機構の在り様といった局面に一層深い関心を寄せる姿勢ではあるまいか．企業・市場を通して社会を理解しようとするとき，人々がそれらに豊かな意味を付与

してきた歴史や，今後もそのような姿勢を持ち続けられる可能性を，敢えて無視せねばならない理由はないのである．

注
1) 以下，「それぞれの文脈上で限定されるべき固有の意味を帯びた『企業』・『市場』という語」について，鍵括弧つきで「企業」，「市場」と表す．鍵括弧を付さない表記については，以下のように用いたい．すなわち，企業を「ある定款の及ぶ範囲の制度（機関）」というほどの意味で，市場を「そうした意味における企業が他の企業や（潜在的）出資者，（潜在的）労働者，（潜在的）顧客などと何らかの取引を為す境界領域」というほどの意味で，差し当たりは捉えるものとしておく．
2) 大石嘉一郎『日本産業革命の研究 上』東京大学出版会，1975年．
3) 西村はつ「産業資本（1）綿業」前掲『日本産業革命の研究 上』120頁．
4) 同上，121頁．
5) 同上，146頁．
6) 石井寛治「産業資本（2）絹業」前掲『日本産業革命の研究 上』171-173頁．
7) 同上，198頁．
8) 単純な市場シェアということを超えて，品種ごとに競争構造がセグメント化されている様を表す用語法（「太糸市場」，「経糸市場」など）も若干みられるが，いずれにせよ「需要の在り方」ないし「供給実績」と読み替えて大きな違和感を生じないことに相違はない．加えていえば，資本市場（株式市場），金融市場（手形市場），労働力市場への言及は極めて少ない．
9) 綿業におけるリング精紡機導入や混綿技術導入，絹業における労働強化技術（寄宿制に基づく長時間労働，等級賃金制に基づく低賃金労働）導入の重要性が強調されている．
10) 綿業におけるインド棉花積取契約，絹業における問屋前貸金融や共同揚返，男女工登録制度，共同購繭など．
11) 石井寛治・原朗・武田晴人編『日本経済史 2 産業革命期』東京大学出版会，2000年．
12) ただし，前掲西村「産業資本（1）綿業」や石井「産業資本（2）絹業」に散見された需要セグメントの表現としての用語法は相対的に多くなっている．
13) 花井俊介「軽工業の資本蓄積」前掲『日本経済史 2 産業革命期』152頁．
14) 代表的には，中村隆英『日本経済——その成長と構造』東京大学出版会，1978年．
15) なお同書では，鈴木淳が第4章「重工業・鉱山業の資本蓄積」の執筆を担当しているが，「産業革命が一国の工業化の画期であるなら，それは一部門に留まらないで進行し，さらに技術や資本の蓄積（傍点引用者），労賃の上昇などによる国際競争力の変化に対応して，産業の構造や経済の主導部門を転換しつつ発展を継続する力を獲得することを意味しなくてはならない〔中略〕このような視点で日本の産業革命の工業発展を見る」（200頁）という箇所，あるいは，武田晴人や若林洋夫を引きつつ「個別産業における産業資本確立という問題の立て方（215頁）」に限界をみる立場を仄めかす点などが印

象的である．これらは，鈴木が，タイトルに与えられたような「特定産業部門の資本蓄積」という課題設定を消極的に拒み，自らは産業革命期の鉱山業・重工業発展について，伝統的な資本主義史の文脈における資本蓄積のうちに位置付けようとする意図をそれとなく忍ばせていることの現れであるようにも見受けられる．実際，同章では表題以外に「資本蓄積」という語は一度も用いられておらず，「蓄積」という語の使用も，「技術や資本の蓄積」（200 頁），「技術的蓄積」（201, 206, 229 頁），「〔朝鮮における金の産出は——引用者注〕内地資本の蓄積基盤とはならなかった」（208 頁），「技術・機械の蓄積」（220 頁），「産業革命期の鉱山業は，〔中略〕大規模な投資が必要ではあるが，資本の蓄積をもたらす場であった」（233-234 頁），「他分野で蓄積した大資本」（234 頁），「〔三井・三菱——引用者注〕両社の蓄積」（235 頁），「鉱山業・重工業の蓄積」（236 頁），「国内民間資本には十分な蓄積がなかった」（238 頁）というように，概ね一般的な「蓄え」というほどの意図に限られているとみる余地が十分にある．

16) いうまでもなく，ある「経済構造の内実」とは，濃密な実証によって光を当てられる「具体的事実の束」のことではない．

17) したがって，対照した事例同士に優劣を問うようなものではない．ただし，資本蓄積を論じないのに「資本蓄積」という語を用いることは，ミスリーディングであるようにも思われる．

18) 高村直助『日本資本主義史論』ミネルヴァ書房，1980 年．

19) 大石嘉一郎『日本帝国主義史 1 第一次大戦期』東京大学出版会，1985 年．

20) 高村直助「資本蓄積 (1) 軽工業」前掲『日本帝国主義史 1 第一次大戦期』168 頁．なお，ここでいう「新たな市場独占」とは，「独占企業」が有利な価格差を享受することを指している．

21) 同上，174 頁．

22) 村上勝彦「資本蓄積 (2) 重工業」前掲『日本帝国主義史 1 第一次大戦期』207 頁．

23) 橋本寿朗・武田晴人編著『両大戦間期日本のカルテル』御茶の水書房，1985 年．なお，武田晴人は別稿にて「高村-橋本論争」を採り上げつつ，高村の分析手法に対する疑問をより具体的に提示している（武田晴人「日本における帝国主義経済構造の成立をめぐって」東京大学社会科学研究所『社会科学研究』第 39 巻 4 号，1987 年 12 月）．

24) 生産の上位集中度や「上位企業」と産業平均の利潤率格差をもって「独占利潤」の存在を示す方法．

25) 高村はコンツェルン化の社会的意義を他人資本の動員に求め，その点に自己金融的蓄積形態からの変化を見出そうと試みたが，それは，金融資本が直接生産過程から遊離した資本であることや，財閥資本の金融資本的蓄積機構が現実資本をたえず貨幣形態のもとに流動化するものであること（柴垣和夫『日本金融資本分析』東京大学出版会，1965 年）と，論理的に異次元の問題であった．

26) 橋本寿朗「カルテル分析の意義」前掲『両大戦間期日本のカルテル』．

27) 武田晴人「資本蓄積 (3) 財閥」前掲『日本帝国主義史 1 第一次大戦期』．

28) 「独占利潤」は「独占組織による市場管理の結果生み出された利潤」の中に含まれる

ものとして消極的に把握された．
29) たとえば，武田晴人が別稿において古河コンツェルン「大連事件」を評価するうえで，結果的に古河商事の雑貨取引への傾斜を促すこととなった「社銅売り止め」措置の意味を強調した点などは，調整主体としての企業を，「所与の条件下で最適な行動をとるような存在」としてではなく，「場当たり的な行動や試行錯誤を重ねる存在」とみる，武田の企業観を端的に示していよう（武田晴人「古河商事と『大連事件』」東京大学社会科学研究所『社会科学研究』第32巻2号，1980年8月）．
30) さらに，橋本・武田の「市場」は，物財市場のみならず資金（資本，金融）や労働にかかるそれをも射程に収めており，このことが，それらいずれにおいても「市場の組織化」と特徴付けられる事態が進行するという，システマティックな構造把握の基盤となっている（前節に引いた産業革命期研究では，ヒト・カネの議論は階級論によって補完されている）．
31) 武田晴人「総括と展望」前掲『両大戦間期日本のカルテル』．
32) 武田晴人は『脱・成長神話』において，「経済成長」と「経済発展」とを区別して捉える視角を提起している．すなわち，「経済成長」が量的な増大として把握される概念であるのに対し，「経済発展」は経済社会が成熟してゆく質的な変容過程として把握されるべき概念である，というのが武田の強調するところとなっている．したがって，彼によれば，「経済発展」が「経済成長」を伴うことはもちろんありうる一方，それは必然ではなく，「経済成長」を欠いた「経済発展」も生じうることになる．同書では，「経済成長」とは異なった「経済発展」の尺度として，物価変動の在り方の変容に反映されるような，経済システムの安定性向上が挙げられている（武田晴人『脱・成長神話』朝日選書，2014年）．
33) ここにいう「市場」・「企業」とは，端的には，ある取引が企業境界を超えて行われるのか（＝市場），内部化されるのか（＝企業）という対比を指す．
34) この点に関連して，今井賢一と伊丹敬之は，前掲橋本・武田『両大戦間期日本のカルテル』に先立つこと数年，次のような主張を展開している．「『市場』と『組織』という二つの言葉は，取引の起きる『場』を示す言葉として使われるだけでなく，そういった『場』で典型的にみられる取引の『原理』あるいは資源配分の『メカニズム』を示す言葉としても使われる．〔中略〕市場という『場』で行われている資源配分のメカニズムには『市場の原理』だけでなく『組織の原理』がかなり入り込んでおり，また企業内の資源配分にも『組織の原理』とともに『市場の原理』が使われている」（今井・伊丹「日本の内部組織と市場——市場原理と組織原理の相互浸透」今井賢一・伊丹敬之・小池和男『内部組織の経済学』東洋経済新報社，1982年，137頁）．
35) 高橋伸夫「エピローグ——システムとしての組織・境界としての企業」高橋伸夫『超企業・組織論』有斐閣，2000年，234頁．
36) 大河内暁男・武田晴人編『企業者活動と企業システム』東京大学出版会，1993年．
37) 同書は，さしあたり「大企業体制」の形成・展開を検討課題としていたが，この課題設定は「現代の企業システム」への関心に基づき，それに先行する歴史的構造を問題と

したものであった（同書「はしがき」および「序章」参照）．つまり，この議論は当初より，歴史に対する段階的把握の試みを前提としていた．

38) この水平的関係は，一般に「競争関係」，「協調関係」と表現されようが，「競争」と「協調」が必ずしも対立する概念でないことは重要である．市場シェアや価格，技術をはじめとする経営資源の共有といった面で協調関係に立ちながら，より効率的な経営を目指して鎬を削るような関係（この場合，資本市場や労働市場での競争を展開していると表現できるかもしれないが）も想定できる一方，そうした協調関係が業界内で生産性向上努力の停滞をもたらすこともありうる．「その時ごと固有の状況を呈する」というのは，こうした意味であるが，垂直的な取引関係の在り様や，資本市場・労働（経営者）市場との関係性などが，その「固有の状況」を規定する要因として絡み合うのである．なお，武田晴人の『談合の経済学』（集英社，1994 年）は，取引形態や市場の集中度それら自体が，市場が「競争的」であるか否か（効率性の上昇と停滞のいずれをもたらすか）を直ちに規定するものではないことを強調した著作である．

39) 経済主体間の関係性がひとつひとつ吟味の対象となるのは，それら経済主体の振る舞いが自明でも普遍的でもないという現実を積極的に承認するがゆえであろう．

40) この点については鈴木良隆が，日本における企業者活動研究の歴史を整理しながら，「企業者：entrepreneur」とは「イノベーションを担うという機能を表す語」であり，それは「職業をさす言葉にも，人物をさす言葉にもなれない」ものであること，「特定の人物を，その人格や背景を含めて扱う」場合には「企業家：an enterprising man/a man of enterprise」と表すべきことを指摘している．鈴木良隆「企業と社会──社会とは何か，企業とは何か」鈴木良隆『ソーシャル・エンタプライズ論』有斐閣，2014 年．

41) 武田晴人「企業者活動と企業システム──問題の提起」前掲『企業者活動と企業システム』7-8 頁．

42) 中林真幸『近代資本主義の組織』東京大学出版会，2003 年．

43) このような「組織」観を明示的に打ち出しているのが，高橋伸夫の前掲『超企業・組織論』である．「組織」は「企業」と同義ではなく，「『組織』は実態として機能しているネットワークやシステムの概念なのだが，『企業』はもともと制度であり，境界，あるいは仕切りの概念」（3 頁）である．より大胆にいえば，「組織」は「実体」ではなく「現象」であるということになろう．したがって，組織は企業境界の内部にも生じるが，企業境界を超えても生じる．同書は，「超企業（trans-firm）」的な組織の在り方として，顧客満足や安定株主工作，系列取引，「対話としての競争」，デファクト・スタンダードの形成，ユーザー・イノベーションなどを例示している．

44) この点が，モノの配分に限らずヒト・カネの配分に関しても当てはまることは，橋本・武田が示した通りである．

45) 工業化のタイミング如何によって，繊維生産が例えば衣料生産にまで裾野を拡げ，その統合／分離が企業の資源配分戦略上の問題となりうることは言を俟たない．ここにいうのは，歴史的経験として，産業革命期までの日本の繊維産業は，統合可能性（＝工程

第4章　日本経済史研究における「企業と市場」　129

　のコーディネートや製品バリエーションに創意を発揮しうる余地）が概ね織布段階までに止まっていた事実である．

46)「労働者」というヒトがいるわけではなく，「出資者」，「消費者」というヒトがいるわけでもないことは重要である．これは原山浩介が鋭くも強調した点であり，「『消費者』とは，本来はそれぞれの人の行動の一局面を示した言葉に過ぎない．つまり人はある局面で，労働者，資本家，学生などと名指されるが，そうした属性と『消費者』は，常に両立するはず」なのである（原山浩介『消費者の戦後史――闇市から主婦の時代へ』日本経済評論社，2011年，2頁）．そうであればこそ，諸経済主体の選好は，当の経済主体自身にとってすら（しばしば無自覚な）相克の結果でありえ，こうしたペルソナの重層性が，同一経済主体のうちに矛盾した主張を容易に生み出す基盤となる．なお，この重層的なペルソナ間の潜在的な利害矛盾が，高成長の下で鋭い顕在化を免れうることは，高度成長期の日本において，実質賃金の緩やかな持続的上昇が，「消費者」として抱く物価高への不満，「労働者」として抱く賃上げ要求，「経営者」として抱く企業利潤増大志向といった「対立の火種」を相当程度まで覆い隠してきたこと（そして，この「魔法」が今や効力を失ったかにみえること）のうちに容易に理解される．

47) これは個人や世帯の文脈に限らず，企業の担う経済活動の文脈にも当て嵌まる．たとえば，ある企業が自前の保守・整備部門を有していたり，自前の設備製作部門を有していた（そしてそれは必ずしも日常的に稼働を要するわけではなかった）ものが，外部に類似の企業が増加することによって，当該部門が企業横断的に財・サービスを提供すべく専業化・独立する経済的条件が用意される．このとき，元の企業にとって「自給的」な活動が縮小する可能性が開かれることになる．

48) 今や，末期疾患の診断を受けた人々の生命保険証券も投資対象になるという．「病に冒されたこの人物から，ある投資家がたとえば五万ドルという割引価格で保険証券を買い取り，毎年の保険料〔残額――引用者注〕は代わって支払おうと申し出る．原契約者が死亡すると，投資家は一〇万ドルの死亡保険金を受け取る．〔中略〕死期が近い原契約者は〔残された人生をある程度まで満たされたものとして送るために――引用者注〕必要な現金を手にするし，投資家は大儲けできる――ただし，その人が予定どおり死んでくれれば」(M. サンデル著，鬼澤忍訳)『それをお金で買いますか――市場主義の限界』早川書房，2012年，193頁）．

49) 効率性を論じる際には，議論の射程が問題となるだろう．例えば，企業セクターにおいて，労働コストの圧縮が生産性向上の主要な経路となるとき，仮に，失業を通じて公共セクターによる社会的給付が増大したり，社会的な不安定性の高まりが犯罪の増加を惹起したりするならば，それは企業を単位として「効率性」を把握する視野の外側に，ある種の「コスト」を「押し出した」に過ぎず，それら「コスト」が「霧消した」わけではない．あるいは，資源の蕩尽のように，ある種の「コスト」を「未来に向けて押し出す」ことも考えられる．いずれにせよ，「試験管の中の効率性上昇」を論じることは，歴史分析が，少なくともその目的として取り組むべき課題ではない．

50) 固より，国民総支出において民間最終消費支出が高い比重を占めるのは，時代を超え

た一般的な状態である．ここで指摘しているのは，社会的な再生産のメカニズムにとって家計部門の消費が鍵となるような，動的概念としての歴史的構造のことである．
51) T. ヴェブレン著，小原敬士訳『企業の理論（新装版）』勁草書房，2002 年（Thorstein Veblen, *The theory of business enterprise*, New York : C. Scribner's Sons, 1904) 訳書 49 頁．
52) 例えば，企業が原料として必要とする樹脂を A 社製の X とするか，B 社製の Y とするか，という問題であれば，素材を供給する側は基本的に同一産業内の競争を展開するものとみることができるが，私が「新しい夏物衣料の購入」と「野球観戦の機会」のいずれを選ぶかという問題は，これとはまったく事情を異にしている．
53) とはいえ，これは，先験的には，あくまで可能性に過ぎなかったはずのことである．「経済的な豊かさの増大」が概ね「社会的な豊かさの増大」を同時にもたらしてきたのであれば，それを可能にするような社会統合上の装置が（意図的に設計されたものであったか否かは別途検討を要するとして）機能していたためであろうことは，いくつかの後進国の産業化過程が物語っているように思われる．ここにいうのは，「市場（＝供給実績）」が順調に拡大する局面にあるほうが，そうでない場合に比し，「経済的な豊かさの増大」と「社会的な豊かさの増大」を結び付けることを相対的に容易にするであろうという程度のことである．
54) 人々が様々な共同体や機能集団に同時に・重層的に属すること自体は一般的な現象であるが，そうした組織を形成したり，頻繁な接触を行なったりすること，より多くのネットワークに属することは，地理的懸隔の障壁がますます低下しつつある現代において，一層容易になっているといえよう．

第5章

全体史としての武田史学——その史学史的位置づけ

高嶋修一

はじめに——普遍的価値をめぐって

切支丹が亡びたのはな，お前が考えるように禁制のせいでも，迫害のせいでもない．この国にはな，どうしても基督教を受けつけぬ何かがあったのだ

二十年間，私は布教してきた……知ったことはただこの国にはお前や私たちの宗教は所詮，根をおろさぬということだけだ

この国の者たちがあの頃信じたものは我々の神ではない．彼らの神々だった．それを私たちは長い長い間知らず，日本人が基督教徒になったと思い込んでいた

（遠藤周作『沈黙』）

　1966年に発表されたこの小説は，一般には近世前期におけるキリスト教迫害とその下での信仰を主題とした作品として理解されている．だが，ここに掲げた二人の転向神父の会話に出てくる「切支丹」「基督教」やそれと同義の言葉たちを，たとえば「民主主義」に置き換えてみるとき，そしてこの作品が構想され発表された時代背景を踏まえるとき，作品の裡に，よりアクチュアルな別の相貌を読み込むのもあながち不当ではないだろう[1]．踏絵を踏む足のその痛みの裡にこそ信仰が存在するのだというこの作品のテーゼは，「安保」問題を押し切られ，米国の核の傘の下でベトナム北爆と表裏一体の「高度成長」を享受することとなった日本人が抱く悪愧の念をいくばくかは軽減し得た，とまではいかなくともそうした心情に少なくとも幾分かは寄り添ったのではなかっ

たか.

　顧みてみれば，西洋的普遍が果たして日本社会に受容され得るのかという課題は，20世紀第2～3四半世紀における日本の社会科学，とりわけマルクス主義に多少なりとも影響を受けた社会科学諸領域ならばいずれもが共有し，取り組んだものであった．講座派や労農派といった基底還元論的な色彩の強い経済学あるいは経済史学も，はたまたマックス・ウェーバーに影響を受けエートスの役割を重視した大塚史学も，さらにはマルクス主義の諸学派からは近代主義と呼ばれ批判の対象となった丸山政治学も，基本的にはこの問いに向き合い，それを媒介にして日本社会を理解し，そして採るべき指針を示そうと努めた．丸山眞男『日本の思想』は1961年，大塚久雄『社会科学の方法――ヴェーバーとマルクス』は1966年の刊行であり，すでに「60年安保」後であったとはいえ（あるいはそれゆえに），ともに多数の読者を得たのである．それは，『沈黙』のヒットと同時代の，共時性をもった出来事であったと言ってよい．

　翻ってこんにちの日本社会で，経済史学はお世辞にも大きな影響力を持っているとは言えない．新聞や経済雑誌等で「経済史」が語られる場合，それは往々にして経済評論家による俗説（と筆者には映るのだが）の反復なのであり，経済史学者という存在はもはや世間一般でほとんど認知されていないのではないかとの思いすら頭をよぎる．また，大学の経済学部というごく狭い範囲においてすら，伝統的な経済史学は新自由主義の跋扈のなかにあって立場を弱くしている．なるほど，理論・歴史・政策を三本柱に掲げる経済学部はまだ多数ある（はずだ）し，どんな学問的立場であっても「歴史は不要」と言い切れる者はそうあるまい．筆者の乏しい経験に照らしても，むしろ「歴史は大事ですよね」と言われることのほうが多いのだが，それらは，当座不要だけれど捨てるわけにもいかない厄介ものを神棚に奉るような言辞であって，教養を備えた者が他者の学問に払う敬意とは全く異質のものである．

　こんにち，経済史研究は世間一般においても経済学の専門家集団の間でも，そして後述するが歴史研究のなかでも，マージナル化している．経済史をとりまく環境が不条理だからだ，と言ってしまえばそれまでだが，経済史の研究状況そのものの裡にもいくばくかの理由があると反省してみるのも悪いことではないだろう．かつてのように，人々の前に追い求めるべき普遍的価値がわかり

やすい形で提示され，そうした営為の一翼を経済史研究が担っていたような状況を再現すべきだと主張するつもりはないが，経済史研究業界の内にいる人々と外にいる人々とが，何かしらの問題関心を再び共有する可能性を，今のところはまだ放棄せずともよいのではないかというのが，この小文のさしあたりの趣旨である．

さて，本章に与えられた課題はもともと，「地域・労働・社会統合」をキーワードにして日本経済史研究の方法論を考察することであった．ただ，そのテーマについて限られた紙幅で一度に研究史整理をすることは筆者の手に余るし，またその必要もなかろうから，ここでは課題をごく限定してその責に代えることとしたい．それは，ここまで述べてきたような問題に即して日本経済史研究の系譜を素描し，ついで武田晴人氏（以下，敬称を略す）の，特に帝国主義段階研究の方法論的特徴に着目して，その意義を論じることである．

武田帝国主義段階論は，地域・労働・社会統合など，狭い意味での経済現象（資本の自己増殖運動それ自体）からは少しはずれた領域に敢えて注目し，そうした仕方で全体史への接近を図っている点に特徴がある．そうした態度は，歴史研究における他分野はもちろんのこと，究極的には世の中のあらゆる方向に向かって対話の手を差し伸べることでもある．どのような営みにおいても対話の可能性を留保しておくことは，それに普遍的な意味を付与することにつながると，筆者は信ずる．念のために断っておけば，それは世間で流行する何かしらのトピックにおもねることとは全く異質の事柄である．

1　普遍的価値と主体性

1.1　基底還元論的経済学と普遍的価値

戦前日本のアカデミーにおいて，普遍性を持つと考えられた有力な理論体系の一つは，言うまでもなくマルクス主義であった．ここではまず，戦前・戦後のマルクス主義経済学において主導的役割を果たした山田盛太郎『日本資本主義分析』（1934年）から話を始めたい．そこでは，資本主義の没落と社会主義の到来は構造的に必然のものであって，しかも同書の末尾で述べられたように，

それは重化学工業化によって引き起こされる労働のあり方の変容（労役型の分解）[2] から不可避の事態として展望できるものであった．

したがって，彼にとって個別の思想的弾圧それ自体は，大勢に何ら影響を及ぼすものではなかった．戦時中に山田があっさりと「転向」したことはよく知られている．その心中を忖度することはできないが，「労役型の分解」≒重化学工業化を梃子にした社会変容の兆候が現実に観察された以上，彼自身が「踏絵」を踏もうが踏むまいが「解放」は必然なのであって，社会主義は遅かれ早かれ訪れるのだということになるのであろう．

政治思想史家の植村和秀は，戦時下におけるマルクス主義者の「転向」について，その背景を苛烈な弾圧にのみ求めるのではなく，彼らが日本社会に実在の変革主体を見出し得なかったという内在的な挫折があったことを指摘している[3]．当時の社会主義運動がそのような困難に直面したことは事実かもしれないが，しかし山田に関していえば，変革の主体がいま目の前にあろうがなかろうが，最終的に——それがいつかはわからないが——問題が解決されることは彼にとって自明であった．

だから，戦後になって山田が東大経済学部に拍手をもって迎えられたとき，彼自身は自らの「転向」について何ら恥じ入る必要はなかった．戦後の山田は戦時中の経験についてあまり多くを語らなかったと伝えられている．それは「転向」への忸怩たる思いや，忌まわしい弾圧の体験を思い出したくなかったという事情もあろうが，何よりもそうした主体性の問題を，後年の「左翼」用語で言えば「総括」し「自己批判」する理論的必然性がなかったのである．

では，山田と並んで戦前のマルクス主義経済学をリードした宇野弘蔵においてはどうか．宇野は「原理論」においてまず，資本主義に普遍的な法則を説明する．普遍は普遍であるのだから，そこに主体性の介在する余地はない．だが，現実の社会においては人間の主体的行動が大きな役割を果たしている．この点について宇野は，そうした主体的行動と見える個別具体的な事象も，普遍的真理たる原理論の上にいわば「乗った」ものとみなしていた．つまり「段階論」も「現状分析」も原理論によって規定された大きな経済法則にのっとって展開するのであり，経済社会それ自体をなにか客観的なもののようにみなして，人間はそれを自由に処理しえるのだという考え方は排除したのである[4]．

もちろん，経済学説史の問題としては講座派と宇野派（労農派）の相違は正しく理解されるべきであろう．だが一方で，これらを後年の戦後歴史学と比較するとき，ともに一種の運命論（と言って悪ければ徹底した基底還元論）としての側面を備えていたことも争えぬ事実であった．これらは，歴史過程を神の理性の具現過程としたヘーゲルの歴史哲学，そして生産力の発展にしたがって必然的に生産関係が変転していくとしたマルクス主義の，ある意味で正統な継承者であった．

1.2 戦後歴史学と主体性

だが同時に，戦時下においては上に述べたような徹底した基底還元論とは異なる思想的潮流が生まれた．それは要するに，社会変革は具体的な実在の主体によってなされるのであり，自らがそのようなものになると同時に人々をそのような存在として陶冶していこうという問題意識に支えられた考え方であった．ここではそれらを一括して「主体性論」と呼ぶこととする[5]．

主体性論が本格的に開花したのは戦後のマルクス主義論壇においてであったが，その起源は戦時中にさかのぼる．歴史社会学者の中野敏男は，丸山眞男と大塚久雄の戦時期における研究活動を論じて，両者がともに生産力論としての性質を備えていたことを指摘したが，それは言うまでもなく生産する主体を不可欠とするのであって，そうした「主体の確立」こそが同時に体制による動員の契機となったという説を展開している[6]．第二次世界大戦において，人々は客体的であったから国家権力によって収奪され動員されたのではなく，むしろ逆にそこで涵養された主体的契機が体制を支えたというわけである．

先に触れた植村和秀によれば，それは「大衆化し産業化した近代社会において，そこに生きる人間が，価値相対主義の泥沼から脱出し，なお創造的・倫理的に生きていくためにはどうすればよいのか」という「近代化された社会一般に共通する」[7]問いへの彼らなりの取り組みだったのであり，実は皇国史観のイデオローグたる平泉澄とさえも共通する問題意識に立つものであったという．丸山や大塚が，戦前（そして戦後）の日本社会における人々の主体性の欠如を指摘し，それゆえ民主主義の担い手たれという期待を込めて自説を説いたそのとき，平泉は同じ人々に向かって天皇主権による国家主義を支える担い手たれ

と主張していた．結論においては真っ向から対立する両者の議論が，しかし同時に人々に対し主体たれという（しかも国民主体たれという）呼びかけをしていた点では共通していたというのである[8]．

山田理論・宇野理論のように主体的契機を介在させずとも社会変革を説明しうるとする徹底的な基底還元論に対し，戦時中に登場しつつあった新しい議論が丸山・大塚的な主体性論であり，それは戦後歴史学の出発点をなした．遠山茂樹が歴史学研究会（歴研）の活動に即して整理したところによれば，戦後においてはマルクス主義陣営の歴史学者たちも戦前のような原理主義的基底還元論に無批判のままとどまることはできず，賛否いずれの立場にせよ丸山・大塚的な議論に少なからず影響を受けていたという[9]．

その歴研は，主体性の問題をまず「民族」の問題としてとりあげ，これにこだわり，やがて国民的歴史学運動へと傾斜していった．それは直接にはこの頃早くも勃興した反動的な国家主義への対処という課題があったのだし，もちろん日本共産党の方針とそれへの対応如何という問題も背景をなしたに違いないのであるが，何よりも，主体的な社会変革の可能性が現実味を帯びていた時代の雰囲気とでもいうべきものが大きく作用した．ただ，このように実践性の強い態度はその後の現実の中で支持を失い，1955年の日本共産党における「六全協」（第6回全国協議会）以降下火となっていく．

また，この時期に土地制度史学会では主体性の問題をめぐって紛糾をみることになった．山田盛太郎が中心となって1948年に設立した同学会においては，初期には大塚久雄も理事を務めており，ある時期までは理事代表（会長）の後継者と目されていたという[10]．だが，山田流「講座派マルクス主義」と「大塚史学」は，1954年度秋季大会共通論題「封建制から資本制への移行」を契機に袂を別っていくことになる．この大会で大塚らが「国家権力や社会構成との関連」を考慮に入れるべきとの主張を展開すると「講座派」対「大塚史学」の対立となり，両者の距離は1962年度「産業革命の諸問題」，1966年度「産業革命の諸類型」などの共通論題でますます隔たった．講座派マルクス主義の側は大塚史学を「近代化論」と批判したが，分岐はそれより手前の，歴史過程における主体性の介在を認めるか否かという点にあったように思われる．「大塚史学」にとっては，自由で自立した主体すなわち近代的人間類型の創出こそが，

社会変革の第一歩だったのである．

　この問題は，結果的には学問的論争を通じてではなく，「大塚史学」の一派が土地制度史学会を退会することでひとまず決着した．主体性問題への対応をめぐって分裂した土地制度史学会は，このとき講座派マルクス主義路線に純化したのである[11]．もっとも，この路線も翌1967年の大会で山田が突然土地国有化論を提唱するにおよんで行き詰まりを見せ，同学会はその後，この問題をいわば置き去りにする形で歩んでいくことになる．

1.3　戦後歴史学の包括性とその動揺

　ここまでで諒解されるように，1950年代までの経済史研究は社会変革への関心を背景にもち，それゆえ必然的に全体史を志向していた．成田龍一はそれを「社会経済史学」と呼び，当時の歴史研究における主流をなしていたとするが[12]，やや乱暴に言えば，歴史研究の中で「社会経済史学」という分野が大きな勢力を有していたのではなく，歴史研究≒社会経済史学≒社会科学なのであった．

　このことは，たとえば川島武宜が中心となって設立したという文部省人文科学委員会の委員長を山田盛太郎が1946年から1949年まで務めたことや，発足時の土地制度史学会の理事に石母田正，大塚久雄，川島武宜，東畑精一，仁井田陞，我妻栄，和田博雄といった人々が名を連ねていたことなどを指摘すれば少なくとも感覚的には理解できよう．

　だが，これら初期土地制度史学会理事のうち，東畑・我妻・和田は1959年に，石母田もこの時期までにその任から退き，1963年には川島・仁井田らも退任した．この時点で同学会には講座派マルクス主義と大塚史学が残されたが，先述のとおりその後両者の対立が先鋭化して後者の離脱につながり，残された講座派マルクス主義もその直後に行き詰まりを見た[13]．

　こうした現象は，歴史研究における諸分野のアトム化であり，包括性喪失の過程でもあった．それは，戦後歴史学を支えた人々が主体性の多様なありかたを承認する限り（一時期の日本共産党や後年の「新左翼」の諸セクトに見られたようにそれを承認しない動きもあったが，そうした態度は結局のところ社会的な共感を得られなかった），不可避であったのかもしれない．そして，日本社会の現実

が古典的な暴力革命の可能性からどんどん離れていくとき，そうした傾向は加速せざるを得なかった．とりわけ「60年安保」を経たのち，歴史研究は多元化の途をたどることになった．

そのことは，具体的には「政治史」や「思想史」といった「上部構造」への関心が高まったことに表れた．そして，その反作用として「経済史」もそれらと水平的な分業関係におかれる一範疇として再定置されることになったのである[14]．たとえば，松沢裕作が指摘したことであるが，1963年に『歴史学研究』誌上で発表された伊藤隆・佐藤誠三郎・高村直助・鳥海靖による共著論文は，こうした兆候を先取りするものであった[15]．そこで論点とされたのは「日本近代経済史」「維新の国際的契機論」「自由民権と維新の主体性」という3点であり，「経済史」「政治史」「民衆史」などへの分化を示唆していた[16]．

上述した土地制度史学会の分裂も，単なる内部抗争というよりはこうした潮流の一環として理解すべきであろう．同学会では1970年代以降，共通論題に「近代日本経済史」関係が多くなっていったことが指摘されているが[17]，それは決して講座派マルクス主義の存続というものではなく，むしろ再定置された「経済史」へと重点が移行したことの表れであった．

同様のことは，歴研においても見られた．1961年，土地制度史学会の有力会員も兼ねていた吉岡昭彦は「これからは資本主義を問題にすべきだという発言」を同学会の大会において行ったが[18]，それは単に研究対象を移行するということにとどまらない，従前の主体性論からの脱却を主張した呼びかけであった．もっとも，現実の歴研は板垣雄三の述懐によれば1960年代初頭には「なんといっても日本近世史の会」になっていたというのであるが[19]，いずれにしても，こうした現象は歴史研究における多元化が学会を単位とした研究領域の分業体制に帰結していったことを示していた．

1980年の土地制度史学会理事・幹事会では「各分野の主題が分裂してきている」こと，さらに現状分析とのかかわりが希薄化していることが問題視されたという．だがこうした事態も，歴史研究の多元化という現象に照らしてみれば当然の帰結であった．『土地制度史学』ではこの頃から前近代を扱う論文がほぼ皆無となったが，それもまた「多元化」と並行して発生した分業化の一面であった．

2 1960年代における歴史研究の多元化

2.1 「歴史科学」という立場

　1950年代までの戦後歴史学にとって，主体の確立とは一国民としての主体化であり，典型的には石母田正が『歴史と民族の発見』(1952-53年) にしめしたごとくであった．その「民族」概念が内向的な抑圧の契機を見逃していたと批判するのは後知恵かもしれないが[20]，この理論に立脚した国民的歴史学運動について言えばそこに潜む独善性に鈍感であったのは事実であろう．運動が挫折に終わり，日本共産党が六全協で武装闘争路線を放棄したのち，石母田は「実証主義歴史学とマルクス主義歴史学との統一と団結」によって「歴史科学」が支えられるとの主張を展開するようになる．宗教学者の磯前順一によれば，それは「社会運動や自己変革の問題を学問と連動させて扱うことはなくなっていく」きっかけであり，マルクス主義が「換骨奪胎」され「ひとつの社会構成体の分析手段に落ち着く」転換点であったという[21]．

　マルクス主義と実証主義の幸福な結婚による歴史科学の定立，という図式は，2003年に至っても永原慶二が展開しており[22]，歴研の主力メンバーにとっては受け入れやすいものであったらしい．ただ，こうしたことは歴研に限ったものではなく，マルクス主義理論をベースにしつつ実証の緻密化を図り，実践よりも学問としての科学性を高める方向にエネルギーを割く姿勢は，戦後歴史学の後継となった諸流派に多かれ少なかれ共通していた．歴史研究は，専門分野に分化しつつ理論的にも実証的にも水準を大きく上昇させ，歴史研究にとって1960年代は一つの絶頂期となった．こうした方法を，「歴史科学的方法」とここでは呼ぶこととする．

　先にも挙げた成田龍一は，ポスト「社会経済史」すなわち1960年代以降の歴史研究における主たる潮流を「民衆史」であるとし，色川大吉・鹿野政直・安丸良夫をその代表に挙げている．彼らの研究は，マルクス理論において「上部構造」とされる政治過程や思想といった領域をそれ自体独自に運動するものと位置づけ，講座派理論などのような徹底した基底還元論との間に一線を画し，

主体性の問題に引きつけて議論を展開した[23]. これらは戦後歴史学批判として展開されたが, 同時に戦後歴史学における主体性論の問題意識をもっとも直接的に引き継いでいた.

しかし, この時期の歴史研究における諸潮流の布置連関は, 日本近代史だけを例にとってみても成田が言うほど単純ではなかった. たとえば中村政則は1992年の座談会において, 1960年代前半の近代史は明治維新・自由民権・産業革命が主要テーマであったが, 後半になると人民闘争史・帝国主義・天皇制国家論にかわっていったと述べており[24], その広がりは「民衆史」という括りに到底収まりきるものではなかった. また, 1960年代に伊藤隆や三谷太一郎らの主導で進展した「政治史」も, 成田の整理では位置づけが明確にならない. この時期の「政治史」は, マルクス主義からは相当の距離を置いていたにせよ, 主体性の問題を実証主義の深化によって克服しようとしていた点ではやはり歴史科学的方法をとっていた[25].

こうして戦後歴史学的な主体性論が相対化され, 古典的イメージに沿った主体的変革≒革命も現実味を失っていく時期に, たとえば丸山眞男は挫折と抵抗の過程に「永久革命」の道筋を見出していた[26]. 踏絵を踏み続ける痛みの中にこそ普遍的価値への信仰があるというわけである. しかし, それは両大戦間期にE.H.カー[27]が示したのに比べて幾分ウェットな形で, 主体性論が直面した困難を提示して見せたに過ぎなかった. 先にも触れた植村和秀は, 1960年代に「自己の生において誰が主権者であるのか」という問いが人々にとって切実な意味を持たなくなるに及んで, 丸山も(そして平泉も)挫折したと主張している[28]. 同様の問題は大塚史学にも突き付けられていたと言ってよい.

これに対し歴史科学的方法は, 大づかみに言えば踏絵を踏むか否かという問題からいったん退却することによって, 研究活動それ自体としての実践性を高めるという戦略をとったことになる. ただし, 退却後の態度はそれぞれの流派によって微妙に異なっており, それは1960年代後半において科学運動や「近代化論」への対応に際しての温度差となって表れることとなった.

2.2　1960年代の「経済史」と主体性問題の帰趨

1960年代における歴史研究の多元化の中で, 「経済史」もまた独自の対象と

方法を備えた領域として再編成を遂げ、要するに学界における分業体系の一環となっていった.

1956年に東京大学に入学した石井寛治は、学生時代の問題関心について、1999年の座談会で次のように述べている.「大塚先生はイギリスのような近代化とか経済発展とか、その話ばっかりされる〔中略〕やっぱり近代批判をしなきゃいけない」「〔山田理論に対しても〕そう簡単に未来への展望が開けるんだろうか」[29]. このように原理主義的基底還元論は採らないが、一方で近代的主体の成立を過度に強調することも避けるという立場は、1972年にまとめられた『日本蚕糸業史分析』によく表れていた. つまり、「共同体的な構造を打ち破る下からの発展」が「農村の封建的な構造なり共同体的な構造をどこまで壊しえたのか」という視角を保持しつつ、一方でそのモーメントが究極的には金融構造に見られたごとく「上から」の資本主義化の契機に絡めとられていたとする同書の見通しは、講座派マルクス主義の議論を継承しながらそこに主体の問題を接合する試みであった[30].

1960年に東大国史学の大学院に進学した高村直助は、国史学研究室で勃興しつつあった「政治史」への強力な勧誘に敢えて応じず、先に触れた1961年の吉岡昭彦による提言などに共感しながら産業革命研究に着手することとなった. だが一方で、高村自身は経済学研究科の大塚ゼミや大内力ゼミには出席しなかったという. 自らの世代については、「実証を抜きに最初に理論ありきというのはもうやめましょう」という雰囲気で、「共産党の権威」が落ちていくなか「みんなが自分なりに考えるしかない時代だった」と述懐している. ただ同時に「国史学の世界でも『考証史学』批判というのはすでに常識」であり、高村自身は宇野理論に準拠しつつ独自の方法的模索を重ねていった.

石井・高村に代表される1960年代の産業革命研究はこんにち、個別産業史の分析にとどまらない、日本資本主義の全体像を論じた成果として学説史上に位置付けられている. だが、意外なことにこれらの研究は発表当時、全体史を矮小化しているという年長世代からの批判にさらされていた[31]. その批判の含意や、石井・高村らがそれをどう受け止めたのかという点は必ずしも明らかではないが、こうした批判も、彼らの産業革命研究が1960年代の歴史研究多元化のなかで生まれたことを踏まえれば理解できないものではない.

その後の経済史研究が実証的にも理論的にも飛躍的な「進展」を見せた一方で，ある意味では個別分散化と言い得る傾向をたどったことは，多くの人々の知るところである．石井・高村より約10年年下で，1970年代に研究をスタートした武田晴人は後年，こうした傾向を自嘲気味に「全体像を見失った系譜論」「学問的なサーカスの場としての歴史研究」と表現した[32]．これが大幅に割り引いて受け止めねばならない韜晦であるとしても，1960年代の分化・再定置当初に経済史が持っていた緊張感が，後続の世代に共有されなくなっていったのは事実であった．その行き着く先について高村は，1996年度の大学院授業で『日本資本主義分析』を取り上げた経験に触れて，「これはちょっと無理だと思いました．当人たちは理解したいという気持ちは持っているんですが，皮膚感覚で入っていけない．事態はかなりむずかしい」[33]と述べている．

　ある研究分野の「科学」としての洗練が，同時に個別分散化の傾向を生み出し，そのことが個別の研究者によって担われる実在の営みとしての研究を，実践的な「社会への対峙」から一種の職業訓練へと変質させることは，確かにあり得るし，ある程度はやむを得ないともいえる．実践からいったん切り離すことで定立させた「科学」に，再度「科学」それ自体としての実践性を付与するとすれば，それは如何にして可能なのか．

　この課題に対しては，いくつかの学会が「科学運動」を標榜して応えた．そのひとつであった歴研はアメリカ発の近代化論に対して積極的な批判を展開するという選択を行った．その評価はここでは措くとして，こうした動きは，少なくとも初期には政治的実践との緊張関係の自覚に基いたものであり，その限りでは主体性論の問題意識を保持していたと評価し得るものであった．

　一方，「経済史」は，そうした潮流とは一線を画していた[34]．好意的に言えば，主体性の問題を脇に措いて研究を遂行し，その態度にこそ徹底した実践性を託したのである．しかし，日本経済史に即して言えば，それは「民衆史」や「政治史」からの分岐を伴っており，相互の対話が細っていく過程でもあった．付言すれば，この時期から盛んになっていった「経営史」は，その初期に個別経営者の思想や行動に着目した限りでは主体性の問題に切り込む可能性を持ちえたし，またたとえば土屋喬雄のような先駆的経営史研究者はそうした問題意識を抱いていた[35]．ただ，その後の「経営史」の展開がそうした1950年代以

前の社会科学における問題意識を積極的に継承することはなかった．

　カクレキリシタンにおいては，代々唱えられてきた祈りの言葉が受け継がれるうちに当初の教義は忘れられ，それは形式化していった．それでも潜伏時代の教団構成員にとってオラショはかけがえのない価値をもち続け，彼らは信仰を継続するという一点において確固たる主体性を保ち続けた．教団組織が長きにわたって持続し得たのはそのためである．カクレの組織が衰退したのは，明治以降キリスト教が解禁され，その緊張が失われてからであったという[36]．

3　1970年代以降の日本経済史研究と武田史学

3.1　1970年代の日本経済史研究と帝国主義段階論

　1970年代における「日本経済史」研究の思想的傾向を考える手がかりとして，『東京大学経済学部五十年史』（1976年）における石井寛治の記述を見ておく[37]．ここには同大学における日本経済史担当者の研究動向に対する評価が述べられている．ここで検討の対象となったのは土屋喬雄，山口和雄，安藤良雄の3名であった．

　土屋喬雄については，「基本的な方法的立場は〔中略〕徹底した実証主義史学」であることが積極的に評価されていた一方で理論面における評価は厳しく，『封建社会崩壊過程の研究』において領主財政の窮乏化と商人階級の発展という理解に基づいている点を衝き「基本的階級対立たる領主対農民の関係から全構造的に把握する視角は欠落」していると批判していた．山口和雄については，「実証主義史学のいわば極限的な姿」であり「明治前期といういわゆる原始的蓄積期の日本経済の全構造を綜合的に把握するところまでは至っていない」と批判した．また，安藤良雄に対しては，戦時経済統制の分析について「日本資本主義の封建的・前期的性格」を強調したことを理由に積極的評価を下している．

　これらの箇所だけを引用すると，いかにも講座派的立場からの裁断という印象を与えかねないが，ここで注目したいのは，安藤への別の評価である．石井は，安藤による大正・昭和初期の分析に関して「浜口内閣の井上財政・幣原外

交がともに対米従属的構造の上にたつ金融資本の利害を代弁するものであることを論じ」たとして，それが「政治・外交史へも開かれた経済史研究を進めていくうえに，数多くの重要な示唆を含んで」いると述べていた．当時の石井は，「経済史」と「政治・外交史」との相互対話を望ましいものと考えていたことになるが，それはとりもなおさず「経済史」が「政治・外交史」とは異なる独自の学問領域であるという認識を前提にしたものであった[38]．

そして，ようやく武田晴人である．1968年に東大へ入学した武田は，専門課程（経済学部）および大学院への進学を経て，1970年代半ば以降その研究成果を公刊していく．この時期の武田は，個人で産銅業史研究に取り組む一方で，橋本寿朗らとともに帝国主義史研究を進めていた．足尾鉱毒事件に対する農民運動への関心を原初的には抱いていたという武田が，石井寛治の指導のもと「産業史」的に産銅業史研究を進める傍ら，同世代の若手研究者と帝国主義史研究に取り組んでいたという現象は，先に引用した中村政則による1960年代後半以降の研究状況に関する指摘とよく符合している．もちろん，産銅業史研究と帝国主義史研究はまったく別個のものではなくむしろ密接なかかわりを持っているのであるが，ここでは後者のほうに絞ってその方法論的特徴をみていく．

日本経済史分野における帝国主義史研究は，山崎隆三，西川博，柴垣和夫らによって先鞭がつけられ，それまで産業革命期までにとどまっていた分析対象が両大戦間期にまで拡大した．それらの研究に共通する特徴は，ひとくちに言えば，帝国主義のメルクマールとしての「金融資本成立」や「植民地支配」が日本でどのように現出したかという論法を採ったことにあった．言い方を変えると，国内における独占形成が過剰資本形成をもたらし資本輸出や対外侵略に帰結する，というレーニンの図式をそのまま日本に適用した格好となっていたのである．

こうした先行研究に対し橋本・武田は，そうしたレーニン的な図式を必然ではないとして退け，対外侵略の契機を無視するわけではないにせよ，さしあたり国内体制の問題として，日本における帝国主義的経済構造の生成過程解明を目指すと宣言した．こうして彼らの「日本帝国主義史研究」は，まずもって国内の経済構造を問題とすることになったのである．このような含意をもった帝

国主義史研究を，ここでは「帝国主義段階論」と呼ぶ．

3.2 武田帝国主義段階論の全体史志向

いま，1970年代に帝国主義段階論をリードした論者として「橋本・武田」と一括したが，両者の議論には一定の差異がある．橋本説においては帝国主義経済構造を成立させたエンジンにあたる重工業への着目が際立っており，それが戦後の高度成長をも展望しえるという主張につながっていた．橋本がしばしば「労農派」の論者とみなされるゆえんである．これに対し，武田説はのちに詳しく見るとおりリーディングセクター以外の産業や政治などの経済外的要素への注目を特徴としていた．

武田説の要点は，1980年に『歴史学研究』誌上に発表された「1920年代史研究の方法に関する覚書」[39]（以下「覚書論文」）に集約されているが，その中で著者は，次のように述べている．「1920年代の日本資本主義に関する研究の多くが〔中略〕歴史学全体の課題との関連を明示することなく，専門分野のなかで独立につみかさねられているのではないか」，「戦間期の経済史研究が〔中略〕対象に即した禁欲的な態度を示すことが多いために，現実的には，全体像に対する無関心として受容され，政治史，運動史などの問題関心に十分に応えられていないようにみえる」．こうした問題意識は，先に触れた石井寛治のそれとも通底するものであったが，武田説においてはどのように克服されようとしたのであろうか．

既に述べたように，帝国主義段階論の特徴は，植民地支配の問題をいったん捨象した点にあった．対外的契機の強調は戦後歴史学を特徴づける要素の一つであったから，それはある意味で一国資本主義論への回帰であったといえるかもしれない．だが，レーニン的な図式から自由になったことは，同時に，「帝国主義＝資本主義の没落の開始」という命題からの解放をも意味していた．言い換えれば，その後の日本における資本主義的発展という史実を承認したうえで，その分析を経済史の課題として浮上させることにつながったのである．この場合の「資本主義的発展」には第二次大戦後の高度成長期もが射程に収められていたのであり，したがって帝国主義段階論は一種の現代化論としての視座を獲得する結果となった．

このことは，歴史研究における多元化状況のなかで，一度は分岐した「経済史」以外の諸分野との間に対話可能性をもたらすものであった．たとえば，帝国主義段階論にやや先行した「政治史」における三谷太一郎の政党政治論[40]や伊藤隆の革新派論[41]，あるいは微妙に対象時期がずれるが有泉貞夫の地方利益誘導論[42]や宮地正人の日露戦後論[43]などを，いずれも第二次大戦後の55年体制（宮地正人ならポスト60年安保）を見据えた現代化論として捉えるとき，帝国主義段階論がそれらとの共時性を持った研究潮流の一環であったと評価することは的外れではないだろう．すでに述べたように，この説が経済外的要素へ配慮したことも，他分野との対話可能性を開拓するものであった．そのことを具体的に確認するために，武田「覚書」論文の内容を瞥見しておく．

帝国主義段階論において起点となるのは，産業構造の変化によってもたらされる労資関係の変容である．第一次大戦期以降における近代産業部門の構造変化，すなわち重工業化によって，産業革命期の繊維産業におけるごとき代替可能な単純労働ではなく，少なくとも基幹的な部分においては「新しい熟練」とか「半熟練」と呼ばれる企業特殊的な専門性への依存度が高まり，基幹労働における賃金上昇とそれを通じた労資関係の安定化（基幹的労働者の体制内化）が実現するというのがその骨子である．

そして，このように基幹労働力が体制内化されても，周辺の不熟練労働力については重工業の展開の不十分さのため，労働力希少化は依然として生じなかった．こうした労働者が負うリスク，端的に言えば恐慌期に飢えるリスクは，産業革命期までの日本社会においては，親子関係に擬せられた間接雇用システムか，もしくは農村における「共同体」的社会関係をバッファーにすることで軽減されていた．ところが，鉱工業における間接雇用から直接雇用への移行と，農工間の不均衡拡大＝地主制の危機とは，そうしたバッファーを消滅させた．講座派理論において日本資本主義の「基柢」とされた農村の社会関係，そしてそれに擬せられた近代産業の親子的労資関係という，「半封建的」な，しかし日本の経済社会を存立させていた重要な条件が，消失したというのである．

要するに1920年代においては，近代産業が従前の社会関係を破壊する程度には成長した一方で，そのためルンペン化した人々を十分に吸収するほどまでには拡大し得なかったというのが，帝国主義段階論の大まかな見取り図であっ

た．経済発展のエンジン部分に注目する労農派的な理解であれば，ルンペン化した人々の具体的な処遇の問題はさしあたり捨象される．だが，体制内化されなかった基幹労働力以外の人々が，どのように生存の保障を得て，さらに社会統合はどのように担保されていったのかという点に着目し，これを積極的に論じた点に，武田説の独自性があった．誤解のないように言えば，それは武田がヒューマニストであるかどうかということとは関係がなく，そうしたケアを抜きにしては当時の社会が再生産をなし得なかったという評価に由来するものであった．

戦時期そして第二次大戦後の歴史過程を知っている我々は，この問いに対して例えば「福祉国家」といった用語をもって答えることができる．覚書論文もまた，貧窮者に対する社会政策や恐慌回避のための経済政策といったセーフティネットとしての人為的介入が1920年代の日本社会において萌芽的に見られたことを認めている．だが，武田説はそこからただちに福祉国家を展望したのではなかった．当時の政府は真にセーフティなネットを提供するだけの力を欠いており，結果として，様々な政策的介入は，むしろ従前の「共同体」的な社会関係に依拠し，そうした社会関係に内在する人格的な権威に補強されて実行されていたというのである．こうしたシステムを，武田は「調停法体制」と呼んだ．それは，政府の機能を十全なもの（であるべき）とみなす福祉国家論や，上部≒中軸的なセクターにさえ政策的な介入が行われることを重視した国家独占資本主義論とは異なる，1920年代の日本に固有の構造を説明する議論であった．

調停法体制論のこのような構造が，日本における「封建遺制」や「非政治」≒前近代的調整機構の残存を強調した山田理論や丸山政治学の議論と一定の相似をなしていることはすぐに諒解されよう（もっとも，そうした要素を武田が必ずしもネガティブに評価していたわけではないことには注意が必要である）．

3.3 対話の不成立

ここまでで，武田の帝国主義段階論が一種の現代化論であり，同時に経済外的要素への注目を強く志向したものであって，その意味で多元化していた歴史研究諸領域との間に対話可能性を開くものであったことを指摘した．だが，結

果的にみれば武田による調停法体制論の提唱に対する積極的な応答はなされず，その後の研究史は必ずしも諸領域間の対話を重ねることなく展開していった．

そのことを端的に示すのが，さきほどから挙げている成田龍一の戦後史学史整理である．成田における「経済史」の扱いは，経済史研究者の立場から見れば驚くほど軽い．1950年代については，「社会経済史」学者として歴史学研究会を活動舞台の一つとした「講座派」の歴史家たちの名が挙げられるが，1970年代に入るといわゆる「経済史」学者の名前は激減する．驚くべきことに（と言っておこう），同書には石井寛治，高村直助，原朗らの名前も業績も登場せず，わずかに大石嘉一郎による地方制度／自由民権運動分析と中村政則による地主制史研究が「民衆」史の潮流に位置付けられて挙げられるのみである．また，それ以降の時期についても，いわゆる経済史家としては，山之内靖，大門正克，森武麿らが言及されるにすぎない．

こうした成田の見方に対しては，すでに松沢裕作により，単線的な史学史観であり学問的潮流の複数性に注意が払われていないとの批判がなされている．その指摘には筆者も同意するが，若き日に歴研を舞台として活動し，のちに国民国家論者として日本を代表する歴史家のひとりとなった成田をしてそうした単線的な史学史観を打ち出さしめること自体が，歴史研究諸領域間の断絶状況を物語っているともいえる．

かくして，1980年前後に帝国主義段階論が試みた他分野との対話は，結果として実現しなかった．武田にしてみればリプライがなかったのだとしか言いようがないであろうが，ここではそのような対話不成立の遠因を，あえて調停法体制論の論理構造の裡に読み取ってみたい．

一つは，調停法体制論が現代化論としての画期性を有した一方で，その議論の運び方が，伝統的な「経済史」の文脈に沿ったものであった点である．たとえば，出発点となる産業構造の変化（重工業化）にともなう基幹労働力の体制内化について，武田自身は宇野段階論が必ずしも明示的に論じなかった「労働力商品化の無理」を具体的に論じたものと説明していたが，それは，山田盛太郎が『分析』の末尾で「労役型の分解」として展望のみ示した現象を念頭においていた．また，覚書論文で示された「基幹労働者の体制内化＋周辺セクターへの伝統的関係に依拠した政策的対応」という1920年代社会の構造スケッチ

第5章 全体史としての武田史学

も，山田『分析』における「再生産表式＋封建遺制＝全機構」という図式を遠景においていた[44]．このように調停法体制論が，既存の「経済史」のコードに則って展開されたことは，武田説を他分野の研究者の目に触れにくくした可能性がある．

こうした特徴は，覚書論文の問題関心を継承した1985年の論文「独占段階の経済と社会」にも端的に表れていた．同論文では，冒頭で「日本帝国主義の全体像を解明する手掛かりを探り，総じて侵略者の側にいた人々が直面していた現実が何であったかを知ること」と宣言しているが，その直後に設定される具体的な課題は「日本における帝国主義的経済構造の特質を，金融資本的蓄積様式の形成を焦点として明らかにすること」とされており，関心と課題の間の論理的必然性は明示されていない[45]．収められた書物の通史シリーズという性格上，「経済的側面を分析する」ことが当然に要求されたにせよ，調停法体制論が「経済史」の枠内に押し込められてしまったことによる，ある種の窮屈さがここには滲み出ているようにも見受けられる[46]．

だが，それ以上に大きな理由は，当時の武田説が1920年代への変化については動態的な説明をなしえた一方で，そうした構造が1930年代以降どのような変遷をたどっていくのかという展望について必ずしも明示的でなかった点に求められるように思われる[47]．覚書論文の末尾では調停法体制がファシズム的統合への道を準備したと書かれてはいるものの，これは丸山眞男説に代表されるような，戦時国民統合に既存の社会関係が大きな役割を果たしたという議論にひとまず接合したものとみるべきであろう．

このような論法が採られたのは，大恐慌への対応過程における政治的な要素を重視したゆえであった．武田によれば，「経済史」だけでは説明のつかない外在的な契機を議論に組み込んだというのである．高橋財政のごとき現代資本主義的政策が軍部の台頭によって挫折を余儀なくされていくという理解は，それまでの「常識的」な大正デモクラシー理解，つまり「大正デモクラシー」が「ファシズム」によって同様の運命をたどっていくという図式と整合的でもあった．

だが，当時の政治史研究は上記のような大正デモクラシー理解から距離をおきつつあった．「大正デモクラシー」の裡にむしろ後のファシズム的統合への

遠因を読み取る山之内靖の総力戦体制論[48]や有馬学の戦前戦後論[49]が発表されるのは少し後のことであるが，旧来の大正デモクラシー史観がすでに相対化されつつあったこの時期，これらの新しく打ち出されつつあった歴史観との関係を明示的に説明しなかったことは，すれ違いをもたらす遠因になったとは言えないだろうか．

　さらに言えば，それは「社会の段階的変化はいかにして起きるのか」という問いへの対応の問題でもあった．調停法体制論は，1920年代までの内在的な変化とその結果成立した「構造」を説明することには成功したが，1930年代以降の変化については外生的な要因に帰するという特徴を持っており，それは，かつて山田理論が抱えた課題と相似をなしていた．山田流に答えるならば，それでも産業構造の変化がいつかは社会変革へとつながるはずであるし，丸山・大塚史学の図式に当てはめるならば，近代的主体の確立を通じて社会は変革へと向かう，ということになるはずである．では，調停法体制論において，調停法体制はいったいどのようにして打破されるのであろうか．これは，「それは政治の領分」と禁欲することでは解決し得なかったはずである．調停法体制論のこうした特徴は，その現代化論としての限界でもあった．念のため付言しておけば，以上の指摘は調停法体制を論難するためではない．この課題は多元化した歴史研究すべてに課せられたものであったし，ましてや，このあとの時期に族生した議論のごとき，戦間期から戦時期にかけ出現したあれこれの制度や現象をとらえ，それが戦後にも連続して見られたと言って片付くような単純な話ではなかったはずである．

　いずれにせよ，以上のような対話の不成立を残したまま，帝国主義段階論は，1980年代半ばにいったん収束した．武田の回想によれば，橋本寿朗が1984年に『大恐慌期の日本資本主義』を刊行したのち分析対象を戦後へと移行させたことや，武田自身が『日本産銅業史』の刊行準備に注力したこと（1987年刊行）などが背景にあったという．1990年代以降の武田は，企業経営や財閥といった独占組織の内部へと分析の焦点を移していく．そしてそれらは，経済史においてこの時期から強まりつつあった，自らを経済学の応用分野として規定する傾向，とりわけ新古典派理論を歴史現象に機械的に適用する方法への批判として発信されるようになった．武田も編者の一人として企画に携わった東京

大学出版会の『日本経済史』シリーズ（2000-2010年）では，冒頭に「経済史らしい経済史」という言葉が掲げられているが，ここで目指しているのが，マイクロ経済学のツールを多用し，過去の事象のうちに経済合理的な側面を見出そうとする諸研究への批判であったことは明らかである．

3.4 調停法体制論と「遷移」概念

では，武田による歴史研究諸分野との対話の試みは，そのまま収束してしまったのであろうか．最後に，近年武田が提唱している「遷移」概念をとりあげて，そのアイディアの淵源にかつての調停法体制論の影響が見られること，そして「遷移」概念には調停法体制論が必ずしも説明に成功しなかった社会変革のメカニズムを説明し得る可能性が含まれていること，したがって「遷移」概念はそうした普遍的な課題に接近することで歴史研究諸分野との間に対話可能性を拓く議論であることを指摘したい．

「遷移」概念は，直接には高度成長期における製造業の生産性上昇を念頭においた議論であるが，それは帝国主義段階論のなかで展開された独占論の系譜を引いたものである．帝国主義段階論において武田は，従前の独占停滞論を批判して，寡占状態下であっても個別企業にコスト削減を通じた利潤拡大の余地が残されている限り，単純な独占利潤の獲得は実現しないのであって，独占形成が必ずしも競争の消滅にはつながらないという指摘を行っていた．ここでいう「コスト削減」は労働者や植民地からの収奪ではなく生産性の上昇を通じて実現することが想定されており，それは産銅業史分析にはじまり1990年代に展開をみた企業組織内部の分析に基づく着想であると言えよう．

だが，「遷移」概念は単に製造業のみに適用範囲が限定されるものではない．武田が「遷移」概念をもちいるときにしばしば高度成長期を「高成長段階」と表現するように，それは社会の段階的変化を展望したものである．そして，この議論は帝国主義段階論が論じ残していた社会の段階的変化の要因如何という課題にも手がかりを与えるものである．

調停法体制論を打ち出した当時の武田が強く意識していた議論のひとつに，金原左門の大正デモクラシー論があった[50]．金原説は，ひとくちに言えば民主主義を希求する草の根の試みがことごとく敗北を重ねていくという，石母田正

『中世的世界の形成』を想起させる内容である．これを主体性論として読むならば，そこには「蹉跌と敗北」の積み重ねにも関わらず社会は変化していくという悲壮なメッセージが込められているということになる．どのように変化するのかは明示されないものの，丸山・大塚的な立場と対比した場合，特定の個人や階級といった実在の変革主体による革命よりは，主体間の関係の中に漸進的な変化の契機を見出すと理解できる点に，論理構造上の特徴があった[51]．

「遷移」概念は，人々の日常的な営為が漸進的な社会変化をもたらし，結果的には段階的と評価し得るような隔絶を二時点間に生み出すことを主張し，さらに特定の階級や個人による直接行動よりは集団的な営為の積み重ねを重視することなどにおいて，かつての金原説と通じ合う要素を持っている．もちろん，それは金原説の単なる再版ではない．社会の進む道筋には小さな意思決定の積み重ねを通じた選択の余地があることを積極的に強調する点などは，はるかに明るいトーンに彩られている．

「遷移」概念のもう一つの特徴は，社会の段階的変化が何か特定の理念型（たとえば封建制→資本制→社会主義）に沿って現出するのではなく，場合によっては繰り返すことさえあり得るという，一種の複線的段階論となっている点にある．そしてこの論法も，調停法体制論に淵源を持っている．すでに述べたように，調停法体制論は，二重構造と言われるような部門間格差を前提として一つの国民経済の安定ないし統合はどのように達成されるのかという命題への回答でもあった．それは下部セクターへのセーフティネットがとる形態に応じて多様なあり方を示すものであり，1920年代の日本においては「調停法体制」という形をとったというのである[52]．

このように，「遷移」概念はかつての調停法体制論の水脈を継承しつつ，当時積み残した課題に迫りえる方法であるといえる．そして，それは本稿で述べたごとき「普遍」への接近を志す史学史上の綾に織り込まれている．

おわりに

以上書き連ねてきたことの背後にあるのは結局，「何のために，どうやって研究をするのか」という，実に陳腐な問いなのかもしれない．かつて，基底還

第5章 全体史としての武田史学

元論にせよ主体性論にせよ普遍的価値の「普遍性」が自明であった時期には，そんな問いは意味をなさなかった．しかし，1960年代以降，その自明性は相対化された．歴史研究は学会を単位に時代や対象に応じて分業化するという傾向をたどったが，実践性を後退させ研究の遂行それ自体に実践性を込めるという「歴史科学」的方針においてはおおむね共通していた．その限りでは，各々の研究分野において主体性は維持されていたのである．しかしそうした緊張も，研究活動が「職業化」していく過程で，徐々に薄らいでいった．

武田が帝国主義段階論を提起した1970-80年代には，すでに歴史研究の諸分野は専門領域に分化しており，1950年代までのような状況は望むべくもなかった．しかし，単一の問題意識を共有しないことは，必ずしも相互の対話可能性を放棄するものではなかったはずである．武田の志向した全体史は，対話可能性の確保によって担保されるものであり，さらに言えばその相手は歴史研究諸分野にとどまるものではなかった．こうした地平からは，世の中について人々と語りえる可能性も展望し得た．

しかし，結果的にその試みは成功しなかった．その事情についてはもはや繰り返さないが，少しだけ付け加えるならば，職業研究者たちがおのおのの所属するサーキュレーションの中で知的ゲームを展開するのに忙しくなっただけではなく，世の中の側が専門性への信頼に基づく社会的分業を否定するようになり，研究者たちがそれまでとは別の次元で自らの存在意義を説明させられるようになったという事情もその背景にはあった．業績主義への過度の傾斜はその行きつく先に他ならない．そこに随伴する緊張感は外在的な価値尺度への従属に由来するのであって，学問的良心に対する内面的・自省的なそれとはまったく別個のものである．

勝手な読み込みかもしれないが，最近になって武田が提起した「遷移」概念は，かつて帝国主義段階論が積み残した課題に回答を与え得るものであり，対話可能性を通じた全体史の試みがいまだ潰えていないことを示している．筆者は，後継者たちが「遷移」概念を採用するべきだと主張するのではない．むしろその有効性については，なお検討を要すると考えるが，その緊張感に学ぶべき点は多いと思うのである．

明治に入ってキリスト教が解禁され，数百年ぶりに布教にやってきたカトリ

ックがカクレの信徒たちに出会ったとき，カトリックは弾圧下で信仰を保ったカクレの人々を称賛しつつ，彼らに「正統な」教義を注入しようと試みた．しかし，カクレの人々の一部はカトリックを受け入れず，カクレ信仰を保持したという．それは，もはや両者が異なる宗教といえるほどに乖離していたからとされる．カクレの人々は，オラショの原義などとうに忘れていた．しかし彼らにしてみれば，巨大教団組織に属し禄を食む一介の職業宗教家が外からやって来たところで，その精神的緊張度の高さにおいて勝るとも劣るところはないと感じたのであろう．

注
1) 遠藤周作は1971年の講演において，作品の構想が「八年くらい前」に湧き始めたことに触れ，続けて次のように述べている．「私自身戦中派といいますか，そういう戦中派後期の年代に育っていますので，肉体とか暴力とかによって，人間の思想をゆがめなくちゃならない，自分の考えとか，自分の生き方ということを，どうしてもねじくれさして生きていかなくちゃならなかった時代というものを，ある程度呼吸して，若い時代を送っているし，それから戦後大学に入っても，肉体の暴力というのはないけれども，いろんな他の形で，自分の思想というもの，あるいは自分はこういうふうに生きたかったという一つの理想，——それを生活ということのために，捨てなくちゃいけないという意味において，われわれの心の中にある色々な踏絵というものがある，というふうに思っていましたから，その踏絵というものが単に，遠いキリシタン時代のことだけではなくて，今の自分の時代の，自分の生き方の中にも，からまってくるように思われたわけです」(「一つの小説ができるまで『沈黙』を中心に」，『早稲田文学』〔第7次〕第3巻3号，1971年).
2) 山田盛太郎『日本資本主義分析』は，一般には戦前期日本資本主義の構造を（静態的に）描いたものとして理解されているが，実際には第一次大戦期以降の重工業化と帝国主義的経済構造の生成という変革の側面を強く意識した議論であったと理解するのが妥当である．この点については武田晴人「日本における帝国主義経済構造の成立をめぐって」『社会科学研究』第39巻4号，1987年，および，原朗「『日本資本主義分析』原稿の一考察——山田盛太郎関係資料の検討」『歴史と経済』第58巻2号，2016年を参照のこと．
3) 植村和秀『丸山眞男と平泉澄——昭和期日本の政治主義』柏書房，2004年．
4) 宇野弘蔵・櫻井毅『『資本論』と私』御茶の水書房，2008年．
5) この用語がより厳密に用いられる領域のあることを筆者は承知しているが，ここではもう少し漠然とした広義の用語法として受け止められたい．
6) 中野敏男『大塚久雄と丸山眞男——動員，主体，戦争責任』青土社，2001年．

第 5 章　全体史としての武田史学

7) 前掲『丸山眞男と平泉澄』302 頁.
8) 同前. なお, 遅塚忠躬は平泉の「皇国史観」について,「素朴実証主義」からの脱却を志向していた点で戦後歴史学と共鳴する部分を持っていたが, 一方で把握可能な「事実」ではなく歴史学の永遠に接近し得ない「真実」の領域を志向した点でまったく異なるものであったと整理している (遅塚忠躬『史学概論』東京大学出版会, 2010 年).
9) 遠山茂樹『戦後の歴史学と歴史意識』岩波書店, 1968 年 (ただしここでは 2001 年岩波モダンクラシックス版を参照). なお, 前註と関連して遅塚忠躬は戦後歴史学が「素朴実在論」を否定することから出発したことを指摘している. それは, 考証による事実の確定と, 歴史学における諸事実の関連の想定との間に思考様式の上での転換があることを認めたうえで, 事実をそのまま受け入れるという受動的な転換から, 諸理論の批判的摂取によって諸事実を主体的に組み立てていくという能動的 (主体的) な思考への転換であったという (前掲『史学概論』260 頁).
10) 土地制度史学会／政治経済学・経済史学会史編纂委員会編『土地制度史学会／政治経済学・経済史学会 60 年の歩み』(『歴史と経済』別冊) 政治経済学・経済史学会, 2008 年.
11) 同前.
12) 成田龍一『近現代日本史と歴史学——書き替えられてきた過去』中央公論新社, 2012 年.
13) 以上, 前掲『土地制度史学会／政治経済学・経済史学会 60 年の歩み』10-11 頁, 30 頁による.
14) 一般に「政治史」「思想史」などといった新しい分野は「経済決定論への反省」として立ち上げられたとされているが, 遅塚忠躬によれば 1950 年代までの戦後歴史学は, 一部を除けばすでに単純な経済決定論すなわち原理主義的な基底還元論からは訣別していた. この点に関して遅塚は, 戦後歴史学の担い手たちは主体的な認識を試みるにもかかわらず, それに際して準拠する枠組みをマルクス主義的実在論 (歴史的世界の内部に実在する客観的運動法則の究明) に求めるという「矛盾した立場」に立っていたと説明している (前掲『史学概論』344-345 頁).
15) 「日本近代史研究の二, 三の問題——岩波講座「日本歴史」近代 (1〜4) によせて」『歴史学研究』第 278 号, 1963 年.
16) 松沢裕作「歴史学のアクチュアリティに関する一つの暫定的立場」歴史学研究会編『歴史学のアクチュアリティ』東京大学出版会, 2013 年.
17) 「明治期の恐慌」(1971), 「日本資本主義確立過程における諸階級の編成」(1972), 「1930 年代日本における日本帝国主義と植民地問題」(1974), 「植民地朝鮮における日本帝国主義の土地政策」(1975), 「第一次大戦前後の日本の金融構造」(1979), 「戦前日本資本主義における地域産業の展開と農村構造」(1979). 以上, 前掲『土地制度史学会／政治経済学・経済史学会 60 年の歩み』による.
18) いわゆる吉岡提言の内容は吉岡昭彦「日本における西洋史研究について」(『歴史評論』121 号, 歴史科学協議会, 1960 年) に詳しい.

19) 歴史学研究会編『戦後歴史学と歴研のあゆみ』青木書店，1993 年，77 頁．
20) 磯前順一が示すように，実は石母田自身はそうしたナショナルな視点を相対化しつつあったという評価もある（磯前順一「石母田正と敗北の思考——一九五〇年代における転回をめぐって」安丸良夫・喜安朗編『戦後知の可能性——歴史・宗教・民衆』山川出版社，2010 年．
21) 同前，53-57 頁．
22) 永原慶二『20 世紀日本の歴史学』吉川弘文館，2003 年．
23) こうした動向はアナール派やその影響下にあった日本のフランス「社会史」研究にもヒントを得ていたが，ここでは詳しく論じられない．
24) 前掲『戦後歴史学と歴研のあゆみ』91 頁．
25) これらの「政治史」は 1970 年代以降マルクス主義と訣別していったが，その出発点はマルクス主義の影響下にあったと言ってよいし，マルクス主義と距離を置くにしてもどのようにどれだけ距離を置くかという緊張感を伴う限り，両者間の議論は可能であった，と筆者は思う．
26) ただし，丸山はこの言葉をよく口にしたと言われるものの，著作の中には残していないようである．
27) E.H. カー『危機の二十年——理想と現実』（原彬久訳，岩波文庫版 2011 年，原著は 1939 年および 1981 年）は，理想主義と現実主義との相克の裡に民主政治のあり方の一つの止揚された形を見出した．
28) 前掲『丸山眞男と平泉澄』323 頁．
29) 「［座談会］『体験的』経済史研究」石井寛治・原朗・武田晴人編『日本経済史』第 6 巻，東京大学出版会，2010 年．
30) これを構造論と段階論の融合とのみ理解することは，議論を「経済史」の枠内に閉じ込め，石井の目指した包括性を見えなくする恐れがある．
31) たとえば塩沢君夫による批判．前掲「［座談会］『体験的』経済史研究」．
32) 前掲「［座談会］『体験的』経済史研究」．
33) 前掲「［座談会］『体験的』経済史研究」．
34) もちろん，実在の研究者レベルでは「経済史」研究者が歴史学研究会に属し，それを活躍の舞台とすることはあった．
35) 「社会科学 50 年の証言」15〜18，『エコノミスト』第 51 巻 43〜46 号，毎日新聞社，1973 年．
36) 宮崎賢太郎『カクレキリシタンの実像 日本人のキリスト教理解と受容』吉川弘文館，2014 年．
37) 東京大学経済学部編『東京大学経済学部五十年史』東京大学出版会，1976 年．
38) もちろん，政治外交史には歴史学の系譜とは別に政治学の一環として取り組まれてきた研究史があるから，ここでの石井の記述をもってただちに 1960 年代以降における歴史研究の多元化状況を反映したものと断ずることはできない．
39) 武田晴人「1920 年代史研究の方法に関する覚書」『歴史学研究』第 486 号，1980 年．

40）三谷太一郎『日本政党政治の形成——原敬の政治指導の展開』東京大学出版会，1967年．
41）伊藤隆『昭和初期政治史研究——ロンドン海軍軍縮問題をめぐる諸政治集団の対抗と提携』東京大学出版会，1969年．
42）有泉貞夫『明治政治史の基礎過程 地方政治状況史論』吉川弘文館，1980年．
43）宮地正人『日露戦後政治史の研究』東京大学出版会，1973年．
44）筆者は，こうした指摘によって帝国主義段階論が講座派理論の再販であったと主張したいのではない．日本経済を，近代産業のような先端的な部門とその発展から取り残された部門からなると把握する認識の枠組は，二重構造論と名を変えて高度成長期ころまでの日本人によく馴染んだ認識枠組であったから，議論がそうしたコードに則っていたこと自体は殊更に強調すべきでなく，むしろ二重構造の「下部」について独自の見解を示したことの利点を評価すべきであると考える．
45）武田晴人「独占段階の経済と社会」歴史学研究会・日本史研究会『講座日本歴史9 近代3』東京大学出版会，1985年．
46）このような論理構成に対してあり得るのは，狭い意味での経済現象に加えてその補集合を扱うことが全体史につながるという誤解である．そうではなく，「全体」を「経済現象＋補集合」に分節化する思考様式あるいは論理展開そのものの相対化がめざされるべきなのである．
47）この問題ついては武田晴人「はしがき」石井寛治・原朗・武田晴人編『日本経済史 3 両大戦間期』東京大学出版会，2002年において，調停法体制は階級融和機能に限界を持っており，戦時に際しては強権的なファシズム的手段によって社会統合が図られるほかはなかったと一応説明されている．
48）山之内靖「戦時動員体制の比較史的考察——今日の日本を理解するために（『世界』第513号，岩波書店，1988年）．
49）有馬学「戦前の中の戦後と戦後の中の戦前」『年報 近代日本研究』山川出版社，1988年．
50）金原左門『大正デモクラシーの社会的形成』青木書店，1967年．
51）このようなパラフレーズを介せば，そうした特徴が後年の山之内靖による社会システム論（『現代社会の歴史的位相——疎外論の再構成をめざして』日本評論社，1982年および『システム社会の現代的位相』岩波書店，1996年）や有馬学の戦時体制論（「戦前の中の戦後と戦後の中の戦前」近代日本研究会編『年報近代日本研究 10 近代日本研究の検討と課題』山川出版社，1988年）などに接合し得る面があることに気づかされるし，調停法体制論は，こうした研究潮流とも「ニアミス」をしていたことになる．詳論の余裕はないが，武田とともに帝国主義段階論を牽引した橋本寿朗がそののち「20世紀システム」論を展開していくことも偶然の一致ではないであろう．
52）もっとも，このように対象とする社会の個別性に応じて社会構造やその段階的変化を説明するという見方は，実は山田理論を遠景に置くものであり，その点では先祖帰りといえないこともないのかもしれない．なお，中林真幸は山田理論をルイス・モデルとの

類比において論じている（中林「日本資本主義論争——制度と構造の発見」，杉山伸也編『岩波講座「帝国」日本の学知 第2巻「帝国」の経済学』岩波書店，2006年）．

〈付記〉
本章は，2015年3月14日に行った武田晴人氏の東京大学退職を記念したシンポジウムにおける報告を基に加筆したものである．筆者へのリプライを含む武田氏の報告は，武田晴人『異端の試み——日本経済史研究を読み解く』（日本経済評論社，2017年）第27章に収録されている．

第2部　歴史的な実証

第6章

1930年代における造船用鋼材の企業間取引

金 容度

はじめに

　本書の序章で述べられた,「基軸産業」の展開を重視した構造的な経済史分析手法を継承しつつ,本章では,戦前期,とりわけ,1930年代の基軸産業であった鉄鋼業を取り上げ,造船用鋼材の企業間取引を分析する.

　多くの部品を使う自動車や電機機械など日本の組立機械産業が戦後の世界市場で競争力を高めただけに,それらの組立機械メーカーと中小部品メーカー間の「サプライヤー・システム」が注目を浴びてきた.そのため,日本の企業間取引についての研究は,主として,戦前よりは戦後に,大企業間よりは,大企業と中小企業間の関係に集中されてきた.したがって,戦前期における大企業間の企業間取引の実証研究は手薄である.

　また,日本の企業間取引については,「信頼」に基づく長期継続的,あるいは,長期相対的な特徴,いいかえれば,極めて組織的な特徴が強調されてきた.しかし,日本においても,市場取引が少なからず存在したはずであり,日本の企業間取引が長期相対的な関係だけで説明できるとはとうてい思えない.そうであれば,取引をめぐる日本企業の行動には,組織性[1]と市場性の両面が存在し,この両者が絡み合っていた可能性が高い.しかも,戦前期に関しては,前述したように,大企業間の取引の実態の多くは実証されていない.そこで,本章では,組織性と市場性に焦点を合わせて,戦前期の中間財の大企業間取引を分析する.

　分析対象は1930年代における鉄鋼の企業間取引である.1920年代前半まで,日本の鋼材需要は輸入に多く頼っており,鋼材の自給率は低かったが,鉄鋼業の生産は戦間期を通して急速に拡大し,産業構成の中での比重を高めた.こうした生産拡大の中で,20年代後半より鋼材の自給率が高まり,32年の高橋財

政の為替低位安定政策および保護関税政策の影響もあって，30年代の鋼材自給率は100%を超えた．30年代に鉄鋼業は機械工業等重工業に対する基礎原材料供給部門としての地位を確立し，基軸産業となったのである[2]．鉄鋼の自給率が高くなったということは，日本の鉄鋼メーカーが国内市場の掌握力を高め，国内需給者間の取引が重要になったことを意味する．本章が30年代の鉄鋼取引に注目する所以である．なお，戦間期の鉄鋼業については分厚い研究蓄積がある[3]ものの，同時期の鉄鋼取引を本格的に描いた研究は乏しい[4]．この点からも，本章の分析の意義は大きいものと考える．

他方，機械工業と鉄鋼業が内的連関を形成しながら急速に発展したことが，1930年代中期の重化学工業化の重要な一側面をなしていた[5]．国内市場を掌握した上でさらに鉄鋼業が急速に発展したのは国内市場が急激に拡大したことによるが，とりわけ，機械工業の発展が鉄鋼業の発展を促進したのである．こうした機械工業の中で，この時期，鉄鋼業の最大需要先は造船業であった．そこで，本章では，造船用鋼材の企業間取引に分析の焦点を合わせる．

1 造船用鋼材の需給変遷および自給率の上昇

1.1 1920年代までの需給状況の変遷

日本で鋼材需要が本格的に増えたのは第1次世界大戦期であり，1914年から18年にかけて，鋼材の需要高は65万トンから112万2,000トンへと約1.7倍増加した．特に，15年からの「造船ブーム」を反映して造船用の増加が著しく，大戦末期の18年，造船艦用鋼材需要は40万-50万トンを記録し，同年全鋼材需要134万-157万トンの25-30%を占めた[6]．大戦前の10年代初頭，鉄鋼材需要約100万トンのうち，民間造船用需要がわずか3万-4万トンにすぎなかったことに比べ，様変わりしたのである[7]．

大戦中の鉄鋼供給では，造船用を中心とする鋼材需要増加に対応できなかった．例えば，第1次大戦期の試算では当時各造船所が引受けていた52隻の船舶の建造に要する鋼材11万トンのうち，八幡製鉄所で引き受けえた量は2万7,000トンにすぎなかったといわれる[8]．「鉄飢饉」と呼ばれる供給不足が続き，

鋼材市場は売手市場であった。とりわけ，造船用鋼材市場で売手市場の現象が顕著であった。

しかし，第1次大戦後から1920年代にかけて，鋼材の需給状況は一変した。まず，20年代前半に鋼材需要が低迷していた。殊に，21年以降の海運不況による造船業の沈滞，22年の「ワシントン条約」締結に伴う海軍大軍縮の影響が大きく，20年代の鋼材需要低迷が最も大きかった分野は，軍需と造船用であった[9]。

反面，供給面では，終戦間際から建設がはじまった生産設備が終戦直後に続々と完成された。それに，大戦後，欧米諸国が鉄鋼の過剰設備による生産増加分を輸出に振り向けたため，低廉な輸入品が日本に続々と入荷した上，大戦末に契約された輸入鋼材の一部も終戦後に日本へ入ってきた。さらに，復興思惑の買い注文による輸入品も加わった[10]。その結果，20年代を通して，鋼材市場全般は供給過剰に陥ったが，特に，供給過剰が深刻だったのは厚板，大中形鋼，平鋼，そして鍛鋳鋼品であった。そのうち，厚板の主な需要先は造船用であり，造船用鋼材市場が供給過剰に陥って，買手市場化していたのである。

1.2 1930年代の造船業の発展

しかし，1930年代にはまた需要が急増に転じ，需給状況が大きく変化した。1920年代末から30年代初めの大恐慌期を挟んで，造船用鋼材需要も急増したが，その背景には，造船業の活況があった。

1920年代と大恐慌期に，深刻な経営不振を経験した日本の造船業は，31年満州事変の勃発を機に，軍需増大，金解禁再禁止に伴う為替下落による輸出増大，財政拡大などによって好況に向かった[11]。後述する船舶改善施設および優秀船舶建造助成施設の実施，老朽船の入替時期の到来，第2次エチオピア戦争以来の国際関係の緊張化と軍縮会議決裂に基づく建艦競争機運の招来，それを見越しての船価先高予想，造船技術の進歩に基づく日本の船価の割安等が造船業発展の要因として加わった[12]。

造船業の生産額は1931年の3,800万円から36年の1億1,100万円に顕著に増大した[13]。軍艦建造が増えただけでなく，民間の商船注文が殺到し，31-37年に117万総トンの商船が建造された。商船建造では，31-37年建造商船の

60％が純粋の貨物船であり，貨物船の中でも遠洋航路船舶の増大で大型船の建造が著増した．また，造船技術の進歩により，舶用蒸気機関としてディーゼルが使われ始め，ディーゼル船時代が到来し，その中でも漸次大型化が進んだ[14]．さらに，軍艦，商船，漁船，鉱山用陸上ディーゼルエンジンに重油の使用が増えたことに加え，自動車用ガソリン用として精油の需要も増え，タンカー熱が高まり，タンカー建造が比重を高めていた[15]．

1.3 売手市場化

こうした造船業の活況持続で，造船用鋼材の需要が増え続け，1931年には僅かに11万トンであったのが，33年頃から急増し，36年には57万トン，37年にはさらに76万トンになった[16]．実際，満州事変期を通じて最も顕著な鋼材消費量の増大を記録したのが造船業であって，特に，36年以降，船舶投資熱によって多分に投機的な取引の気配まであらわれた[17]．

鉄鋼メーカーの生産力拡大が行われたものの，造船用鋼材市場で，供給が需要増に追いつかなかった．造船用鋼材市場の売手市場化が鮮明になった．20年代の買手市場が逆転したのである．

1.4 造船用鋼材自給率の上昇

前述したように，第1次大戦期に造船用鋼材は高い需要構成比を占めており，売手市場であった．その面では，1930年代も共通点をもつ．しかし，両時期には大きな違いがあった．第1次大戦期と異なり，1930年代には造船用鋼材の自給率が格段に上昇したことである．

造船用鋼材の場合，第1次大戦期に8-9割を輸入に依存していた（表6-1）．だが，造船用に多く使われた厚鋼板についての表6-2からわかるように，1930年代にはほぼ100％自給できるようになった．これは，同市場で，国内需要企業（造船企業）と供給企業（鋼材メーカー）間の取引が極めて重要になったことを意味する．この点は，同じ売手市場だった第1次大戦期との大きな相違点であった．

このような自給率の上昇は，周知のように，1931年末の金輸出再禁止による為替レートの低落，32年6月の関税引上げに加えて，国内鉄鋼メーカーの

表6-1 造船用鋼材の生産,輸入,自給率推移(1912-19年,推定)

(単位:千トン,%)

年	国内供給高	輸入高	供給計	自給率
1912	5	21	26	22
1913	6	21	27	25
1914	10	34	44	23
1915	10	33	43	23
1916	15	60	75	20
1917	20	129	149	13
1918	20	234	254	12
1919	30	241	271	11

(出典) 奈倉文二『日本鉄鋼業史の研究』近藤出版社,1984年,302頁(元データは,臨時財政経済調査会答申『財政経済25年誌』第5巻,1932年,273頁;今泉嘉一郎『本邦製鉄業助成に関する参考資料』今泉文庫,1920年,226頁;『製鉄業参考資料』農商務省鉱山局).

表6-2 厚鋼板の国内生産,輸入,自給率

(単位:千トン,%)

年	国内生産	輸入	供給	自給率
1927	184	26	209	87.6
1928	211	18	229	92.0
1929	250	37	287	87.1
1930	216	27	243	88.9
1931	209	0	209	100.0
1932	209	1	210	99.5
1933	332	48	380	87.4

(出典) 飯田賢一・大橋周治・黒岩俊郎編『現代日本産業発達史 Ⅳ 鉄鋼』交詢社 1969年,296-297頁(原資料は『鋼材年報』1936年版).
(注) 厚鋼板とは6mm以上.

生産能力の増大や競争力向上に負うところが大きかった.しかし,それだけではない.例えば,満州事変期において政策的な国産品鋼材使用奨励等の政策の影響も大きかった.

後述するように,1932年10月から37年度に船舶改善助成が行われたが,この助成政策の対象になる船舶建造に際して,一部の特殊鋼を除く資材,船体,機関,艤装品をほとんど国産品で賄うことになっていた[18].

その後,逓信省が1937-41年度に実施した優秀船舶建造助成施設においても,国産鋼材使用が奨励された.もう少し具体的にみておこう.この政策は,海運の積極的発展を図るため,優秀な船舶の建造を助成し,商船隊の陣容を積極的に拡充強化する目的で行われた.具体的な目標は,37年4月から4ヵ年にかけて6,000総トン,速力19ノット以上の第1種船(客船)と第2種船(貨物船・タンカー)合計30万総トンを新造することであったが,この政策の実施に際しても,船舶改善施設と同様に,助成船の材料は原則として国産品鋼材の使用が要求された[19].

このように,1930年代の造船用鋼材市場では,供給者が有利な需給状況の中で,政策の影響も加わり国内企業同士で取引が行われていたのである.

2 需給カルテル間の取引

2.1 造船用鋼材の需給者カルテルと助成施設の推進

　この時期，造船用鋼材の需給両方でカルテルが結成され，両カルテル間に鋼材の取引が行われた．まず，需要側の造船産業のカルテルとして，それまでの造船懇話会の代わりに，1932年1月に造船連合会が結成された．造船懇話会が個人加盟であったのに対して，造船連合会は，「造船又は造機其の他之に関連する工業を営み常時300人以上の職工を使用する同業者」を対象にし，函館船渠，播磨造船，石川島造船，大阪鉄工所，川崎造船所，横浜船渠，浦賀船渠，浅野造船，三井物産，三菱造船の10社が加盟した．この造船連合会は，鋼材など造船材料の共同購入，造船契約形式の統一を図ると共に，船舶改善助成の実施にあたっては，会員企業間の鋼材割当を行った[20]．

　他方，供給側の鋼材カルテルとして，厚板（6ミリ以上）の生産，販売統制を目的として，1931年2月に厚板共販組合が結成された．この厚板カルテルは八幡製鉄，川崎造船，浅野造船，東海鋼業の4社がメンバーになっており，この4社で厚板生産の100％を握っていた．ただし，この4社のうち，東海鋼業は事実上，八幡の下請工場であり，建設用厚板が中心であった．したがって，造船用厚板に限っていえば，同共販組合は，官営の八幡と，民間の川崎造船と浅野造船の2社を合わせて3社からなるカルテルであった．

　この2つのカルテル間の調整を試みた代表的な政策が船舶改善助成であった．当時の日本は海外海運諸国に比べ，解体船輸入が多く，古船解体は少なかった[21]．それに対応して，1933年5月，船舶輸入許可制が施行され[22]，それと相俟って，古船解体と優良船舶の建造の両方を促す船舶改善助成が32年10月から37年まで3次にわたって行われた[23]．この政策によって新たな船舶建造のための鋼材の取引が両カルテル間で行われた．市場における価格変動に対して，カルテルという形で組織的な介入がなされただけでなく，政策的な介入も加わったのである．

2.2 協定価格にみられる組織性

売手市場下の価格高騰の中で，船舶改善助成用鋼材の交渉価格は相対的に安定していた．組織的な介入が価格の安定に有効に作用したのである．

1932年11月，造船連合会は，理事会を開き鋼材市価昂騰対策として，鋼材注文の共同引受を検討し，それを受けて，翌月の12月，船舶改善協会[24]の建議が行われた．この建議に沿う形で，両カルテル間で数量や価格に関する協定が数次にわたって結ばれた[25]．具体的には，需要側で，船舶改善協会と造船連合会が助成建造船主の注文を一手に取りまとめた上で，厚板カルテルの八幡製鉄との間に交渉を行った[26]．

両カルテルでは，助成建造船の鋼材に限り「特殊に取扱」い，カルテル間協定価格の変動が市中市価の変動より抑えられた（表6-3）．この協定価格は，価格上昇期にも相対的に低位に抑えられた[27]．相対的に，協定価格が安定性をもったのである．鋼材価格上昇が著しかった1930年代後半にも協定価格は低い水準で推移した．実際，厚板の市中価格が急騰していた37年3月，日鉄側は「原価主義を基調として多分の値下げを行」った．具体的に，日鉄側と造船連合会は，同連合会からの鋼材申し込み分（11万トン）の内，6万トン程度を180円，2万トン程度を200円で取引することに合意したのである[28]．

このように，造船・海運産業の育成のために，暴騰気味であった鋼材価格を

表6-3 造船用厚板鋼材価格の推移
(単位：円／トン)

	施設用厚板価格	厚板市価	厚板共販建値
1933年下期	130	131	122
1934年上期	120	136	124
1934年下期	116	153	125
1935年	121	112	108
1936年	120	116	106

(出典) 施設用厚板価格は船舶改善協会編さん『船舶改善協会事業史』船舶改善協会，1943年，218-233頁；橋本寿朗『戦間期の産業発展と産業組織 I 戦間期の造船工業』東京大学出版会，1984年，213頁．厚板市価および共販価格は『日鉄社史編集資料 No.196』日鉄社史編集委員会事務局，1955年．

需要家に有利に低く設定したことから，両カルテル間鋼材取引への政策介入は需要家（＝造船企業）の利害をより多く取り入れる性格であった[29]といえる．

2.3 政策にみられる組織性

（1） 省庁間調整

こうした需要家に有利な鋼材価格設定には，船舶改善協会ならびに造船連合会からの陳情に政府省庁が応じて，政府省庁の調整が行われた．

需給双方の利害調整に，両者をそれぞれ代弁する政府省庁間の調整が加わり，この結果，市場に対する組織的な介入の影響力が強まったのである．例えば，1932年為替低落に伴い鋼材および型材が急激に騰貴して，1トン当たり建造費が，船質改善策による補助額決定基準となった250円を30-40円も上回り，新造船に対する補助が意味をなさなくなったため，船質改善協会の理事長が逓信当局を，船主造船業者等が商相をそれぞれ訪問し，陳情した．それを受けて逓信省と商工省は，鋼材価格上昇を抑制するための折衝を行った[30]．

省庁間調整の他の例もみられた．1937年，逓信省は，滞貨積載のために必要の場合には随時海運会社に配船を命ずるとの商工省の要望を受入れ，その交換条件として，商工省に対して建値以下で新船建造用鋼材の優先的供給を受けるよう交渉を行った[31]．

（2） 製鉄業奨励金の低減政策

両カルテル業者の負担を共に増大させる政策も行われた．代表的な例が造船用鋼材に対する奨励金の低減であった．

製鉄奨励金の法的な根拠は，1917年に制定された製鉄業奨励法である．同法の構想は，当初年産3万5,000トン以上生産する銑鋼一貫企業に用地取得，所得税免税等の恩典を与えることであったが，対象が5,250トンの小規模生産者まで拡張された[32]．

1921年4月関税定率法改正の際に，関税引上げによる造船業の不利益を補う見地より，造船資材である鉄鋼材，艤装品等の輸入税の免税措置も含まれた[33]．次に，この輸入税免税によって被害を被る造船用鋼材の製造者に対し，商工省は，関税定率法第9条に基づき，輸入税に相当する奨励金の交付を行っ

た．

　1926年にも「内地重要産業の保護」を目的として，大がかりな関税定率法改正が行われると共に，同年，造船用鋼材に対する補給金制度を確立するため，製鉄業奨励法が改正され，国内造船用鋼材製造業者を対象に，鋼船の建造または修理に使用される鋼材に製鉄奨励金が交付されるようになった[34]．この奨励金は造船用鋼材を製造していた八幡製鉄所と，その需要者の造船企業の間で折半していた[35]．

　1930年代に入っても，造船用鋼材に対する奨励金政策は続いていたが，しかし，35年には半減される．その背景には供給側の鋼材メーカーの好調があった．すなわち，前述したように，深刻な不況から，造船業が活況を取り戻し，造船用鋼材の需要増大と価格急騰が続く中で，造船用鋼材メーカーの利益が増えた上，造船用鋼材の自給力も著しく増大し，同市場は国産品が中心になっていた．そのため，莫大な利益をあげている鉄鋼メーカーに諸税免除の特典を与え続けることは，製鉄奨励法の本旨に反するという主張が強まった[36]．

　そこで，政府は，日本製鉄株式会社法の実施を機会に，1934年3月31日付で，造船用鋼材に対する製鉄奨励金の減額を内容とする製鉄業奨励法施行令改正の件を公布した[37]．その結果，造船用鋼材に対する奨励金は，35年以降半減された．

　断るまでもなく，製鉄業奨励金の削減は鉄鋼メーカーの負担を増やすことであったが，さらに，1935年より臨時利得税法によって鉄鋼メーカーに他の負担も課せられたため，奨励法改正によって免税の特典を失うことは，鉄鋼メーカーの二重の負担となった[38]．

　しかし，奨励金の削減は造船企業にも打撃を与えた．すなわち，船舶改善助成用の鋼材取引については，奨励金が減額される場合，折半額に達するまでの差額を上乗せすることが協定されていたため，造船側の負担になっていた．よってこの奨励金の減額は造船業者のコスト高および船価高の要因になって経営に打撃を与える結果となった[39]．

2.4 市場性

　需給双方でカルテルが成立し，活動したものの，需給アンバランスが大きく

なると，価格の安定は困難であった．1930年代後半に入り，鋼材の供給不足がより深刻になった．例えば，36年頃には船舶改善助成施設用の鋼材の供給すら円滑を欠くに至った[40]．新聞報道によれば，36年3月に，新造船向け鋼材の契約時に，造船連合会は日本製鉄に対し，10万トン分の建値の据置を懇請したが，造船カルテルのアウトサイダーとの関係上その交渉は行詰まったとされる[41]．価格上昇を人為的に抑制するためのカルテル間の交渉，造船カルテルの意図が十全に実現できなかった．組織的な介入には限界があり，カルテルが需給バランスの変化を反映した市場価格と独立に，価格を安定させることはできなかったのである．

さらに，両カルテル間の交渉によって，鋼材の協定価格が人為的に安定化された場合にも，価格面における需給者間の利害不一致は大きかった．例えば，1932年末，造船連合会より要望された造船用鋼材の価格はトン当たり96-97円であったが，それを受けて厚板共販が通知した価格はトン当たり103円であった[42]．また，30年代後半の事例で，価格高騰の持続のため，厚板カルテルの建値決定が遅くなり，36年末に決定すべき建値が，37年3月初めになって漸く決定される始末であり，この際，供給側によって提示された新建値は前建値に比し平均50円高であった．需要家の造船企業にとって，この建値水準では採算が合わず操業困難に陥るということで，造船連合会の代表が日本製鉄を訪問，造船用鋼材市価騰貴抑制を陳情した[43]．

このように，需給者間の要求価格水準が大きく異なったためにその調整は容易ではなく，カルテル間交渉による取引は必ずしも順調には進まなかった．結果的に，カルテル間取引以外の取引において市場性が強く作用することになったのである．

3　個別需給者間の取引拡大の誘引

3.1　供給者側の誘引

市場の需給状況からいえば，1930年代の造船用鋼材市場は売手市場だったから，鉄鋼メーカーは有利な価格や条件で販売することができたはずである．

しかし，前述した船舶改善助成の事例でみたように，カルテル間の鋼材取引価格はその上昇が抑えられた．供給側の鉄鋼メーカーにとっては，鋼材価格上昇を抑える誘引が弱かったから，協定価格は供給者よりは需要家に有利な水準で決められたことになる[44]．また，大恐慌の最中に設立された厚板カルテルは，価格下落の抑制が当初の重要な目的であったが，その後供給不足や価格高騰が進むことによって，価格上昇の抑制へと主な目標が変わった．したがって，恐慌期と比べ，鉄鋼メーカーにとって，カルテルの有用性は低下していたと思われる．

さらに，厚板需要の中でかなりの比重を占めていたのが海軍の艦艇建造用であり，1933-35 年，八幡・日鉄の厚板発送高のうち，4 割前後が軍需であった[45]．この軍需用厚板の販売価格は低く抑えられ，採算が悪かった．軍需向鋼材の価格抑制方針は 1936 年末から問題になっており，「鉄鋼飢饉」にもかかわらず，1937 年下期以降，日鉄の厚板の場合，販売単価を抑えたためトン当たり利益率が低下していた[46]．したがって，日鉄をはじめ，造船用鋼材メーカーは，軍需より良い採算が期待できる民間造船用市場への販売を増やす誘引を強めた．こうした中で，個別需給者間の取引価格と，厚板カルテルの協定による建値の間の関連は詳らかでないものの，カルテル間取引より，個別造船企業との取引拡大誘引が強まったことは推測できる．

実際に，当時の造船用鋼材企業の記録にも，活発な個別企業間取引を示唆する記述が多い．例えば，造船用鋼材を内製化した川崎造船の記録によれば，1933 年以降，厚板に対する大口注文が殺到し，葺合の厚板工場は「頗る多忙を極めつつあ」ったという記述が繰り返し出ている[47]．また『日本鉄鋼史』に，厚板カルテルにおいても個々の契約は割当られた各社個別になされていたという記述がみられる[48]．造船用鋼材市場で個別企業間の取引が拡大していた可能性が高いのである．

3.2 需要者側の誘引

当時，厚板カルテルのメンバー企業が同カルテルの協定に従わない取引をどの程度行っていたかは解明できないが，需要者の造船企業にとっても，個別企業間取引の誘因は強く存在したと思われる．

船舶改善助成用の鋼材は相対的に安く安定的に供給されていたが，造船業の活況の中で，造船企業に必要な鋼材需要はこの船舶改善助成用に限らなかった．つまり，新造船すべてが船舶改善助成施設によって行われたわけではなく，とりわけ，1936, 37年の新造船の大半は国際情勢の窮迫化に伴う海運の世界的活況のもとに発注された船舶であった．

他方，この時期の軍艦受注は，造船企業にとって，船価変動によるリスクを緩和できるメリットがあった反面，利益の幅はさほど大きくなかったといわれる．軍艦建造の採算が厳しかったのである．例えば，軍艦を発注する海軍工廠は，民間造船所より軍艦建造経験が豊富であったため，原料価格，必要職工数，職工賃金など，軍艦建造に必要な情報や知識も民間造船所より広く，かつ正確であった．その結果，海軍工廠が決めた納入価格では，民間造船所が建造の「順序」を少し誤るだけでも，軍艦建造事業で赤字に陥ることが多く，利益を得ることが至難であったとされる[49]．こうした状況下，鋼材価格の上昇は，軍艦建造の採算を極めて厳しくした．例えば，1933年，三菱造船がその2-3年前に受注した軍艦は，受注時点での低い鋼材価格を基準に注文を引受けたが，その後の鋼材価格暴騰で，損失計算になった[50]．

さらに，軍艦の場合，突然発注されることが多く，造船企業が事前に正確に発注量を予測して建造計画を立てることができなかった．そのため，造船企業は，普段，受注のための設備や人員を余分に用意しておかなければならず，実際の受注はその設備・人員を十分に生かせない場合が多かった．こうした設備や人員の過剰も軍艦建造の採算悪化の要因になった[51]．

このように，海運業の好調と相まって，軍艦建造は採算上の難点が多かったため，造船各社は商船事業拡大に積極的になり[52]，その結果，商船用鋼材需要が急速に伸びた．例えば，上位造船企業の中，商船建造比率の高かった大阪鉄工所では，1936年下期と37年に在庫品（貯蔵品）が急増している（表6-4）．この在庫品の中で鋼材の比重が高いことを考えれば，造船用鋼材の需要が速く増加していたことがわかる．

商船用鋼材需要がこれだけ急速に増加していたにもかかわらず，造船用鋼材は軍需に優先的に当てられた．民間向けの鋼材注文はそれだけ延期され[53]，商船用鋼材の供給不足は一層深刻になった．例えば，1936-37年，船舶建造用の

表 6-4　大阪鉄工所の在庫・貯蔵品推移

(単位：円)

決算期	在庫品（貯蔵品）	決算期	在庫品（貯蔵品）
1929 年 6 月 30 日	4,529,097	1934 年 6 月 30 日	1,697,744
12 月 31 日	7,143,462	12 月 31 日	1,755,106
1930 年 6 月 30 日	7,077,570	1935 年 6 月 30 日	1,783,260
12 月 31 日	1,065,799	12 月 31 日	1,621,019
1931 年 6 月 30 日	1,115,416	1936 年 6 月 30 日	1,906,305
12 月 31 日	1,332,016	12 月 31 日	3,093,607
1932 年 6 月 30 日	1,203,209	1937 年 6 月 30 日	4,977,948
12 月 31 日	1,396,295	12 月 31 日	5,610,780
1933 年 6 月 30 日	1,593,540		
12 月 31 日	1,583,118		

(出典) 大阪鉄工所『営業報告書』.

鋼材不足は甚だしく深刻になり，必要数量確保に苦労していた．「1937 年支那事変に入り，商船用鋼材の不足を来し」ており[54]，造船企業が必要な鋼材数量を確保できない問題が頻発していた．

その結果，造船企業は，カルテルを通じる鋼材共同購入だけに頼っていられなくなった．造船各社が個別に積極的に鋼材購入に取り組まざるを得ない立場になったのである．特に，三菱重工業など有力造船企業は，鋼材昂騰による脅威を回避すると共に造船作業上の致命的な打撃を防ぐために，建造の受注と同時に時を移さず鋼材の個別購入契約を結ぶという原則で鋼材調達に忙殺された[55]．

また，表 6-5 によれば，1930 年代半ば，厚板カルテルに申し込まれた数量と，同カルテルが引き受けた数量を比較してみれば，34 年 3・4 月積，35 年 4・5 月積などごく一部の時期を除く，厚板カルテルの引受高は申込高より遥かに少なかった．これは，売手市場であった厚板市場において，厚板カルテルが供給量増加を抑制する行動をとっていたことを表す．こうした抑制された供給下，急増する需要を賄うために，需要家の造船企業は個別鉄鋼メーカーからの鋼材調達に頼る必要性が高かったのである．

3.3　需給数量からの推算

需要者と供給者の両方にとって，個別に造船用鋼材を取引する誘引が強かっ

表 6-5 厚板カルテルの申込高および引受高

(単位:トン)

		申込高 (A)	引受高 (B)	A-B
1932 年 11・12 月・33 年	1 月積	146,139	3,100	143,039
	12 月・33 年 1・2 月積	48,782	3,100	45,682
1933 年	2・3 月積	39,608	3,100	36,508
	4・5 月積	34,714	3,320	31,394
	5・6 月積	36,773	3,520	33,253
	7・8 月積	14,285	3,920	10,365
	8・9 月積	15,720	3,820	11,900
	10・11 月積	16,173	3,640	12,533
	11・12 月積	16,674	3,640	13,034
	12 月・34 年 1 月積	19,934	3,640	16,294
1934 年	1・2 月積	19,033	3,640	15,393
	2・3 月積	13,670	3,640	10,030
	3・4 月積	4,430	3,640	790
	4・5 月積	9,540	3,495	6,045
	5・6 月積	9,630	3,625	6,005
	6・7 月積	11,680	3,625	8,055
	7・8 月積	14,303	3,625	10,678
	8・9 月積	15,810	3,625	12,185
	9・10 月積	18,805	3,625	15,180
	10・11 月積	26,165	3,625	22,540
	11・12 月積	18,900	3,090	15,810
	12 月・35 年 1 月積	18,770	3,225	15,545
1935 年	1・2 月積	12,980	3,225	9,755
	2・3 月積	12,380	3,225	9,155
	3・4 月積	10,780	3,225	7,555
	4・5 月積	3,380	3,225	155
	11・12 月積	17,238	7,110	10,128
	12 月・36 年 1 月積	5,884	5,460	424

(出典)八幡製鐵所販売部・日本製鐵編『販売旬報』各号.

たことが明らかになったが,次に,入手可能なデータを使って,実際,当時の造船用鋼材の中で,カルテル間取引以外の分がどのぐらいであったかを試算してみよう.

『社団法人船舶改善協会事業史』(1943 年)によると,1934 年度に船舶改善助成用対象厚板は約 6 万トンであった.『製鉄業参考資料』によれば,同年の厚板生産は 60 万トン強であり,その 4 割の約 24 万トンが造船用と推定される.したがって,同年,造船用厚板の中の 4 分の 1 が船舶改善によって取引された

ことになり，逆に4分の3はカルテル間交渉以外の方法で販売されたことになる．

また，『工場統計表』によれば，1934年の造船用鋼材消費は約32万トンで，その半分が造船用厚板消費であると仮定すれば，34年度の船舶改善助厚板の6万トンは，同年造船用鋼材消費の4割弱に当たり，残りの6割強はカルテル間交渉以外の方法で販売されたことになる．

要するに，ごく大雑把な推算ではあるとはいえ，1930年代半ばの造船用鋼材取引の中で，最大で生産量の4分の3，消費量の6割強が個別企業間取引であったことが推測できる．

4 個別企業間取引における組織性と市場性

4.1 組織性の例：相対取引

第3節で明らかにしたように，造船用鋼材のかなりの部分が個別企業間の取引のもとにあったが，この取引においても，必ずしも競争的な市場原理に基づく価格形成がなされていたわけではなかった．特定メーカー間の相対取引によって，価格は組織的な管理の影響を受けていた可能性が高い．というのも，造船用鋼材市場では，需要と供給の両産業が寡占構造をなしており，いわば「双方独占」間の取引が行われ，特定需要家と供給者間の取引が多かったことが推定できるからである[56]．そこで，需要と供給産業である造船業と厚板メーカー群の産業組織を検討しておこう．

（1） 造船業の産業組織

造船業では，造船工場の産業的特質およびその発展の歴史的特質に規定され，大規模工場への生産の集中が著しかった．とりわけ，満州事変期における生産の回復がそうした特質を強める形で展開した[57]．1930-37年，造船業の上位集中度は極めて高く（表6-6），上位6社の累積シェアは90％を超えた．

上位6社の中で，三菱，三井，川崎の3社が高い市場シェアを占め，他の企業を引き離していた．まず，三菱造船・三菱重工は持続的にトップの座を維持

しており,同社は,1935年8月に,日本郵船の子会社の横浜船渠を買収することによって商船建造能力を強化し[58],37年9月に,同社の手持ち工事量のうち,商船で対全国比が36.7%,艦艇で約35%を占めた[59].三井物産は貿易,海運界の好調に伴い船舶部を拡充すると共に優秀船建造拡大のために玉造船所を拡張し[60],市場シェアを高めた.川崎造船所は20年代に2大海運トラストの関連を断たれることによってそのシェアを低下させていたが,30年代前半には顕著な回復を示した.

（2）厚板市場の産業組織

造船用鋼材の大半を占める厚板市場も寡占構造であった.というのも,造船材の大部分が規格材であり,この規格材は製鉄所の生産設備,技術に高級のものを要求し,さらに,製品検査にも特別な取り扱いが要るため,製造メーカーが限定されたからである[61].

表6-7によれば,1930年代の厚板市場では,八幡,浅野造船,川崎造船の上位3社が高いシェアを占めており,他の企業との市場シェア格差が大きかった.日鉄成立の前も後も上位3社の地位は強固であり,それ以外の生産者は単圧企業だったので,生産規模が小さかった[62].

八幡は,1933年に,第1厚板工場を中心に一挙に6.5万トン余に厚板生産を増大し,また,日鉄成立以降,厚板工場での生産を伸ばした上に,兼二浦の厚板生産も加わった[63].よって,30年代後半,日鉄八幡製鉄所の売上数量の約

表6-6 造船業の上位集中度（1930-37年,進水ベース）

（単位：総トン,%）

順位	社名	総トン	市場シェア
1	三菱重工	433,312	38.3
2	三井玉	199,658	17.6
3	川崎造船	182,387	16.1
4	播磨造船	76,831	6.8
5	大阪鉄工所	74,000	6.5
6	浦賀船渠	66,443	5.9
上位3社計		815,357	72.0
上位6社計		1,032,631	91.2

（出典）前掲,橋本『戦間期の産業発展と産業組織Ⅰ戦間期の造船工業』205頁.

15％を厚板が占め[64]．八幡の厚板は，30年代を通して，八幡の利益において，ブリキ，軌条と合わせて40％以上を占める品種であった[65]．

　第1次大戦中，鋼材生産を内製化した浅野造船は，1920年代に川崎に次いで厚板市場で3位にとどまったが，30年代に市場シェアを高めて，第2位になった．浅野造船は，満州事変後の盛況期に飛躍的発展を遂げたが，特に，厚板を中心に製鉄部が活況を続け，同社の製鉄部は，1933年度と34年度全社の利益金の大部分を儲けた．その結果，同社の中核事業も次第に造船から製鉄へと移行した．さらに，35年に完成した製板工場が本格的に活動を開始し，36年[66]から製鉄部は大活況を呈した．37年にはフル稼働しても需要に供給が追いつかない好況を謳歌し[67]，40年に日本鋼管と合併するまで，浅野は厚板市場で2位の座を維持した．

　シェア3位の川崎造船も，旺盛な造船用鋼材需要に対応して，厚板の生産を伸ばした．前掲表6-7からわかるように，1932年に7万トンだった川崎造船所製鈑工場の厚板生産は，34年に10万トン弱，36年に13万5千トンに急増した．価格上昇によって利益も増え，例えば，33-34年，製鈑工場は全社利益の4分の3を作り出し，同社最大の利益部門であったといわれる[68]．

表6-7　企業別厚板生産量とシェアおよび5社集中度

(単位：トン，％)

1931年			1934年			1937年		
企業名	厚板生産量	シェア	企業名	厚板生産量	シェア	企業名	厚板生産量	シェア
八幡	121,970	43.5	日鉄	303,615	48.6	日鉄	500,092	45.0
浅野造船	69,709	24.9	浅野造船	116,223	18.6	浅野造船	216,577	19.5
川崎造船	60,558	21.6	川崎造船	98,653	15.8	川崎造船	159,387	14.4
(上位3社)	252,237	89.9	(上位3社)	518,491	83.0	(上位3社)	876,056	78.9
東海鋼業	13,385	4.8	東海鋼業	36,328	5.8	中山製鋼	59,473	5.4
徳山鉄板	10,225	3.6	大阪製鈑	24,463	3.9	大阪製鈑	37,222	3.4
その他	4,595	1.6	徳山鉄板	20,952	3.4	東海鋼業	34,734	3.1
			その他	24,249	3.9	吾嬬製鋼	32,443	2.9
						徳山鉄板	28,314	2.6
						その他	41,890	3.8
(合計)	280,442	100.0	(合計)	624,483	100.0	(合計)	1,110,132	100.0

(出典)　前掲『製鉄業参考資料』．

また，表6-7からわかるように，1930年代を通して厚板の生産が速く拡大する中で，日鉄の市場シェアが高まっている．対照的に，この時期，民間の浅野，川崎の両社も厚板の生産を積極的に増やしていたものの，厚板市場における民間両社のシェアは，32年をピークに下落している．日鉄の厚板生産増加がいかに速かったかが示される．また，民間両社が社内造船部門による鋼材消費を抱えていたことを考えると，八幡（34年以降の日本製鉄）の外販市場での地位は表6-7の市場シェアより高かったといえる．

(3) 相対取引の存在可能性

このように，造船用鋼材の需要と供給の両産業共に寡占構造であった．造船業では三菱造船，三井玉造船，川崎造船の上位3社のシェアが高かった．造船向けの多かった厚板を製造する企業としては，八幡（日鉄），浅野造船，川崎造船の3社が生産を増大させ圧倒的なシェアを占め，利潤も増やしていた．したがって，取引参加企業数の「少数性」による閉鎖性に基づき，造船用鋼材市場では，特定需要者と特定供給者間の相対取引が多く存在した可能性がある．

とりわけ，1930年代後半に，鋼材需要が一層速く増加する中で，政府の鋼材価格統制が強まったことによって，造船企業の鋼材調達において，鋼材価格安定より数量確保の課題がより重要になった．それだけに，この時期，数量確保のための相対取引の誘引が大きくなったとみてよかろう．

それに，前掲の表6-4からわかるように，大阪鉄工所の場合，造船用鋼材需要が増加する中でも，1935年末まで在庫投資がそれほど増えなかった．この時期，鋼材不足で鋼材在庫を多く社内に保有する行動がありえたにもかかわらず，そうしなかったのは，特定鋼材メーカーから造船用鋼材を安定的な調達する工夫がなされていた可能性，つまり，相対取引を行っていた可能性が高いことを示す．

カルテル間取引だけでなく，個別需給者間の取引においても，相対取引という形での組織性が働いたことが推測できる．

4.2 市場性の事例

他方，カルテルを経由した造船用取引の中には，スポット取引のような市場

取引も含まれていた．例えば，厚板カルテルでは，日常の小口注文に応じるため，常備在庫として問屋に定尺を，シャリング業者に耳付を一定量保有させており，他の厚板についてはすべて引合の都度臨時注文に応じ切板，耳付，定尺として販売していたが，造船用がその主なるものであったといわれる[69]．市場性が働いていたことがわかる．

さらに，造船用鋼材市場では，個別需要者と個別供給者間の取引をめぐって需給者間利害対立が常に存在した上，競争を伴う同業者間の利害対立も存在した．厚板カルテルと個別造船企業を仲介する問屋も，需給調整機能に大きな限界をもっており，なおかつ，問屋の活動自体が市場需給を乱す要因として働く場面があった．これらの現象は，造船用鋼材取引において，カルテルの組織的な機能や影響力に限界があり，市場原理が活発に作用する側面があったことを示している．そこで，需給者間および同業者間の利害対立，問屋の行動について検討しておこう．

(1) 需給者間の利害対立

造船用鋼材市場では，需給の不均衡が起こりがちであった．例えば，1933年当時，川崎造船の社長だった平生釟三郎の日記によれば，同氏が商工省鉱山局を訪問した際に，鋼材メーカーが造船用鋼材を十分に供給していないことに造船連合会が不満を漏らしていること，また，川崎の鋼材工場が造船用鋼材の生産能力をより採算の良い鋼材品種の生産へシフトしていると，造船側が疑っていることを商工当局の人から聞いたと述べている[70]．供給量をめぐる需給者間の対立がうかがい知れる．

(2) 造船企業間の競争と利害対立

需要側の造船企業間には激しい競争が繰り広げられた．例えば，鋼材購入をめぐる競争ではないが，前述した改善助成事業に造船企業は競って参加申込みをしていた．例えば，「2次の実施発表があると希望申込みが殺到し，数日にして満額に達し」ており，「第3次実施即日において新造，解体とも満額となるという盛況」であった[71]．スクラップ・アンド・ビルド政策に乗って，新造船の需要を獲得しようとする企業間競争が激しかったことを物語る．とりわけ，

前述したように，造船各社が商船建造拡大に積極的であったため，商船建造市場における競争が激しかった．

このように，造船企業間の利害対立が表面化したため，組織的なカルテルの機能には限界があり，造船用鋼材においては市場性が強く作用する取引が拡大した．例えば，1933年初，厚板カルテルに共同購入を申し込んできていた造船カルテルではその後購入条件の点で内部紛糾を来し，造船カルテルとしての鋼板共同購入が不可能になり，構成企業の一部では鉄鋼メーカーと単独で交渉してくる向きもあったとされる[72]．また，37年の新聞報道によれば，造船連合会が鋼材など原料の共同購入を行うべきと，逓信当局は造船企業の鋼材共同購入を促していたが，その背景には，供給不足の中で，造船企業間に鋼材の排他的な奪い合いが展開されるという事実があった[73]．

(3) 問屋の行動

厚板市場が売手市場になりつつあった1933年下期以降，問屋が厚板カルテルに申し込んだ厚板メーカー別数量シェアをみれば（表6-8），変動が激しかった上，無指定も多かった．この時期，需要家からの要望を纏めて，厚板カルテルに申込みを行ったのは問屋であったが，問屋間の調整が十全に行われなかったこと，厚板カルテルと個別造船企業の取引を仲介する問屋の数量調節機能もそれほど発揮できなったことが示される．つまり，需要家から供給者カルテルまでの間にある段階で，取引を組織化する動きが脆弱になったという意味で，市場性が強まった例といえる．

さらに，前掲の表6-5で確認したように，この時期，厚板カルテルへの申込量の変動も激しかったことを考え合わせると，この時期に，需要急増や価格高騰の中で，鉄鋼問屋が市況変動に便乗した投機的な行動をとった面さえ読み取れる．市場性が強く働いていたのである．

おわりに

戦前日本においては，鋼材の輸入依存度が高かったが，1920年代後半より鋼材の自給率が高まり，30年代には造船用鋼材の完全自給がほぼ達成され，

表6-8 厚板カルテルの申込高における企業別シェア
(単位：%)

	川崎造船	浅野造船	東海鋼業	製鉄所	無指定	合計
1933年 3・4月積	14.1	14.0	1.2	31.5	39.2	100
4・5月積	9.2	16.0	1.4	35.0	38.3	100
5・6月積	11.4	16.4	4.9	30.5	21.7	100
6・7月積	6.6	13.2	0.3	30.6	83.4	100
7・8月積	12.8	14.4	0.4	36.6	35.9	100
8・9月積	6.4	11.5	2.9	45.5	33.7	100
10・11月積	13.3	16.1	8.4	34.9	27.3	100
11・12月積	9.9	14.1	7.2	42.0	26.8	100
12・1934年1月積	13.9	14.8	7.2	46.5	17.6	100
1934年 1・2月積	12.9	17.6	6.4	43.2	19.8	100
2・3月積	12.6	9.1	5.4	47.8	25.0	100
3・4月積	—	—	—	16.6	83.4	100
4・5月積	5.2	12.8	4.5	40.6	36.9	100
5・6月積	5.3	14.8	4.7	41.5	33.6	100
6・7月積	13.4	15.6	5.4	60.6	4.9	100
7・8月積	11.2	12.9	7.3	64.3	4.3	100
8・9月積	9.1	11.7	7.4	55.2	16.6	100
9・10月積	8.5	13.8	8.4	52.5	16.7	100
10・11月積	13.8	7.6	6.9	48.9	22.8	100
11・12月積	—	25.4	14.3	45.3	15.0	100
12・1935年1月積	4.8	25.6	14.1	38.7	16.8	100
1935年 1・2月積	13.5	17.7	6.5	38.1	24.1	100
2・3月積	13.7	17.0	6.9	37.2	25.3	100
3・4月積	17.4	13.9	4.6	35.7	28.3	100
4・5月積	25.7	36.1	—	30.8	7.4	100
11・12月積	18.0	9.3	3.3	65.6	4.0	100
12・1936年1月積	22.4	15.8	—	49.4	12.4	100

(出典) 前掲『販売旬報』．

造船用鋼材市場で国内企業同士の取引が極めて重要になった．

　大恐慌期に，需要者の造船企業と供給者の厚板メーカーがそれぞれカルテルを形成し，その後，これらカルテル間の鋼材取引に組織性がみられた．例えば，「船舶改善助成施設」用の鋼材取引で，その協定価格は市中価格より安定的に推移した．両カルテル間の交渉・調整によって人為的に鋼材価格変動が抑制されたという意味で，組織性が働いたことになるが，それにとどまらず，カルテル間の鋼材取引と関連して，造船用鋼材の奨励金の低減，政府間省庁の調整などにも組織性が観察される．

しかし，こうしたカルテル間取引やそれへの政府の関与によっても需給の極端な不均衡を緩和することができなかった．カルテル間の協定価格の安定性が市場価格の安定につながったわけでもない．組織性の作用にも限界があった．

他方，個別企業間で行う鋼材取引も少なくなかった．当時の造船用鋼材取引の中で，最大で生産量の4分の3，消費量の6割強が個別企業間の取引であったと推算される．その背景として，まず，売手市場下，カルテル間交渉によって鋼材価格上昇が抑えられたことは，供給者より需要家に有利な現象であり，したがって，供給者の造船用鋼材メーカーにとって，カルテル間取引以外の販売や取引を増やす誘引が強かった．さらに，同じ時期，軍艦用鋼材の採算が厳しかったため，鉄鋼メーカーにとってより良い採算が期待できる民間商船向けに個別造船企業と取引する誘引が強かった．

需要者の造船企業にとっても，個別の鉄鋼企業と取引する誘因が強く存在した．1930年代半ば以降，新造船の大半は海運の世界的活況のもとに発注された船舶であり，なおかつ，軍艦建造には採算上の難点が多かったため，造船各社は商船建造拡大に積極的になった．その結果，商船用鋼材需要が急速に伸び，商船用鋼材の供給不足は一層深刻になった．こうした鋼材供給不足のもとで，造船企業間の激しい競争が生じ，利害対立も顕在化した．そのため，造船各社はカルテルによる鋼材共同購入だけに頼っていられなくなった．

このように，個別企業間の鋼材取引がかなり広く展開したことは，組織的なカルテル間取引の限界の表れであり，また，組織性の作用に限界があったため，市場性が作用する余地が残された．個別企業間の取引が展開し，造船企業間，造船用鋼材メーカー間それぞれにおいて競争が繰り広げられ，鋼材供給が不足する中で鋼材取引をめぐる需給者間の利害対立が生じたことなどは，市場性が広く作用していたことを物語る．つまり，造船用鋼材の取引主体は，市場での変化を抑制しようとする行動と，市場原理に従って，市場での変化を利用しようとする両方の行動をとっていた．

また，造船用鋼材の需給の両産業共に寡占構造であり，同鋼材市場はいわば「双方独占」の状況にあった．そのため，特定メーカー間の相対取引等組織的取引が存在した可能性も高い．事実，造船業者の大手筋は特定鉄鋼メーカーと大量の鋼材を直接交渉する慣行があったとされる．この時期の個別企業間取引

第6章　1930年代における造船用鋼材の企業間取引　183

において，組織性と市場性が相互補完的に絡み合っていた可能性が高いのである．

　戦後高度成長期の鋼材取引[74]と比較すると，カルテルに対する政府の立場，軍需の比重などでは，戦前と戦後の違いも大きかった．しかし，市場性と組織性の両方の共存，市場需給変動とそれによる価格乱高下，市場での変化を緩和しようとする組織的取引の試みとその限界など，本章の分析内容と極めて似通う現象が戦後の鉄鋼取引にも現われた．高い自給率，低い輸出比率，政府の政策的な介入なども，1930年代の造船用鋼材市場と戦後高度成長期の鋼材市場との共通点であった．

　1930年代に鋼材をほぼ国内自給できるようになり，かつ重化学工業化および軍拡が進められる中で鉄鋼業がきわめて重要な位置を占めるようになった段階において，鉄鋼業における市場性と組織性の複雑な絡み合いは，鋼材需要の激しい変動への対応プロセスの中で生じてきたものである．ただし，この時期には，いまだ試行錯誤を繰り返しており，必ずしも，鉄鋼業や鋼材市場，および鋼材需要産業の安定的な発展に結びついたとはいいがたい．戦後の高度成長期に，市場性と組織性が複雑に絡み合いながらも，より安定的な，かつ急速な発展に結びつくような構造が形成されたように思われる．これについては今後の研究課題としたい．

注

1）本章では，組織性と市場性を，資源配分の方法とプレーヤー間関係という2つの基準から定義する．すなわち，組織性を，計画あるいは命令による資源配分，プレーヤー間関係においては，協調，利害の一致，緊密な関係，参入と撤退の制限と定義する．

2）橋本寿朗『大恐慌期の日本資本主義』東京大学出版会，1984年，300頁；橋本寿朗『戦間期の産業発展と産業組織Ⅰ　戦間期の造船工業』東京大学出版会，2004年，136頁．

3）例えば，戦間期の日本鉄鋼業についての代表的な研究として，岡崎哲二『日本の工業化と鉄鋼産業——経済発展の比較制度分析』東京大学出版会，1993年；奈倉文二『日本鉄鋼業史の研究——1910年代から30年代前半の構造的特徴』近藤出版社，1984年；長島修『戦前日本鉄鋼業の構造分析』ミネルヴァ書房，1987年；長島修『官営八幡製鐵所論——国家資本の経営史』日本経済評論社，2012年などが挙げられる．

4）前掲，岡崎『日本の工業化と鉄鋼産業』では，銑鉄や棒鋼の取引をめぐるカルテル間関係についての言及があり，前掲，奈倉『日本鉄鋼業史の研究』では市場分析が行われ

ている．また，前掲，長島『官営八幡製鐵所論』の第16章で，八幡製鉄の販売政策についての記述がある．しかし，いずれも鋼材の企業間取引についての本格的な研究とは程遠い．

5) 前掲，橋本『戦間期の産業発展と産業組織 I 戦間期の造船工業』136-137頁．
6) 日本鉄鋼史編纂会・小島精一編『日本鉄鋼史（大正前期篇）』文生書院，1984年，51頁；飯田賢一・大橋周治・黒岩俊郎編『現代日本産業発達史 IV 鉄鋼』交詢社，1969年，192頁；前掲，橋本『大恐慌期の日本資本主義』39頁．
7) 前掲，奈倉『日本鉄鋼業史の研究』300，301，306頁．
8) 造船協会『造船協会会報』第17号，37頁；柴孝夫「大正期企業経営の多角的拡大志向とその挫折──川崎造船所の場合」『大阪大学経済学』Vol.28 No.2・3，1978年，99頁．
9) 日本鉄鋼史編纂会・小島精一編『日本鉄鋼史（大正後期篇）』文生書院，1984年，30-31，173頁；前掲，奈倉『日本鉄鋼業史の研究』303頁；前掲，飯田他編『現代日本産業発達 IV 鉄鋼』204，206頁；前掲，長島『戦前日本鉄鋼業の構造分析』65頁．
10) 全国鉄鋼問屋組合『日本鉄鋼販売史』1958年，43頁；『川崎製鉄二十五年史』1976年，262頁；前掲『日本鉄鋼史（大正前期篇）』82，158頁．
11) 木村隆俊「戦前日本造船業分析」『経済集志』第60巻4号，1991年，18頁．
12)『時事新報』1936年2月24日；『大阪朝日新聞』1936年3月3日．
13) 前掲，橋本『戦間期の産業発展と産業組織 I 戦間期の造船工業』140頁．
14)『時事新報』1936年2月24日．
15)『大阪毎日新聞』1937年2月5日；『時事新報』1936年2月24日；『東京朝日新聞』1936年9月8日．タンカーの拡大は，海軍によるタンカー優遇策の採用とも関連した（前掲，橋本『戦間期の産業発展と産業組織 I 戦間期の造船工業』197頁）．
16) 農商務省鉱山局『製鉄業参考資料』；日本鉄鋼史編纂会・小島精一編『日本鉄鋼史（昭和第1期篇）』文生書院，1984年，57，272-273頁；前掲，橋本『戦間期の産業発展と産業組織 I 戦間期の造船工業』214頁．
17)『大阪朝日新聞』1936年3月3日；『読売新聞』1936年12月11日．この時期，造船用に限らず，全般的な鋼材需要，さらに銑鉄需要も急増し，「銑鉄飢饉」，「鋼材飢饉」と呼ばれるようになった（『商工政策史（第17巻，鉄鋼業）』1970年，326頁；前掲，日本鉄鋼史編纂会・小島編『日本鉄鋼史（昭和第1期篇）』1984年，143頁）．
18) 日本造船学会編『昭和造船史（第1巻）』原書房，1977年，311-312頁；前掲，日本鉄鋼史編纂会・小島編『日本鉄鋼史（昭和第1期篇）』273頁；前掲，橋本『戦間期の産業発展と産業組織 I 戦間期の造船工業』201，307頁．
19) 前掲，日本造船学会編『昭和造船史（第1巻）』1977年，314，316頁；『石川島播磨重工業社史』1992年，32頁．ただ，優秀船舶建造助成施設のうち，北米航路桑港線に就航する大型旅客船は，工事の途中で海軍軍縮に転用され，戦時中には海軍艦艇に改装された（浦賀船渠㈱『浦賀船渠六十年史』1958年，272-273頁）．
20) 前掲，橋本『戦間期の産業発展と産業組織 I 戦間期の造船工業』201-202頁；『東

京朝日新聞』1933 年 5 月 18 日；『読売新聞』1932 年 11 月 17 日．
21) 日本には伸鉄業が広く存在したため，古船の解船業者は外国同業者に比し古船をやや高価に買い受けた．そのため，解体船輸入が多く，日本の古船解体は少なかった．
22) 一部船主が割安な外国古船を購入しこれを支那に置籍し，日本の海員を乗込ませるという脱法的な外国汽船輸入を考究したとされる（『神戸新聞』1936 年 12 月 17 日）．
23) 前掲，木村「戦前日本造船業分析」18 頁；前掲，浦賀船渠㈱『浦賀船渠六十年史』269 頁；『中外商業新報』1937 年 5 月 31 日．
24) 同協会は，船舶改善助成事業の推進のため，1932 年 9 月に設置された．
25) 船舶改善協会編さん『船舶改善協会事業史』船舶改善協会，1943 年，218-223 頁；前掲，橋本『戦間期の産業発展と産業組織 I 戦間期の造船工業』212 頁；『東京朝日新聞』1932 年 11 月 8 日．
26) 『読売新聞』1932 年 12 月 25 日，3 頁．新たな協定が結ばれることによって，協定前に結ばれたいわゆる「旧契約」の八幡製鉄所製耳付鋼板の処理が問題になっていた（『日刊工業新聞』1933 年 1 月 22 日）．
27) 前掲，木村「戦前日本造船業分析」18 頁；『読売新聞』1932 年 12 月 25 日；前掲，橋本『戦間期の産業発展と産業組織 I 戦間期の造船工業』213, 307 頁．
28) 『読売新聞』1937 年 3 月 4 日；同，1937 年 3 月 20 日；『東京朝日新聞』1937 年 4 月 27 日．
29) 造船用鋼材取引に関連する需要家重視の政策は他の局面にも現われた．例えば，造船用鋼材の供給不足により船舶の建造上支障を来したため，37 年舶第 969 号通牒（1937 年 11 月 25 日）により，逓信省は材料規格の緩和措置を行った（前掲，日本造船学会編『昭和造船史（第 1 巻）』71, 351 頁）．また，1936 年に至り，国際関係が緊迫する中での鉄鋼飢饉対策として，1937 年 8 月-39 年 6 月の約 2 年間，船舶の建造または修繕に使用されると否とを問わず，銑鉄と共に普通鋼材の輸入税を免除した（前掲，日本造船学会編『昭和造船史（第 1 巻）』317 頁；『東京日日新聞』1937 年 2 月 18 日；『読売新聞』1937 年 3 月 7 日）．
30) 『東京朝日新聞』1932 年 12 月 22 日．
31) 『読売新聞』1937 年 5 月 12 日．
32) 橋本寿朗・大杉由香『近代日本経済史』岩波書店，2000 年，181 頁．
33) 運輸省海上技術安全局『造船政策五十年史』1986 年，5 頁；前掲，橋本『戦間期の産業発展と産業組織 I 戦間期の造船工業』76 頁；前掲，橋本『大恐慌期の日本資本主義』110 頁．
34) 前掲，運輸省『造船政策五十年史』5 頁．
35) 前掲，橋本『大恐慌期の日本資本主義』110 頁．
36) 『神戸新聞』1934 年 5 月 15 日；『大阪毎日新聞』1935 年 1 月 26 日および 2 月 7 日；『東京日日新聞』1937 年 2 月 18 日．
37) 前掲，浦賀船渠㈱『浦賀船渠六十年史』273 頁；『東京日日新聞』1934 年 8 月 1 日．
38) 『大阪毎日新聞』1935 年 1 月 26 日および 1935 年 10 月 7 日．

39) 金子栄一「第1次大戦後の試練期における造船業」金子栄一編『現代日本産業発達史 IX 造船』交詢社, 1964年, 233-234頁；『神戸新聞』1934年5月15日.
40) 前掲, 浦賀船渠㈱『浦賀船渠六十年史』273頁.
41) 『報知新聞』1937年3月4日.
42) 『日刊工業新聞』1933年1月20日；同, 1933年1月24日.
43) 『読売新聞』1937年3月4日朝刊；『東京朝日新聞』1937年3月4日.
44) 浅野, 川崎など造船企業が厚板を内製化していたことも, 協定鋼材価格を需要家の造船企業に有利にする要因であった（前掲, 橋本『戦間期の産業発展と産業組織 I 戦間期の造船工業』212-213頁）.
45) 日中戦争後, 艦船用厚板の需要はより急速に増え, 日鉄厚板の軍官需向けは1939年, 40年に71.3%, 74%になった（長島修「日本製鉄株式会社の経営構造（I）」『立命館経営学』第22巻3号, 1983年, 25頁；長島修「日本製鉄株式会社の経営構造（II）」『立命館経営学』第22巻4号, 1983年, 29, 31頁）. 実は, 日鉄成立前の20年代までは, 八幡の厚板生産の主力は軍艦用であり, 八幡が商船用厚板生産にコミットしたのは30年代以降であった（日鉄社史編集委員会事務局『日鉄社史営業編――販売関係回顧座談会, 昭和30年10月14日速記録』1955年, 24頁）.
46) 前掲, 長島「日本製鉄株式会社の経営構造（II）」27, 29, 44頁；長島修「日本における戦時鉄鋼統制の成立過程――製鉄事業法成立の前提」『立命館経営学』第20巻第3・4号, 1981年, 540頁.
47) 『川崎造船所四十年史』1936年, 147頁；川崎造船所『営業報告書』第76-83期.
48) 前掲, 日本鉄鋼史編纂会・小島編『日本鉄鋼史（昭和第1期篇）』235頁.
49) 『平生釟三郎日記』1933年11月21日および11月27日, 甲南学園大学所蔵.
50) 『時事新報』1933年9月28日.
51) 『平生釟三郎日記』1933年10月6日および11月27日.
52) 例えば, 各造船所は船台, 船渠, クレーンをはじめ製罐, 電気, 鎔接, 機械, 圧縮その他の付属機械工作工場の増設に競って乗出し, 必要な資金の調達のため, 増資, 未払込徴収も行った. さらに, 各造船所は競争的に新米職工の大量の傭入と養成を行うと共に, 熟練工の争奪にも取り組んだ（『大阪朝日新聞』1936年3月3日；同, 1936年7月7日；『大阪毎日新聞』1936年10月8日；『読売新聞』1937年5月20日；『神戸新聞』1935年4月8日および1936年8月9日；『時事新報』1936年2月24日）.
53) 『読売新聞』1936年12月11日.
54) 前掲, 日本造船学会編『昭和造船史（第1巻）』71頁.
55) 『読売新聞』1936年12月11日；『大阪朝日新聞』1937年1月27日.
56) もちろん, 需給両市場の産業組織は取引形態を決める一要件にすぎず, 当時の他の多くの条件を考慮しなければならないが, さしあたり, 相対取引の可能性の重要な条件であることは間違いないので, ここでは, 需給両市場の産業組織を検討する.
57) 前掲, 橋本『戦間期の産業発展と産業組織 I 戦間期の造船工業』206-207頁.
58) 『大阪時事新報』1935年8月10日；前掲, 金子「第1次大戦後の試練期における造

船業」242頁．横浜船渠は，その前の32年に，海軍省と密接の関係を持続して来た浦賀船渠と合併した（『大阪時事新報』1932年11月15日；『中外商業新報』1932年11月29日；『時事新報』1933年7月30日）．
59) 前掲，橋本『戦間期の産業発展と産業組織 I 戦間期の造船工業』224頁．
60) 『神戸又新日報』1936年1月22日．
61) 小野塚一郎『戦時造船史』日本海事振興会，1962年，205頁．
62) 前掲，長島「日本における戦時鉄鋼統制の成立過程」52頁．
63) 前掲，飯田他編『現代日本産業発達史 IV 鉄鋼』298頁；『八幡製鉄所八十年史（部門史，上）』1980年，204，206頁．
64) 前掲，長島「日本製鉄株式会社の経営構造（I）」25頁．
65) 前掲，長島「日本製鉄株式会社の経営構造（II）」49-50頁．
66) 浅野造船は，36年11月，社名を鶴見製鉄造船株式会社に変更した．
67) 『日本鋼管株式会社三十年史』1942年，244-247頁．
68) 『平生釟三郎日記』1933年6月30日および1934年5月18日．
69) 前掲，日本鉄鋼史編纂会・小島編『日本鉄鋼史（昭和第1期篇）』236頁．
70) 「商工省礦山局福田氏ニ会見ス〔中略〕商工省ニオイテ造船連合会ヨリ製鋼業者ガship platesノ供給ヲ十分ナラシメズトノcomplainヲナストノ事ヲ耳ニシテ，川崎製鈑工場ニオイテモ ship plates ヨリモ有利ナル製品ノ製造ニ力ヲ致センタメ分工場ヲ建設シ従来ノ製鋼能力ヲ割クニアラザルカノ疑ヲ存スルモノ，如キ口物ガ課員ニヨリテ漏サレシトノ事ヲ聞キタルヲ以テ之ニ対スル弁明ヲナシ，現在造船連合会ノ注文ニ対し製造ヲ忌避シタルコトナキ，事実ヲ述べ，之ハ供給ノ不足ニアラズシテ廉価ノ供給不可能ナルコトニ対しcomplainヲナスモノニシテ，之ハ製鋼業者モ，石炭，pig iron scrap等ノ原料ガ著シキ値上〔中略〕手pig ironト鋼板トノ高騰ノ比率ハpig ironノガ2倍以上ナルことを告ゲ日本製鉄会社ニオイテpig ironヲ値下ゲヲスベキヨウ商工省ヨリ勧告センコトヲ求メタルニハ少シク閉口ノ様子ナリシ」（『平生釟三郎日記』1934年6月6日）．この記録によれば，鋼材メーカーの川崎は，銑鋼一貫メーカーとの間にも利害対立が著しかったことが示唆される．
71) 前掲，日本造船学会編『昭和造船史（第1巻）』312-313頁．
72) 『日刊工業新聞』1933年2月5日および2月9日．
73) 『中外商業新報』1937年2月12日．
74) 金容度「長期相対取引と市場取引の関係についての考察——高度成長期前半における鉄鋼の取引」法政大学経営学会『経営志林』第42巻4号，2006年；金容度「鉄鋼業——設備投資と企業間取引」武田晴人編『高度成長期の日本経済——高成長実現の条件は何か』有斐閣，2011年；Kim, Yongdo, "The Inter-firm Relationship and 'Just-in-time' in Japan's Steel Industry, 1955-1970", *Journal of Innovation Management*（Hosei University）No. 9, 2012；Kim, Yongdo, *The Dynamics of Interfirm Relationships: Markets and Organization in Japan*, Cheltenham: Edward Elgar Publishing Ltd., Chapter I, 2015.

第7章

戦間期の石油産業の変化と独占の成立

内藤隆夫

はじめに

　本章の課題は，戦間期の石油産業について1920年代の経営環境や企業行動のあり方の変化に注目しつつ石油市場，特にカルテルの展開を中心に検討し，30年代半ばに独占体制が成立した経緯とその意義を解明することにある[1]．

　当該期の斯業に関する研究史は石油政策関係を除いて多くはないが，それらは概して1910年代の灯火用石油に関する内外4社協定，32年の揮発油（ガソリン）に関する内外6社協定，そして政策に関連した34年石油業法成立後のカルテルに関するものが中心と言ってよい．しかし，筆者が有力と考える研究史による評価は前の2つ（高村直助・橘川武郎）と最後のもの（武田晴人・阿部聖）とで対照的である．まず，内外4社協定については協定の締結と破棄そして再締結が繰り返されたが，14年には日本石油の協定破りを経て同社に有利な形で再編される等，国内会社（以下その製品も含めて「内油」と略記）の一定の競争力が示された[2]．次に32年の内外6社協定については，ライジングサン[3]（以下適宜「ラ社」）がシェアの低下を受け入れてまで協定締結を望んだこと，その背景に輸入原油精製を本格化させた内油の競争力のもとで，国際石油カルテルあるいは外国石油会社（以下その製品も含めて「外油」と略記）による日本市場の支配力に限界があったことが示された[4]．ところが，松方日ソ石油の参入による激烈な競争を経た34年には，内油が「弱体」だという認識をもとに石油業法が成立し，政府の強権的なその運用＝外油排除策に対応して内油中心にカルテル団体が成立し，ようやく内油の業績が改善したとされる[5]．すなわち，10年代や32年には強力な外油の影響を受けつつも，内油の競争力を前提に外油も含めて自主的にカルテルが締結されたのに対し[6]，後者直後の日ソ石油問題を通じて内油の弱体が意識され，政府の強制力の下で内油中心にカ

ルテル団体が成立したのである.

　それでは内油はなぜ,いかなる経緯で弱体化したのか.この点を解明するには,研究史があまり注目していない1920年代の変化を検討する必要がある.当該期には後述するような経営環境の変化やそれを踏まえた企業行動の変化が見られ,前者への対応が遅れた日本石油の業績悪化が進行したのである.

　旧稿で述べたように,1900年代に日本石油・宝田石油の両社が全国的市場で競争力を獲得して,それまで市場を支配してきたソコニー[7]（以下適宜「ス社」）およびラ社を加えた石油市場を巡る内外4社の競争構造が成立した.それを前提に10年代に行われた内外4社協定は,前半には波乱を含みつつも,内油の競争力をもとに後半には価格の安定・上昇と利益の回復に寄与した[8].その後,20年代には環境変化の中で内油は輸入原油精製を導入して競争力を確保し,これが32年の内外6社協定の背景となったが,その下で日石の業績悪化が進行した.そうした内油の「弱体」が松方日ソ石油参入によって顕在化したことを背景に,34年に石油業法が制定され内油各社によるカルテル団体が形成された.こう理解してこそ,1910年代から30年代の石油産業・市場の展開は整合的に把握できるのである.

　この視点をもとに本章は以下のように構成される.まず第1節では,1910年代（その前提となる1900年代までを含む）の石油市場について内外4社協定を軸に検討する.続く第2節では20年代の斯業の変化を経営環境と企業行動の変化,およびその下での日本石油の業績悪化に注目して検討する.そして第3節では29-36年の市場について内外6社協定,松方日ソ石油問題,石油業法の制定・運用と独占体制の成立を軸に検討する.以上を通じて1910年代から30年代の石油産業について石油市場の展開を軸に検討し,独占体制の成立に至る経緯とその意義を解明する.

1　1910年代までの石油市場と内外4社協定

1.1　1910年代までの石油市場の展開

　1910年代の石油市場の展開を,その前提となる1900年代と関連させて述べ

ると以下の通りである[9]．当該期は19世紀後半から引き続き灯油が石油需要の中心であった．供給の中心は外油で，この頃には米油を輸入するス社と当初ロシア灯油，後に蘭印灯油を中心に輸入するラ社とに絞られていた．一方，内油では日石と宝田が一貫操業体制を構築し，東京市場で自社ブランドを確立する頃から頭角を現した．こうして1900年代には灯油市場を巡る内外4社の競争構造が成立・展開したが，続く10年代には一転して4社による競争制限が展開した．

　以上を踏まえ，まず当該期における灯油供給量（≒需要量）の推移に注目するとそれが最も多いのは一貫してス社であり，これにラ社が続いた．一方，内油は生産量増加と品質向上にもとづき1900年代以降シェア（≒自給率）を20％以上へと高めたが，第一次大戦前には最高でも30％前後に止まった．しかし大戦期に外油が需要急増に対する供給力不足と輸送の困難に見舞われた結果，内油側も採掘用鉄管・機械や精製用薬品，製罐用ブリキ等の輸入難で生産増加に限界を画されたにも関わらず，灯油の総供給量が15-18年にかけて減少の一途を辿る中で16-17年に50％超のシェアを記録した[10]．

　次に当該期の石油（灯油）価格について見ると，1899-1905年の関税増徴により外油の価格が不可避的に上昇したのに対し，内油はそれより低価を維持しつつ価格の戦略的引上げに成功した．しかし日露戦後不況期の08-09年には，ス社主導と見られる販売競争によって1900-02年以来の大幅な下落を記録した（表7-1）[11]．以後，10-14年にかけて後述するカルテルの締結・破棄・再締結を反映して価格は上下動するが，大戦期には16年の一時的暴騰と暴落を含みつつ趨勢的に上昇し，特に18年には前年から実に2円以上騰貴して1900年代初頭の3倍前後の価格に達した．

　こうした1900年代から10年代における石油市場の展開の中で，その競争戦略の一環として各社の販売網形成活動が展開された．外油2社は内地雑居が可能になった1900年代の特に半ば以降にそれを本格化させ，ス社は各地での代理店指名とその専属店化の徹底，ラ社は広域の一手販売権付与方式を廃して各地で代理店指名を行った．内油は，日石の事例では製品を外油に混合するような問屋の行動を直営販売店・油槽所によって監視しつつ，石油販売業新規開業者・外油の系列店・三次店等を特約店指名することで販売窓口を増加させた．

表 7-1　灯油価格の推移

(単位：円／函)

年次	チャスタ	タンク	蝙蝠	宝玉
1901 年	2.84	2.62	2.27	
1902 年	2.62	2.42	2.36	2.34
1903 年	2.98	2.76	2.76	2.73
1904 年	3.31	3.18	3.20	3.15
1905 年	3.31	3.12	3.04	2.99
1906 年	3.49	3.30	3.19	3.17
1907 年	3.72	3.56	3.56	3.57
1908 年	3.98	3.81	3.78	3.61
1909 年	3.94	3.67	3.66	3.35
1910 年 4 月	4.16	3.99	3.85	3.75
8 月	4.09	4.02	3.85	3.71
12 月	3.80		3.55	3.52
1911 年 4 月	3.91		3.64	3.59
8 月	3.91	3.55	3.67	3.56
12 月	3.91	3.55	3.55	3.30
1912 年 4 月	4.24	3.94	3.91	3.71
8 月	4.26	4.06	4.00	3.80
12 月	4.35	4.14	4.06	4.08
1913 年 4 月	4.60	4.36	4.31	4.22
8 月	4.55	4.18	4.30	4.12
12 月	4.59	4.24	4.32	4.13
1914 年 4 月	4.28	3.50	3.78	3.65
8 月	4.35	3.88	4.02	3.97
12 月	4.45	4.02	4.22	4.12
1915 年	4.70	4.38	4.28	4.27
1916 年	6.02	5.66	5.56	5.54
1917 年	5.72	5.36	5.26	5.24
1918 年	8.74	7.74	7.73	7.66

(出典) 1914 年までは『中外商業新報』の日毎相場，以後は『本邦鉱業ノ趨勢』各年次．
(注) 1914 年までは日毎相場より，以後は月毎相場より算出した．出典が異なるため，1914 年までとそれ以後とに若干の不連続がある．商標名は時期により微妙に異なるが，煩雑になるのを避けるため，敢えて単純化した (表 7-5 も同様)．
空欄は原資料に記載なし (以後の表も同様)．

これらによって流通の主導権は問屋から石油会社に移行した．ただし，ス社の他社製品取扱い禁止や日石の混合への監視を除き問屋の統制は徹底せず，それが20年代に問題化することとなる．

1.2 灯火用石油に関する内外4社協定

1910年代には，上記の内外4社による灯油に関するカルテルが結ばれた．それは第一次大戦を境に，破棄と再締結を繰り返した前半とカルテルが継続した後半とに分けられる．

前者の経緯と意義は以下の通りである．1905年頃以来のアジア市場における外油2社の協調と08年以来の内油2社の価格協定とを背景に，09年の価格低迷による内油の利益率低下と宝田の内部整理を契機として，10年2月に灯油（灯火用石油）に関する内外4社協定が成立した[12]．すなわち月1回の公定標準相場設定という価格協定，年供給量を1,000万函とした上で外油2社65％，内油2社35％という数量協定を結んだ．1900年代に進展した生産の集中を前提に，カルテルによる灯油市場の安定的支配が目論まれたのである．協定成立後に価格は10-20銭ほど上昇したが商況は次第に不振に陥り，同年春からのヨーロッパでの「石油戦争」がアジア市場に波及したこともあり，8月にラ社が値下げを断行して9月に協定は破棄され，以後11月にかけて価格は暴落した（表7-1参照）．この時の4社協定は僅か7-8ヶ月で自滅したのである．

しかし翌11年8月頃から外油2社のアジア市場における協調復活を背景に，内外4社は特約店の規制等で協調的な行動を再開した．そして12年1月から価格・数量協定が再開したと見られ，翌13年にかけて各社は数回の一斉値上げを行い価格は10年の協定時を上回るに至った．ところが，日石が12年に導入したロータリー式機械掘の成功によって13年に国内原油採掘量が過去最高を記録したため，同社は在庫増加に悩むこととなった．そこで同社は14年2月に協定を破棄し，3月にかけて価格は暴落した．しかし4月に日石の供給増加を認める形でまたも協定は再建され，以後適宜価格協定を結ぶことが約されたと見られる．以上の経緯は日石の利益率（対払込資本純益率）・配当率にも反映された．両者は1900年代にはそれぞれ30％以上・20％以上を確保したが日露戦後不況期にともに10％台に低下し，協定締結後の12-13年に利益率が

表 7-2　日本石油の対払込資本純益率・配当率

(単位：千円，%)

	払込資本金	本期純益金	配当金	純益率	配当率
1902 年後期	1,500	301	180	40.2	24.0
1904 年後期	1,752	400	210	45.7	24.0
1906 年後期	2,400	436	254	36.3	21.1
1908 年後期	8,400	1,369	1,008	32.6	24.0
1910 年後期	10,000	524	600	10.5	12.0
1912 年後期	10,000	1,262	800	25.2	16.0
1914 年後期	16,491	1,786	1,460	21.7	17.7
1916 年後期	16,500	2,957	2,475	35.8	30.0
1918 年後期	25,000	5,179	3,125	41.4	25.0
1920 年後期	25,000	5,231	4,375	41.9	35.0
1922 年度後期	50,000	3,205	3,752	12.8	15.0
1924 年度後期	55,995	4,511	4,128	16.1	14.7
1926 年度後期	56,000	3,072	2,800	11.0	10.0
1928 年度後期	56,000	2,944	2,520	10.5	9.0
1930 年度後期	56,000	860	1,120	3.1	4.0
1932 年度後期	56,000	2,021	1,680	7.2	6.0
1934 年度後期	56,000	1,383	1,120	4.9	4.0
1936 年度後期	61,997	5,088	3,048	16.4	9.8
1938 年度後期	79,999	6,313	3,144	15.8	7.9

(出典)『日本石油決算報告』各回．
(注)「年後期」は12月，「年度後期」は3月．「本期純益金」は「本期収入高」から「本期支出高」および「財産減価償却高」「税金支払引当金」を引いた数字．純益率，配当率は払込資本に対する年率．

20%台を回復したが，14年前期には再びそれを下回るという経緯を辿った（表7-2参照）．このように1910-14年の内外4社協定は，ヨーロッパの競争の波及や新技術の成功といった市場環境の変化の影響を受けて，破棄と再締結を繰り返した．そのため，この期間の灯油価格や日石の利益率は上昇傾向ではあったが，2度の価格暴落が見られる等必ずしも安定的ではなかった．

これに対して後者，すなわち第一次大戦期の協定ははるかに安定的だったが，それは大戦期特有の条件に起因した．当該期は既述の機械・道具の輸入難のため内油側の新規参入は困難で，外油も製品輸入難のため新規参入は難しく，ス社およびラ社も同じ事情から競争を望まなかったと見られる．この条件下で，1916年前半の2度にわたる50銭という大幅値上げとその反動としての後半の値下げを含みつつ，15年末から18年まで断続的な協調値上げが行われた．この期間にカルテル加盟会社は基本的に高い利益を得た．日石に即して見ると，

16年に08年以来の30%台の利益率を回復して20%以上の配当を復活し，更に18-19年に前者が40-50%台に達した（表7-2参照）．戦時期特有の条件の下で，4社協定による灯油市場の安定的支配が実現したと言える．

2　1920年代の変化

2.1　経営環境と企業行動の変化

（1）　石油需要の変化と増加

研究史では既述の内外4社協定が結ばれた1910年代と，石油産業が弱体であるが故に石油業法が成立したとされる30年代とに挟まれた時期と評価されている，20年代の斯業あるいは石油市場の位置づけは明らかでない[13]．しかし，実は当該期には斯業を取り巻く経営環境やそれを受けての企業行動に重大な変化が起きていた．すなわち，石油需要の変化とその増加を背景に活発な新規参入が行われて競争的な市場構造が復活した．その結果石油価格が傾向的に下落し，それを防ぐべく結ばれた油種別のカルテルは流通統制の困難化等により失敗した．そして，国産原油増産の限界と輸入原油精製の登場・定着が見られる一方で内油最大手の日本石油の業績悪化が進行した．本節では，次節で述べる石油政策登場の背景ともなったこれらの諸点について検討する．

はじめに経営環境の変化として石油需要の変化と増加のありようを見ていく．明治期以来需要の中心は灯油だったが，1924年についに軽油需要が灯油を上

表7-3　石油製品供給量の推移

（単位：千函）

年次	揮発油	灯油	軽油	重油	機械油	合計
1914年	361	6,520	1,965	2,174	1,520	12,494
1918年	1,012	3,900	3,405	1,791	2,153	12,260
1922年	1,910	4,180	3,922	1,507	2,695	14,215
1926年	5,024	3,468	5,322	5,335	3,522	22,671
1930年	15,057	3,550	5,799	13,951	4,489	42,846
1934年	27,862	3,336	4,585	29,029	5,677	70,489

（出典）日本石油株式会社編纂『石油便覧』改訂版〜第6版．
（注）　植民地（朝鮮・台湾）は含まない．また，政府（あるいは軍）の輸入と「本邦商船が海外にて輸入消費せる燃料油」（何れも重油と思われる）は含まない．

回った．更に26年に重油が軽油を，翌27年には揮発油が重油を上回った．以後戦前を通じてこの両者が石油需要の中心となる（表7-3参照）．当該期の石油製品の用途を見るとこの変化はわかりやすくなる．まず，灯油はそれまでランプ用だったが10年代以降電燈の普及によりこの方面の需要は激減した．ただし10年代から20年代前半は農業用発動機用，以後はコンロ・ストーブ用に一定の需要を保った．軽油は，10年代後半から20年代前半に漁船用石油発動機に用いられ石油需要の中心となった．もっとも，遠洋漁業の発展等により20年代半ば頃を境に漁船用の中心は重油となり，軽油の用途は小型漁船や各種運搬船，灯油に代わっての農業用等へと転換していく．重油は20年代に海軍艦艇用及び商船・漁船用の燃料として需要が急増し，また冶金炉等の加熱用燃料としても増加した．20年の燃料重油輸入免税制度採用がこの傾向を後押しした．そして揮発油は，20年代前半までは主にゴム工業の溶剤用や鉱山の安全灯用に使われたが，23年9月の関東大震災後の自動車急増によりこの方面の需要が一気に増加した[14]．以上のように，1920年代に石油需要はそれまでのランプ用灯油中心から自動車用揮発油・燃料用重油中心へと劇的に変化し，この両者に牽引され需要全体が増加の一途を辿った．

（2） 新規参入と競争的市場

　以上の背景の下で1920年代前半には軽油供給を，後半には揮発油供給を軸に新規参入が活発化した．前者の時期の軽油供給については当該期の輸入原油精製業の登場・定着が関係している．大戦期に国産原油価格が高騰したため，割安となった外国原油を輸入して精製することが目論まれた．すなわち23年に至っても，「最近入船する原油は噸35円で其石当り相場は運賃含み6円内外であるが〔中略〕新津原油の本月建値は石13円70銭で，彼我の比較に於て米国原油は半値以下」[15]とされるように国産原油は割高な状態が続いたため，21年頃から原油輸入が急増した．この頃市場に参入したのは17年設立（輸入原油精製開始は22年）の帝国石油と21年設立の旭石油（間もなく両社は合併する），それまで中野家等から原油を購入していた新津地方の小規模精製業者が共同して21年に設立した石油共同販売所であり，これらはラ社から重質油の蘭印タラカン原油を輸入した．また，当時は個人事業だった小倉常吉（小倉石油店）

も原油採掘を縮小し，輸入原油精製を導入して競争力強化を図った[16]．もっとも，その後軽油需要が頭打ちになると彼らの軽油製造は苦戦を強いられた．その結果，旭は減資を経て重油輸入と輸送船経営中心の業者へと転換し，小倉は後述する分解蒸留法を用いて揮発油市場でシェアを上昇させ，石油共同に集まる小規模精製業者は従来からの機械油（潤滑油）製造に頼るか，早山石油・新津石油[17]のように大規模化して各油種を製造・販売することに活路を見出していく．

後者の時期の揮発油供給中心の新規参入については，米国を中心とした国際的増産と分解蒸留法という技術革新とを背景に，1923年の関東大震災後に日本への揮発油輸出を行う外国会社が増加したことを指摘できる．まず国際的増産については以下の通りである．当時世界の60-70％の原油を産出した米国では大戦期の需要増加等により，20年頃には石油枯渇が懸念されていた．そこで20年代の米国では11年のトラスト解体以来互いに競争相手の側面も有したスタンダード石油各社と，それ以外の「独立系」によって原油の増産が図られ成果を上げた[18]．増産のピークはオクラホマ・カリフォルニア等で新油田が発見された27-28年とされ，この頃ようやく石油の枯渇でなく過剰が意識された結果，原油の生産制限が各地で開始された（表7-4）[19]．

次に，石油精製業における分解蒸留法という革新的技術の普及については以下の通りである．13年のバートン法を皮切りに，20年代前半のダブス式・チ

表7-4 国別原油生産量の推移

（単位：千バーレル）

年次	アメリカ合衆国（A）	ソ連（ロシア）	ベネズエラ	イラン（ペルシア）	蘭領東印度	日本	その他含め合計（B）	A/B（％）
1920年	443,402	25,430	457	12,353	17,529	2,140	693,196	64.0
1922年	557,531	32,966	2,201	21,909	16,720	2,042	854,809	65.2
1924年	713,940	45,355	9,042	32,373	20,473	1,814	1,013,623	70.4
1926年	770,874	62,941	37,381	35,842	20,817	1,557	1,095,934	70.3
1928年	901,474	84,704	105,749	43,461	32,118	1,946	1,324,735	68.0
1930年	898,011	135,165	137,675	45,420	40,150	2,051	1,418,835	63.3
1932年	785,159	149,719	119,597	45,122	39,584	1,629	1,296,737	60.5
1934年	909,107	168,649	142,072	52,762	42,289	1,476	1,497,863	60.7

（出典）『石油便覧』改訂版～第6版．
（注）ソ連は1930年までは北樺太を含む（1932年以降は不明）．日本は1930年までは台湾を含む（1932年以降は不明）．

ューブ&タンク式等によって同法が普及し，軽油・重油など重質な留分からの揮発油生産が可能になった[20]．このことが揮発油供給・輸出の増加を可能にした．米国あるいはソコニーは国外販売は灯油中心という伝統を保持してきたが，20年代に恐らくは世界各国での揮発油需要の増加や分解蒸留法の普及を受けて，「1913年頃に於ける主要輸出品は灯油であって，これが総輸出の58%を占めていた．一方揮発油は当時米国の石油総輸出の僅か9%に相当するに過ぎなかった．ところが今日では事情が一変して，1926年には揮発油の輸出は総輸出の36%に増大し，これに反し灯油は〔中略〕19.4%に低落[21]」した，とされるように揮発油輸出が灯油に拮抗そして凌駕するに至った．こうした背景の下で日本へ揮発油輸出を行う外国会社が増加した．24年に三菱商事との一手販売契約を前年の原・重油から揮発油等へも広げたアソシエイテッド社，22年からの重油に加え26年に揮発油販売も三井物産に委ねたゼネラル社が著名だが，他にもテキサス社が22年頃から各油種を直接販売したのに加え，ユニオン社・タイドウオーター社等が日本の揮発油市場に参入した[22]．もっとも，こうした新規参入外油の多くは次第に淘汰され，20年代末までにはス社・ラ社以外はタイドウオーターアソシエイテッド（両社が合併したもの．三菱）・ゼネラル（三井）に絞り込まれたと見られる．

以上のように当該期は輸入原油精製による軽油供給や，米国増産に基づく揮発油供給を行う業者の参入が活発化した．その結果，1900年代の内外4社競争とは異なり供給業者が多岐にわたるものの，10年代の競争制限期から一転して競争的な市場構造が復活した．そして競争の結果20年代末までに主要な供給業者が確定していった．

2.2 石油価格の下落とカルテルの失敗

新規参入に基づく競争の結果，当該期の石油価格は各油種を通じて傾向的に下落した．日石製品に即して油種別に観察すると，1920年に最高値を記録後，23年秋以後の反騰を含みつつも概して20年代は下落の一途だった．中でも揮発油は，「ライジングサン及び小倉石油が販売拡張の意味で〔中略〕採算を度外視して投売したために油価は一層暴落を示した」[23]とされるように，軽質の蘭印原油に依拠してシェアで首位に立つラ社や小倉が主導する販売競争の結果，

表7-5　日本石油製品価格の推移

(単位：円)

油種	揮発油	燈油	軽油	機械油	重油
商標名	別自動車用	白蝙蝠油	青全勝	Ｃマシン油	一号重油
罐函状態	新々詰	新裸	新裸	新裸	正味1石
1918年	13.70	6.54	5.81	9.14	
1920年	16.80	9.10	8.63	10.15	
1922年	12.00	6.72	6.18	6.76	
1924年	9.33	7.00	5.48	6.91	
1926年	8.46	6.47	5.04	5.58	13.14
1928年	7.55	6.02	4.37	5.59	10.22
1930年	6.75	5.48	4.36	4.43	8.67

(出典)『石油時報』各号.

　各油種の中で最大の下落幅を示した（表7-5）．このように石油需要が増加したにも関わらず価格は低落を続けた[24]．

　これに対し，各社は需要の多様化・増加を踏まえ油種別にカルテルを締結して価格の低下に歯止めをかけようとした．研究史では当該期のカルテルの有無自体がほとんど知られていないので，まず事実を確認する[25]．

　1920年代前半から半ばに石油需要の中心となった軽油は，輸入が僅少なことを反映して主に内油間でカルテルが結ばれた[26]．22年6月に石油共同販売所の提案をもとに，日石・小倉石油店（25年に小倉石油に改組）・旭石油を加えて価格協定が結ばれ，以後20年代後半までメンバーの多少の交替を含みつつ断続的に協定値上げが発表された．依然としてソコニーの競争力が強い灯油では10年代以来の内外4社協定が，21年の日本石油・宝田石油の合併（日宝合併）に伴い「内外3社協定」として継続し，管見の限り20年代半ばまではやはり断続的に協定値上げが発表された．22年頃から需要が増加する揮発油では，24年9月からシェアで首位のラ社にス社と日石を加えた内外3社で協定値上げが発表され，後には小倉が加わった協定も見出される．

　しかし，これらの価格に特化した協定は何れも功を奏さなかった．このうち揮発油カルテルについてはやや後の時期に日石社長の橋本圭三郎が，「今日我国に於いてはアメリカ及びイギリス系統の石油会社あり，内地の石油会社も専ら製品を輸入するもの，原料油を輸入販売するもの，原料油を輸入して之れを

精製販売するもの，又我が会社の如く内地に於いて産油をなすと共に輸入油の精製を行ふもの等色々あつて，其の統一が行はれず，勢ひ競争甚だしきため，価格も昂るべくして昂らないのである[27]」と述べたように，供給業者の構成が複雑化したことも要因として挙げられる．しかし根本的には以下のような協定各社自体，あるいはその系列下の問屋・小売店等の行動が協定を有名無実化したと考えられる．まず協定各社は値上げを発表しながら在庫処分や販路拡張のため，しばしばその価格以下で売り抜けを図った．次に問屋や小売商は，「昨今問屋筋は協定値段を遙かに下廻る安値を以て売り応じて居る」，「〔ガソリンスタンドは——引用者注〕無理をして供給会社から引受けた値段より勝手に損をして売る．売ってしまってから会社に泣付いて来る」[28]とされるように各社の指定価格以下で販売し，会社側も彼らに割戻金を与える形でそれを認めていた．既述のように1900年代までに主要各社は問屋等の系列化に成功したが，20年代という不況期の競争で系列下の問屋・小売商が安売り等の独自行動をするのを抑え切れなかった．当該期は油種別にカルテルが結ばれたが，その不備のために競争を制限して市場を安定的に支配することには失敗したのである．

2.3 日本石油の業績悪化

こうした市場動向の下で，内油最大手である日本石油の業績悪化が進行した．それは同社が明治期以来の経営方針を1920年代半ばまで基本的に踏襲し，以後の改革も漸進的に止まったことが要因となった．明治期の同社は原油採掘量の基本的な増加傾向を背景に，関税増徴に保護されつつ低価格を武器に外油のシェアを奪い，高収益のもとで概して20%以上の配当を行っていた（前掲表7-2）．ところが10年代半ば以降，そうした経営方針の根幹であった採掘量の増加に限界が画された．国産原油の採掘量全体が秋田黒川油田の噴油を背景に16年に過去最高に達した後，大戦終了後も含め低下を続ける中で，日石も21年の日宝合併後の固定資産の巨大化傾向に反して採掘量が伸び悩み，既述の製品価格の下落によって利益金は横ばいから減少へ向かった[29]．

こうした経営環境の変化にも関わらず，同社は相変わらず利益処分における配当の維持を重視し，一方減価償却は不十分に止まり続けた[30]．「鉱山基本」を中心とした固定資産総額を毎期の減価償却額で除して償却年数を算出すると，

表7-6 日本石油の固定資産と減価償却

(単位:千円)

	本社基本	鉱山（鉱業）基本	製油基本	販売基本	固定資産合計 (A)	減価償却額 (B)	固定資産償却年数 A/B×2
1922年度後期	5,183	41,136	6,734	1,926	54,978	1,000	27.5
1924年度後期	4,366	45,987	9,348	2,525	62,226	1,000	31.1
1926年度後期	4,232	49,021	11,359	3,042	67,655	1,350	25.1
1928年度後期	4,131	52,045	12,238	3,567	71,981	1,500	24.0
1930年度後期	4,263	53,112	16,156	4,099	77,630	2,000	19.4
1932年度後期	4,129	51,021	15,211	3,912	74,274	2,300	16.2
1934年度後期	3,989	49,380	16,336	3,654	73,359	2,300	16.0
1936年度後期	3,858	45,552	20,469	4,026	73,905	3,500	10.6
1938年度後期	3,741	40,722	27,839	4,965	77,268	4,000	9.7

(出典)『日本石油決算報告』各回.

創業期以来の経営者内藤久寛社長の退任直前の24-25年には30年を超え，26年に昇格した橋本新社長の下でも20年代には漸進的な改善に止まった（表7-6）．鉱区等の固定資産が償却されず不良化するとそれに見合う負債（日石の場合は社債・支払手形・借入金等）を発生・増加させた分だけ財務構成を悪化させた．

更にこうした不良資産は日石の採掘コストを割高にした．固定資産1万円当たりの原油産額は20年代を通じて低下の一途をたどり[31]，また時期はやや下るが金解禁後の30年末における同社の原油1石当たりの採掘費は8.76円と推定され，外国原油の購入価格6.20円を大幅に上回った[32]．既述の大戦期の国産原油価格高騰を背景に戦後開始された原油輸入は以後も増加を続け[33]，それに裁定されて前者の価格も低下したが[34]，その傾向下で採掘コストの上昇した日石は自社原油を処理する旨みを減少させたと見られる．

当該期の石油製品価格は既述のように確かに下落したが，それでも卸売物価の総平均との比較では概してやや高めで推移した[35]．石油価格は一般的な物価変動の枠内に収まっていたが，日石は内在的な要因で競争力を低下させたと言える．同社の利益率は当該期に低下し続け，27年度には同社史上初の10％割れを記録し，配当重視の姿勢を堅持したにも関わらず配当率は10％を下回った（前掲表7-2参照）．30年代に顕在化する内油の弱体化は，日石に即して言えば20年代に形成されたのである．

ただし日石は，かつて南北石油が試みた折には強硬に反対した輸入原油精製を 1924 年に新鋭の鶴見製油所で本格的に開始した．内油最大手の日石の導入によって，世界的には当時異例の輸入原油精製が日本では定着したと言えよう．以後同社は国産原油精製も併せて行うことで，輸入原油価格と国産原油価格（あるいは原油採掘コスト）の変化に応じて，何れかから利益を確保することが可能になった．こうして日石が弱体化しつつも何とか競争力を確保したことが，内外 6 社協定成立の背景となった．

3 内外 6 社協定の破綻と石油独占の成立

3.1 内外 6 社協定の成立と破綻：1929-33 年

(1) 国際石油カルテルと内外 6 社協定

1929 年および 32 年に，国際市場におけるカルテルの成立[36]に影響を受けつつ「内外 6 社協定」と呼ばれる国内カルテルが成立した．その経緯は以下の通りである．

1920 年代の世界的な石油価格の下落傾向を踏まえ，また直接には 27 年頃のインド市場でのシェルとソコニーの価格競争が他国市場に波及したことの反省をもとに，28 年頃から「ビッグ 3」[37]を中心とした国際石油カルテルが成立した．すなわち，3 社のシェアを同年のものに固定する意味で「現状維持協定」とも呼ばれる「アクナカリー協定」が成立し，以後対象を地方別に分類しつつ他社も含めた協定が結ばれ，32 年には日本市場を含む「販売に関する項目協定」が成立した．国際カルテルの構成員で日本市場にシェアを持つス社とラ社は，こうした動向を恐らくは踏まえ 29 年に日本での両社の販売量を同一にすることを目指す協定，32 年に既存の販売シェアを相互に保証する協定を結んだ[38]．

こうした傾向の下で，競争の激しい揮発油市場でカルテルが形成された．まずアクナカリー協定と同じ 28 年の 8 月にス社・ラ社・日石・小倉が，翌 29 年 1 月に三菱商事・三井物産を加えた 6 社が協定値上げを発表した．更に同年 6 月には，それまでの「協定値は全く有名無実で少しも実行され」[39]なかったこ

とを踏まえ，6社で再び値上げを発表した．これが1929年の揮発油に関する内外6社協定と呼ばれる．20年代の競争の結果，揮発油の主要な供給業者が6社に絞り込まれる形で生産の集中が進展したことを前提に，国際カルテル成立を背景として6社協定が締結されたのである．しかしこの時は依然として価格協定に止まり，後述するガソリン争議にも見舞われ，既述の協定会社自体および問屋等による協定破り行動が続くという流通統制の問題も解消されなかったため，価格の下落傾向は持続した（前掲表7-5）[40]．29年の6社協定は有効に機能しなかったと言える．

一方，1932年の内外6社協定はより強固であった．8月25日の協定値上げ発表を経て，9月に価格・数量に関する6社協定が締結された．そこでは，価格に関しては「各社は市況の推移に応じて随時協議の上〔中略〕全国を17地区に細別し各地毎に販売価格を決定する」ことが，数量に関しては「加盟会社は協定期間中販売総数量を決定し，之を加盟各社に割当てる」ことが決定され，協定期間は「効力発生の時期（7月1日とされた――引用者注）より満1ヶ年であるが，加盟者相互の意見に依って更新」可能，とされた[41]．20年代に内油中心に企図されたカルテルが価格協定のみに止まり効果を上げず，29年の6社協定も同様だったことを考慮すれば，今回の協定が1914年以来約20年ぶりの数量協定に踏み込めた要因として，同年における既述の国際協定の存在が挙げられる．しかし，金輸出再禁止後の円安や6月の関税35%増徴による製品輸入の不利化を背景としたとはいえ外油2社，特にラ社がシェアの低下を受容してまで締結したことから，この協定は内油の競争力を背景とした日本市場独自の事情をもとに，外油が譲歩して成立したと考えるべきであろう．

これに対し，「ガソリン争議」と呼ばれるタクシー業界による反対運動が起こった．市内を一円均一で走る「円タク」は大阪で1924年，東京で27年頃に登場したが，以後タクシー業者の増加と不況により競争が激化し，料金は20銭まで低下したとされる[42]．業界がそうした勃興期かつ混乱期にあったことが揮発油値上げに対する強硬な抗議を呼んだ．まず，既述の29年6月の6社協定に対して値上げ反対運動が行われ，翌7月に石油各社は「値上取消」を声明した（第一次ガソリン争議）．次いで31年10月にはガソリン税創設の気運に対して第二次争議が起こった．そして32年8月に同月の6社による協定値上げ

に反応して第三次争議が発生したが，6社側が強固な結束を示したため争議側の態度は更に硬化し，9月に東京自動車業組合連合会が商工省を包囲する事態となった．結局10月に警視庁の調停により，「将来価格ノ変更ニ際シテハ官庁並ニ消費者ニ対シ予告ヲ為スコト」[43] を定め，争議はようやく解決した．第三次争議のため，6社は8月の値上げ後に予定した第二次・第三次の値上げを実施できなかったとされる．このように，1932年の6社協定はガソリン争議に対してある程度の妥協を強いられたが，協定自体は崩れなかった．なお第三次争議解決後の同年11月に，揮発油を毎月10万函以上製造・販売する業者が重要産業統制法の指定を受けた[44]．重産法指定の効果は翌33年6月の6社協定満了時に，後述するソ連揮発油問題で新協定の締結が難航した際に商工省が仲裁に入り，7月末まで旧協定を踏襲して8月に新協定締結にこぎ着けるという形で発揮された．しかしソ油問題自体には特段の役割を果たさないことになる．

（2） 松方日ソ石油参入と6社協定の破綻

1932年の内外6社協定は，翌年のソ連揮発油参入という市場環境の変化により破綻した．その経緯は以下の通りである．ソ連は第一次五ヶ年計画（1928-32年）に伴い，その資金を得るためヨーロッパを中心に石油製品を輸出した．早くから国際石油カルテルはソ連と対決姿勢をとり，宥和を目的に開催された32年5月の米欧ソによる「ニューヨーク会議」も失敗した．ソ連の石油輸出は32年頃がピークで，この頃アジア市場への進出を図り日本市場も対象となった．すなわち，同年9月に松方幸次郎がモスクワを訪れソ連揮発油の日本での委託販売契約を締結した．そして帰国後「松方日ソ石油販売事務所」を開設し，6社協定改定後間もなくの翌33年8月30日に，「市価より常に2円安」という低価格でソ油販売を開始した．輸入されたのは揮発油だけで，その契約量3万5千トンは当時の国内販売量の6%に過ぎなかったが，既述のガソリン争議の直後でかつ後述のように各社の業績が悪化していた折柄，石油業界に衝撃を与えた．6社はただちに対抗し，ソ油売出し前の8月16日に揮発油1ガロン[45] 当たり建値の50銭から45銭への，売出しと同日の8月30日に更に40銭への引下げ，9月4日にはラ社の協定破りによる38銭への引下げと各社の追随がなされた[46]．そして揮発油の市況に影響を受け，この33年後半に各油

表 7-7　石油製品価格の推移

(単位：円/函)

	揮発油	灯油	軽油	機械油	重油
1933 年 4 月	5.60	5.70	3.80	4.70	
8 月	4.90	5.10	3.10	4.00	
12 月	4.30	4.70	3.00	3.70	
1934 年 4 月	4.30	4.70	3.00	3.70	
10 月	4.70	4.50	2.90	3.70	1.40
12 月	4.70	4.40	3.00	4.00	1.40
1935 年 4 月	5.00	4.50	3.80		1.43
8 月	5.00	4.42	3.57		1.48
12 月	5.20	3.97	3.40		1.40
1936 年 4 月	5.25	3.90	3.00	3.90	1.51
8 月	5.75	4.15	3.00	3.80	1.55
12 月	5.85	5.05	3.70	4.70	1.60
1937 年 2 月	5.95	5.40	4.55	5.40	1.70
8 月	6.50	6.00	5.00	6.00	2.10
10 月	7.25	6.00	5.00	6.00	2.40

（出典）『ダイヤモンド』各号．
（注）各油種の会社名・商標名ともに原資料に記載なし．

種とも価格が暴落した（表 7-7）．

　この間，協定各社の業績は顕著に悪化した．日石の場合，それは既述の 1920 年代の環境変化への対応遅れと 26 年以後の橋本圭三郎による再建策の限界が背景となった．橋本は社長就任後，まず秋田の 4 鉱業所の 2 ヶ所への統合，新潟の東山鉱業所・新津製油所の廃止，従業員の一部淘汰等の事業整理を行った．次いで金解禁後に輸入製品価格の低下による損失発生が予想されたことへの対策として，29 年度後期に社長以下重役の減俸・職員の住宅手当や旅費の減額・職員鉱夫職工の淘汰等の人件費削減，西山・新津・秋田の各鉱業所の統廃合，製品種類削減と燃料・薬品容器・荷造費等の減額，運輸系統の整理による運賃の節約等の「第一次合理化」を実施した．更に翌 30 年度後期には消費減退と価格低下を踏まえ「第二次合理化」として社員 70 名・職工 600 名を淘汰した[47]．この間各期の減価償却を漸増させ，一方配当率は低下させた（表 7-6，7-2）．とはいえ固定資産額の増加を 30 年度後期まで止められず，依然として利益のほとんどを配当に充てており，財務構成と採掘コストの悪化への対応は明らかに不十分だった[48]．この状態の中で恐慌からソ油の参入による価格

の崩落に直面した同社は[49],33年度後期から3期にわたり利益率を3-4%台へと低下させた.混乱のさなかのこの時期に脇村義太郎が,「内地側3社ことに日本石油会社には殆ど余力はあるまい.競争資金の準備蓄積を全然怠っていた.配当の維持とサヴェート・ガソリン供給の不可能の宣伝にただこれにつとめた.輸入の暁には当然起るべき販売戦を戦ひ抜く意志と用意を欠いた.唯一の対策は,監督官庁の調停であり,徹底的駆逐などは夢想だも出来ない」[50]と喝破したように,日石の弱体化は明白であった.

1932年の内外6社協定は内油の競争力を踏まえ外油が譲歩して成立し,価格に加え数量も協定した厳格なカルテルであり,それ故にガソリン争議を乗り切り松方日ソ石油参入にも結束して対抗した.この状態を継続できれば,政府介入を要せずとも混乱は収束した可能性がある.ヨーロッパ等他国市場では多くの国で「国内市場の小部分を獲得して,ロシア人はその後,カルテルと協調する風潮をしめ」し,その後のソ連の第二次五ヶ年計画(1933-37年)では「国内鉱工業の拡大にともなって,石油の国内消費が増大しソヴェート石油は世界市場から漸次姿を消した」[51]とされ,日本のソ油輸入も30年代末までに終了したからである.しかし,その前提として必要とされた競争を続ける体力は内油,特に日石には残っていなかった.後述する石油業法の成立後に橋本が「待望の石油業法」[52]と述べたように,同社は政府の統制に期待するに至っていた.この時点までに6社協定は事実上破綻したと言える.この混乱期に商工省は重要産業統制法を発動せず,自主的な解決を斡旋するに止まった.その直接の理由は,「露油の人気が圧倒的だったため,当局は法の発動に対して躊躇逡巡した」[53]ものと見られるが,戦略物資として重要性を高めてきた石油に関する政策の観点から見て,重産法の発動よりも踏み込んだ施策が必要となったのである.それは石油業法の制定として実現する.

3.2　石油独占の成立：1934-36年

（1）　石油業法の制定と運用

石油政策史上の画期的法律であり,石油市場に大きな影響を与えた石油業法は1934年3月に公布,7月に施行された.石油政策自体は10年代末に海軍が提唱して以来の歴史を持ち,研究史によれば26年から開催された燃料調査委

員会，29 年からの商工審議会第四特別委員会，そして 33 年の液体燃料協議会を通じて本格的に形成された．その中で，石油会社の大合同案が度々提起されたが実現しなかったこと，当初の資源開発重視から輸入原油精製と石油備蓄による供給の安定的確保へと，政策の重点が変化したこと等が解明されている[54]．こうした経緯の結果として制定されたのが石油業法であった．業法は，「軍事上の要請もあって，国家の直接的統制策を認めることによって後に展開する戦時統制の諸立法との近似性が強かった」[55]とされるが，この頃の石油の軍事的重要性に比しての市場の混乱および政府の統制に期待する内油の弱体ぶりが，戦時期の数年も前に業法を成立させる背景となったと言えよう．業法自体は条文 17 条と付則からなる簡素なもので，内容は石油精製業・輸入業の許可制，石油業者の事業計画の許可制，業者の石油保有義務，事業に対する政府の命令権等を規定していた．

業法の性格はその運用過程において顕在化した．要点は 2 つあり，1 つは輸入量の 6 ヶ月分の貯油を業者に義務づけ，これを通じて国家の安定的な石油確保を図ることであり，もう 1 つは商工省による製品販売数量割当において，需要の自然増加分を日石・小倉・三菱石油の内油 3 社に配分し，これを通じて内油≒国内精製業者の育成を図ることであった[56]．1 点目は通常のランニングストックとされる 2-3 ヶ月分からの追加投資を強制するもので，スタンヴァック[57]・ライジングサンの外油 2 社が反発し，その後追加投資分については補助金を交付する等の政府の妥協案にも応じなかった．2 点目は製品輸入を行う外油 2 社に対する圧迫，換言すれば露骨な外油排除策と言えるため 1 点目同様に両社は反発し，業法体制下では毎年の事業許可の前提となる事業計画書の提出を 1935 年分については当初拒否し，商工省との間に強い緊張が生じた．結局計画書は提出され，毎期の数量割当において需要の自然増加分は内油に配分された（外油 2 社のシェアは漸減し続けた）が，外油は貯油義務を履行せずとも旧来の販売数量を是認されるという形で妥結した[58]．

（2） 石油独占の成立

石油業法の制定はソ連揮発油参入後の混乱を収束させるとともに，その後各油種におけるカルテル団体の結成を促した．自力で市場の混乱を解決できず統

制法成立に期待していた内油は,それを後ろ盾として独占形成に動いた. 揮発油市場では既述の協定6社対松方日ソの価格競争の後,1934年5-6月の7社による「円卓会議」を経て6月に向こう3ヶ月間の「7社協定」が結ばれた[59].その後間もなく業法の運用方針が明確化し,反発した外油2社は8月末で期限切れとなった同協定の更新を拒絶した. そこで日石・小倉・三菱石油の3社が9月に「国産揮発油連合会」を組織した. 当初は販売数量・販売原価の決定を主業務とし,翌35年2月の早山石油・愛国石油の加入後に以下の詳細な協定が成立した. すなわち,価格に関しては商工省の容認した価格からの市価の緩みを防ぐべく努力することが,数量に関しては同省による半年間の割当を前提とした1ヶ月毎の販売数量が決定された. 更に特約店への割戻金等の慣習を全廃することや,販売数量が規定量を超えた場合はカルテル積立金を没収するという罰則規定等が定められた. 外油2社は同連合会には加入しない一方で価格協定にはアウトサイダーとして協力することになった.

また,連合会を発展的に解消して36年3月に日石・小倉・三菱石油・早山・愛国そして日ソ石油会社の6社によって設立された石油連合では[60], 37年4月に加盟各社の商標を「富士桜印」に統一する等販売を合理化し,更に「各府県別,特約店別の販売数量を予想し,これを適当に割当てる」,「兼売小売商への売止め」を行う等を規定して販売統制を強化した. 以上によって,価格協定を崩すような問屋・小売商の独自行動は封じ込まれたと思われる. 他の油種でも,揮発油連合会に先立つ34年7月に軽油・機械油に関する「鉱油精製業連合会」が成立し,生産制限・規格統一・価格引上げ・信任金供託と函5銭の積立金等を規定する等,油種別のカルテル団体結成が続いた[61]. 油種ごとに加盟者が微妙に異なるものの,寡占的な業者からなるカルテル団体が成立したのである.

そして,これらの団体によって石油製品価格が相次いで引き上げられ,内油各社の業績は好転した. 前者については,石油業法施行前の1933-34年にその許可を得るためもあって新設会社が続出し[62], 著増した設備能力に応じた割当が行われた結果供給量が過剰となり価格は停滞したが,36年以降割当量が調整され価格は順調に回復した. 揮発油についてやや詳しく見ると,国産揮発油連合会・石油連合成立をそれぞれ画期として価格が上昇傾向となった(表7-7).

後者の各社の業績について日石に即して見ると，業法施行後の35年度前期以降減価償却を増加させつつも利益金が増加し，連合成立後の36年度後期にその傾向が一層明瞭となった（表7-6，7-2参照）．しかも同期の創立50周年記念の特別配当を除き，配当率の上昇を抑えることで内部留保も増加できた．業績好転の要因としては，36年度前期について「利益増加の原因には3つある．各油売価の騰貴，販売数量の増加，産油の増加，之れである．就中，油価の騰貴が大きかった」[63]と指摘されている．価格引上げを最大要因とし，加えて一般的な好況と秋田八橋(やばせ)油田噴油等による産油の増加が日石の業績を好転させた．カルテル団体による安定的市場支配のもとでの利益の増加は独占利潤の獲得と見なしうる[64]．この意味で，1930年代半ばに石油産業における独占体制が成立したと言える．

しかし，この独占体制は石油業法を後ろ盾とし外油の排除という政府の強権発動を背景に形成された．そのため，日中戦争期以降に「燃料国策」の本格化という形で政策の強化が進むと，石油産業あるいはその独占体制はその下で他律的に再編されていく[65]．その意味で，石油独占の成立は戦時統制期における斯業の，前史を形成したと考えられる．

おわりに

本章の分析結果を要約し，本書全体との関連で石油産業の分析の持つ意味を示すと以下のようになる．

1900年代に灯油市場における内外4社競争構造が成立・展開したことを前提として，10年代に4社協定が成立した．前半期には市場環境の変化の影響を受けて破棄と再締結を繰り返したが，後半期には第一次大戦期特有の条件下で協定が継続し，価格は上昇して内油も安定した利益を上げた．20年代には，不況下に関わらず活発な新規参入によって競争的な市場構造が再現し，これに対するカルテルの試みはその不備により失敗した．そして，競争の結果揮発油では主要業者が6社に絞られたが，その中で日石ら内油各社は世界的には当時異例の輸入原油精製を導入し，一定の競争力を確保した．このことが，国際石油カルテル成立とともに32年の内外6社協定成立の背景となった．しかしそ

の裏では内油最大手の日石の業績悪化が進行した．そうした内油の弱体が33年からのソ連揮発油の参入によって顕在化し，内油が政府の統制に期待するに至ることで自主的統制は破綻した．大戦後石油産業に対する本格的な統制案の検討を進めてきた政府は，以上を背景に石油業法を34年に制定した．製品販売数量割当など業法の運用を通じた政府の強制力にもとづく外油の排除によって，ようやく内油各社によるカルテル団体を通じた石油市場の安定的支配と独占利潤の獲得が実現したと考えられる．

　鉄鋼業と同様，石油産業も1930年代における重化学工業化と軍備拡張の傾向を背景に，その重要性を高めた産業であった．しかし，上記の検討から明らかなように，日本の石油産業では1920年代から30年代前半にその弱体化が進んだため，それを補うべく政府が強権的な介入を行うに至った．こうした介入が必須であったか否かについては議論の余地が残されているが，日本の「独占」段階を支える構造の弱い環を政府が強力に補完したことは，歴史的事実として強調されるべきであろう．

注
1）独占の成立期とそのとらえ方をめぐっては，周知の高村―橋本論争が未だ最先端の議論と思われるが，それを踏まえての本章の立場は以下の通りである．高村直助は上位企業への生産の集中，その不十分さを補完する独占組織（カルテル），以上を前提とした独占利潤の形成（部門平均と上位企業との純益率の有意の差）を独占の一般的な指標として措定し，第一次大戦終了頃を「独占体」（複数の産業部門における独占資本の複合体）の確立期とした（『日本資本主義史論』ミネルヴァ書房，1980年，225-277頁）．これに対し橋本寿朗は生産の集中を前提に，市場価格が外的に決定される自由競争とは異なり，資本の組織化（カルテル等）によって価格メカニズムの作用を制限し，特定の市場を安定的に支配することを独占と規定した．そして，基軸産業化した重化学工業を中心に，綿工業や鉱山業も独占組織に編成された1930年代に独占体制の成立を認めた．その上で，橋本は大戦期は重化学工業製品の輸入難等の特異な条件により新規参入が制約されたこと等から，生産の上位集中が競争構造の変化を表さないという意図で高村を批判した（『戦間期の産業発展と産業組織Ⅱ』東京大学出版会，2004年，1-42，153-160頁．なお同書の武田晴人「解題」も参照）．本章では，石油産業において大戦期にカルテルが有効に機能したのは特異な条件に規定された面が強い，20年代には競争的な市場構造が復活した，30年代半ばに独占体制が成立したと考え，橋本に近い立場をとる．言い換えればカルテル協定の形成，その実行，挫折に即して分析を進める中で，価格メカニズムの作用がどのように制限されたか，あるいはされなかったかに注目して

いる点で，橋本寿朗・武田晴人編著『両大戦間期　日本のカルテル』御茶の水書房，1985年の独占のとらえ方に従っている．

2）高村直助「独占組織の形成」同編『日露戦後の日本経済』塙書房，1988年，160-201頁．同論文によって，この協定を短期間に崩壊した「有害無益の運動」とした佐野次郎・垣内幸太郎『本邦企業者連合及合同』東京宝文館，1914年，205-279頁；美濃部亮吉『カルテル・トラスト・コンツェルン（下）』改造社，1931年，63頁らの評価は覆されたと言える．

3）ライジングサンは，ロイヤル・ダッチ・シェルのアジアでの販売会社アジアチックの，日本における子会社である．

4）橘川武郎「国際カルテルと日本の石油カルテル」（『経営史学』第28巻第2号，1993年7月．のち同『日本石油産業の競争力構築』名古屋大学出版会，2012年に再録）31-54頁．同論文によって，6社協定における外油の優位性を強調した北沢新次郎・宇井丑乃助『石油経済論』千倉書房，1941年，380-381頁；井口東輔『現代日本産業発達史Ⅱ石油』交詢社出版局，1963年，246頁らの評価は覆されたと言える．

5）武田晴人『燃料局石油行政前史』財団法人通商産業調査会・通商産業政策史研究所，1976年，40-70頁；阿部聖「第二次世界大戦前における日本石油産業と英米石油資本」中央大学『商学論纂』第23巻第4号，1981年11月，190-206頁．なお，前掲『石油』では内外6社協定ともども外油の支配力と内油の弱体を強調している．

6）一般に日本のカルテルは国内業者のみで組織され，外資あるいは外国製品を扱う商社等がアウトサイダーとなり，独自の論理で行動する後者にいかに対処するかが焦点となることが多い．これに対し石油産業では内外4社協定にせよ6社協定にせよ，外油がインサイダーとなってカルテルが成立した．そのことは一面では強力な外油あるいは国際石油資本を排除しては市場支配が通常成り立たないことを，他面では内油が一定の競争力を有したために外油もある程度譲歩することで初めて協定が成立したことを示す．

7）ソコニーとは，Standard Oil Company of New York（ニューヨーク・スタンダード）の電信略号（SOCONY）にもとづく呼び名である．

8）以上については，内藤隆夫「石油産業における市場競争と販売網形成」中西聡・中村尚史編『商品流通の近代史』日本経済評論社，2003年．

9）本節の記述は，基本的に松尾音次郎『我邦商工業の現在及将来』北文館，1914年，403-412頁；前掲『本邦企業者連合及合同』205-279頁；小島精一『日本金融資本論』千倉書房，1929年，145-157頁；前掲『カルテル・トラスト・コンツェルン（下）』41-42，63，263-276頁；前掲「独占組織の形成」160-201頁，前掲「石油産業における市場競争と販売網形成」193-196頁に依拠した．

10）当該期の灯油の供給量・シェアについては前掲「石油産業における市場競争と販売網形成」の表5-1（175頁）を参照．

11）表7-1において「チャスタ」はス社，「タンク」はラ社，「蝙蝠」は日石，「宝玉」は宝田のそれぞれ主力商品名である．なお1函は2罐入りで，1罐はほぼ1斗＝0.1石の容量である．

12) 当該期の内油が一部の揮発油や軽油も灯火用として使用されたため，「灯油」よりも「灯火用石油」とする方が正確である．ただし本章では両者の相違を区別する必要は特にないので，以後「灯油」で統一する．

13) 前掲『石油』，日本石油株式会社・日本石油精製株式会社社史編さん室『日本石油百年史』1988年等の通史的書物では，輸入原油精製や揮発油・重油需要増加といった1920年代の現象の一部を指摘するに止まる．また，阿部聖「1920年代の石油産業」(中央大学『商学論纂』第24巻第4号，1982年11月) ではそれに加え日石の経営状況等にも言及しているが，1910年代および30年代に比しての20年代の位置づけが必ずしも明確でない．

14) 以上の石油製品の用途については日本石油株式会社編纂『石油便覧』各版を，燃料重油輸入免税制度については前掲『燃料局石油行政前史』46-48頁；前掲『日本石油百年史』279頁を参照．

15) 「石油界混乱と前途」『ダイヤモンド』1923年7月21日，20頁．なお当時は新潟県の新津油田が東山・西山等を上回り最大の原産油地だった．

16) 中野家の事業については内藤隆夫「明治後期〜昭和初期における中野家の原油採掘業と原油販売」北海道大学『経済学研究』第59巻第4号，2010年3月，およびその注1に示した伊藤武夫氏の一連の研究を，石油共同販売所については伊藤武夫「第一次世界大戦後の輸入原油精製」『立命館産業社会論集』第45巻第2号，2009年9月を，小倉常吉については奥田英雄『小倉常吉伝』石油文化社，1977年，229-322頁を参照．

17) 早山与三郎・新津恒吉の個人精製業者が事業を大規模化して1935年に早山石油を，38年に新津石油を設立した．前者については，取り敢えず内藤隆夫「明治期石油精製業者の製造・販売活動と原油調達」『東京経大学会誌　経済学』第279号，2013年12月の注24 (286頁) を参照．

18) もう一つの枯渇対策として，1928年に結ばれた「赤線協定」に示された地域の開発会社トルコ石油に「門戸開放」を唱えて参加する等，海外油田への進出を行った．この点については，United States Congress. Senate. Select Committee on Small Business, *The International Petroleum Cartel ; Staff Report to the Federal Trade Commission* (Committee Print No. 6), Washington, DC, 1952 (諏訪良二訳注『補正復刻〈定本〉国際石油カルテル』オイル・リポート社，1998年) 69-138頁を参照．

19) 以後の時期も含めた米国の石油事情については，森恒夫「両大戦間におけるアメリカ石油産業 (1)(2)」明治大学経営学研究所『経営論集』第13巻第3号・第14巻第1号，1966年1月・8月；同「両大戦間におけるアメリカ石油産業の資本蓄積過程について」同第15巻第2号，1968年2月；森呆「第一次大戦〜1920年代のアメリカ資本主義」宇野弘蔵監修『講座帝国主義の研究』第3巻，青木書店，1973年，176-196頁；前掲『日本石油百年史』203-204，272-273頁を参照．

20) J. L. エノス著，加藤房之助・北村美都穂訳『石油産業と技術革新』幸書房，1972年，1-142頁．

21) 前掲『石油経済論』255頁．

22) その他，揮発油に限ればカーソン社・ペトロリアムエキスポート社・マーランド社・シーボルド社（何れも米国）が参入したとされるが，詳細は不明（「新年度の石油界」『ダイヤモンド』1927年1月1日, 23頁）．なおゼネラルは1926年にソコニーに買収され，以後三井物産は後者の承認の下で前者の揮発油・重油販売に従事する（三輪宗弘『太平洋戦争と石油』日本経済評論社, 2004年, 257-297頁を参照）．またテキサスは震災後に日本市場での直接販売からは撤退したとされる．
23) 「日石減配と前途」『東洋経済新報』1927年11月5日, 22頁．
24) 揮発油では，1926年の関税改正によって1函50銭から80銭へと増徴されたにも関わらず価格が低落した．
25) 海軍の購入量が多いという特殊事情を持つ重油と，製品の種類が多く中小業者の多い機械油をひとまず除いて考察する．また，事実関係は主に『中外商業新報』の毎日の相場情報に依拠した．
26) 軽油の輸入は統計上ゼロの年が多いが，これは重油とともに燃料油として輸入されたためかと思われ，実際に皆無であったとは見なしがたい．
27) 橋本圭三郎「日本石油会社第78回定時株主総会における演説大要」『石油時報』1932年7月号, 349頁．「アメリカ」系統はス社，「イギリス」系統はラ社，「製品を輸入するもの」は三井等，「原料油を輸入販売」は浅野物産・日商等，「原料油を輸入して之れを精製販売」は小倉等を指すと思われる．日石の輸入原油精製については後述する．
28) 「石油界更に不勢」『ダイヤモンド』1922年7月21日, 17頁；「ガソリンスタンドが多過ぎる」『東洋経済新報』1932年9月10日, 46頁．
29) 日宝合併後に本社組織の改正や現業所の統合により経費を削減したが，不況の影響はそれを上回った．また，1925年から実施した「千間掘」や27-28年度に政府から受けた石油試掘奨励金等は十分な成果を上げなかった（前掲『日本石油百年史』232-233, 281頁）．
30) 1925年頃から「巨額の内部保留利益」を「喰ひ減ら」すこと（貯蔵品等の売却による含み益の実現か）で利益と配当を捻出していたが，それも限界に達した27年度後期に支払手形急増・社債発行・利益激減を招いたとする指摘（「日本石油の立直り」『東洋経済新報』1928年6月23日, 20-22頁）が事実とすれば，配当重視の経営の影響は一層深刻となる．なお減価償却は12年後期以来利益処分前に行っている．
31) 1921年430.1石から27年を除き低下し続け，30年には251.3石となった（『日本石油決算報告』各回，『本邦鉱業ノ趨勢』各年より算出）．
32) 「日本石油の前途」『ダイヤモンド』1930年12月1日, 50頁．具体的には，1930年の「鉱山費」で同年の原産油額を除した1石当たり3.88円という数字に資本利子を年7分として2.50円，同年度前期の「鉱山基本」を15年償却した場合の1石当たり2.38円を合計した採掘コストが8円76銭とされた．一方，カリフォルニア原油の山元価格を邦貨換算して2.70円，これに関税1.66円，運賃1.50円，その他諸掛り0.34円を加えて6円20銭とされた．
33) 原油輸入は1920年代初頭のボルネオ原油中心から，次第にカリフォルニアを中心と

した米国原油中心へと移行した．それには既述の米国の増産とそれに伴う原油価格の傾向的下落が与った．すなわち原油価格は大戦後期から20年まで急騰後翌年にかけて急落し，以後20年代から30年代を通じて停滞・下落傾向が続く中，生産制限下で「1ドル原油」（1バレル1ドル）を辛うじて維持した（前掲「両大戦間におけるアメリカ石油産業（1）」40-44頁，同「（2）」4-10頁）．また原油輸入が増加したことには，既述の26年の関税改正による揮発油の関税増徴も影響した．

34) 例えば，新津原油価格（最高と最低の平均）は1920年の1石当たり20.0円から30年には6.9円へと低下した（「内地原油の前途」『ダイヤモンド』1927年10月1日，18頁，「6年度の石油調」同1932年4月21日，90頁より）．

35) 1900年を100とした卸売物価の総平均指数に対する石油価格指数の推移は22年110，26年118，30年130とむしろ上昇傾向であった（日本銀行調査統計局編『復刻版　明治以降　卸売物価指数統計　上巻』並木書房，1999年，3-151頁より）．

36) なお本章におけるカルテルの「成立」とは，それが締結された上である程度有効に機能したことを意味する．

37) ニュージャージー・スタンダード，ロイヤル・ダッチ・シェル，アングロ・ペルシャを指す．

38) 以上については前掲『石油』221-238頁；前掲「国際カルテルと日本の石油カルテル」34-35頁を参照．

39) 『中外商業新報』1929年6月1日．

40) 表7-5からは明らかでないが，1931-32年前半にも価格下落は続いた．この要因について，国内事情として日石下松製油所およびアソシエイテッドと三菱商事が共同出資して31年に設立した三菱石油の川崎製油所の操業開始，小倉石油横浜製油所の分解蒸留装置の稼働，32年6月の関税増徴を見越しての駆込み輸入等による供給過剰が（前掲『日本石油百年史』298頁)，国外事情として世界恐慌下の不況に悩む外油が，31年12月の金輸出再禁止後の「円貨下落に依る不利を自ら負担し，依然として安値で売込」んだこと（「日本石油」『ダイヤモンド』1932年4月，220頁)，ラ社製品は「磅計算だから我が国の金本位停止による輸入採算の不利も英国金本位停止による磅の下落で相殺されてしまう」（「錦水油田の大噴油と日本石油」『東洋経済新報』1932年9月19日，41頁．ルビは引用者）ことが指摘されている．

41) 以上については，引用部を含め「日本石油株の展望」『ダイヤモンド』1933年5月1日，213頁を参照．なお，協定の正式調印は1932年10月25日であった．また，同年9月当初の販売数量割当比率はラ社31.7％（前年シェア35.9％)，ス社23.8％（23.6％)，日石26.3％（26.7％)，小倉11.4％（11.7％)，三菱6.8％（2.1％)，三井はス社から配分とされた（前掲『日本石油百年史』298頁，前掲「国際カルテルと日本の石油カルテル」33頁)．

42) 呂寅満「両大戦間期における自動車の普及と旅客輸送業の変化」老川慶喜編『両大戦間期の都市交通と運輸』日本経済評論社，2010年，80-86頁を参照．

43) 「揮発油販売価格ニ関スル現行法制」『石油業法関係資料』1937年7月．以後，石油

第7章　戦間期の石油産業の変化と独占の成立

価格の引上げに際しては事前に商工省へ申請する（「自粛価格」）のが慣行となる.
44）重産法は，「公益」を基準に商工省がカルテルへの強制加入やその変更・取消等を命じうると規定した法律であり，これまでの競争による石油業者の打撃と6社協定による自動車業者との紛議を踏まえ，石油業者の保護のための協定助長と協定の横暴からの消費者保護の必要を考慮してこの時期に指定を受けた（「製油業統制法適用」『東洋経済新報』1932年11月5日，44頁）.
45）1ガロンは約3.785ℓ. 10ガロンがほぼ1函に相当する.
46）翌1934年春には26銭まで低下したとされる. 以上については前掲『石油』247-248頁, 前掲『日本石油百年史』300-303頁；「石油廉売戦は何時迄続くか」『ダイヤモンド』1933年9月11日, 72頁を参照.
47）以上については「日本石油の配当如何」『ダイヤモンド』1926年9月21日, 38頁；「日石の減配と前途」（同1929年9月11日, 28頁；「日本石油の決算と前途」同1931年5月21日）, 51頁を参照.
48）したがって，「こうした，会社経営の安定化を目指す橋本社長の経営方針は，その後，経営環境が悪化の度を加えるにつれてその効果を発揮していった」（271頁）という前掲『日本石油百年史』の評価は過大であろう.
49）前掲『石油経済論』では，「1ガロン13銭程度の値下りが1ヶ年継続する場合」, 日石7,070, 小倉3,113, 三菱1,952（千円）の収益減と想定した（271-272頁）.
50）脇村義太郎「世界主要商品戦争の一環としての石油問題」『ダイヤモンド』1934年1月1日, 167頁.
51）以上2つの引用は前掲『補正復刻〈定本〉国際石油カルテル』313, 441頁.
52）前掲『石油経済論』384頁.
53）「石油業法施行で斯業の基礎強化さる」『東洋経済新報』1935年3月30日, 172頁.
54）以上については前掲『石油』250-253頁；前掲『燃料局石油行政前史』1-58頁；前掲「1920年代の石油産業」143-156頁, 阿部聖「〈資料研究〉満州事変期の石油政策」中央大学大学院『論究』第16巻第1号, 1984年3月, 1-29頁, 前掲『日本石油百年史』303-313頁, 伊藤武夫「満州事変後の液体燃料政策」『立命館産業社会論集』第26巻第4号, 1991年3月, 47-69頁等を参照. なお, 資源開発から安定供給へと重点が変化した画期については武田は液体燃料協議会, 阿部は商工審議会第四特別部会と見なしているようである.
55）前掲『燃料局石油行政前史』56頁.
56）精製用原油のうち輸入原油の占める割合が次第に高まり, 1933年以降80％前後に達したこと（前掲『日本石油百年史』285頁）から, この頃には内油と国内精製業者がほぼ同義となった. なお, 三菱石油はここでは内油と見なされた.
57）1931年にソコニーと機械油会社ヴァキューム・オイルが合併してソコニー・ヴァキュームが成立したが, 更に33年に同社とニュージャージー・スタンダードがアジア・アフリカ市場向け一貫操業会社スタンダード・ヴァキューム・オイル（スタンヴァック）を設立した.

58) 以上の石油業法への外油2社，特にスタンヴァックの対応については橘川武郎「1934年の日本の石油業法とスタンダード・ヴァキューム・オイル・カンパニー (3) (4) (8) (9)」(『青山経営論集』第24巻第3号・第4号・第29巻第3号・第4号，1989年11月・1990年3月・1994年11月・1995年3月．のち同『戦前日本の石油攻防戦』ミネルヴァ書房，2012年に再録）を参照．
59) 7社協定の内容については前掲『石油経済論』382頁，「油界は協定成立で小康状態」『東洋経済新報』1934年6月30日，58頁を参照．
60) 設立翌月の1936年4月に三菱商事・丸善石油・新津恒吉（新津石油）も石油連合に参加した．なお，35年10月に松方日ソ石油は同社および日石・小倉・早山・愛国の共同出資による日ソ石油会社へと改組されていた．愛国石油については注62を参照．
61) 灯油では1936年8月に日石・小倉・三菱石油・早山・愛国を加盟会社に，新津恒吉およびス社・ラ社を準会員として「国産灯油連合会」が成立し，重油では同年11月に石油連合加盟各社と三井物産・旭石油にス社・ラ社を加えた「重油協議会」が設立された．ただし，両団体の活動の詳細は必ずしも明らかでない．以上の諸カルテル団体については前掲『石油』267-268頁；前掲『日本石油百年史』311頁；前掲『石油経済論』386，389頁；「日本石油は順次増配されん」『ダイヤモンド』1934年12月1日，83-84頁；「日石は7分迄増配か」同1936年4月11日，113頁；「重油協議会結成」（同1936年11月21日）71頁；「礦油連合会規約細目」（『東洋経済新報』1934年11月10日）54頁を参照．
62) 例えば1933年6月に東洋商工石油，11月東邦石油，34年4月愛国石油が相次いで設立された．
63) 「日石は1分増配」（『ダイヤモンド』1936年10月21日）108頁．この他，同年7月13日の「石油保有補助金交付規則」により，既述のように貯油に対して補助金が交付されたことも業績好転に寄与した（前掲『燃料局石油行政前史』64-65頁）．
64) 独占利潤については，橋本寿朗による「独占組織による市場管理の結果生み出された利潤は独占利潤を含むという消極的規定」（「序章　カルテル分析の意義」前掲『両大戦間期　日本のカルテル』16頁）に従っている．
65) 前掲『石油』では石油専売法施行（1943年7月），帝国石油による全鉱業部門の吸収（42年4月），精製会社の8ブロック化（42年7月）が行われた1942-43年頃に独占体制の成立を見ているようだが（307-312頁），本章ではそれは30年代半ばに成立した独占の戦時統制下における再編と想定している．詳しくは今後の課題としたい．

第8章

戦間期・戦時期の三菱における財閥組織

杉山里枝

はじめに

　本章の主な課題は，三菱財閥を事例として，戦間期・戦時期の本社部門の経営組織に注目し，分権化の進行，企業規模拡大，戦時体制の深化といった状況の変化のなかで見られた本社組織の展開について検討を試みることである．

　よく知られているように，戦前期の三菱財閥は，三井，住友とならび，いわゆる「三大財閥」の一つとして称された．とはいえ，近世期にその起源を求めることができる三井・住友とは異なり，三菱は初代の岩崎弥太郎が維新期におけるビジネスチャンスを基に築いていったものであり，そのはじまりは近代に入ってからのものである．では三菱は，どのようにして戦前期をつうじ，大きな成長を遂げることができたのであろうか．この成長の要因の一つとして，組織構築のあり方が影響を与えていたのではないかと考えられる．そこで本章では，組織構築のあり方に注目し，財閥の拡大（発展）および組織の高度化がすすんだ戦間期・戦時期における三菱の経営組織の展開について実証的に検討する．そして，それが日本経済の構造の変遷のなかでどのような意味をもっていたのかについても考えていくことにしたい．

1　研究史の整理と経営組織に関する概観

　ではここで，具体的な検討を行う前に，三菱の経営組織に関して言及した研究史について，まとめることにしよう．

　まず，森川英正「岩崎小弥太と三菱財閥の企業組織」［1966］[1)]では，第一次大戦後における三菱の企業組織について検討し，第4代社長・岩崎小弥太による陣頭指揮が行われていたとしながらも，職制の制定およびその改正に伴う企

業組織原則の修正のなかで,陣頭指揮のあり方に変容が生じたとしている.具体的には,1919年の職制制定,22年の改正,31年の再改正という過程のなかで,岩崎同族の陣頭指揮は,同族個人の独裁的意思決定から,意思決定過程への専門経営者の参加に基づく参加型陣頭指揮へと変容を遂げたとしている.

長沢康昭「三菱財閥の経営組織」[1981][2]によると,主要な事業部の独立が完成した1919年12月頃から本社組織の改革が行われ,コンツェルン制に対応する本社組織が追求されたという.そして,そのなかでもっとも注目されることとして,理事会の新設をあげ,この理事会新設をもって,三菱の企業組織は社長専制的「明治型」から社長指導的「大正型」へと転換したとしている.もっとも,1922年の職制改正により理事会から執行機関としての性格を取り去り,社長の権限を復活させることによって,「大正型」から「明治型」へのある程度の逆行があったとし,さらに1931年の職制再改正ならびに社長室会新設によって,専門経営者の集団指導的「昭和型」への転換がなされたとしている.さらに,戦時体制期における本社部門の役割について論じた長沢「本社部門の役割」[1987][3]も,たとえば社長室会の設置について,「小彌太の病気の間に固まった理事による集団指導体制を小彌太が追認させられたものである[4]」として,社長である岩崎小弥太の権限の大きな制約について指摘し,その後の時期における分系各社の空前の拡大にともなう分権化の動きについて述べている.そして,分系各社間の利害調整の場としての本社機能の役割について強調している.

また麻島昭一『三菱財閥の金融構造』[1986][5]は,理事会の設置とその権限の修正をめぐる一連の職制の変化について,基本的には森川[1966]や長沢[1981]と同様に,同族の陣頭指揮から専門経営者の集団指導へという大きな流れの中で把握している.

武田晴人「資本蓄積(3)財閥」[1985][6]では,第1次世界大戦後における財閥のコンツェルン化のうごきに関連して,三菱における各事業部門の独立採算制について取り上げている.また武田「多角的事業部門の定着とコンツェルン組織の整備」[1992][7]では,日清戦争から第一次世界大戦に至る20年間において財閥が日本経済のなかで果たしていた役割・位置に関して,それが鉱山業および重工業分野において一貫してきわめて高く,日本経済の中枢部分を担っ

ていたということを指摘している[8]．さらに，当該期における三菱の組織改革の進展に関しては，それが三井のように総有制の下で同族の財産を同族会管理下の各合名会社に編成していたというものではなく，岩崎各家の資産の一部をなす「事業活動」が共有の事業（あるいは同族の総有の対象にされる資産）として三菱合資会社に統合されていたということもできるとしている[9]．

橋本寿朗「財閥のコンツェルン化」[1992][10]によると，大戦期において明確にコンツェルン化したのは三菱財閥であったという[11]．ただし，何がどのように分権化していたのかはわからないとしており検討の余地を残している．そして，大戦後不況期から昭和恐慌期にかけての財閥の再編成の過程をつうじて，新規事業の開拓にも成功した三菱は大財閥として位置づけられるとし，満州事変期の経済成長の過程においては，三菱ではさらなる分権化の進行がみられたとしている[12]．

さらに，戦時下の財閥組織について論じた沢井実「戦時経済と財閥」[1992][13]では，1937年7月の日中戦争の勃発，そしてそれに続く1939年9月の第2次世界大戦の勃発により戦時経済統制の展開に新たな段階が画されたとし，諸勅令の公布にもともない，国家総動員法をベースに全面的な経済統制が展開されることになったとしている[14]．戦時下の産業構造・経営環境の変化に対応して財閥の投資分野も大きく変化し，当該期の財閥の資金調達の基本的特徴として，株式公開のさらなる進展，財閥系金融機関の系列融資比率の上昇，前二者によっても賄いきれない資金需要の高まりに規定された他系列金融機関融資への依存，興銀・戦時金融金庫資金の導入，引受シンジケート団に依存した社債発行などがあったという[15]．三菱の財閥組織に関していうならば，企業間関係における重役兼任の進展，分権化の進展がみられたとし，傘下企業間の重役兼任実施率の上昇についても指摘している[16]．そして，それは財閥組織における求心力の高まりというよりもむしろ，本社からの自立を進めた傘下企業が相互の関係をさらに深める中から生じたものであるとしている[17]．

さて，三菱では比較的早い時期から学卒者の登用や合議制の採用，「事業部制」の採用など，近代的な組織構築が志向されていたが，このような傾向は，本章において検討を行う戦間期以降の組織構築のなかでも引き継がれるものであった．武田「資本蓄積(3) 独占資本」[1987][18]によると，コンツェルン形

態に移行した財閥では，財閥資本の自律性が強まり，コンツェルン組織のもとでの統轄方法が次第に分権化を前提としたものへと変化したという．三菱においても，次節以下において述べていくように，分権化を前提とした様々な組織が構築されていった．そしてその後，戦時体制期へと日本経済が移行し，戦時体制の深化という外的要因が加わるなかで，軍需産業の発展を伴いつつ，更なる企業規模拡大へと向かうのであった．

以上みてきたように，戦間期および戦時期の三菱の経営組織に関しては，研究史において比較的多くの言及がなされているといえる．しかしながら，それらは職制についての検討に焦点があてられている場合も多く，また戦間期から戦時期にかけての分権化の流れについて指摘したものであっても，組織内部に関する具体的な実証をともなうものは少ない．そこで本章では，組織内部のあり方について，一次史料を用いながら，できる限り実証的に再検討を行うことにしたい．

2 戦間期三菱の経営組織①──1920年代

2.1 理事会の新設──1920年代前半の三菱本社

第4代社長・岩崎小弥太の社長就任の翌年にあたる1917年以降，三菱では組織改革が実行され，各「事業部」の株式会社化が進んだ．そして，株式会社化が一段落した1919年に入り，本社部門の本格的な改革が着手された．その端緒として位置づけられるのが，理事会の新設である．理事会の実態については，1930年代前半の時期については資料『理事会議事録』（三菱史料館所蔵資料：MA-8030, MA-8031）により把握することができるが，それ以前の時期については資料の制約上職制のみの検討になる．まずはその変遷について簡単に記すことにしよう．

（資料[19]）

  第五条　当会社ニ理事会ヲ置ク

    理事会ハ当会社及分系会社ニ関スル重要事項ヲ審議シ又ハ社長ノ諮問ニ応フ

第8章　戦間期・戦時期の三菱における財閥組織　221

　　第六条　理事会ハ左ノ諸員ヲ以テ之ヲ組織ス
　　　一，総理事
　　　二，常務理事
　　　三，分系会社取締役中特ニ任命セラレタル者
　　第七条　理事会ノ審議ニ附スヘキ事項大要左ノ如シ
　　　一，重要ナル社規ノ制定並ニ改廃
　　　二，予算，決算並ニ損益処分
　　　三，重要ナル起業，投資，金融其他財務ニ関スル事項
　　　四，内外ニ対スル政策上ノ重要事項
　　　五，事業上ノ方針ニ関スル重要事項
　　　六，当会社ト分系会社間又ハ分系会社相互間ノ争議並ニ外部ニ対スル
　　　　　重要ナル交渉事件
　　　七，人事ニ関スル重要事項
　　　八，前各号ノ外当会社及分系各社ニ関係アル重要事項
　　第十六条　社長ハ理事会ニ臨席ス
　社長ノ臨席ナキ場合ニハ議長ヨリ議事ノ概要ヲ社長ニ報告スルヲ要ス
　このように，設置当初の理事会は，総理事，常務理事および分系各社の「取締役中特ニ任命セラレタル者」，社長が臨席する機関であり，重要事項の審議機関としての役割を担うことになっていた．この時期の理事会については，資料の制約上その実態についての詳細な検討は難しいが，職制からは，初期の理事会はトップ・マネジメントとしての役割を担い，重要事項の審議機関として位置づけられていたということが理解できる．
　これが，1922年7月における職制改正によって，「理事会ハ社長ノ諮問ニ応シ重要事項ヲ審議シ併セテ当会社及分系各会社間ノ連絡ヲ謀ルヲ以テ目的トス[20]」ことになり，理事会において審議されるのは，社長の諮問に応じる場合に限られることになった．この改正により，理事会に関して，分系各社間の連絡・報告機関としての機能が定義され，強化されたということができる．
　このように，コンツェルン形態に移行した三菱では，理事会における決裁機能を早期に削除し，連絡機関としての機能を付与した．この点については，社長専制権が強調されたことに伴う理事会の機能の後退ととらえるべきか，それ

ともトップ・マネジメントに付与された役割自体の後退ととらえるべきか，今後における議論の余地があるといえる．しかしながら，どちらにせよ分系各社による意思決定の幅が広がることを意味していたのであり，このことは分権化の進展に少なからず影響を与えることになった．

このように，1920年代前半の三菱の本社部門では，本社のトップ・マネジメントを成員とする理事会が設置され，はじめは決議機関としての機能を有していたが，後に分系各社間の連絡・報告機関として機能するようになった．三菱ではコンツェルン形態に移行した早い段階から，全社的な情報の伝達，そして連絡・報告の重要性を意識した組織づくりが志向されていたということができよう．

2.2 資料課評議委員会の設置と審議——1920年代後半の本社

次に，1920年代後半の経営組織に関して，資料課評議員会をとりあげてみていくことにしよう[21]．では，資料課評議員会とはどのような役割を担う組織であったのだろうか．その手掛かりとして，以下の資料（『三菱合資会社資料課評議員会日誌及通知　昭和3年』三菱史料館所蔵資料：MZ-15-1）を参照することにしたい．

（資料[22]）

　三菱合資会社資料課評議員会日誌及通知　昭和3年（1928）

　三菱合資会社　社報　第五四四号　昭和三年五月二十六日　三菱合資会社総務課

　通知

　○三菱合資会社

　一般通知第二百八号　　昭和三年五月二十五日

　資料課評議員会規則左ノ通定メ本日ヨリ之ヲ施行ス

　社長

　資料課評議員会規則

　第一条　当会社ニ資料課評議員会ヲ置ク

　　資料課評議員会ハ経済資料ノ募集，利用並経済調査ニ関シ重要事項ヲ審議シ当会社，分系各会社間ノ連絡共助ヲ図ルヲ以テ目的トス

第二条　資料課評議員会ハ左ノ諸員ヲ以テ組織ス
　　一，常務理事，理事及参与中ヨリ特ニ任命セラレタル者
　　二，分系会社取締役中ヨリ特ニ任命セラレタル者
　　三，当会社資料課長
　　四，前条第二項ニ依ル関係会社ノ取締役一名
第三条　資料課評議員会ニ議長，副議長各一名ヲ置キ評議員中ヨリ之ヲ任命ス
　　議長ハ会務ヲ統理ス
　　副議長ハ議長ヲ補佐シ議長事故アルトキハ之ヲ代理ス
第四条　資料課評議員会ニ幹事一名ヲ置ク
　　幹事ハ当会社資料課長ヲ以テ之ニ充ツ
　　幹事ハ議長ノ指揮ヲ承ケ資料課評議員会ノ事務ヲ処理ス

　これによると，資料課評議員会は，経済資料の募集や経済調査に関する目的で，重要事項の審議を行い，本社・分系会社の連絡共助を行う機能を有し，審議および連絡機関としての役割を担っていたということがわかる．そして，常務理事，理事といった本社におけるトップ・マネジメントのほか，分系各社の重役クラスの役員たちが評議員として参加することとされた．

　このように，資料課評議員会は，資料課に関する組織ではあるものの，その評議員として主に本社および分系会社のトップ・マネジメントが集まり，重要事項の審議・連絡を行う機関であった．すなわち，資料調査・収集に関わる機関であったものの，実質的には本社および分系各社のトップ・マネジメントが集まり審議する協議機関であったといえる．

　そして，前半期においては海外企業組織に関する資料調査・収集に重きがおかれていたものの[23]，後半期においては重要法案に関する協議などが行われるようになった．たとえば，『第20回（臨時）資料課評議員会記事』（三菱史料館所蔵資料：MZ14-3）によると，「臨時産業合理局統制委員会ニ於テ政府側委員ヨリ提案セラレタル企業統制ニ関スル立法要綱（工業組合法案）ニ付山室評議員ヨリ説明アリタル後，各社事業ノ立場ヨリ其利害得失ニ付意見ノ交換ヲナス」とされている．以下，協議内容についてその一部を記すと次のようになる．
　　（資料10[24]）

一，協議
　　山室評議員　只今青木サンカラ御話ガ御座イマシタノデ〔中略〕今迄ノ同業組合法ハ輸出品ダケデアリマスガ，今度ハ一般的ニ工業ヲ統制シヨウト云フノデアリマスカラ中小企業ニ限ラズ大工業モ含メルトイウコトニナルノデアリマス〔中略〕所ガ三菱関係ノ各会社ハ大工業デアリマスカラ〔中略〕法律ヲ如何ナル事業ニ適用スルカ其事業ノ種類ニ就テ皆様ノ御立場カラ御考ヘ願度イト思ヒマス．
　　三橋評議員　実ハ私ノ関係シテ居リマス委員会デモ工務局長ノ私案トシテ此工業組合法ガ出テ居ルノデアリマスガ〔中略〕統制委員会デモ矢張リ生産ニ重点ヲ置クモノト見テ宜シイデセウカ
　　山室評議員　重要生産品ノ生産及販売ト解シテ居リマス，船舶工業等ハ入ラヌト思ヒマス，誰レデモ誰シデモ生産出来ルモノデナイト此中ニ入ラヌト思ヒマス
　　船田評議員　石炭ノ方デハ任意的ニ連合会ヲ作リ全国ノ同業者ヲ網羅シテヤツテ居リマス

　こうした発言内容からは，単に資料調査活動について事前および事後の報告を行う場であったというだけでなく，財閥内の事業内容に関する情報の交換・共有の場でもあったということが理解できる．なお，資料課評議員会の活動が資料から確認できる1928年から31年にかけての時期[25]は，第4代社長・岩崎小弥太の病気療養中の時期にも重なる[26]．この時期の企業経営のあり方については，理事による集団指導体制が固まった時期であるともいわれているが，資料課評議員会の内容からは，社長不在時における専門経営者らによる合議のあり方の一端が明らかになる．すなわち，20年代前半における連絡・報告機関としての理事会のあり方とは違い，この資料課評議員会では重要法案についての審議・討論が行われていた．異なる組織についてみているため，単純に20年代前半における連絡・協議機関としてのトップ・マネジメントのあり方から，後半には審議機関としてのそれへと移行したと結論することは控えるが，資料からわかることとして，少なくとも20年代後半の時期には，三菱では理事クラスの経営者たちが集まり，財閥内の重要事項に関する情報の交換・共有を行っていた．そして，このようにして築かれていった集団指導体制は，その

後拡大する三菱の企業組織のなかでみられる組織構築の方向性の基礎をも形づくっていったということができるのである．

3　戦間期の経営組織②——1930年代前半

3.1　社長室会の設置と理事会の職制変更

すでに明らかにしてきたように，1920年代において，元々は決裁機関として位置づけられた理事会は，連絡・報告機関としての役割を強めるようになった．しかしながら，1920年代後半には，資料課評議員会が設置され，社長の一時的な不在のなか，資料調査・蒐集という本来の目的も有しつつも，実質的には本社・分系各社のトップが集う機関として，重要な審議が行われた．次に，1930年代前半の時期における本社組織に関して，社長室会，理事会を事例としてとりあげて検討することにしよう．

小弥太病気療養後の1931年12月には社長室会が新設された．同月17日付の社報号外において，次のような通知がなされている．

　　（資料[27]）

　　一昨年来病気療養中ノ處漸ク快癒ニ赴キ出社致候得共尚暫ク摂生ヲ要シ候ニ付社業ノ重要ナル事項ノ決裁ニ関シ輔翼機関トシテ当分ノ間本社職制ニ社長室会ヲ置キ且理事会ハ決議機関ニ改メ尚他ノ規定ニ多少ノ変更ヲ加ヘ今般別紙ノ通三菱合資会社職制改正致候間此段及御通知候也

また，「三菱合資会社職制」には，社長室会について，次のように規定されている．

　　（資料[28]）

　　第六条　当会社ニ社長室会ヲ置ク
　　　　　　社長室会ハ社長，総理事及管事ノ役ニ在ル者ヲ以テ之ヲ組織ス但特ニ任命セラレタル者ヲ参加セシムルコトヲ得
　　第七条　社業ノ重要ナル事項ニ付テハ社長ハ社長室会ノ審議ヲ経テ之ヲ決裁ス

第八条　社長室会ニ関スル内規ハ別ニ之ヲ定ム

さらに，「社長室会内規」によると，社長室会の審議事項は次のようになっている．

(資料[29])

第一条　社長室会ハ左ノ事項ヲ審議ス

　　一，當会社並ニ分系会社組織ノ変更

　　一，重要ナル事業ノ計畫並ニ契約

　　一，理事会諮問案ノ決定

　　一，理事会決議ノ採否

　　一，分系会社取締役会ノ議案

　　一，重要ナル人事並ニ給与

　　一，重要ナル寄附贈与

一方，理事会についても，社長室会の設置に伴い，同時に再度の職制変更が行われた．このなかで特に重要な改正点は，上述の「三菱合資会社職制」第十

表8-1　理事会

	1932年	役職名	1933年	役職名	1934年
会員	三宅川百太郎	三菱商事取締役会長	三宅川百太郎	三菱商事取締役会長	三宅川百太郎
	舟越楫四郎	三菱航空機取締役会長	三谷一二	三菱鉱業取締役会長	三谷一二
	三谷一二	三菱鉱業取締役会長	三好重道	本社常務理事・三菱石油取締役社長	三好重道
	三好重道	本社常務理事・三菱石油取締役社長	川井源八	三菱電機常務取締役	川井源八
	濱田彪	三菱造船取締役会長	加藤武男	三菱銀行常務取締役	加藤武男
	三橋信三	三菱倉庫常務取締役	斯波孝四郎	三菱航空機取締役会長	斯波孝四郎
	松田貞治郎	三菱製鉄常務取締役	田村秀実	三菱信託常務取締役	田村秀実
	川井源八	三菱電機常務取締役	三橋信三	三菱倉庫常務取締役	三橋信三
	加藤武男	三菱銀行常務取締役	松田貞治郎	三菱製鉄常務取締役	松田貞治郎
			亀山俊蔵	三菱海上火災保険常務取締役	
幹事	永原伸雄	本社理事	永原伸雄	本社理事	永原伸雄
	堤長述	本社参与	船田一雄	本社理事	船田一雄
	船田一雄	本社理事	佐藤梅太郎	本社参与	佐藤梅太郎
	佐藤梅太郎	本社参与			

(出典)『三菱社誌 36』『三菱社誌 37』．
　(注) 役職名とは，主要役職名を指す．

条において，理事会に重要な社規の制度変更，重要な投資ならびに契約などといった，重要事項について決議する権限が与えられた点である．このように，確かに，理事会には再度，決議機関としての機能が付与されたが，後述するように，実際に決議を要することは多くはなく，構成メンバーからの連絡・報告や協議が行われることが多かった．その一方で，社長室会では，内規にも示されているような重要事項に関して，具体的に審議された．

3.2　1930年代における理事会——議事録からの検討

では次に，資料（『理事会議事録』三菱史料館所蔵資料：MA-8030，MA-8031）から明らかになる，1930年代の理事会の具体的な内容について明らかにすることにしよう[30)]．まず開催頻度について，職制第15条には「理事会ハ毎週1回定日ニ之ヲ開ク」とされており，設置直後（1930年代前半）においては必ずしも週1回のペースが守られていたわけではなかったものの，1935年9月以降は週1回のペースで定期的に開催されていた．

会員・幹事

役職名	1935年	役職名	1936年	役職名
三菱商事取締役会長	三宅川百太郎	三菱商事取締役会長	三好重道	本社常務理事・三菱石油取締役社長
三菱鉱業取締役会長	三谷一二	三菱鉱業取締役会長	斯波孝四郎	三菱重工業取締役会長
本社常務理事・三菱石油取締役社長	三好重道	本社常務理事・三菱石油取締役社長	瀬下清	三菱銀行取締役会長
三菱電機常務取締役	斯波孝四郎	三菱重工業取締役会長	川井源八	三菱電機取締役会長
三菱銀行常務取締役	瀬下清	三菱銀行取締役会長	三橋信三	三菱倉庫取締役会長
三菱重工業取締役会長	川井源八	三菱電機取締役会長	河手捨二	三菱鉱業取締役会長
三菱信託常務取締役	三橋信三	三菱倉庫取締役会長	船田一雄	三菱商事取締役会長
三菱倉庫常務取締役	田村秀実	三菱信託常務取締役	山室宗文	三菱信託取締役会長
三菱製鉄常務取締役			永原伸雄	本社常務理事
本社理事	永原伸雄	本社理事	佐藤梅太郎	本社理事
本社理事	船田一雄	本社理事	武雄松次	本社参与
本社参与	佐藤梅太郎	本社参与		

出席者は，理事会会員・幹事により構成されており，これらについてまとめたものは表8-1である．同表から明らかなように，理事会員は，分系各社の代表から構成され，幹事は本社役員より構成された．このような構成メンバーからは，理事会の性格——すなわち，分系各社の代表者会議のような性格——の一端を見て取ることができよう．また，構成メンバーの他に，管事である管事串田万蔵・青木菊雄・武田秀雄らが出席した．もっとも，これらのメンバーについては，職制に規定され，また研究史上既に述べられてきたことである．一方，ここでの資料の検討からわかる注目すべき点は，社長（岩崎小弥太）の出席がほとんどみられない点と，1932年9月9日に初めて「見学」に訪れてから，岩崎彦弥太が出席するようになった点である[31]．この小弥太の不参加と，一方での彦弥太の参加は，1930年代の三菱における経営組織について考える上で，重要なポイントとなるように思われる[32]．また，審議内容は，大きく分けて決議事項・報告[33]・協議・雑件から成り立っていたが，職制改正後の理事会においても，決議機関というよりはむしろ，その前の時期と同じく分系会社の代表者が集まり協議・連絡を行うという役割のほうが重視されていた．すなわち，連絡・諮問機関から決議機関へと移行したとされる，社長室会設置後の理事会においても，それまでと同じく，主に連絡や報告のための機関としての役割を理事会は担っていたのである．もっとも，1936年に入ると，決議事項のみならず報告事項や協議事項もない場合が多くなり[34]，理事会自体が形骸化していったという点を指摘することができるが，「本社が統制を弱め，これに応じて分系会社が自立性を強めた[35]」という状況のなかで，この時期の理事会は，財閥全体のまとまり，統一性を維持するための役割を担っていたのではないかと考えられるのである．

3.3 社長室会についての検討

他方，社長室会では，様々な重要事項についての具体的な審議が行われた[36]．ここでは『社長室会議事録』第1-5号（三菱史料館所蔵資料：MA-8023-8027）から明らかになる内容について簡単に述べておくことにしよう．資料の現存する1934年4月から1937年12月までの間，頻繁に社長室会は開催されていたといえる．具体的にいうと，特別な場合を除いて，火・木・土曜日の開催を基

本としており、週3回の開催が予定されていた。これ以外にも臨時会が開かれることもあり、1934年4月から1937年12月までの3年8ヶ月の間で、417回にのぼる会合[37]が開かれていた。

次に、表8-2は、資料（『社長室会議事録』）から明らかになる出席メンバーについて記している。これによると、『三菱社誌』記載の社長室会会員に、常務理事である三好重道、理事である永原伸雄、船田一雄（ただし船田は1936年6月まで）、そして副社長である岩崎彦弥太を加えたメンバーが、社長室会を構成していたことがわかる。

また、表8-3は審議内容について項目別に分類した上で、半期毎にその合計数を記したものである。このなかで、最も多かったものは採用・昇進といった、「重要ナル人事並ニ給与」についてであり、その合計数は471（表中のA＋B）件にのぼった（全体の40.8%）。次に多かったものは、採用・昇進といった、「重要ナル人事並ニ給与」に関してであり、284件であった（全体の24.6%）。

この時期における社長室会は、分系各社の行動を監視・統制する役割を果たしていたといえるが、このようなモニタリング機能だけでなく、例えば、1934年の三菱重工業成立の場面など、重要な事案においては、分系会社の意思決定のプロセスにおいて社長室会の意向は実際に大きく影響を与えていた。すなわち、社長室会メンバーによる集団的意思決定が行われていたということができる。

そして、社長室会や理事会といった本社上位機関において連絡、協議ないしは重要事項の意思決定が行われていたとい

表8-2　社長室会出席メンバー

1934年4-12月	副社長（岩崎彦弥太） 総理事（木村久寿弥太） 串田万蔵 青木菊雄 三好重道 永原伸雄 船田一雄
1935年1月－ 1936年5月	副社長 串田万蔵 青木菊雄 三好重道 永原伸雄 船田一雄
1936年6月	副社長 串田万蔵 青木菊雄 三好重道 永原伸雄 船田一雄 三谷一二
1936年7-12月	副社長 串田万蔵 青木菊雄 三好重道 永原伸雄 三谷一二

（出典）『社長室会議事録』第1-5号（MA-8023, 8024, 8025, 8026, 8027）。

表 8-3 議事項目数の時期別・項目別合計

期間	A	B	C	D	E	F	その他	報告	理事会諮問案
1934.4-9	23	11	57	17	1	21	30	8	1
1934.10-35.3	49	6	40	12	1	7	24	9	6
1935.4-9	27	5	28	8	2	11	31	15	1
1935.10-36.3	47	7	31	10	1	9	27	20	0
1936.4-9	39	5	29	9	2	16	25	4	1
1936.10-37.3	91	9	40	11	1	16	30	0	1
1937.4-9	66	6	43	24	2	18	28	0	0
1937.10-12	77	3	16	4	0	1	0	0	0
合計	419	52	284	95	10	99	195	56	10

(出典)『社長室会議事録』第1-5号（MA-8023, 8024, 8025, 8026, 8027).
(注) A：採用, B：昇進・異動, C：重役会議事録, D：寄附金関係, E：会社組織の変更, F：重要な事業計画・契約を指す.

うことから，戦間期をつうじていっそう巨大化した企業組織のなかにおいても，単に分権化や自立化が進行したというのではなく，一定の割合で本社におけるトップ・マネジメントによる意思決定の余地を残し，またその影響力を残していくという方法がとられていたということができよう．

4 戦時期における本社部門

4.1 戦時体制への移行と財閥

戦時期の具体的な経営組織の変容のあり方について検討する前に，ここでは当該期の日本経済における制度の変容についてその概観を述べておくことにしよう．

1937年7月の日中戦争の勃発により，日本では本格的な経済統制が展開することになった．同年6月に成立した第一次近衛内閣では，成立後ただちに5ヵ年計画に基づく生産力拡充の実行を国策として決定するとともに，経済政策の基調として「生産力の拡充」，「国際収支の適合」，「物資需給の調整」からなる，いわゆる財政経済三原則を発表していた．しかしながら，国家統制の強化に対する民間資本の反発を顧慮し，統制の本格的な展開は控えられていた．そ

れが，日中戦争の開始によに統制が一気に展開することになり，同年9月には第72臨時議会において輸出入品等臨時措置法と臨時資金調整法といった二大統制立法が可決された．また，1918年に成立していた軍需工業動員法の発動が法の本来の要件を満たさない「日華事変」に適用することが決定された．臨時軍事費特別会計も設置され，財政面でも戦時体制に突入することになった[38]．このなかで，臨時資金調整法は，設備資金の供給を統制することにより貨幣面から投資規制を行うものであり，全産業を三種にわけて，軍需関連産業には設備資金を豊富に供給する一方，不急不要産業への資金流入を徹底的に制限した[39]．

このような日本における戦時経済統制の進展にともない，三菱内部においても，具体的な変化が生じることになった．まず，資本編成において，商事・銀行部門に対し，重工業部門の相対的な地位上昇が顕著にみられた．そして，日中戦争期には急速に重工業部門が拡大し，鉱業部門の支配を維持しつつ，急増する資金需要には外部資金導入も利用して，急成長を遂げた[40]．そしてこれは三菱のみにみられた動きではなく，たとえば三井のような他の既成の総合財閥においても顕著な動向であった．なお，満州事変の頃において最盛期を迎えていた新興財閥では，これとは反対に戦時期における停滞局面が見られた[41]．

本節において具体的に検討する戦時期三菱の本社部門における組織の変容は，このような日本経済をとりまく制度・環境の変化のなかでみられたものであった．すなわち，戦時体制への突入前後においてその組織形態がまず再編され，その後の戦時体制の進展のなかで，急増する資金需要に対して外部資金の導入も行われていく過程のなかで，さらに組織のあり方に変化が生じた．それまでのように内部資本市場を前提とした財閥の展開ではなく，外部との接点を前提としたうえでの組織改正が行われていったということが，この時期の経営組織の変容を理解する上では重要な前提となるといえよう．

4.2 株式会社三菱社への改組と常務会・三菱協議会

では次に，具体的な検討に移ろう．ここでは，常務会や三菱協議会をとりあげて，考えていくことにしたい．

1937年12月，本社部門である三菱合資会社は株式会社三菱社に改組された．

この改組につき，社長（岩崎小弥太）が述べた挨拶は次のとおりである．
　　（資料42））
　　　新株式会社ハ所謂ホールデイング・コンパニーデアルノデアツテ完全ニ其
　　本色ヲ発揮スル事ニシタイト思フノデアリマス．現在ノ合資会社ハ大部分
　　ハホールデイング・コンパニートシテ働イテ居ルノデアリマス〔中略〕会
　　長，常務ノ諸君ハ各会社ノ最高ノ機関タル取締役会ノ決議ニヨリテ其業務
　　ヲ執行セラル、モノデアル．決シテ合資会社ノ使用人トシテ又ハ岩崎家ノ
　　使用人トシテ事業ニ与ルモノデハナイ．

　この内容からもわかるように，本社社長である岩崎小弥太自身が，本社機能について純粋な意味での持株会社としての機能に特化することを述べている．また，本社の株式会社への改組に伴い経営組織の再編が行われることになった．では，どのように再編されていったのであろうか．1937年12月21日に制定された「三菱社職制」についてその一部を明らかにすると，次のとおりである．
　　（資料43））
　　　第一条　社長ハ会社全般ノ業務ヲ統轄ス
　　　第二条　副社長ハ社長ヲ補佐シ社長事故アルトキ之ニ代ル
　　　第三条　専務取締役ハ社長ヲ補佐シ業務ヲ執行ス
　　　第四条　取締役ハ取締役会ヲ組織シ重要ナル業務其他ノ事項ヲ決議ス
　　　第五条　社長，副社長及専務取締役ハ常務会ヲ組織シ重要ナル事項ヲ協議
　　　　　　遂行ス
　　　第六条　常務会ハ定時開会シ議決ハ全員ノ同意ヲ得ルコトヲ要ス

　これより，社長・副社長・専務から組織された常務会は，いわゆる社長室会の後継機関として設置されたものであるということがわかる．一方で，三菱協議会については，同日（1937年12月2日）に制定された「三菱協議会会則」にその内容が詳しく載せられている．
　　（資料44））
　　　三菱協議会会則
　　　第一条　三菱社専務取締役並ニ分系各社取締役会長ハ各社間ニ共通又ハ関
　　　　　　係アル事項ニ付打合セヲナス為メ三菱協議会ヲ組織ス
　　　第二条　会員ハ各自議案ヲ提出スルモノトス

第三条　議長ハ会員ノ互選ヲ以テ之ヲ定ム
　　　　　議長ハ会務ヲ総理ス

　このように三菱協議会は，本社専務および分系各社における取締役会長などが集まり，打合せを行う機関として会則上，規定されていた．

　なお，同年12月17日に開かれた最終理事会の記録には「本日ヲ以テ最終理事会トシ合資会社組織変更ノ結果本会ハ自然解消今後ハ三菱協議会ニ移ルベキコトヲ宣シ本会ヲ終レリ[45]」とある．したがって三菱協議会は理事会の後継機関として位置づけることができる[46]．

　ここで，常務会開催日程および構成メンバーについて簡単にふれておくことにしたい．表8-4をみてみよう．開催日程についていうと，設置されてしばらくの間（1937年12月，翌1938年2月，3月）においては頻繁に開催されていた．しかしながら，回を重ねるに従い開催頻度も減り，1938年には月1回，39年には3ヶ月に一度の開催であった．とはいえ，主な出席メンバーは社長・副社長・両専務（三好重道・永原伸雄）であり，社長が実際に主なメンバーとして参加していた点は注目すべきである．

　その一方で三菱協議会は，たとえば長沢康昭によると，三菱合資会社理事会の後身として単に各社間に共通又は関係ある事項のみを議題とし，打合せを行うにすぎない機関

表8-4　常務会開催日・出席者

開催日	曜日	出席者
1937年12月21日		
1937年12月23日		
1937年12月28日		
1938年 2月 3日		
1938年 2月15日		
1938年 2月18日		
1938年 2月21日		
1938年 3月 1日		
1938年 3月29日		
1938年 3月31日		
1938年 4月15日	金	
1938年 4月25日	月	社長欠席
1938年 6月20日	月	社長・副社長・両専務出席
1938年 7月15日	金	社長・副社長・両専務出席
1938年 8月 2日	火	社長・副社長・両専務出席
1938年 9月29日	木	
1938年10月13日	木	
1938年11月 7日	月	
1938年11月18日	金	
1938年12月12日	月	
1939年 1月20日	金	副社長・両専務出席
1939年 4月10日	月	副社長・両専務出席
1939年 7月 4日		両社長・両専務出席

（出典）「株式会社三菱社常務会記事」（MA-9944）．
（注）1．両専務とは，三好重道・永原伸雄を指す．
　　　2．曜日・出席者空欄は，不明（議事録に記載なし）であることを示す．

であるとされていた[47]．しかしながら，『三菱協議会議事録』（三菱史料館所蔵資料：MA-8028，MA-8029）によると，これとは若干異なる解釈が可能となってくる．そこで，同資料から明らかになる実態について簡単に示すと，次のようになる．

まず開催日程について示すと，第1回から第193回までの定期開催と，その他臨時会が行われ，設置当初においては月2回のペースで開催することとされていた[48]．そして，第7回三菱協議会（1938年4月8日開催）における「雑件」としての「当協議会ハ毎週金曜日開会ト定メ休会ノトキノミ通知スル事」という議事[49]にあるように，早い段階で毎週開催されることが取り決められた．そして実際，議事録からは1938年5月からは毎週，協議会が開催されていたということがわかる．

なお，上述した常務会の開催日程と比較して論じると，常務会の開催頻度が減った時期と，三菱協議会の開催頻度が増えた時期とがちょうど重なっているのである．この点と，元々の常務会および協議会設置の目的から考えると，設置当初においては，社長室会の後継機関である常務会が，1938年以降も最高意思決定機関としての役割を担うことが想定されていたが，設置後しばらくして理事会の後継機関として設置された三菱協議会がその役割を引き継いだのではないかと考えられる．なお，構成メンバーについて記すと，三菱協議会は本社専務および分系会社社長といった，コンツェルン内におけるトップ・マネジメントが集まるものであった．

また，協議・報告内容についていうと，士官志願者の取扱方や昇給，賞与などについて協議を行っていた．また，報告内容についても応召戦死者の現況など，直接の経営の意思決定事項に関わるようなものではなかった．このような点からすると，戦間期において社長室会が担っていたような最高意思決定は，戦時期においては，三菱協議会ではなく，そもそも分系各社のトップ・マネジメント，もしくは別組織に委ねられていたのではないかと考えられる．

次に，第4回三菱協議会（1938年2月25日開催）において協議された内規改正に関して，社長である岩崎小弥太および副社長である岩崎彦弥太が出席し，社長（岩崎小弥太）は次のような説明を行った．

（資料[50]）

一．三菱社ト分系会社トノ関係ニ付テハ先般既ニ聲明シタル通ナルガ之ヲ内規ニ致置度今回ノ改正ヲ為シタルモノニシテ

（一）事業上ノ事ハ各社ニ於テ取締役会ヲ最高機関トシ責任ヲ以テ遂行セラルベク三菱社ハ大株主トシテ又親会社トシテ統制ヲ要スル事項ニ付テノミ関係スルコト従ツテ規則内規ノ如キモ各社各別制定ノ事トシ各社間ノ統一連絡ヲ保ツ為ニハ本協議会ニ於テ審議ヲ為スコトヲ取極メタリ

（二）各社ノ会長及常務ニ対スル年金支給ノ事ハ従来通リナルガ其精神ハ全ク異レリ即チ従来ハ各社重役ヲ本社ノ在籍参事トシテ年金ヲ付シタルモ今後ハ其関係ナリ当社ガ推薦シタル各社重役ノ労ニ酬ユル趣旨ニ出ヅルモノナリ

（三）定限年齢ニ就キテハ今回ノ改正ニヨリ使用人関係ノ消滅セル重役（会長，常務）ニ対シ正員定限年齢内規ヲ適用スルコトハ不合理ナリ乍併慣行トシテハ従来通リ規定年齢ニ達シタル場合一応其旨三菱社々長ニ申出ツルコトニ致置度

特にここでは発言中，一の（一）の内容に注目することにしたい．このような社長による発言からわかるように，1937年における規則改正によって，分権化が進み，事業上の事項に関しては分系会社の取締役会が最高機関として責任をもって経営行動を行うこととされた．このことは，分系会社における意思決定に多くを任せ，文字通り分権化・自立化をすすめていくということを示している．そして，本社（持株会社）である三菱社は「大株主トシテ又親会社トシテ」，統制を必要とする事項についてのみ関係することとし，事業上の事項に関しては，分系会社の取締役会が責任をもって行動することされ，規則内規についても各社にその判断が委ねられることとされた．同様に，第87回協議会（1939年11月17日開催）でも社長の「関西九州地方御旅行中ノ御所見トシテ」次のような報告があった．

各地現場ニ於ケル職員其他従業員ノ精勤振リニ御満足ノ趣御話アリ尚各社相互間諸般ノ横断的連絡ヲ今一層緊密ニシ事変中及事変後ニ於ケル三菱全機構ノ運営ニ遺憾ナカラシムベク更ニ一致強調ノ精神ヲ以テ善処方御要望アリタリ[51]

このような内容からも，戦時期に移行する状況のなかで，コンツェルン内における横断的連絡および一致強調の精神の重要性について重視していたことが理解できる．さらに，第165回協議会（1941年6月27日開催）においても，社長から「本社分系会社間事業上ノ連絡其他ニ係ル件」として次のようなことが述べられている．

(資料[52])

　　本社ガ統制会社トシテノ機能ヲ発揮スル為ニハ本社分系会社ノ連絡打合ハセガ最モ必要ナル処従来大体ノ事ハ自分モ承知シ居リシモ各事業漸次規模拡大シ又分系会社ノ数モ殖エタル為余程注意努力セラレバ連絡不充分トナルヤノ処アリ，就テハ自分モ従来以上努力シテ諸君ノ話ヲ聞キ連絡ニ力ムベキモ本社三専務ニモ左記ノ通分担ヲ定メタルニ付本社側ト分系会社側ト相互積極的ニ接触シ此上連絡ヲ完全ニスル様希望アリ

このような記述からは，社長自身が，分系会社間の分権化・自立化が進むなかで，財閥内の統制機能を発揮するために最も必要なこととして，本社－分系会社間の連絡・打合せを挙げていたということがわかる．連絡，打合せの重要性については，初期の会合である第4回協議会において，さらに第87回協議会においても社長が繰り返し述べてきた点である．こうした点からは，確かに協議機関にすぎなかった，という見方もできるものの，むしろ，本社－分系会社間の連絡打合（協議）機関としての機能を全うしたことにより，当該期の財閥本社における実質的な最高機関としての機能を三菱協議会は果たしていたと解釈するほうが妥当であろう．すなわち，1930年代後半の三菱では，事業規模拡大に応じた分権化の流れのなかで，全社的な連絡・協議の必要性，およびコンツェルン内における統一性を保つことの重要性が認識され，本社にはそのような役割が求められていたと考えられるのである．

4.3　本社の株式公開と査業・財務委員会

本社である三菱社の株式が公開されたのは，1940年のことであり，同年5月末には，株式公開に関する声明文が発表された．このことは，以下において説明するように，査業委員会・財務委員会の設置および運用に関して大きな影響を及ぼした．なお株式公開の意義に関して，岩崎小弥太は次のように考えて

(資料53))

　　今日の三菱社は岩崎一家の財産保全会社たるの域を完全に脱却致したのでありまして公開せられたる統制会社として三菱傘下の事業の有効なる統制に当り各種の事業をして益々国家の必要に応じ奉公の誠を致さしむると云ふ重大なる任務を有するに到つたのであります，分系会社会長諸君をして三菱社の重役たることを御願ひ致しましたのも一に今回の挙は一，三菱社の組織の変更に止まらず其目的は全三菱の事業の統制にあり全三菱上下の協力を要する事柄であるが故であります，此点は充分に諸君の部下に徹する様御尽力を御願ひ致します

そのうえで，「決議機関たる取締役会についても執行機関たる社長其他についても今回は何等の変更を加へて居りません，只従来と異なる点は」としながら，財務・査業委員会に関して，次のように述べている．

(資料54))

　　私は当分の間は此二つの委員会を適当に運用することにより三菱社の統制の機能を強化して行きたいと考へて居りますが故に此二委員会について諸君の充分の御諒解を得て置き度いと思ひます，此委員会は性質としては純然たる社長の諮問機関であります従て委員会が直接に各会社に働きかくるが如き事の無いのは勿論であります，委員会は撰ばれたる問題に就て審議し社長に裁断の資料を提供するのを其任務と致します，社長は其審査の結果を参酌し独自の意見を以て其取扱方を決定するのであります，或は重ねて三菱社の財務委員会の議に附し金融上の意見を徴する事もありませう，そして重役会の議を経て実行せしむる事もありませう，要するに問題の性質により社長に於て決定し実行するものと御承知を願ひ度いのであります

このように一応の「性質としては」，社長の諮問機関であるという位置づけが行われていた．次に財務委員会に関しての記述が続く．

(資料55))

　　先づ財務委員会は元合資会社時代に存在した事があり，三菱社に改組した時に廃止致しましたが今回再び此委員会を設置致しました，合資会社時

代には財務委員会の取扱ひました事項も会社の性質上自ら主として岩崎一家の資産保全の為めの財務なりと云ふ観がありましたのは已むを得ざりし処であります，今日に到りましては先刻申上げました通り会社の性質が名実共に変化致したのでありますから委員諸君の目の付け処も自ら前とは異ならざるを得ないのでありまして公開せる株式会社としての財務たる事は明白であります，而して主として三菱社直接の金融其他の財務を審議するのは勿論でありまするが三菱社が統制会社としての立場より各会社の財務に関するものと雖も其三菱社に直接影響あるもの及び三菱全体の事業に影響ありと認むるものはこれを審議せしむる事ありと御承知を願ひ度いのであります

　本社の株式公開に併せ，1940年8月に査業委員会と同じタイミングで設置された財務委員会では，本社の統制会社としての役割の強化のなかで，本社部門における財務関係の審議のみならず，分系会社の金融・財務に関してもその審議の対象とされた．なお，財務委員会の構成メンバーは，表8-5からわかるように，本社および分系各社におけるトップ・マネジメントの立場にあるものたちであった．

　次に，査業委員会についていうと，その名称は，委員会の性質から言えば企画，もしくは計画と称するほうがふさわしいといえるが，三菱合資会社時代に

表8-5　財務委員会メンバー

	主な役職
永原伸雄	三菱社専務，監査役
武藤松次	三菱社経理部長，専務，三菱本社常務理事
川井源八	三菱電機会長
加藤武男	三菱銀行会長，頭取
山室宗文	三菱信託会長，社長
船田一雄	三菱社専務，三菱本社理事長
平井澄	三菱石油社長，三菱社専務，三菱本社常務理事
小村千太郎	三菱鉱業社長
鈴木春之助	三菱本社常務理事
田原良知	三菱重工業常務

（出典）長沢康昭「本社部門の役割」三島康雄・長沢康昭・柴孝夫・藤田誠久・佐藤英達『第二次大戦と三菱財閥』日本経済新聞社，1987年，252頁，表7-3より筆者作成．
　（注）原資料は，『三菱社誌』各巻．

おいて設置されていた査業課を意識し，査業委員会という名称にしたという[56]．なお，同委員会の性質としては，あくまでも社長の諮問機関であるという位置づけにあるものの，社長からの直接の諮問の外にも構成メンバーからの提案や，分系各社の判断において三菱全体に関係があると認められ，査業委員会の審査に附するべきと考えられるものに関しては，分系各社会長を通じて査業委員会において提案できることとされた．すなわち査業委員会においては，各委員および分系各社から持ち込まれた多くの案件について活発に議論されることが想定されていた．そしてさらに，委員間において活発な議論を行うべきであるとされていた[57]．

ではここで，査業委員会の内容について述べることにしたい．ここでは表8-6および表8-7をみてみることにしよう．これらの表からは，本社常務および分系各社の社長クラスが構成メンバーとなっており，1940年後半から1941年前半にかけて，多く開催されていたことがわかる．そして，企業買収などの事業戦略に関する重要審議が行われていたことがわかる．議事録の内容によると[58]，企業買収等の戦略的な意思決定のみならず，経営組織に関する審議も行われることがあった．他財閥を意識した組織構築のあり方が目指され，委員会という形態をとりながらも，実際には極めて重要な審議が行われていた．

そして，多くの開催がみられた時期（1940年から41年）は，戦時体制の進行のなかで政策・法案など経済をとりまく状況の変化への対応を行わなければならない時期であった．その一方で，次に述べるように，本社部門の三菱社から三菱本社への改組は1943年のことであるから，この時期は本社株式公開を行いつつも本社の改編という問題は残したままであったという移行の時期にあたるということができる．この時期において，重要な審議については委員会という組織形態ではあるものの，本社常務および分系各社の社長クラスのトップ・マネジメントによって，合議による審議・決定が行われていたのであった．

4.4 株式会社三菱本社の成立と当該期における経営組織——総務部課長打合会のケース

1943年2月8日開催の定時株主総会の決議に基づき，本社は株式会社三菱社から，株式会社三菱本社に社名を変更した[59]．そして株主総会上，定款変更

表 8-6 査業委員会日程, 出席者, 開催場所 (第 5 回から第 25 回)

開催回	日程	出席者	開催場所
第 5 回	1940. 9.18	元良氏以外出席　川井 (臨時)	船田主査室
第 6 回	9.28	全員　社長御列席	本社第一会議室
第 7 回	10. 3	全員	船田主査室
第 8 回	10. 9	宮崎氏以外全員出席, 社長御列席	本社第二会議室
第 9 回	10.16	宮崎氏以外全員出席	船田主査室
第10回	10.28	宮崎氏以外全員出席	船田主査室
第11回	11. 4	宮崎氏以外全員出席	船田主査室
第12回	11.13	宮崎氏以外全員出席	船田主査室
第13回	11.21	船田主査, 池田, 田中, 元良, 平井, 川井 (臨時)	本社第二会議室
第14回	12. 4	宮崎氏以外全員出席	船田主査室
臨時	12.23	船田主査, 池田, 元良, 田中, 平井, 社長御列席	本社第二会議室
第15回	12.28	委員＋波多野日本光学専務	船田主査室
第16回	1941. 1. 7	宮崎氏以外全員出席	
第17回	1.25	全員	船田主査室
第18回	2.19	池田氏以外全員出席	
第19回	2.24	全員	
第20回	3. 5	全員	
第21回	3. 7	全員	
臨時	3.15	郷古, 宮崎, 柳瀬, 船田, 武藤, 平井	
第22回	3.17	全員	
第23回	4. 1	全員	
第24回	5.17	全員	
第25回	6. 3	船田, 池田, 元良, 宮崎, 武藤, 平井, 伊集院 (臨時)	

(出典)『査業委員会議事録』(MA-8046).
(注) 開催場所につき空欄は不明であることを示す.

表 8-7 査業委員会メンバー

	主な役職
船田一雄	三菱社専務, 三菱本社理事長
平井澄	三菱石油社長, 三菱社専務, 三菱本社常務理事
武藤松次	三菱社経理部長, 専務, 三菱本社常務理事
田中完三	三菱商事会長, 社長
池田亀三郎	日本化成工業, 三菱化成工業社長
元良信太郎	三菱重工業常務, 副社長, 社長
宮崎駒吉	三菱電機常務, 社長
小村千太郎	三菱鉱業社長
鈴木春之助	三菱本社常務理事

(出典) 前掲, 長沢「本社部門の役割」
(注) 原資料は,『三菱社誌』各巻.

も決議されたが，そのなかで第2条（諸事業の計画・投資・融資，有価証券や不動産の保有・利用など）については，臨時資金調整法による認可が必要とされた[60]．なお，社名変更については，「当社ガ分系会社ノ統轄機関タル性格ヲ表面上明カニセントスル等シク当会社ノ社名モ亦同時ニ此ノ性格ヲ表現スルニ適センモノニ改メントスルモノナリ[61]」という説明が行われており，統轄機関たる親会社としての本社の性格を，名称からも分かりやすいものにしようという意図から実施されたということがわかる．そして，このような統轄機関としての性格を全面にうち出すことになった背景には，長沢［1981］によると戦時体制の深化のなかで軍部や国家が財閥に依存する傾向が深まり，財閥全体としての営業方針の統轄などが必要になったという事情があったという[62]．すなわち，ここでの名称変更および職制の変更は，1937年や1940年の変更のときのような，財閥内部からの必要性に応じるためというよりも，社会状況の変化に応じた，外部からの要請に基づく変更であったといえよう．したがって，この社名変更に伴う職制および組織の大きな変更はほとんど見られなかった．トップ・マネジメントとして「理事会」が再設置されたものの，それに関する史料はほぼ残されていないため，これが有効に機能した組織であったか否かについては現時点では不明である．

それよりも，この1943年における本社の社名変更に際して，社長（岩崎小弥太）の名において「三綱領」が制定され，分系各社は常に本社と渾然一体となって一層組織の力を有効に発揮しなければならないということや，各社の従業員は常に本社伝統の精神を理解し，協力一致して職務にむかうべきことなどが説かれた[63]という点が重要であったのではないかと考えられる．

ここで，戦時期の本社部門においては，「総務部課長打合会」という組織が存在した．これは，前述の三菱協議会の下部組織として位置づけられ，本社および分系各社における部長・課長クラスのような，いわゆるミドル・マネジメントの階層に属する職員たちから構成されていた[64]．以下，この打合会の概要について述べていくことにするが，この組織の性格を考える上で，1944年頭の総務部課長打合会（1944年1月11日開催）における，石黒俊夫（三菱本社総務部長）が行った以下の発言が参考になる．

（資料[65]）

Ⅰ　御承知ノ如ク三菱全体ノ重要事項ヲ審議決定スル最高機関トシテハ三菱協議会ガアリ本社ノ理事長，常務理事，分系各社ノ社長，頭取ヲ以テ組織セラレテオルノデアルガ本打合会ハ協議会ノ下部組織トシテ各社ニ共通ノ諸制度，社規，給与，其ノ他ノ事項ヲ立案審議シ，之ヲ協議会ニ移シ又ハ事ノ軽微ナルモノハ一々協議会ヲ煩ハスコト無ク打合会ノ決定ニ基キ直チニ実施スルコトトシテ来タノデアル

　幸ニシテ各位ノ御努力ニヨリ協議会トノ協調ヲ保チ，相当ノ成果モ挙ゲテ来タノデアルガ，其ノ間打合会ノ顔触レモ変ツテ来テヰルノデ打合会ノ使命ト言フコトモ今一度考ヘ直ホシテ見ル必要ガアル様ニ思ハレル

Ⅱ　前任者ノ森本氏ハ部課長会議ト言フモノハ職制ト言フ様ナ形デノ制度上規定サレテハヰナイ又決議機関デアルカ審議機関デアルカト言フ様ナコトモハツキリシテヰナイ機関デアルガ打合会ヲ事実ニ於テ権威アリ推進力アルモノトシ，事務的ナ問題ハ出来ル丈打合会デ採リ上ゲテ大体ノ意向ヲ明カニシテ協議会ニ移ス様ニシタイト言フ方針デ努力ヲサレテ来タノデアル，此ノ方針ハ今後一層徹底スル必要ガアルト思フモノデアツテ之ガ為ニハ次ノ様ナコトヲ特ニ御願ヒシテ置キ度イ

　　（ⅰ）部課長各位ガ本打合会ニ於テ充分真剣ニ討議ヲサレ意見ノ相違アルモノモ必ズ一致シタ見解ニ迄到達ヲセシメテ之ヲ以テ協議会ニ移ス様ニ努力セラレ度イコト

　　（ⅱ）問題ヲ長期ニ亘ツテ放任スルコト無ク必ズ或ル期間内ニハ結論ニ到達スル様努力セラレ度キコト

　　（ⅲ）部課長自身ノ意見ヲ充分ニ述ベラレ度キコト，最初カラ上ノ意向等ヲ憶測シテ部課長トシテノ意見ヲ述ベラレ無イ様デハ適切ナ改正モ出来ナイ場合ガアル

Ⅲ　以上ノ如キ方針ヲ以テ今後部課長会議ヲ一層信望アリ且権威ノアルモノトシテ行キ度ク，斯ル点カラ長イ間懸案トナツテヰル婦人事務員取扱方ヤ協議会デ決定ヲ急ガレテヰル応徴者待遇方ノ如キ問題モ部課長打合会トシテノ意向ヲ至急取纏ムル様御尽力ヲ御願ヒスル次第デアル

　石黒俊夫の発言からは，三菱協議会の下部組織であるという位置づけや，打合会が財閥内各社に共通の諸制度，社規，給与などについての立案審議の場と

しての役割を担っていたということがわかる．ここで，三菱協議会は，コンツェルン内の統一的な意思決定を可能にするための連絡・協議機関として重要な位置づけがあったと考えられるが，上記発言のように，本社職員によっても三菱協議会について「三菱全体ノ重要事項ヲ審議決定スル最高機関トシテ」位置づけられていた．そして，庶務的な連絡事項などについては，総務部課長打合会が本格的に機能するようになってからは，上位機関である三菱協議会から，下部組織である打合会に委ねられるようになり，上位機関である三菱協議会では，より重要な事項について審議するようになったのではないかと考えられる．そして，協議会，打合会共に，審議内容によるすみ分けが行われつつも，メンバーによる意見交換が行われるなかで全社的な意思決定が行われていった．

次に，開催頻度について簡単に述べておくことにしたい．『総務部課長打合会記事』に記載されている開催日程について述べると，1940年から1945年にかけての戦時体制期においては，概ね月2-3回の開催が行われていた．なお，総務部課長打合会は終戦後においても継続して開かれ，特に1946年においては，ほぼ毎週のように開催されていた[66]．すなわち，形骸化した組織[67]では決してなく，むしろミドル・マネジメントにおける実質的な協議・審議の場としてきわめて有効に機能していたということができる．また本社におけるミドル・クラスの職員および分系各社におけるミドル・クラスの職員が，総務部課長打合会の構成メンバーであった．

具体的な審議・協議内容についていうと，例えば，財閥内各社に共通する給与，賞与その他事務的な取り決めについて，細かな事項に至るまで「打合せ」されていた[68]．また，総務部課長打合会は，1938年からの設置が一応確認できるものの，活動の活発化が確認されるのは，1940年8月以降についてである[69]．この時期は本社の株式公開および査業委員会や財務委員会の設置時期とも重なる．さらに，日本経済をとりまく状況としては，前年（1939年）9月の第二次世界大戦の勃発にはじまり，戦時体制のいっそうの進行のなかで，経済統制が一段と強化されていった．そのようななかで，企業側としてはむしろこうした状況に対抗するような動きがみられた．先行研究［長沢：1987］においても株式公開後，本社活動が活発化したというが[70]，このようにミドル・マネジメントにおける審議が活発化していたということは，本社活動の活発化の一

つの事例を示しているといえよう．

おわりに

　本章では，戦間期から戦時期にかけての三菱財閥の本社組織について，日本経済をとりまく状況の変化にも注目しながら，具体的にいくつかの経営組織の事例をとりあげて検討を行った．そして，研究史において述べられている分権化への流れについての言及に対して，できる限り具体的に再検討することを試みた．

　まず戦間期に関して，本章では理事会や資料課評議員会，社長室会の検討を行った．この時期においては，コンツェルン体制が整備されてきて，企業規模拡大とともに組織の分権化の傾向が見られつつあった．とはいえ，本社部門は単に資金調達に従事する役割だけでなく，重要な意思決定機関としての役割も果たした．その特色としては，本社組織での重要審議において，本社重役だけでなく分系各社のトップも参加し，出席メンバーのあいだで合議に基づく審議が行われていたという点を挙げることができる．

　次に戦時期に関して，本章では三菱協議会や総務部課長打合会，査業委員会，財務委員会の検討を行った．トップ・マネジメントが集まる三菱協議会だけでなく，総務部課長打合会のケースでは，本社部長，分系会社部課長といった，いわゆるミドル・マネジメントが集まり協議を行っていた．このように，三菱では本社，分系各社といったコンツェルン内部において，トップ・マネジメントだけでなくミドル・マネジメントにおいても合議に基づく意思決定が行われていたということがわかる．

　そして，本社の株式公開後においては，査業委員会や財務委員会といった委員会が新たに設置され，重要審議が行われるようになった．これらは「委員会」という形式をとるもののそれは社長の諮問機関としての重要な位置づけにあった．一方，庶務的な内容については，三菱協議会，さらには総務部課長打合会における審議事項へと移行していった．この点については，本社が株式公開した1940年以降における役割の変化の一例として考えることもできる．すなわち，分系各社ならびに本社のトップ・マネジメントが集まる査業委員会や

第8章　戦間期・戦時期の三菱における財閥組織　245

財務委員会では，企業買収やその審議に関する事項など，具体的な経営決定事項が審議されていた．一方で，ミドル・マネジメントが集まる総務部課長打合会においては，それ以前の時期において上位機関である三菱協議会が担っていたような，庶務的な事項について全社的に連絡・報告され，時に審議されていた．この点については，外部資本市場との接点を，分系各社のみならず本社も持つようになり，それがかえってコンツェルン内部における意思決定の共有，一致を深めなくてはならないという意識を強める結果へと結びついたと理解することができる．外部資本市場との接点を持ち，戦時体制の進行という状況の変化のなかで，三菱では全社的な意思決定プロセスおよびその結果の共有を行うべく，組織形態が再構築された．意思決定の共有および合議制を前提とした上での分権的組織の構築が目指されていったということができよう．

　このように，戦間期から戦時期をつうじ，財閥が規模拡大を行うなかで，本社部門は持株会社としての機能を強化し，意思決定は分系各社に委ねるという意味合いにおいて分権化を進行させつつあった．とはいえ，例えば三菱協議会や総務部課長打合会においてみられたように，全社的な合議を前提とする協議・打合せといった「三菱的な」特色を伴う組織は有効に機能し，全社的な意思決定・協議の余地は残しつつも，分権化の流れは進行していった．戦時体制の深化や株式公開による外部資金の導入といった変容のなかで，本社部門は意思決定機関として，そして全社的な統一性を強めたかたちでの協議・報告機関としての役割を担うことになっていった．このようにして，沢井［1992］でも指摘されているように，分権化と本社機能の再強化＝求心力回復の試みという対抗的な二つの動きが生じた[71]のであるが，三菱では本社機能の再強化を行う際においても，委員会組織の活用や，全社的な協議の場を積極的に活用するというような合議，協議を前提とする形での組織構築を行っていくという特色がみられたのであった．そして，ここで再強化された本社機能の中には，たとえば総務部課長打合会のように，のちに戦後の財閥解体にむかう流れのなかで重要な役割をはたしていくことになるものもあった．

　先行研究においては，「自立化」・「分権化」・「統制の強化」といった点を強調して戦間期から戦時期をつうじた三菱の本社組織の変遷について説明されることが多い．確かに，企業規模の拡大や，それに伴う決定事項の増加のなかで

分権化や分系各社の自立化の傾向がみられたことは当然のことであるが，本章における検討からは，次のような変容のあり方が明らかになった．すなわち，企業規模が拡大し外部資本の導入が行われるというように，財閥が外部に向けても拡大していくという流れのなかで，意思決定の重要な部分についてはむしろ「内部化」し，またコンツェルン内部において情報が共有化されていくために「全社化」していくという動きが見られたのであった．そして，この時期の三菱においてみられた分権化，自立化の進展は，全社的な意思決定および情報の内部での共有化の仕組みを伴い，ミドル・マネジメントにおける審議・協議事項を増やすとともに，トップ・マネジメントに，限定的ではあるものの明確な権限が集中されるという仕組みを伴うものであった．そしてこのような経営組織のあり方は，戦後における企業集団体制の基礎を，結果として形づくっていくことになったのではないかと考えられる．

では，このような動向が三菱に特徴的なものであったのだろうか，それとも社会全体の動向の変化のなかで，他財閥や他企業にも共通性をもつものであったのだろうか．これについてはより深い議論・検討が必要である．三菱の動きは，財閥内の各企業における経営の専門性をより高めるとともに，情報の共有によって産業ないし企業間のコーディネートをより強化することで，産業の発展に対応するための組織力の強化が図られたものと評価することができる．もし，このような三菱の新たな組織構築が一般性をもつとするならば，それは日本経済がより高次の段階に向けて，構造を変化させていくプロセスの一環であったものととらえることができるのである．

注
1）森川英正「岩崎小弥太と三菱財閥の企業組織」『経営志林』第2巻第4号，1966年．
2）長沢康昭「三菱財閥の経営組織」三島康雄編『三菱財閥』日本経済新聞社，1981年．
3）長沢康昭「本社部門の役割」三島康雄・長沢康昭・柴孝夫・藤田誠久・佐藤英達『第二次大戦と三菱財閥』日本経済新聞社，1987年．
4）前掲，長沢「本社部門の役割」236頁．
5）麻島昭一『三菱財閥の金融構造』御茶の水書房，1986年．
6）武田晴人「資本蓄積（3）財閥」大石嘉一郎編『日本帝国主義史 1 第一次大戦期』東京大学出版会，1985年，第6章．
7）武田晴人「多角的事業部門の定着とコンツェルン組織の整備」法政大学産業情報セン

ター，橋本寿朗，武田晴人編『日本経済の発展と企業集団』東京大学出版会，1992 年，第 2 章.
8) 同上，76 頁.
9) 同上，77 頁.
10) 橋本寿朗「財閥のコンツェルン化」前掲『日本経済の発展と企業集団』第 3 章.
11) 同上，109 頁.
12) 同上，135 頁.
13) 沢井実「戦時経済と財閥」前掲『日本経済の発展と企業集団』第 4 章.
14) 同上，151 頁.
15) 同上，178-179 頁.
16) 同上，194 頁.
17) 同上.
18) 武田晴人「資本蓄積 (3) 独占資本」大石嘉一郎編『日本帝国主義史 2 世界大恐慌期』東京大学出版会，1987 年，第 5 章.
19)「三菱合資会社職制制定」1919 年 12 月 20 日（三菱社誌刊行会編『三菱社誌 30』東京大学出版会，1981 年，4964-4969 頁）.
20)「三菱合資会社職制改正」1922 年 7 月 26 日（三菱社誌刊行会編『三菱社誌 31』東京大学出版会，1981 年，5882-5885 頁）.
21) この資料課評議委員会に関しては，石井里枝「資料課評議委員会の活動と三菱財閥の組織」『三菱史料館論集』三菱史料館，第 15 号，2014 年，および，石井里枝「両大戦間期の三菱における経済資料の蒐集と調査——資料課における蒐集資料の検討を通じて」『三菱史料館論集』三菱史料館，第 16 号，2015 年において詳細に検討している．併せて参照されたい．
22)『三菱合資会社資料課評議員会日誌及通知　昭和 3 年』（三菱史料館所蔵資料：MZ-15-1）.
23) くわしくは，前掲石井里枝「両大戦間期の三菱における経済資料の蒐集と調査」の付表を参照のこと．
24)『昭和 5 年　三菱合資会社資料課評議員会記事』（三菱史料館所蔵資料：MZ14-3）.
25) この「資料課評議委員会」に関しては，注 21 において示したように，前掲，石井里枝「資料課評議委員会の活動と三菱財閥の組織」および，前掲，石井里枝「両大戦間期の三菱における経済資料の蒐集と調査」において詳細に検討しているが，資料課評議員会の活動について，資料『三菱合資会社資料課評議員議事録』や『三菱合資会社資料課日誌及通知』（三菱史料館所蔵資料：MZ-14-1，14-2，14-3，15-1，15-2，15-3，15-4）から明らかになるのは，1928 年 6 月 1 日の会議から 1931 年 12 月 18 日の会議に限定される．（前掲，石井里枝「資料課評議委員会の活動と三菱財閥の組織」178-179 頁，第 1 表参照のこと）.
26) 前掲，長沢「本社部門の役割」235 頁など．
27)「三菱合資会社職制改正」（三菱社誌刊行会編『三菱社誌 36』東京大学出版会，1981

年,555-557 頁).
28) 同上.
29) 「社長室会内規制定」1931 年 12 月 17 日(同上,557 頁).
30) 理事会については,詳しくは石井里枝「1930 年代の三菱財閥における経営組織——理事会・社長室会の検討を中心に」『三菱史料館論集』三菱史料館,第 11 号,2010 年を参照のこと.
31) 岩崎彦弥太の出席に関連して,初めて「見学」を行った第 25 回理事会(1932 年 9 月 9 日開催)の議事録(『理事会議事録』第 1 号)では,「見学　彦彌太様」と予め記されていたものを,後に「見学　岩崎彦彌太氏」と訂正を加えている.このような記述の改正のあり方からも,社長同族への対応のあり方の変化の一端を垣間見ることができよう.
32) この点についてのふみ込んだ検討については,前掲,石井里枝「1930 年代の三菱財閥における経営組織」を参照されたい.
33) 理事会での報告については,改正された「三菱合資会社職制」の第 11 条において,「理事会員ハ各会社間ニ関係連絡アリト認ムル事項ハ各自理事会ニ報告スヘシ」と規定されている.
34) 例えば,1936 年中に開かれた 43 回の理事会の内,決議・協議・報告事項のどれもない会合は,実に 18 回にのぼった.これは,42.9％の割合にあたる.
35) 前掲,長沢「三菱財閥の経営組織」,97 頁.
36) 社長室会についても,詳細は前掲,石井里枝「1930 年代の三菱財閥における経営組織」を参照されたい.
37) 『社長室会議事録』第 1-5 号(三菱史料館所蔵資料：MA-8023,8024,8025,8026,8027)には,417 回分の日程が記されており,そのうちで「議案なく休会」もしくは「休会」と記されていたのは,7 回分であった.したがって,厳密に言えば 410 回の開催であったということもできるが,どちらにせよ頻繁に会議が開かれていたといえよう.
38) 原朗『日本戦時経済研究』東京大学出版会,2013 年,9-10 頁.
39) 同上,11 頁.
40) 同上,39-40 頁.
41) 同上.
42) 「三菱合資会社組織変更ニ関シ社長挨拶」三菱社誌刊行会編『三菱社誌 37』東京大学出版会,1981 年,1298-1302 頁.
43) 「三菱社職制制定」同上,1318 頁.
44) 「三菱協議会会則制定」同上,1319 頁.
45) 「最終理事会開催」同上,1313 頁.
46) 前掲,石井里枝「1930 年代の三菱財閥における経営組織」.
47) 長沢康昭「本社部門の役割」三島康雄ら編『第二次大戦と三菱財閥』日本経済新聞社,1987 年,249 頁.
48) 『三菱協議会議事録』第 1 号(三菱史料館所蔵資料：MA-8028).なお,「三菱協議会」に関しては,詳しくは石井里枝「トップ・マネジメントについての検討——三菱協

議会を事例として」『戦時期三菱財閥の経営組織に関する研究』愛知大学経営総合科学研究所叢書44, 2014年, 第1章を参照のこと.
49) 同上.
50) 同上.
51) 同上.
52) 『三菱協議会会議事録』第2号（三菱史料館所蔵資料：MA-8029）.
53) 「財務, 査業委員会の運用に関する社長演述」『査業委員会議事録』（三菱史料館所蔵資料：MA-8046）.
54) 同上.
55) 同上.
56) 同上.
57) 同上.
58) なお, 査業委員会に関する具体的な活動内容については, 石井里枝「委員会についての検討——査業委員会・財務委員会を事例として」『戦時期三菱財閥の経営組織に関する研究』愛知大学経営総合科学研究所叢書44, 2014年, 第3章や加藤健太「戦前期三菱財閥と査業委員会——企業買収とその審議」『三菱史料館論集』三菱史料館, 第9号, 2008年を参照のこと.
59) 「三菱社社名変更」三菱社誌刊行会『三菱社誌39』東京大学出版会, 1981年, 2063頁）.
60) 「三菱社定款変更」同上『三菱社誌39』2063頁.
61) 同上.
62) 前掲, 長沢康昭「三菱財閥の経営組織」108-109頁, 同上, 2064-2065頁.
63) 「三綱領制定」前掲『三菱社誌39』2065-2066頁.
64) 詳しくは, 石井里枝「戦時期における三菱財閥の経営組織——総務部課長打合会の検討を中心として」『経営総合科学』第99号, 2013年, および, 石井里枝「ミドル・マネジメントについての検討——総務部課長打合会を事例として」『戦時期三菱財閥の経営組織に関する研究』愛知大学経営総合科学研究所叢書44, 2014年, 第2章を参照されたい.
65) 『総務部課長打合会記事』（三菱史料館所蔵資料：MA-7524）
66) この総務部課長打合会に関しては, すでに注64において示したように, 前掲, 石井里枝「戦時期における三菱財閥の経営組織」や, 前掲, 石井里枝「ミドル・マネジメントについての検討」において詳しく述べられている. 開催日程については, 前掲, 石井里枝「ミドル・マネジメントについての検討」22頁の表2-1を参照のこと.
67) 組織が「形骸化」していたか「形式化」していたかという点に関しては, ここでは, 例えば組織として規定されながらも実際にはほとんど開催されていなかったというような場合には組織が「形骸化」していたと考え, 頻繁に会議が開催されているような場合であっても, そこでの議論の内容が希薄である場合には「形式化」していたという考えに立つ.

68) 具体的な打合内容については，前掲，石井里枝「ミドル・マネジメントについての検討」24 頁，表 2-3 を参照のこと．
69) なお，総務部課長打合会に関する一次史料として，三菱史料館所蔵資料である『総務部課長打合会記事』がある．この資料について詳しくその題目を示すと，株式会社三菱社「総務部課長打合会記事」昭和 15 年 8 月 13 日――昭和 18 年 6 月 15 日（三菱史料館所蔵資料：MA-7518〜MA-7522），株式会社三菱本社「総務部課長打合会記事」昭和 18 年 7 月 6 日――昭和 21 年 12 月（三菱史料館所蔵資料：MA-7523〜MA-7527-2），株式会社三菱社・株式会社三菱本社「部課長打合会　昭和 13 年-21 年三菱本社・（株）三菱」（三菱史料館所蔵資料：MA-9039）である．実際には，1938 年の開催に関しては 1938 年 3 月 30 日に打合会を開催する旨の記載が残されているだけで，その内容について知りうるような資料は残されていない．したがって，打合会に関する記事が残されていた時期に先立ち 1938 年にはすでに打合会が開催されていた可能性はあるものの，打合会についての記事が残存するのは 1940 年 8 月に入ってからであり，それ以前の時期の実態については現在のところ不明である．
70) 前掲，長沢「本社部門の役割」254 頁．
71) 前掲，沢井「戦時経済と財閥」195 頁．

第9章

指定生産資材割当規則と鉄鋼業

長谷部宏一

はじめに

課題

　本章は，鉄鋼業を事例として指定生産資材割当規則の特質に迫ることを課題とする．原朗は，敗戦後（1950年まで）我が国の資源配分のあり方を「統制経済」と評価した．これが，我が国戦後復興期の資源配分をめぐる現在の通説と考えられる（以下原説と表記）[1]．本章は鉄鋼業における指定生産資材割当規則運用の実態を見ることで原説に一定の修正を迫ることを目的としている．指定生産資材割当規則は我が国敗戦後の，鉄鋼，石炭，石油などの「生産資材」の流通を規定した法律である[2]．

　指定生産資材割当規則の最大の特質は，「フリークーポン・システム」といわれる制度と思われる．つまりどの流通業者も割当証明書を提示されたら，代金と引き換えにその指定生産資材を現物化しなければならないという点だと考えられる．言い換えれば戦時期に行われた商品別統制会社による一手買取・配給方式ではなく，個別の流通業者の活動をその中心に据えた点にあると思われる[3]．

　指定生産資材割当規則についての先行研究では，山崎志郎が，敗戦後に成立した一連の「統制法規」のなかに指定生産資材割当規則を位置づけており，同時に指定生産資材割当規則の制定過程についても，貴重な発見をしている．当該法規の特質については，日本側とGHQの交渉の過程を追いながら一手買取・一手販売方式が認められなかったことが強調される．おそらく原説を前提に同法を見ているために，統制法規としては不完全と位置づけている[4]．さらに，戦時期戦後期の流通について述べた他の報告書[5]でも復興期の流通に言及している．この報告書は非常に短いものなので，曲解の恐れもあるが，前述の

論文では明らかにされなかった山崎の戦後復興期の流通に関する捉え方を知ることができる．この報告書の戦後復興期流通に関する主張点は以下の2点であると考えられる．

(1)「卸売り業界の徹底整理が，戦時戦後の流通合理化の原型になった．」[6]
「共販会社から流通問屋統合に繋がる流通合理化構想が20世紀を通じた一貫していた流通政策になっていた」[7]
(2)「占領下の戦後統制では中央集権的一元的統制は排除されたものの統合され簡素化された問屋網は維持され需給調整に利用された．」[8]

山崎の第一の主張は，戦時期の一手買取・一手販売会社の設立と，問屋の整理統合が，商工省・通産省の一貫した流通政策だったという主張と思われる．第二点は，戦後復興期の流通は，一手買取・一手販売会社によらず，問屋によって担われた．しかし，流通過程の多段階性は復活せず戦時期と同様の「簡素化された」，問屋の体制で戦後復興期鉄鋼流通が行われたという主張と考えられる．第一点については本章に直接関係する範囲ではないので言及はできないが，第二点は戦後復興期鉄鋼流通に大きく関わる問題なので後ほど検討する．

方法――商業者と市場

塩沢由典が指摘したように，経済学には市場での流通業者の考察がない[9]．塩沢の著作には，過程としての市場の説明や，市場の組織者としての商人について興味深い叙述が沢山あるが，取引と市場，取引の関係，取引の過程，流通の定義などについては，ほとんど述べられていない．

そこでこれらの点について主に田村正紀『流通原理』[10]に従って考えてみよう．まず流通の役割を生産と消費（産業使用）の「架橋」と位置づける．この「架橋」は「流通フロー」と呼ばれる取引要素の流れとして行われる．つまり，所有権の移動である「商流」，商品それ自体の移動である「物流」，商品の対価の資金移動である「資金流」，生産部門と消費（産業使用）部門との間の双方向的な情報の流れ「情報流」の四つの流れである．流通はこの四つの要素が，生産者と消費（産業使用）者の間を流れる過程だと考える．この流通を流通業者が担う場合（間接流通），生産者と消費（産業使用）者の直接流通を行う場合よりも，流通費用が何らかの形で削減されなければ流通業者介在の意味がな

い[11]．

　以上のように，流通業者が介在する場合その介在によって何らかの取引費用の削減がもたらされなければ意味がないとすれば市場における流通業者の存在理由もこうしたかたちで捉えうる．生産者 - 流通業者 - 消費（産業使用）者の間の取引が市場の基本形態をなす．個別商品の取引が集まり市場が形成されてゆく．まず相対取引の形成による「ミクロ市場の形成」．つぎに売り手・買い手ともに複数の取引相手を想定する「個別市場」ができ，さらにこれら個別市場に参入障壁が存在しない場合多数の売り手と多数の買い手によって構成された「競争市場」が形成されるという道筋である．

　再度ここで強調しておくことは，市場が形成される基本ないしそれを構成する要素は取引ということである．つまり，流通業者と市場の関係を考える時にも，取引をその根本にすえなければならない．

　流通業者が生産者と産業使用（消費）者の取引を媒介する場合，二つの取引が行われる．一つは，生産者と流通業者，いま一つの取引は流通業者と産業使用（消費）者の間のそれである．それを図に示すと図9-1のようになる．同時に他方で取引のステージは「顧客探索」，「交渉」，「契約の履行」[12]の3ステージからなる．これを本章が対象とする鋼材取引に即して具体的に示すと，当時の鋼材生産は注文生産だった[13]．「統制経済」の鉄鋼取引には「切符」がなければ取引は実現できなかった．この「切符」は戦後復興期，流通業者への産業

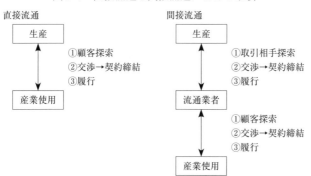

図9-1　直接流通と間接流通における取引

（出典）田村正紀『流通原理』千倉書房，2001年をもとに筆者作成．

使用者からの切符提出ないし，流通業者の産業使用者巡回によって収集された．取引の過程としては，流通業者による顧客探索がまず行われ，取引の条件の交渉が行われる．「統制経済」なので，価格および問屋口銭は公定されている．したがって，どのような鋼材を，いつまでにどのぐらい産業使用者に販売するかという事項が交渉の中心となるだろう．これが図 9-1 の後段の取引になる．

　流通業者が産業使用者の注文をとりまとめる一方で，それに即してもう一つの取引が流通業者と生産者の間で行われる．その過程も前述の 3 ステージを経過して遂行されるはずである．生産割当を前提にした生産者の生産計画の中で，生産者と流通業者との間では，いつまでにどれくらいの量のどのような鋼材を生産し流通業者に販売するかという交渉が行われ，契約が締結され，その契約に従って取引が履行されるわけである．これら全ての取引の過程を見てゆくことは資料の上からも不可能なので，ここでは第一の取引における問屋による「顧客探索」の過程と，第二の取引での交渉とその結果による契約締結の過程を戦前期（1923-36）・戦時期（1937-1945.8.15）・戦後復興期（1945.8.16-1949）についてみてゆきたい．この二つに注目する理由は，「顧客探索」が実現されなければ鉄鋼取引は始まらないし，メーカーと流通業者の契約が締結されなければ取引実現の可能性は低くなると考えるからである．つまり両者の契約によってメーカーの生産計画の中に特定の産業使用者の購入量が組み込まれることを意味すると考えるからである．

　いいかえれば，この二つの取引の過程がそれぞれの時期における鉄鋼流通でどのように行われたか，または，行われなかったかを知ることで，鉄鋼取引がどのような障害をはらんでいたか，ないしはそのときの流通業者はどのように位置づけられたかが浮かび上がってくると考える．さらには，「指定生産資材割当規則」の歴史的意義もそこから浮かび上がってくるのではないだろうか．

　次に，以上の分析をふまえて，各時期の取引のあり方を規定した要因，具体的には，鉄鋼問屋が活動した各時期の統制経済の特質を検討する．そうすることで分析の結果がより説得力を持つと考えるからである．

1　両大戦間期の鋼材生産メーカーと鉄鋼問屋

　両大戦間期の我が国の鉄鋼業は，鋼材カルテルの成立と銑鉄カルテルの成立によって，それ以前の時代と明確に区分される[14]．1925年の初期の鋼材カルテル[15]は，1931年以降の高橋財政による好景気によってもたらされた多くのアウトサイダーの登場，さらには日本製鉄の成立によって「崩壊」[16]する．しかし，鋼材カルテルは1937年9月から1938年3月にかけて再度結成された[17]．第二次の鋼材カルテルは，アウトサイダーも網羅し，各鋼材カルテル相互の連絡機関も設け不況カルテルの結成というより，鉄鋼統制のための組織化だったと言われる[18]．
　このような生産側の組織化に対応して，鋼材の流通も組織化が進んだ．それは問屋，特約店の組織化として現れた．1938年4月の全国鋼材商業組合の成立と，同年8月の鋼材特約店組合の成立である[19]．同時に他方で，当該期に初めてわが国において普通鋼鋼材の自給化が達成された[20]．
　各カルテルは有力な問屋からなる「指定商」（初期カルテル）「指定販売人」（第二次カルテル）を指定し，「指定商」・「指定販売人」のみが各共販と契約を締結することができ，それ以外の問屋は指定商から鋼材を購入するという体制が形作られた[21]．そして各問屋は鋼材を需要家および特約店に販売した．このような流通機構は，初期カルテル，第二次カルテルを通じて堅持された．したがって1925年の初期カルテル成立時から「指定商」「指定販売人」以外の鉄鋼問屋は，鉄鋼メーカーと直接接触をし，交渉をして契約を結ぶことができなくなっていたことをここでは確認しておきたい．
　したがって，問屋は指定商（指定販売人）と契約を結ぶことになり，顧客の希望する鋼材についての要望（寸法・形状・納期等）が生産側に直接伝達できなくなったわけである．この指定商・指定販売人という媒介をおくことによって，顧客の希望する鋼材が正確に生産され納品されたのかについてははっきりしない．つまりこのような指定商・指定販売人制度によって顧客との契約の履行が実現したか否かは検証できない．この点は今後の課題である[22]．
　もう一点共販時代の鋼材流通で確認しておきたいことは，一方の取引相手で

ある生産者と，顧客が購入したい商品についての何らかの情報を直接生産者に伝達するという情報流が，指定販売人を媒介することで，細くなったと考えられることである．1941年6月の普通鋼鋼材の公定価格設定以前は，個々の問屋は共販建値の決定について，指定販売人を通じて意見表明が可能だったが，価格公定以降はそのような情報の流れは断たれた．つまり，流通業者の機能が戦時統制経済で失われはじめていたと考えられる．

このような「指定商」「指定販売人」が共販の成立と同時になぜ形作られたかという点について長島修は興味深い説明をしている．ほとんどの共販の「指定商」，「指定販売人」は三井物産，三菱，岩井，安宅の4社が指名されており，それは各共販の中心的な存在だった八幡製鉄所の指定商だった前記4商社が，そのまま共販組合の指定商になったという指摘である．その理由は，基本的に国内市場の自給化達成，民間鉄鋼業の発展と保護という命題があり，その政策目標を実現するために「財閥系商社を指定商」にすることが重要となったという．つまり，「財閥系商社」を八幡製鉄所の「指定商」にすることで鋼材輸入の道を封ずると同時に，共販成立に伴って行われた，八幡製鉄所の民間メーカーへの生産分野提供に伴う八幡製鉄指定商の鋼材取扱量の減少を，各共販の指定商に指名して指定商の鋼材取扱量を増やし，各鋼材需給の自給化を達成した．「財閥系商社を指定商にすることによって，カルテルは輸入鋼材との対抗が可能になった．ここに後進（中進）国日本の鋼材カルテルの特徴があった」わけである[23]．

2　戦時期の鉄鋼統制法規とその運用

2.1　戦時期鉄鋼統制の流れ

戦時期の鉄鋼統制法規・機構は，1943年10月「軍需会社法」制定・施行，同年11月「軍需省」設置までは「鉄鋼統制会」（1941年11月成立）が生産と消費産業への割当を行い，「鉄鋼販売株式会社」（1941年12月成立）が鉄鋼需用者へ鉄鋼「配給」を担当するという形をとった[24]．

鉄鋼の生産流通統制を規定する切符の発行と流通は，1938年2月に制定施

行された「鉄鋼配給統制規則」で規定され開始された.企画院で策定された物動計画の鉄鋼生産が「日本鋼材連合会」によって各企業に割り当てられ(生産統制),同時に中間財として鉄鋼を使用する各産業への割当が企画院によって,各産業の統制団体に内示され,各産業統制団体は傘下の企業に鉄鋼を割当,それを各傘下企業に内示する.各企業はその内示量内で,各産業統制団体に,鉄鋼割当証明書発行を申請し,各産業統制団体が申請企業に発券するという仕組みである[25].

1939年までは鉄鋼は共同販売社が,メーカーから一手に購入し,それを共販が,「指定商」ないし「指定販売人」に卸していた.発券された割当証明書は,末端の鉄鋼流通機関である,「鉄鋼問屋」「特約店」に持ち込まれる.需用者が希望する鋼材が「特約店」「問屋」の在庫にある場合は,この時点で需要者は切符を「問屋」,「特約店」に渡し,鋼材価格を支払って鋼材は購入される.問屋がメーカーに直接接触できなかったこと,また問屋の取引量が過去の実績が上限とされたこと,が注目されるべきだろう.流通の一つの要素である「情報流」がこの時点から鉄鋼において,狭められはじめたわけである.同時に取引相手の探索も問屋の過去の実績(クォーター)によって制限され,顧客開拓を鉄鋼問屋に行わせるインセンティブが喪失していったと考えられる.

鉄鋼統制はさらにめまぐるしく変化する.1939年4月から12月にかけて民間の鉄鋼メーカー,鉄鋼問屋組合,鉄鋼特約店組合が主体となって作られた,各「共同販売会社」が,「鉄鋼統制販売会社」「第二鉄鋼販売会社」「日本鋼管販売会社」の3社に取って代わられた[26].これら3社は商工省の通牒に従い設立されたもので,この3社が,鋼材の一手買取・一手販売を行うことになった.末端の流通機関である「鉄鋼問屋」に鉄鋼を一手に卸す,そして「問屋」が「特約店」に鋼材を卸売りする.しかし公的な機関である三販売会社統制下,価格は建値という形で公表されているが公的に規定されているわけではなかった.

さらに1940年3月には「鉄鋼統制規則」が制定され,「鉄鋼統制需給規則」は廃止される.それまでの鉄鋼統制機関「日本鋼材連合会」は,「日本鉄鋼連合会」に改組される.さらに1941年6月鉄鋼に公定価格が導入される.11月には鉄鋼統制会が成立し生産統制を担当し,12月には「日本鉄鋼販売会社」

「第二鉄鋼販売会社」「日本鋼管販売会社」「日満鉄鋼販売会社」が統合され「鉄鋼販売会社」が成立した.

この時点で鉄鋼の生産統制は「鉄鋼統制会」が一元的に行い,鉄鋼「配給」は,「鉄鋼販売会社」が担った.これまで「鉄鋼問屋」の販売活動は認められていたが1943年の「鉄鋼統制規則」の改正により,「鉄鋼販売株式会社」は文字どおり鉄鋼の一手販売を開始した.このため「鉄鋼問屋」「特約店」は荷捌き業者となった.「鉄鋼販売会社」発行の「出荷指示書」に従って需要者に鉄鋼を配送する業務を担当した.流通における「物流」「倉庫業」を担当する役割しか与えられなかったのである.同時に他方で「特約店」は「企業再建整備」のため存続も危うくなったといわれる[27].本来流通を担当する流通業者が戦時期に「階層」として日本から消滅させられつつあったわけである.

2.2 戦時期の統制システムと鉄鋼問屋

表9-1で戦前期・戦時期の統制法規をピックアップした.物価統制関係の法規は割愛してある.これら物資統制法規の機能を考えると四つに分類できる.第一は経済統制の権限を政府に集中する法律,「輸出入品等ニ関スル臨時措置ニ関スル法律」,「国家総動員法」,「物資統制令」の三つの法律である.これらが根拠法となって,政府には,省令・勅令であらゆる部門に統制の網の目をかぶせることができたわけである.第二は統制機関に関するもの.商業組合法,工業組合法,重要産業団体令,商工組合法がこれに該当する.各産業は強制加入のカルテルである統制会(大企業)および強制加入の統制商工組合(中小企業)を作り,企画院ないし軍需省の物資動員計画に基づく物資生産を,その物資の統制会が傘下企業に割り当てる.そして,企画院軍需省はその物資を各産業の統制会に割り当てる.割り当てられた物資の傘下企業・傘下統制組合への割当は,各産業の統制会が行い同時に切符を発券した.そして,統制組合は,傘下の中小企業に統制会から割り当てられた物資を割当・発券するという業務を行った.このような配給体制を機能させたのが以上の四法である.第三は,企業の事業許可を担う法律,いいかえれば設立統制を担うものである.石油業法から始まり,重要機械製造事業法で終わる各事業法,産金法,製糸業法,繊維工業設備ニ関スル件,製鉄設備制限規則,奢侈品等製造販売制限規則などで

ある.第四は,不急不要企業を廃業に追い込み,その資源(設備のスクラップ化,人員)を軍需産業に充当することをねらったもの.企業許可令,企業整備令(対象中小企業),閣議決定「戦力増強企業整備基本要綱」(対象繊維産業特に紡績業)である[28].

戦時統制下,統制会・統制組合に入らなければ原材料が入手できず事業は営めない.同時に営める事業の多くには許可制の網がかけられており,さらには企業許可令で,設立統制がはっきり明文化されている.限られた企業が統制会・統制商工組合を構成しているわけで,そのような中で物資の配給が行われたのが,戦時期の物資統制である.したがって,鉄鋼の配給は,鉄鋼の需要者がその属する統制会・統制商工組合が発券する切符をもって,一手買取・一手販売会社ないし,鉄鋼問屋・特約店で切符を提示すれば鋼材の配給が受けられたわけである.ただし生産と発注のタイムラグはあり,そのタイムラグを解消する努力は続けられたが実現はできなかった[29].設立統制が行われ,同時に限定され組織化された鋼材需要者に鋼材を配送する形で鉄鋼配給が行われた.このような状況で問屋の顧客探索能力を発動する必要はなく,鉄鋼問屋は一手買取・一手販売会社の配送命令に従って鋼材を運搬配達・在庫する単なる運送業者・倉庫業者としてしか存続できなかった.1939年以降の一手買取・一手販売会社登場後,鉄鋼問屋の「自己の名および自己の計算で」[30]鉄鋼取引を行う役割は,消失しはじめていたのである.

3 戦後の鉄鋼統制規則と指定生産資材割当規則

敗戦後日本はGHQの指令第三号によって,資源配分を統制経済で行うことを指令された.ただし戦後統制の中心機関である「経済安定本部」そして戦後「統制経済」のあり方を規定した「臨時物資需給調整法」公布施行までの期間,戦時期の「国家総動員法」「輸出入に関する臨時措置法」が根拠法となって戦後「統制経済」が実施された[31].この期間に鉄鋼統制を規定した法律は「鉄鋼需給実施要領」であり,鉄鋼統制を担ったのは日本鉄鋼協議会[32]である.この民間機関を統制機関とした統制方式に対しGHQ指令は,政府が自ら統制機関を作り,政府の責任で実施するよう強く要請した.その結果「指定生産資材

表9-1 企業設立・事業経営

成立・施行	廃止	法律・要項名
1931. 4. 1	1936. 5.28 失効	重要産業ノ統制ニ関スル法律
1932. 9. 6	1943. 3.12 廃	商業組合法
9. 7	1997. 5.30 廃	製糸業法
1933. 3.27	1943. 3.12 廃	工業組合法改正
1934. 3.28	1945.12.21 廃	石油業法
1936. 5.28	1941. 8.11 失効	重要産業ノ統制ニ関スル法律中改正
7.11	1945.12.21 廃	自動車事業法
1937. 8.10	〃	人造石油製造事業法
8.11	1950. 5. 1 廃	産金法
8.12	1945.12.21 廃	製鉄事業法
1937. 9.10	1948. 4. 7 廃	臨時資金調整法
〃	1945.12.21 廃	輸出入品等ニ関スル臨時措置関スル法律
10.23	1943. 4. 7 廃	企画院官制
1938. 2.12	1946. 7.15 廃	繊維工業設備ニ関スル件（商工省令第5号）
4. 1	1945.12.20 廃	国家総動員法成立
7.11	1945.12.21 廃	工作機械製造事業法
〃	〃	航空機製造事業法
1939. 4. 5	1947.12.13 廃	造船事業法
5. 1	1945.12.21 廃	軽金属製造事業法
7.27	1945.10. 9 廃	製鉄設備制限規則（商工省令第40号）
1940. 4. 4	1945.12.21 廃	有機合成事業法
7. 6	〃	奢侈品等製造販売制限規則
1941. 3. 3	1945.12.20 廃	国家総動員法中改正法律
3.15	1945.12.21 廃	工作機械製造事業法中改正法律
5. 3	〃	重要機械製造事業法
8.30	1946. 9.28 廃	重要産業団体令
12.13	1945.12.20 消滅（失効）	企業許可令
1942.12.16	1946. 9.30 失効	物資統制令
5.13	1945.10.24 廃	企業整備令
1943. 6. 1	敗戦で消滅	閣議決定「戦力増強企業整備基本要綱」
7.20	1946.11.11 廃	商工組合法
10.31	1945.12.21 廃	軍需会社法
11. 1	1945. 8.26 廃	軍需省設置

（資料）通商産業省『商工政策史 第11巻 産業統制』(1964年) 前田靖幸執筆．原朗「第3章第四節 経済統制の1992)，および国立国会図書館のデータベース「日本法令索引」．

統制関係法律の成立と廃止

備考
政府が重要産業と指定した産業ではカルテル結成命令．アウトサイダーにも政府規制権限．五年間の時限立法
アウトサイダーにも政府規制権限
製糸業を営む者は主務大臣の許可が必要←不況対策，製糸業者の濫立を防ぐため
重要輸出品工業組合法を改正，政府の統制をアウトサイダー，インサイダーに
石油精製・輸入行を営むには政府の許可必要
カルテル，トラスト取締規定追加．
350cc 以上の排気量を持つ自動車の製造を行う者は政府の許可必要
事業経営事業の許可，認可
金精錬業者の免許制
事業経営事業の許可，認可
事業資金統制，増資・社債発行規制，等
不急不要の物資の輸入制限と，戦争遂行の必要に基づく国内物資の統制を目的として制定．運用の大部分を命令特に省令に委任した，いわゆる授権立法であって，その意味で国家総動員法の先駆
資源局と企画庁の合体，内閣総理大臣の管理下
綿・羊毛・兎毛・麻・絹・人絹・スフ・セロファンに関する設備の新設・増設・改造・譲渡・借受を許可制
第11条で会社の設立統制可能をうたう．統制に於ける画期的法律（椎名悦三郎）
事業経営事業の許可，認可
〃
〃
製鋼能力一年5250トン未満の鍛鋳鋼設備，および製線能力または製鋼能力が1年2500トン未満の電気製鉄事業，坩堝製鋼業等の設備を許可制に
事業経営事業の許可，認可
製造販売を禁止
事業そのものの開始譲与，廃止，合併，解散等について命令権明記（追加）
旧法許可限度規定，新法許可限度撤廃．全ての工作機械製造業者が許可認可の対象となる
事業経営事業の許可，認可
統制会への強制加入規定，統制組合への強制加入規定　加入しなければ事業を営めず
企業整備の前提，企業の固定化を意図．指定事業（合計443）の開始・事業委託，設備新設・拡張は行政官庁又は指定統制会承認が必要．運営方針は，全面的不許可．こうして営業の自由の原則は，新規事業に関する限りほぼ完全に封殺される
国家総動員法に基づく．太平洋戦争期の，物資統制の基本法規．敗戦直後には廃止されず，戦後統制にも利用される
政府に企業整備の法的強制権限付与設備の譲渡の可不可が商工大臣の権限になる．営業自体の譲渡・委託・合併を商工大臣が命じる権限付与
繊維工業，等の設備がスクラップ化される根拠
①統制組合，②施設組合の二つの機能から構成．①は強制加入制をとる純然たる統制組合
軍需工業を国家管理する法律．指定会社には資金・資材・労働力の面で優遇
航空機生産の増強のため，企画院・商工省廃止，部史動員計画の策定

推移」柳沢遊「第4章第三節 軽工業の再建，第四節 中小企業の政策」（通商産業省『通商産業政策史　第三巻』

割当規則」が制定され「経済安定本部」が設立された[33]．以下時系列的に，戦後鉄鋼「統制」のあり方を，特に鉄鋼の流通に焦点を当てながらみてゆく．

3.1 「鉄鋼需給調整実施要領」

「指定生産資材割当規則」公布施行まで戦時期の鉄鋼統制とほとんど同様の手法で戦後の鉄鋼統制は実施された．この時期「日本鉄鋼協議会」が，鉄鋼統制機関として機能した．その鉄鋼統制方法を明記したものが商工省告示「鉄鋼需給調整実施要領」（以下「要領」と略記する）である．

まず要領には，「銑鉄並ニ普通圧延鋼材ノ需給調整」を「要領」によって行うことが明記されている．要領は「一，配給計画ノ当該年度ニ於ケル物資需給計画ニ基キ当該期ニ於ケル鉄鋼ノ配当計画ノ設定並ニ割当」，「二，発注」，「三，生産割当」，「四，注文ノ振当引受及契約」，「五，生産」，「六，出荷及輸送」，「七，荷渡」，「八，罰則」，「九，実施期日」の9項からなっている[34]．

鉄鋼協議会へ商工省から「物資需給計画」における各部門への鉄鋼配当計画が伝えられる．協議会は鉄鋼の在庫や生産状況などを考慮して各産業部門への鉄鋼配当計画を立案し，商工省の承認を得た上，各産業部門の「需要統制団体」に，それに従い割当をし，割当票を交付する．「需要統制団体」は生産計画を立てそれに基づき傘下企業に割当票を交付する．需要者は，自らの必要鋼材の「需要明細表」を添付して「販売業者」（鉄鋼協議会から指定された鉄鋼問屋＝「指定問屋」）に渡す．「指定問屋[35]」は，持ち込まれた「割当票」「需要明細表」を集計し協議会に割当票および「需要明細表」をとりまとめた書類を送付する．それを基に協議会は生産業者に鋼材生産の「振当」を行い，生産業者はこの「振当」に従って鋼材の生産を行う．この「振当」が「切符の生産連携」といわれる業務の最初の形態で，鉄鋼協議会が1947年5月に閉鎖機関とされた以降も，「指定生産資材割当規則」の下「鋼材懇話会」，「鋼材倶楽部」で引き続き行われた[36]．切符に対応する在庫ないし，生産はどの企業の工場で行われるかという検証作業である．切符と鋼材の現物の連携確認作業と言い換えてもよい．「振当作業」言い換えれば切符の生産連携確認作業をした後，生産業者は，自らの生産に該当する割当票を協議会に提出した指定問屋と契約を締結する．生産された鉄鋼は，販売業者経由で需要家に配達され，鉄鋼代金が

支払われ，取引は終了する．

鉄鋼協議会の需要割当は戦時期の鉄鋼統制とほとんど変わらない．鉄鋼の一手買取機関を経由しないで，問屋の存在が認められたが，実施要項に述べられる販売業者は協議会の指定した問屋に限られる点も，戦時期のそれと同様であった．

鉄鋼流通という視角から見ると，鉄鋼の需要家と生産者の間に，「指定問屋」と「鉄鋼協議会」の二つの組織が介在したことになる．協議会の介在は，「切符の生産連携業務」という統制経済実施上の大きな問題（浮遊切符発生の防止）の処理のためだった．生産者と鉄鋼の産業使用者とを架橋したわけである．つまり，準戦時期・戦時期を通じて指定商・指定販売人によって妨げられた，生産者，流通業者，産業使用者の取引のステージが復活しつつあったと考えられる．ただし，限られた流通業者だけしか，このシステムでは鉄鋼取引に参加できなかったことも付け加えておかねばならない．この点が鉄鋼統制にどのような影響があったかは，鉄鋼問屋数の変遷から後に考えてみる．

3.2 「指定生産資材割当規則」の制定施行

戦後の「物資統制」の計画立案機関である経済安定本部が作られたのが1946年8月12日で，その活動の根拠法である「臨時物資需給統制法」が制定施行されたのは，1946年9月だった．経済安定本部総裁は内閣総理大臣がつとめ，「関係各大臣に必要な事項を命ずることができた」[37]．

このような準備を経て政府は1946年11月20日内閣訓令第10号「指定生産資材割当手続規定」を出す．この規定に沿って，各省は戦後「物動」に対応せよという上級政府機関から下級政府機関への命令が出された[38]．内閣訓令に沿って1947年1月24日，「指定生産資材割当規則」が制定施行された．「指定生産資材」の具体的内容を明示する「附表第1」は，2月15日に公布された．翌1948年6月指定生産資材割当規則は全面改正され，微量指定生産資材使用者の考慮，切符の分割と合併，指定生産資材の販売拒否禁止，「統制の厳格化」が目指された[39]．

この改正で，特に注目しなければならない点は，四点ある．第一は割当の基準（第2条）が明確にされたことである[40]．第二は，申請し取得した生産資材

が，申請通りに使用されたか否かが検証されるようになり（第20・23条），第三は，他への指定生産資材の譲渡禁止が規定（第8・9条）され，第四は，違反に対する罰則規定（第24条）が設けられたことである．

次に，指定生産資材割当規則の特質を述べてゆきたい．まず第一点目は，「指定生産資材」の割当を担当するのは官庁であったという点であろう．「物資需給計画」立案と「指定生産資材」の「需要者及販売業者割当証明書」の発券が官庁によって行われる．この第一の特質は第二の特質，需要者の申請に基づいた「物資需給計画」の策定という特質を導く．

「指定生産資材割当規則」の第三条は切符の発行について次のように述べている．

> 指定生産資材の割当を受けようとする需要者は，その割当を受けようとする指定生産資材の割当期間の二ヶ月前までに，別記第一号様式による指定生産資材割当申請書を主務官庁に提出しなければならない．但し，天災事変その他やむを得ない事由により指定生産資材の割当を受けようとする需要者については，此の限りではない．[41]

つまり，「指定生産資材」を生産活動に使用したい需要者は，需要者が使用を予定している四半期の2ヶ月前までにその「需要者が属する産業」の「主務官庁」に割当申請書を提出する[42]．この行為がなければ需要者は通常では「指定生産資材」は入手できない．2ヶ月前まで申請書の提出を受けた主務官庁は，当該「生産資材」の全体の需要量を把握して各四半期1ヶ月前までに経済安定本部に報告する．経済安定本部は各主務官庁から提出された「生産資材」の需要量を前提に四半期毎の「物資需給計画」を立案する[43]．ただし資源存在の現状からあまりにもかけ離れた「生産資材」の需要は圧縮し，さらにたとえば「超重点生産」というような政策目標がある場合，それが実現できるような四半期毎の「物資需給計画」を立案する．そして各「生産資材」の主務官庁に四半期毎の「生産資材」の割当を通知し各主務官庁は，それに基づき需要申請書を査定して，需要申請書提出者に需要者割当証明書を発券するという流れになっている．同時に他方で各「主務官庁」は，各生産資材製造業者に生産量を割り当てる．そして四半期の「生産資材」の生産と流通が開始されるわけである．

このように「指定生産資材割当規則」制定施行以降はいわばトップダウンの

「物動計画」は行われなくなり，ボトムアップと全体のバランスの確保，経済政策という観点から「物資需給計画」が立案された．需要者の申請に基づいて「物資需給計画」は立案されたと考えてよかろう．

さらに注目すべき点を探せば，主務官庁は各需用者，各販売業者への割当の内容を公表する義務があった点，さらに割当に対して申請者に不服があった場合は「経済安定本部総裁」に対する異議申し立て制度が設けられていたことであろう[44]．割当結果公表・異議申し立て制度は，従来の統制立法ではまったく存在しなかった規定であり，当時の「民主化」の影響であろうか．さらには，山崎が指摘するように，「指定生産資材」の配給に関して，基本的に戦時期の一手買取・一手販売の「公団」方式を選択せず，戦時期にはその存続自体も危ぶまれた「流通業者」に流通を担わせたことであろう．この点は後に詳しく考察をしてみたい．さらには，需要者割当証明書を提示された「販売業者」は，指定生産資材が用意できない場合を除き，販売拒否ができないことが規定された[45]．

3.3 指定生産資材割当規則と鋼材の発注・生産・流通

では指定生産資材割当規則施行の中で，指定生産資材である鋼材がどのように生産され流通したかを次に具体的に考えてみよう．

まず需要者は鋼材を加工して財を生産するために，または新たに販売業を営もうとする者はランニングストック確保のために，指定生産資材割当申請書を「割当規則　別記第一号様式」に従って記入し，鋼材の主務官庁である商工省に，使用予定の四半期の2ヶ月前までに提出する[46]．都下に居住しない需要者・販売業者は，各地の地方商工局に申請書を提出する．商工省は鋼材の各需要者別の申請書を産業別に合算集計した資料を，当該四半期の1ヶ月前までに経済安定本部に上げる．経済安定本部は各物資の主務官庁から上がってきた指定生産資材の需要量を基に，物資の需給のアンバランスの矯正，自らの経済政策を考慮しながら当該四半期の物資需給計画を立案する．この時点で当該四半期の各指定生産資材の生産量，需要量が明らかになり，鋼材のそれも商工省に内示される．商工省はそれを承けて，各需要者・販売業者からの申請書の内容と内示額を照らし合わせて査定し鋼材需要者・販売業者に鋼材需要者割当証明

書・鋼材販売業者割当証明書を交付する．この交付された切符の内容に対して，鋼材需要者は不服な場合は不服の申し立て，生産業者が割当をうけなかった場合も不服の申し立て，割当情報の開示の請求ができた．同時に他方で，鋼材の生産を鉄鋼企業に割り当てる．この時点で，生産企業は生産準備を開始する．

鋼材需要者に，譲渡された割当証明書は，「鉄鋼問屋」に持ち込まれ，現物化されることになる．この場合切符を鉄鋼問屋に持ち込むケースと，鉄鋼問屋が鋼材需要者を回って切符を集めるケースがある．前述の鉄鋼協議会における指定問屋制ではなく[47]，指定生産資材割当規則下では任意登録制で鋼材流通を営むことができた．つまり登録さえすれば鋼材の取引に参加することが可能となったのである．

ではこの時期の問屋の行動を見ていこう．戦時期に大手鉄鋼問屋として企業活動をしていた，三菱商事，安宅産業，日商などは戦時期に構築した取引関係を戦後も継続して鋼材取引を行ったように思われる[48]．これから観察する山本定吉商店，阪和興業，大野宗太郎商店は，戦後新たに発足した問屋あるいは戦時期の問屋合同でそれ以前の商権の多くを奪われた問屋である．

3.4 切符収集を巡る問屋間の競争──山本定吉商店，阪和興業，大野宗太郎商店[49]

指定問屋とは，特定のメーカーの生産した鋼材を売り込む問屋であり，特定のメーカーとのつながりが強い．特約店とは直接大手の鉄鋼メーカーとは取引量で取引できない鉄鋼流通業者を指す．したがって特約店の取引相手は指定問屋と鋼材需要者ということになる．特約店は指定問屋から鋼材を仕入れて需要者への，小売りを担当する．

1923（大正12）年開業の山本定吉商店は1946（昭和21）年に川崎製鉄の指定問屋となり，1946年設立の阪和興業は安宅産業・日商・大阪鋼材の特約店として営業活動を開始し，1897（明治30）年創業の株式会社大野宗太郎商店は，1947年日鉄の指定問屋となった．この三者の1945-50年までの切符をめぐる営業活動を見てみよう．

指定生産資材割当規則が施行されると，切符入手のために問屋間の競争が発生した．なぜなら「営業成績をあげるには切符を大量に集めなければならな

い」ので「切符を集めるのに汲々とした」[50] わけである．具体的には各問屋が，鋼材需要者をまわっての切符収集競争が起こった[51]．「切符入手のために各需要家を歴訪〔中略〕販売の開拓に東奔西走した」[52] 競争の激化は，戦時期の鉄鋼問屋の統合によって得意先の集中化およびその継承，三井，三菱，住友の財閥系商社の戦後の解体などの要因が考えられる．継続的な取引先の獲得のため，鋼材切符の現物化の方法がわからない需要者を探し出して切符を委託させ鋼材を納入するという活動も行われ，それが継続取引のきっかけとなった[53]．また同一の需要者との再度の取引を期待するために切符現物化の時間の短縮と需要鋼材仕様の確実な現物化が追求された[54]．戦時期の取引内容とは異なり，復興期の鉄鋼需要は，後に述べるように民需中心で建築用の鉄鋼二次製品（釘，針金，金網，ボルト，ナット，亜鉛鉄板等）ないし，軽量鉄骨がその中心で，「集めた大野の切符は，一枚あたり 50 キロから 500 キロというのが大半」というように，切符一枚の購買量も少量だったと考えられる[55]．

このように鉄鋼流通で戦時期の一手買取方式・一手販売方式が避けられ，同時に問屋の任意登録制によって鉄鋼問屋というビジネスに対する参入の垣根が無くなった．鉄鋼問屋にとって切符収集が事業収益を挙げる開かれた道となったので，切符収集競争が鉄鋼問屋間で盛んとなった．流通業者による取引形成における取引先の探索が，切符収集競争を通じて，復活し盛んとなったと考えられる．

さらに山本定吉商店は，切符収集のための鋼材需要者訪問を通じて，新たな需要を発掘してそれを取引先の川崎製鉄での製造まで持って行った．1946 年打ち刃物原料の生産開始と，1947 年琺瑯用深絞鋼板の生産である．打ち刃物原料は，個々の需要それ自体は少量だったと考えられる．琺瑯用深絞鋼板は大量の引き合いがあったようだが，八幡製鉄所のストリップミルの稼動によって，品質的に競争できなくなって「3-4 年」でその市場を喪失することとなった[56]．この二つの事例は，問屋による新需要の発掘＝新製品の開拓いいかえれば流通における「情報流」が，この時期，消費者・産業使用者-鉄鋼問屋-鉄鋼生産業者の間に形成されつつあったと思われる．市場の情報が，生産者に伝わる流れが復活しつつあったともいえよう．

4 主要需要鋼材の分析と鉄鋼問屋・特約店の動向

4.1 戦時期,戦後復興期の鋼材需要

　戦時期需要鋼材と復興期の需要鋼材の比較をしつつ，その流通体制のあり方を考えてみよう．戦時期の普通圧延鋼材の需要の特質を明確に描くことはできないが，少なくとも復興期のそれに比べて大型物が中心だったこと，特殊鋼の需要が多くを占めたこと，鋼鋳物，鍛造品の需要が大きかったこと[57]は確認できる．1943年から1950年にかけての普通鋼鋼材「重量鋼材」と「軽量鋼材」の比重を表9-2で確認してみよう．

　明らかに戦時期の需要の中心は重量鋼材が中心であること，同時に他方で復興期の需要の中心が軽量鋼材にあることがわかる．このような事実は既に剣持通夫によって指摘されていたことである[58]．

　さらに，鋼材の流通と鉄鋼問屋のあり方について考えてみると戦時期の鋼材の流通はいわばトップダウンの割当計画を各産業の統制団体が，傘下企業の希望量を念頭に割当てるという体制だった．同時に需要は復興期と比較すると大型の重量物の比重が高いという環境だった．それでも，大量の浮遊切符の発生によって，2度にわたって鉄鋼統制の枠組みを変更しなければならなかったことは見たとおりである．

　「指定生産資材割当規則」のもとで実施された「統制」方式は指定生産資材の需要を望む個人・法人が直接発券の申請をするという体制だった．もちろん，需給のアンバランスを避けるために調整は当然行われたと思われるが，このときの個人，法人の実需は，大野興業の社史が述べているように，小口・多品種化していたと考えられる．つまり軽量鉄骨の小口需要が，復興期の需要の中心だったと推測できる．各個人・企業が「指定生産資材」の需要を希望するわけだから，戦時期のように各産業の統制団体から需要者を捕捉することもできなくなり，問屋の顧客探索獲得能力が発動されなければ機能しない「鉄鋼統制」システムだったとも考えられよう．つまり復興期の需要の内容は小口軽量鉄骨中心と考えられ，それらの切符の捕捉は，問屋の切符の収集競争がなければ，

表 9-2　各種鋼材需要高（重量ベース・会計年度）

(単位：%)

	1943	1944	1945	1946	1947	1948	1949	1950
重軌条・付属品	2.1	2.5	8.5	2.7	3.7	5.8	1.8	2.6
軽軌条・付属品	1.1	0.4	0.4	2.3	1.7	1.9	1.3	1.2
大型形鋼	6.7	10.4	4.1	2.0	0.9	1.5	3.0	4.0
中型形鋼	6.0	5.5	3.8	2.7	2.3	3.4	4.9	7.5
小型形鋼	0.4	0.4	0.4	0.6	0.8	1.2	1.0	1.6
大型棒鋼	3.2	1.9	2.2	2.0	1.4	0.9	0.7	0.5
中型棒鋼	4.2	3.3	5.1	4.2	2.4	3.5	2.1	1.8
小型棒鋼	13.2	10.5	12.4	15.8	12.1	12.9	10.6	14.3
線材	12.7	7.7	16.3	13.7	16.6	12.3	11.5	13.4
帯鋼	1.5	0.7	1.9	2.1	4.0	3.5	3.4	4.0
厚板	36.4	44.5	20.2	17.7	17.7	18.9	18.5	23.8
薄板	4.8	3.6	7.5	12.2	15.9	15.5	10.5	10.5
ブリキ板	1.4	0.4	1.7	2.3	1.2	1.6	1.8	2.6
高級仕上げ鋼板	0.3	0.1	1.2	0.9	1.0	1.2	0.7	0.7
ケイ素鋼板	0.8	0.8	1.0	1.7	3.6	2.8	1.4	0.8
鋼管	4.3	5.9	10.0	13.5	12.1	10.7	9.3	6.4
外輪	0.7	1.2	2.5	3.3	2.2	1.7	0.1	
ルムリングサッシュバー	0.3	0.0	0.6	0.4	0.4	0.5	0.3	
硬鋼板							0.3	
その他（半製品）							16.7	4.2
重量鋼材	48.3	59.4	35.1	24.4	23.6	27.2	24.0	30.9
軽量鋼材	30.6	20.2	34.4	37.6	37.5	34.7	30.3	37.8
合計	100	100	100	100	100	100	100	100

(出典)　長谷部宏一「1943年から1950年における我が国の普通鋼鋼材の生産と消費——厚板と小型棒鋼の場合」(北海道大学『経済学研究』第53-3号, 2003年) 表2より作成.

(注)　重量鋼材＝重軌条＋大型形鋼＋大型棒鋼＋厚板
　　　軽量鋼材＝軽軌条＋小型形鋼＋小型棒鋼＋線材＋薄板＋帯鋼＋ブリキ板＋高級仕上げ鋼板

機能しない「統制経済」だったのではなかろうか．その点，問屋数の増減からも同様の推論が成立する．

　鉄鋼問屋制度が，戦後復興期の「統制経済」下の鉄鋼流通に適合していたという以上の主張を鉄鋼問屋数の変化という点から表9-3で見てみたい．ただし，ここで利用できる資料は全国鉄鋼問屋組合に加入している鉄鋼問屋の数である．鉄鋼問屋組合のアウトサイダーは捕捉できていない．一見して明らかなように，鉄鋼問屋数は鉄鋼統制が行われていた1949年に161社となり最大となる．「これにアウトサイダーを加えれば約180社」存在していた．統制解除後増加するのではないことに注目しなければならない．同時に戦時期の問屋数は，「約50

表9-3 戦後,全国鉄鋼組合加入問屋数の変遷

年度	加入	脱退	問屋数	年度	加入	脱退	問屋数
1946	—	—	59	1952	9	9	159
1947	80	—	139	1953	4	11	150
1948	32	22	149	1954	3	17	136
1949	21	9	161	1955	1	12	125
1950	11	11	161	1956	4	6	123
1951	6	8	159	1957	?	?	122

(出典)佐藤升「鉄鋼の流通機構」85頁;通産大臣官房『通商産業研究』6-11, 1958年10月;佐藤升「鉄鋼問屋の盛衰」23頁;日本鉄鋼連盟『鉄鋼界』1957年10月, 7-11頁.

社[59]」だったが,それが復興期の「統制下」で約3倍強に増加したのである.このことも「指定生産資材割当規則」に鉄鋼問屋制が,適合する体制だったことの証左であるかもしれない[60].

次に戦後復興期の特約店の動向について触れておきたい.佐藤升によると,鉄鋼協議会の解散と指定問屋制の廃止,「指定生産資材割当規則」制定施行によるフリークーポン制導入により,特約店も鋼材取引に参加できるようになって「特約店は急速に復活」した.全国鉄鋼問屋組合の申し合わせ事項で,「特約店に払う口銭は問屋口銭の50%」と決められた.さらに「改正指定生産資材割当規則」施行で,特約店は「地方販売業者」と認められた[61].

特約店数は,戦時期の1943年に「1700」[62]だった.戦後に特約店数が1700に達するのは1953年だが,46年でも1478を数える(表9-4).戦後の特約店の活動は大野宗太郎商店の事例[63],前述の阪和興業の事例によって確認できる.その数および活動の状況から戦後復興期特約店は復活しつつあったといえよう.

以上のように,少なくとも鉄鋼問屋の数の推移から見ると,山崎が主張する戦時期に「統合され簡素化された問屋網」は戦後復興期「維持された」とはいえないだろう.同時に戦時期に「企業再建整備」の対象となった鋼材の小売りを担当する「特約店」が阪和興業の事例でも見たように復興期に復活しつつあったことも指摘しなければならないだろう[64].山崎が「過大マージン」の温床と否定的に評価する鋼材流通の多段階性[65]も指定問屋一特約店という形で戦後復興期に復活しつつあったわけである.したがって冒頭で見た山崎の主張——問屋の数は増減せず他方で準戦時期・戦時期の最初まで維持された流通過

程の多段階性は復活せず戦時期と同様の「簡素化された」問屋の体制で戦後復興期流通が行われたという主張はこと鉄鋼流通に関しては見いだせず，鉄鋼業に関してはあてはまらないことになる[66]．

表9-4 戦後の特約店数

1946. 9	1,478
1949.12	1,156
1953. 5	1,820
1954.10	1,751
1955.10	1,785
1956.10	1,779

(出典) 佐藤升『増補新版 日本鉄鋼販売史』共同工業新聞社，1978年，300頁
(原注) 全国鉄鋼問屋組合調べ．1949.12の数が減少しているのは問屋の申告漏れが多かったためで前年と同数と推定される．

4.2 戦後統制の特殊性と指定生産資材割当規則

ここで，戦後「統制」の特質とこれまで見てきた戦後鉄鋼問屋の活動について考えてみたい．前掲表9-1によると，戦前期・戦時期に制定された授権法，配給統制関係法規，企業設立・事業統制規則，企業整備関係法規は，「製糸業法」（1997年廃止），「産金法」（1950年廃止）の二つを除いて，1945年から47年にかけて全て廃止された．つまり，戦後復興期の企業設立は「価格等取締規則」（1946.12.15）当時の商法に従えば綿紡績業蚕糸業等[67]の例外を除いて自由だったと考えられる．

いいかえれば，一部の産業を除いて企業設立の自由を前提にした，統制が戦後統制の特質と考えてよかろう．生産活動に必要な物資は「指定生産資材割当規則」にしたがって，主務官庁に申請すれば，生産資材の切符が公布され建前上は事業を開始することができたわけである．戦時期と異なり，発券は，企業が属するカルテルまたは組合ではなく，企業の属する産業の主務官庁なのでその現物化は困難を極めよう．だから，特約店も含めた，多くの鉄鋼問屋の切符探索活動が重要な意味を持つ．限定された企業設立の自由に対応した物資配給システムが問屋による切符探索・捕捉——切符の被委託——メーカーとの契約という一連の流れだったと思われる．当時の経済安定本部官僚，商工省官僚が，「指定生産資材割当規則」の目標として述べている「販売業者間の自由競争による需要者に対するサービスの向上によって需要者の指定生産資材の入手を円滑ならしめる」[68]状況が現出していたと思われる．このような意味で戦後鉄鋼統制は，問屋の顧客探索能力が発動されなければ機能しない「鉄鋼統制システム」だったとも考えられる．

おわりに

　両大戦間期から，戦時期まで普通鋼鋼材の取引は，個々の鉄鋼問屋が直接生産者に接触することが困難だった．流通フローが指定商・指定販売人，一手買取・一手販売制度によって阻害され，特に鉄鋼使用者から直接生産者への情報の流れが遮断，もしくは弱められていたと考えられる．それは先述したように統制会，統制商工組合による配給発券制度と企業の設立統制の中では流通業者の機能が不必要であったためとも考えられる．敗戦後企業設立は一部を除いて自由となり，そういう需要側の環境に適合的な統制システムがフリークーポンシステムだったと考えられる．敗戦後に制定された指定生産資材割当規則下の鉄鋼流通は，流通を担う問屋の間で割当証明書獲得をめぐる競争が起こっていた．つまり取引量をめぐる競争が起こり，取引先の探索が競争的に行われていたと考えられる．この取引先探索が一部の産業を除いた営業の自由（新憲法第22条，第29条が根拠）のもとの「統制経済」を実現させたと考えられる．同時に鉄鋼ユーザーからの製品についての情報も鉄鋼問屋（流通業者）が捕捉し生産者に伝達し，同時に商工省と交渉を行いユーザーの希望仕様鋼材生産の実現に努めていたことは注目しなければならないだろう．価格が固定されており「統制経済」下といえども情報流の再構築が行われたと考えられる．

　取引の構成要素の復活・形成が復興期「指定生産資材割当規則」下の鉄鋼流通で現れつつあったのではないか．いいかえれば，鋼材の流通という限られた範囲ではあるが，「指定生産資材割当規則」は，1925年以降の共販の時代から徐々にその機能を喪失させられはじめ，統制経済末期には物流機能のみ担当するに過ぎなくなった鉄鋼問屋に，戦後復興期において鋼材取引をめぐる「切符」獲得競争を通じて，生産と消費（産業使用）を架橋をする機能を復活させた法規と評価できる．同時にこの体制によって戦時期のような大量の「浮遊切符」を防ぎ，戦後「鉄鋼統制」を相対的に良好に機能させたと思われる．このことから統制撤廃以降の鉄鋼取引の流れを再生させるのに，「指定生産資材割当規則」が大きな意味を持ったと考えている[69]．したがって，戦後復興期の資源配分を統制一色に塗りつぶされたものととらえる原説には若干の修正が加え

られなければならないのではないか．戦後復興期は，指定生産資材割当規則が制定される1947年1月と，新憲法が制定公布施行された1947年5月までとそれ以降では，資源配分の状況が異なっていたと考えた方がよいと思われる．制定以降は流通業者を媒介にした取引ステージの復活という形で統制解除以降に連続する時期ととらえるべきだというのが，指定生産資材割当規則下の鉄鋼の流通を観察した結論である．以上のように戦後復興期の鋼材需要のあり方は，戦時期と異なって多様化し小口需要も増加するなど的確な需要情報を入手することの重要性が増し，流通体制の新たな整備が必要であった．これは消費需要の拡大さらには大衆消費社会の発展につながるような体制の整備であり戦後復興期にはそのような構造変化に向けた胎動が始まっていたと考えられる．

注
1) 原朗「戦時統制」中村隆英『「計画化」と「民主化」』岩波書店，1989年，70頁．
2) 指定生産資材とされた品目は全部で145品目である．商工省総務局『物資統制の新方式——指定生産資材割当規則解説』商工省総務局，1947年，92-120頁．指定生産資材割当規則の根拠法規は，臨時物資需給調整法である．
3) 山崎志郎は，指定生産資材割当規則のこのような特質が，GHQの反独占思想，当時の問屋の政治的な活動によって形成された事実を明らかにしている．山崎「物資需給計画と配給機構」原朗『復興期の日本経済』東京大学出版会，2002年，117-119頁．
4) 同上論文，118頁．
5) 科学研究費補助金研究成果報告書，山崎志郎「流通・物流機構の整理と戦時・戦後経済統制」2002年．
6) 同上，1頁．
7) 同上，3頁．
8) 同上，2頁．
9) 塩沢由典『市場の秩序学』筑摩書房，1990年．その理由については，40-64頁．説明と内容は塩沢と同様だが，保坂直達，白石義明『流通と経済』（晃洋書房，2004年）でも言及されている（52頁）．ただし，池本正純によるとマーシャル，カール・メンガーは流通業者を自らの経済学の大系の中に位置づけているということだ（池本正純『企業家とは何か——市場経済と企業家機能』八千代出版，2004年，40-43，70-72頁）．
10) 田村正紀『流通原理』千倉書房，2001年．
11) この点については，前掲，田村『流通原理』68-75，87-96頁参照．
12) 同上，47頁．
13) 日中戦争期については，長島修『日本戦時鉄鋼統制成立史』法律文化社，1986年，197頁（第3章第4節）．戦後復興期は大野興業『鉄に生きる——大野興業90年史』

(1987 年, 大野滋雄) 162-163 頁.
14) 岡崎哲二「銑鉄共同組合」87 頁；同「関東鋼材連合会と鋼材連合会」126 頁；(橋本寿朗，武田晴人編『両大戦間期日本のカルテル』御茶の水書房，1985 年；長島修『戦前日本鉄鋼業の構造分析』ミネルヴァ書房，1987 年，193, 263 頁.
15) 結成された鋼材カルテルは，次のようなものである．条鋼分野協定会 (1925)，鋼材連合会 (1929)，関東鋼材販売組合 (1927)，中板共販組合 (1930)，日本黒板共販組合—厚物部 (1931)—薄物部 (1930)，日本線材共販組合 (1930)，中型山形鋼共販組合 (1931)，小型山形鋼共販組合 (1931)，日本厚板共販組合 (1931)，日本瓦斯管販売組合 (1935) (佐藤昇『日本鉄鋼販売史』63 頁；劍持通夫『日本鉄鋼業の発展』東洋経済新報社，1964 年，535-540 頁).
16) 佐藤同上, 79 頁；前掲，長島『日本戦時鉄鋼統制成立史』136-144 頁.
17) 第二次鋼材カルテルは，半製品共販組合，棒鋼共販組合，形鋼共販組合，鋼板共販組合，線材共販組合，帯鋼共販組合，薄板共販組合，ブリキ板共販組合，鋼管共販組合から構成される．長島同上, 135 頁.
18) 前掲，佐藤『日本鉄鋼販売史』85 頁；長島同上, 143 頁.
19) 「最も生産高の多かった棒鋼，形鋼，鋼板の各共販組合傘下の問屋 54 店で全国鋼材商業組合が形成され，それは順次薄鋼板，ブリキ等に及び〔中略〕其の傘下の特約店が各府県ごとに鋼材特約店組合に組織された」飯田賢一，大橋周治，黒岩俊郎編『現代産業発達史　鉄鋼』現代日本産業発達史研究会発行，交詢社出版局発売，336-337 頁.
20) 同上, 261 頁. 前掲，劍持『日本鉄鋼業の発展』623 頁.
21) 第二次カルテルの時代，指定販売人と共販組合の取引はつぎのようにされた．「共販組合より指定販売人が一括買い受けこれを問屋に流すことは従来とは変わりないが，もともと共販の機構は加盟会社のものを一手に買い取り，これを指定販売人に売渡すというのではなく，加盟会社の売出数量を取りまとめ指定販売人と交渉して価格と数量を決定し，これを加盟会社に通知する．各社は旧来の関係ある指定販売人に割り当てられた数量を売り渡すので，取引は加盟会社と指定販売人個々の取引になる．また指定販売人は，自己の系列にある問屋から希望数量を取りまとめ，この数量と見合って共販売出量に対する引受量を決定する」前掲，佐藤『日本鉄鋼販売史』86 頁. 前掲，長島『日本戦時鉄鋼統制成立史』139-142 頁で更に詳しい説明がされている.
22) 指定商・指定販売人制度のメリットは，メーカー問屋双方にとって金融的援助（在庫融資，問屋の立替払い，製鉄業者に対して保証金の支払い）があったという（佐藤同上, 64 頁).
23) 前掲，長島『戦前日本鉄鋼業の構造分析』263 頁.
24) 鉄鋼統制会，鉄鋼販売株式会社の成立を含む，我が国の鉄鋼統制の時系列な流れについては『商工政策史 第 17 巻 鉄鋼業』大橋周治執筆，商工政策史刊行会，1969 年；『商工政策史 第 11 巻 産業統制』前田靖幸執筆，商工政策史刊行会，1964 年による.
25) 鉄鋼報国会『鐵鋼総覧 第二輯』商工行政社，1940 年，564-577 頁.
26) 前掲，長島『戦前日本鉄鋼業の構造分析』182-194 頁.

27) 前掲, 佐藤『日本鉄鋼販売史』141頁.
28) ここまでの戦時統制の叙述は, 前田靖幸『商工政策史 第11巻 産業統制』による.
29) 長嶋修『日本戦時鉄鋼史』(1986年, 法律文化社) 第7章第3節「鉄鋼需給計画化」参照.
30) 「改正指定生産資材割当規則」の販売業者の定義 (第1条第二項) (前掲, 乙竹, 渥美『改正指定生産資材割当規則解説』) 127頁.
31) 通商産業省通商産業省政策史委員会『通商産業政策史 第2巻 第Ⅰ期 戦後復興期 (1)』通商産業調査会, 1991年, 220頁.
32) 日本鉄鋼協議会は, 「戦時中の鉄鋼統制会の後進として同会を母体に21年1月に設立されたもの」(前掲, 佐藤『日本鉄鋼販売史』162頁) である. そのあたりの事情については前掲『通商産業政策史 第2巻 第Ⅰ期 戦後復興期 (1)』233-236頁.
33) 同上『通商産業政策史』281-291頁.
34) 商工省『鉄鋼需給調整要領』1946年2月, 1-6頁 (国立公文書館筑波分館所蔵).
35) 鉄鋼協議会に指定された問屋は, 東京23社, 大阪27社, 名古屋4社, 九州5社合計59社だった (前掲, 佐藤『日本鉄鋼販売史』162-163頁). 指定問屋以外は鉄鋼の取引ができないわけである.
36) 「切符の生産連携業務」については, 同上, 198-202頁で簡単に説明されている. また鋼材倶楽部『鋼材倶楽部二十五年史』(鋼材倶楽部, 1972年) 36-37頁でも簡単に述べられている.

　戦時期の鉄鋼統制で, 切符の生産連携業務が目指されたのが「鐵鋼需給計画化」である. その詳しい内容は, 長島修が発見・紹介した (前掲, 長島『戦前日本鉄鋼業の構造分析』342-348頁). 目指されはしたが, 実現できなかった事情も長島が「軍と製造業者の直接契約の横行」のためだったことを明らかにしている. したがって戦時期に構想された生産連携業務が戦後実現したと考えることもできるかもしれない. 実現したという意味で「切符の生産連携業務」が「戦後鉄鋼統制」制度の一つの特徴だったとも言い得るかもしれないだろう. なお, 戦後「鉄鋼統制」における「切符の生産連携業務」についての解明は今後の課題である.
37) 経済企画庁『戦後経済史 (経済安定本部史)』経済企画庁, 1967年, 13-14頁.
38) なぜ最初に「内閣訓令」が出されたかについては, 前掲, 商工省総務局『物資統制の新方式』14-15頁参照.
39) 前掲, 乙竹, 渥美『改正指定生産資材割当規則解説』6-8頁.
40) 1948年5月21日に商工省が「指定生産資材割当基準要領」を作成, 経済安定本部同日承認. 同要領によれば, 割当基準は「原単位」,「労務生産性」,「原価」などにより割当優先度が主務干潮によって, 点数制で順位づけられるというものだった. 前掲, 乙竹, 渥美『改正指定生産資材割当規則解説』20頁.
41) 前掲, 商工省総務局『物資統制の新方式』34-35頁.
42) 同上, 33頁.
43) 同上, 19-20頁.

44) 同上, 20 頁.
45) 前掲, 乙竹, 渥美『改正指定生産資材割当規則解説』74 頁. 1948 年改正で販売強制条項が新たに登場した. 第十二条である.
46) 前掲, 商工省商務局『物資統制の新方式』19 頁.
47) 前掲, 佐藤『日本鉄鋼販売史』178 頁.
48) 『三菱商事社史 上巻』1986 年, 657 頁;『安宅産業六十年史』(1968 年) 493-495 頁;『日商四十年の歩み』1968 年, 372-374 頁. 三井物産については, 復興期の鉄鋼販売活動についての叙述は見いだせなかった. 興味深いのは, 住友商事の事例である『住友商事社史』1972 年, 241 頁. 住友商事の戦時期の商権との連続性についての事実は見いだせず, 近畿伸鉄組合の指定問屋になったという事実が興味深い. つまり, 屑鉄から鋼材を再生圧延する業者グループの問屋活動を行ったという事実は, 再生圧延鋼材切符による販売と再生圧延可能な屑鉄の買い付けを主業務としていたことになる. 住友商事の復興期の鋼材取引がこのようなものであったのなら, なぜそうなったのかの解明が必要となるだろう.
49) 各問屋の商号は, 創業期からたびたび変わっており, 最終的には, 川鉄物産株式会社, 阪和興業株式会社, 株式会社大野興業となるが, ここでは 1945-50 年当時の商号を用いる. ただし, 阪和興業は創業時の商号は阪和商会であり, 翌 1947 年 3 月に阪和興業と商号を変更している. 本稿では阪和興業と表記する.
50) 前掲, 大野興業『鉄に生きる――大野興業 90 年史』(1987 年, 大野滋雄). 鉄鋼メーカーの社史でもこの時期の鉄鋼問屋による切符収集競争について言及されている.「日鐵社史編纂資料 販売編」(『日鐵社史編纂資料 第三部販売』71 頁.)
51) 前掲『鉄に生きる』162 頁.
52) 前掲『川鉄物産社史』39-40 頁.
53) 前掲『阪和興業三十年史』50-51 頁.
54) 同上. 前掲『鉄に生きる』166 頁.
55) 前掲『鉄に生きる』162 頁.
56) 前掲『川鉄物産社史』42-44 頁. 内刃物用原料生産, 琺瑯用深絞鋼板の川鉄での生産も川鉄社史で確認できる.「兵庫工場は 21 年 1 月には手持ち材料によって, 棒鋼の生産を再開し, のち工具鋼へも進んだ. 当時打ち刃物輸出が増大したため, 素材として刃物用複合鋼を生産し兵庫県三木地区の刃物製造業者間で人気を博した.」「久慈工場は〔中略〕24 年 7 月キルン二基による生産の再開. その製品は高品質のワイヤロープ素材, 低炭素深絞用鋼板の原料となった.」(川崎製鉄社史編纂室『川崎製鉄 25 年史』川崎製鉄 1976 年) 49-50 頁.
57) 前掲, 剣持『日本鉄鋼業の発展』609-611 頁.
58) 同上, 23 頁.
59) 佐藤升「鉄鋼の流通機構」通産大臣官房『通商産業研究』6-11, 1958 年 10 月, 84, 85 頁.
60) 戦後の鉄鋼問屋の増加を佐藤升は, 戦時期の問屋の合併の解消による問屋の分離独立,

特約商の問屋化，出征問屋従業員の復員後の独立，集配法による三井物産，三菱商事の解体による支店独立の四点で説明しているが，なぜそうなったのかについての言及はない．（佐藤升「鉄鋼問屋の盛衰」日本鉄鋼連盟『鉄鋼界』7-11，1957年10月，23頁．

61) このあたりの叙述は佐藤升『増補新版 日本鉄鋼販売史』（1978年，共同工業新聞社）300-301頁による．

62) 阿片久五郎「問屋制度の合理化」14頁．（経済安定本部『経済安定資料第10集』1949.8)

63) 前掲『鉄に生きる』162頁．

64) 戦後に設立された「特約店」組合は1948年2月設立の「神田鉄栄会」1948年6月設立の「本所鉄交会」がある．この時点で組合を結成されるほどに「特約店」が再生してきていたのである（加藤忠男編『鐵はるか』全国特約店連合会・東京鉄鋼販売業連合会，1985年247，255頁）．

65) 山崎志郎『物資動員計画と共栄圏構想の形成』日本経済評論社，2012年，467頁．

66) 戦後復興期の食料品，衣料，雑貨の流通に商店街の再生という視角で貴重な分析を行っている柳沢遊は，戦時期の企業再建整備による問屋の壊滅が，1945年から47年にかけて「闇市の恒常化」をもたらしたという指摘をしている．さらに，1948年頃から東京大阪の問屋が復興していることを明らかにしている（柳沢遊「戦後復興期の中小商業者」原朗編『復興期の日本経済』東京大学出版会，2002年）．つまり，戦時の商業の圧殺は，戦後闇市場の勃興発展の原因となり，また食料品，衣料，雑貨問屋も1948年以降復活してきたのである．

67) 蚕糸業については前掲，原「統制経済の推移」(154頁)，綿紡績業については，阿部武司「第4章第4節 軽工業の再建」(588-590頁)（前掲『通商産業政策史3』）．1947年12月16日に重要資材使用制限規則が制定施行されている．同法は，ゴム，鉛，伸銅品，鉄鋼二次製品を調度品，事務機製造などに使ってはいけないという法律であり，一種の事業規制と思われる．さらに先ほど言及した「改正指定生産資材割当規則」の割当基準の明示も，事業に関する規制に当たるかもしれない．

68) 前掲，乙竹，渥美『改正指定生産資材割当規則解説』43-44頁．

69) 佐藤升は，戦後復興期「指定生産資材割当規則」によって，統制解除後の鉄鋼問屋の活動に連続するものが形作られたと次のように指摘している．「機構の根底は，既にクーポン制実施当時に固まっていたので，自由販売時代になっても動揺することなく，そのまま移行することができた」（前掲，佐藤「鉄鋼の流通機構」80頁）．

第10章

日本におけるME化とリース——工作機械の事例

宮﨑忠恒

はじめに

　1970-80年代の技術革新の特徴はコンピューターを中心とする情報・通信技術の発達を踏まえた情報化とマイクロエレクトロニクス（ME）化の進展であったことは，周知のとおりである[1]．このME化について，最も踏み込んで，その特質，世界経済史上の意義，そして，日本で先行した条件に関する活発な議論を展開したのは橋本寿朗であった[2]．そのうち，日本で先行した条件として，橋本が重要視したのは，①生産技術としての利用において分権的なME技術の特性と，これに適合的であった現場の知恵が活かせる経営組織をもっていたME機器の需要サイドの条件[3]と，②ME技術の進展と新規参入による激しい競争の結果生じた著しい価格性能比の改善（性能に対する価格の比率の低下）というME機器の供給サイドの条件[4]であった．さらに，橋本は，日本におけるME化について，「大企業のみならず中小企業にもME機器が急速に普及していることにも注目する必要がある」ともしており，その条件として，①ユーザーとメーカーの間に濃密・正確な情報交流があったことと，②現場の知恵を生かし，「柔らかな」作業場内分業を利用・再編しながら部分的，漸進的にME機器の導入が行われたことを指摘している[5]．

　以上のように，橋本は，ME化が中小企業をも含めて日本で先行して進展した条件に関して，メーカーとユーザーの特性や行動に関するものについては詳しく論述している．しかし一方で，両者を結びつけた主体や制度に関しては，以下のようにリースの関与を示唆するに止まっている．

　「〔ME技術発展の——引用者〕テンポは製造技術の進歩の速度としてはこれまで経験したものとはケタ違いに速いものであって，既述のように設備の陳腐化は極く短期になっており，リース形式の設備利用が復活し，しかも広範に採用

されている.」[6]

「1980年代に入ってからは変化は小さく,〔設備投資の——引用者〕構成は1970年代後半に近い形となっており,1977年から掲示されたリース業のウェイトが漸次高まった点が注目に値する.リース業では事務機器への投資が大きいので,これは後述の『産業の情報化』と関係が深いとみてよかろう.」[7]

そこで,本章は,橋本が示唆にとどめた論点について,ME化との関係とその変容を丁寧に解き明かすことを通じて日本におけるリースの歴史的意義を再検討する研究の嚆矢として,ME機器の中で中小企業に最も普及したNC工作機械[8]を含んだ工作機械に焦点を絞り,リース会社が日本に登場した1960年代から1980年代にかけて,リースがその販売に,なぜ,どのように,そして,どの程度,利用されるようになっていったのかを明らかにすることを課題とする.本書の問題関心や課題との関係で本章の目的を言い換えれば,1970-80年代の日本において資本主義経済システムは,ME化による生産性上昇のために,リースという制度をどのように取り込み利用するようになっていったのかを明らかにすることということになる.

1 リース利用の開始と総合商社の工作機械離れ(1960年代-70年代前半)

1.1 高度成長期の工作機械流通機構

高度成長期の工作機械販売の焦点は,生産の急拡大に対応した大量販売をいかに実現し,また1965年不況期頃から本格化する海外市場への参入をどのように展開するかであったが,1960年代前半までは,戦前期以来の重層的市場＝生産構造が基本的には維持された[9].すなわち,大・中小規模それぞれの階層のメーカーが商社販売比率を高めつつ市場拡大に対応しようとしたが,持続的な需要拡大に支えられてなお企業間競争は基本的に大手メーカー・大商社・大手ユーザー,中小メーカー・中小商社・中小ユーザーといった各階層内で展開された.

この構造に大きな変化が生じたのが1965年不況期であり,従来の階層区分

を乗り越えた売込みが白熱化した．こうした中で，工作機械各社の販売戦略は，(1) 商社利用の拡大，(2) 割賦販売方式の導入，(3) 海外市場への進出の3方向に展開された．割賦販売方式は，1961年後半頃より一挙に普及し，メーカーの割賦比率（割賦受注額／受注総額）は，62-65年には3割前後に達し，その後も上昇を続けた結果，75年頃にはメーカー・商社合計で7割以上にもなり，工作機械流通の主要形態となった．しかし，激烈な売込み競争の中で，割賦期間の長期化，頭金比率の低さ，割賦金利のメーカー負担などの問題が生起し，メーカーの資金繰りを圧迫した．

この割賦販売資金の調達や在庫金融に苦慮したメーカー各社が商社金融への依存を深めたことにより，総合商社を頂点とする総代理店制（メーカー→総代理店→代理店→販売店→ユーザー）の比重が増大した[10]．また，山善，五味屋，湯浅金物などの専門商社が，主として中小メーカーの総代理店権を獲得してさらに成長する一方，中小ユーザーの需要動向に通じた工具卸商，工具商が，それぞれ総代理店制あるいはメーカー独自の組織化に組み込まれた代理店・販売店として機能するなかで機械工具卸商・機械工具商に変化し，商社販売に大きなウエイトを占めるようになった．

この時期には，主要取引銀行と提携して，ユーザーに融資を受けさせる「工作機械ローン」を実施・計画するメーカーも現れた（池貝鉄工―富士銀行・協和銀行，大隈鉄工所―東海銀行，新日本工機―東海銀行，遠州製作―富士銀行，大阪機工―大和銀行，東日本工作機械グループ―三和銀行）．これも，割賦販売資金の負担軽減と販売先の中小・零細企業までへの拡大とを狙ったものであった[11]．

1.2　リース利用の開始

以上のように，1960年代における工作機械の国内販売では，割賦販売方式の導入や商社利用の拡大が展開されたが，それだけではなく，以下のように，まずは，リース専業会社による工作機械のリース販売から，リースの利用も開始された．

（1）リース会社による工作機械リースの開始

1963年8月に日本リース・インターナショナル，1964年4月にオリエン

ト・リース,そして,同年8月に東京リースというリース専業の先発3社が設立されたことにより,日本におけるリースの歴史が始まった[12]。

リース会社によって始められたリースは,ファイナンス・リースと呼ばれる方式のものがほとんどであった。ファイナンス・リースは,ユーザーである企業が特定の機械・設備を必要とする場合に,それを購入する資金を貸付ける代わりに,リース会社が当該物件を購入してそれを企業に賃貸し,リース期間中にリース料という形で投資元本を全額回収するというものであり,中途解約不能とフルペイアウトを条件とするものである。月額リース料の計算式は,下記のようであり,残存価格が分子に含まれているが,ファイナンス・リースでは,リース会社は残存価格をゼロとしてリース料を設定している場合がほとんどであった。

$$\text{リース料（月額）} = \frac{\text{物件購入代金} - \text{残価} + \text{金利} + \text{税} + \text{保険料} + \text{諸手数料} + \text{マージン}}{\text{リース期間（月数）}}$$

そのため,ファイナンス・リースは,その物件の耐用年数にわたって特定ユーザーが使用することを前提にしたもので,設備調達の一手段としての金融的色彩が強く,「金融」に対して「物融」とも言われていた[13]。

最先発の日本リースでは,工作機械を含む産業機械設備は,営業開始当初から多数の引き合いが寄せられるとともに,同社としても最大の努力をはらった分野で,営業開始後1,2年目には,全成約額の50%以上を占め,草創期におけるリース業の主要な分野となっていた[14]。当時,日本リースは,「販売代金の回収が迅速かつ確実に行なえる一方,大量販売の道も開けるなど」をリースのメリットとして挙げてメーカーにリース利用を勧めていった[15]。その結果,工作機械については,豊田工機,津上,小松製作所,久保田鉄工,日立精機といったメーカーが,日本リースを通じたリース販売を1970年12月までに始めている[16]。

その一つである日立精機は,1971年春から,日本リースとの業務提携を拡大し,NC工作機械や大型工作機械など10種類のリース販売を開始し,主力製品の大半をリースでも販売できる体制を確立した。これは,省力化投資によるNC機や大型機の市場開拓が徐々に進んでいるものの,高額のため,販売面

で多くのネックをかかえていることから，リース販売も利用しようというものであった[17].

　1972年5月の投資財流通研究委員会による報告「新しい投資財流通のあり方——知識集約化時代におけるハード・ソフトの流通」においても，NC工作機械，専用機の流通形態はメーカー直販方式が主流となっているが，「ユーザーが中小零細でもあるので流通金融負担が問題となっている」ため，「従来の割賦販売方式から賃貸方式（リース）が一部に採り入れられ，流通の多様化が図られようとしている」とされていた[18].

（2）　工作機械メーカーによるリース業務の開始

　このようにリース会社を通じた工作機械のリース販売が徐々に増えてきたことを受け，工作機械メーカーの中から，今後益々増えると見通して自身でリース業務に進出するものも出てきた．東日本工作機械グループ（昌運工作所，三正製作所，岡本工作機械製作所，池貝機械工業）がそれで，中小企業への販売拡大を目的として，同グループの共同事業会社であるイー・エム・ビー（社長山岡博次氏＝昌運工作所副社長）が4社製品のリースを1970年4月から始めている[19].

　また，1971年5月には，高度成長期における大手5社の一つであった池貝鉄工[20]が，金融引締めによる受注減への対応策として，リース会社7社との間に，「池貝の責任でユーザーの資格条件を判断してあっせんする」という趣旨の特別販売契約を結び，リースでの販売を積極的に推進し始めた．契約の主な内容は，①池貝鉄工の責任でユーザーをリース会社に斡旋する，②リース会社の決める資格条件を満たさないユーザーでも池貝鉄工が責任を持てばリースする，③リース対象機種は池貝鉄工の製作している工作機械，産業機械全部とするというものであった．従来，リース各社がユーザーに要求する資格条件が厳しかったのに対し，メーカーの池貝鉄工が自社の責任で資格条件を緩和し，万一，ユーザーがリース期間中に倒産した場合は池貝鉄工がそのリース機器を引き取り，保証金を支払うというもので，池貝鉄工がリース会社に対し，事実上，ユーザーの保証人となる内容であった．当時，機械類のリースでリース会社が要求したユーザー資格条件は，①証券市場上場会社で3期以上黒字計上の

会社，②リース会社の主取引銀行と取引している会社などであり，中小企業の多くがクリアできるようなものではなかったから，この特別販売契約は，リースを利用した中小企業への販売拡大を意図したものであった[21]．

(3) ユーザーによるリース利用の理由

では，工作機械を導入するユーザー側がリースを利用し始めた経緯や理由は何であったのであろうか．

リース事業協会によって1974年度に実施された「リースの需要動向調査 (昭和49年度)」によると，ユーザー側の「リース利用の動機と経緯」の中では，「メーカー，商社などの営業マンの勧めで」が35.3％で最も高く，次いで，「関係会社取引先からの紹介や勧めで」17.3％，「コストの比較計算をして有利だとわかったから」16.7％，そして，「リース会社の営業マンの勧めで」15.0％となっている[22]．これは，工作機械以外のリース物件を含めた調査結果ではあるが，先述のように，1960年代半ば以降，リース会社や工作機械メーカーがリースを積極的に利用しようとし始めていたことから，工作機械に限っても，同様の結果であったと考えられる．

同じ「リースの需要動向調査（昭和49年度）」では「リース利用物件別の調達理由」に関する調査も行われており，工作機械の第1位の理由は，63.2％を占めた「リース料金は経費で落とせるので有利だ」であった[23]．では，どのくらいのリース料金を経費として計上でき，その有利さはどのようなものであったのであろうか．

この点に関わるリース料金の損金処理に係る税務上の問題をはじめとした業界共通の問題の解決や会員相互の交流を図るために，1969年に任意団体として設立されたのがリース事業協会であった[24]．リース料金の損金処理に係る税務上の問題とは，各年にユーザーが支払うリース料金は，リース期間の長短によっても左右されるもの（前掲式を参照）であるため，リース期間とリース物件の法定耐用年数の関係によっては，実質的な早期償却による節税効果がユーザーに発生する場合があり，同種の物件を自己取得した者との税負担の公平性が損なわれるという問題である．

この問題について，最初の対応策として行われたのが，リース期間に関する

自主規制である．リース事業協会による最初の申合わせ（1970年1月23日）がそれである．ただし，「〔法定──引用者〕耐用年数に比し，リース期間が極端に短かく，かつ極めて名目的な再リース契約を伴うなど，実質的に譲渡とみなされる契約」を「原則的な考え方に抵触する契約」としているだけで，リース期間に関する具体的な数値は設定されなかった[25]．

そのため，税務当局から，リース期間が法定耐用年数に比して著しく短い事例や中古資産のリースバック取引等に関する指摘を受け，1974年11月に，リース事業協会は，「一般的にリース業界における取引慣行として定着しつつあった『法定耐用年数の概ね50％程度をリース期間とすること』を業界としての基準として設定する」ことを決定した[26]．

しかし，1976年7月の参議院大蔵委員会における国税庁の答弁で明らかになったように，国税庁は，税負担の公平を図ることが必要であるとの判断から，リース取引に関する税務取扱い基準の検討，作成を開始した[27]．この国税庁の動きに対して，リース事業協会は，リース期間について，「法定耐用年数の概ね50％となっている現行の商慣習を尊重し，万一，変更する場合でも法定耐用年数の長短に応じて柔軟に対応してほしいと要望」した[28]．

しかし，1978年7月20日の「リース取引に係る法人税及び所得税の取扱いについて」（いわゆる「53年リース通達」）によって，リース期間がリース物件の法定耐用年数の70％（法定耐用年数が10年以上のリース物件については60％）を乗じて計算した年数（1年未満の端数がある場合には，その端数を切捨てる．）を下回る期間であるようなリース取引の場合には，その支払うリース料の全額を損金として処理することが禁じられ，1979年1月1日以後に締結される契約について適用されることとなった[29]．

実際の工作機械リースの契約期間については，1973年と1984年のみであるが知ることができる．1973年については，産業機械を含めたものではあるが，平均契約期間が4.4年[30]となっており，法定耐用年数の10年[31]の44％であった．

1984年については，平均契約期間は5.1年，最も構成比が高い期間区分は5年超（73％）となっている[32]．契約期間が1973年に比べて延びている点に，「53年リース通達」の影響を窺うことができる．しかし，同年の法定耐用年数

である 10 年[33]の 60% となる 6 年が含まれる 5 年超の構成比が最も高くなっていることは，リース料金全額の損金処理が認められる最短年数までにしか契約期間が延ばされていなかったということを示している．また，「リース需要動向調査（昭和 59 年度）」中の「リース利用物件の調達理由」に関する調査でも，工作機械の第 1 位の理由は，1974 年度の調査と同様に，「リース料は経費で落とせて有利だから」(66.7%) であった[34]．

以上より，「53 年リース通達」適用前の 1978 年度までは，リース期間が法定耐用年数よりかなり短かった（1974 年頃から法定耐用年数の 50% が商慣行として定着）ため，国会や国税庁から税負担の公平性を問題とされるほどに，リースを利用した設備調達は，ユーザーにとって節税効果が大きかったと考えられ，そのことがユーザー側のリースを利用し始めた主な理由であったと考えられる．さらに，次節以降の対象時期になるが，「53 年リース通達」適用後の 1979 年度以降も，それ以前と比べると小さくはなったものの，税制上認められる範囲内での節税効果を享受しようする形でリースによる設備調達が利用されていたと考えられる[35]．

1.3 政府によるリース活用の開始

以上のように，1960 年代中頃から，リース会社，メーカー，そして，ユーザーといった民間サイドから工作機械販売におけるリースの利用が始められたが，1970 年代に入ると，工作機械に限ったものではないものの，中小企業の設備近代化と機械工業の振興という目的のための一手段として，通商産業省によるリースの活用も始まった．省力・安全機器リース金融措置（1972 年度〜）と機械類リース信用保険（1973 年度〜）がそれである．

（1） 省力・安全機器リース金融措置

前者の省力・安全機器リース金融措置は，まず，1971 年 8 月に，通商産業省によって「省力・安全新機械リース金融措置（案）」として提示された．その趣旨は，省力化・安全化という 1970 年代産業界の大きな課題のために，「中堅中小ユーザーに対しては，資金負担と危険負担の軽減をはかることによって新機械の導入を容易にし，また，機械工業にとってもまた販売資金の負担の軽

減と市場開拓の容易化をはかろうとするもの」であった．その方法は，省力・安全新機械のリースに対し，金融債の資金運用部引受けを原資として，金融債発行銀行から必要資金（当該機械購入代金の 80% 以内）をリース会社に融資するというものであった．工作機械で対象機種として予想されたのは，高性能マシニングセンタ，4軸同時制御 NC 工作機械，ATC 付 NC 旋盤であった．

　この案に対して，日本工作機械工業会（以下，日工会）は，同年 11 月 11 日に「『省力・安全新機械リース金融措置（案）』に関する要望」を通産省重工業局に提出した．その中で，日工会は，「本制度によりとくに中堅中小ユーザーに対しては，資金負担と危険負担の軽減をはかることによって新機械の導入を容易にし，また，機械工業にとってもまた販売資金の負担の軽減と市場開拓の容易化をはかろうとするもの」と高く評価し，19「70 年代産業界の大きな課題である『省力化』および『安全化』に関する有力なる助成策として当業界としてもその創設実現を大いに待望」し，「業界挙げてその推進にご協力申しあげます」と全面的な協力を表明している[36]．

　結局，この制度は，1972 年度から，省力・安全機器リース金融措置として 1972 年度から実施され，1975 年度をもってほぼ終了となった後，日本開発銀行の融資制度へと引き継がれた[37]．

（2）機械類リース信用保険

　もう一つの機械類リース信用保険については，まず，前述の金融措置に関する要望と同じ 1971 年 11 月 11 日に，日工会によって，通産省重工業局宛てに「機械類信用保険制度に関する要望」が提出された．その中で，日工会は，機械類信用保険制度[38] について，「中小企業を中心とする設備近代化の進歩ならびに工作機械の割賦販売の普及に伴ない，当業界にとっても，不可欠の制度」とした上で，「昨〔昭和——引用者〕45 年来の不況に加えて，先般の米国の新政策〔ドル防衛非常措置——引用者〕の発表は，わが国機械工業の不況色を一段と強め〔中略〕当業界の受注の落込みは，ピーク時の 50% 減となり，その先行きは極めて憂慮すべき事態となって」いるため，政府による支援策として，機械類信用保険制度に関して，以下のような改正を要望した[39]．

1. てん補率の引上げ

現行50%を75%に引上げられたい.
2. 対象範囲の拡大
　イ　機電法に基づく省力・安全新機械リース金融措置のリース契約を本制度の対象とするか.
　ロ　または別に機械類リース信用保険制度を創設されたい.
　ハ　自動組立機を本制度の対象とされたい.

これらの要望のうち,通産省によって採用されたのは2-ロであった. すなわち,「機械類信用保険法の一部を改正する法律案」が,1973年3月に可決・成立,同年4月に施行され,同年7月より,金属工作機械,計数型電子計算機等中小企業におけるリース利用度が高い17機種を対象に,機械類リース信用保険制度がスタートした[40]. 同制度は,予め年度初めに機械の区分ごとにリース会社との間で保険契約が締結され,一度契約を結ぶと,その機種についてその年度中に行うすべてのリース契約に自動的に保険が付保され,不払事故等が発生した場合は,事故による損失額の2分の1を政府が補填するというものであった[41]. ただし,1975年度に,工作機械のリース契約に付保された保険金額は39億円に過ぎず,工作機械リース取扱高の26.7%をカバーするに止まっていた(表10-1).

表10-1　機械類リース信用保険引受保険価額

	年度			1975	1976	1979	1983	1984	1990
金属工作機械	保険価額	:A	(億円)	39	41	241	1,444	2,122	2,844
	構成比	:A/C	(%)	4.0	2.8	6.2	14.9	18.6	19.4
	リース取扱高	:B	(億円)	146	193	601	2,016	3,004	4,628
	付保率	:A/B	(%)	26.7	21.2	40.2	71.6	70.6	61.4
合計	保険価額	:C	(億円)	975	1,437	3,915	9,660	11,423	14,658
	リース取扱高	:D	(億円)	5,621	8,127	14,611	29,927	36,758	84,152
	付保率	:C/D	(%)	17.3	17.7	26.8	32.3	31.1	17.4

(出典) 保険価額の1975・83年度は中小企業信用保険公庫編『中小企業信用保険公庫月報』vol.28, 1985年5月, 68-69頁;1990年度は中小企業信用保険公庫編『中小企業信用保険公庫月報』vol.34, 1991年6月, 38頁;1976・79・84年度は財団法人機械振興協会・経済研究所『機械類取引実態調査報告書』1986年2月, 56頁;リース取扱高はリース事業協会広報調査委員会編『リース・ハンドブック〔第29版〕』2013年, 8-11頁より作成.
(注) リース取扱高の調査対象会社は,1975年度までリース事業協会正会員のみ,1976年度以降は正会員・賛助会員.

1.4 総合商社の工作機械離れ

 以上のように,リース会社,工作機械メーカー,ユーザー,そして,政府によって,工作機械の国内販売におけるリースの利用・活用が徐々に進んできていたことで,1970年度に開始されたリース事業協会の調査によると,工作機械リース取扱高(表10-2のG)は,1970年代前半には100-200億円前後にまで達していた.また,工作機械の国内市場向け販売に対するリース物件取得額の比率(表10-2のH/D)も,1970年度の2.99%から1975年度5.36%と高まっており,工作機械の国内市場においてリース販売の重要度が徐々に増しつつあった.

 そのような状況の1970年代,とくに第1次オイルショック後に,在庫膨張とその処理を巡る利害対立をきっかけとした総合商社の工作機械離れ,あるいは,不況下での流通経費負担の軽減,ユーザー・ニーズの直接的把握の必要性に迫られたメーカー側の事情に規定されて,総代理店制が大きく後退し,流通経路の短縮化が進行した[42].

 先行研究において,山崎鉄工所を事例として,メーカー側からの契約解消を可能にした基本的な要因として挙げられているのは,販売・技術力の向上[43]と,経営基盤の強化によって銀行に資金を求めることができるようになっていたこと[44]である.しかし,上述のように,1970年代前半までに,工作機械メーカーにとってリースも工作機械販売に利用できる環境が整ってきていたことも,その要因として加えられるべきであろう.

2　NC化とリース利用の伸展(1970年代後半-1983年度)

2.1　NC化と国内中小企業需要

 1970年代後半から80年代にかけて工作機械生産額は驚異的な伸びを示し,85年にはじめて1兆円を突破し,82年から2008年までの27年間,日本は世界最大の工作機械生産国の地位を維持した[45].この生産額の急増は,NC化の急速な伸展と輸出産業化によって実現した.生産額ベースでのNC化率は,

表 10-2 工作機械国内販売におけるリース比率

年度	生産額 A	輸出額 B	輸入額 C	国内需要 D=A-B+C	リース取扱額(全機種) E	リース物件取得額(全機種) F	F/E	リース取扱額(工作機械) G
	億円	億円	億円	億円	億円	億円		億円
1970	3,123	241	442	3,324	2,106		0.70	142
1971	2,644	280	398	2,761	2,793		0.70	92
1972	2,052	274	224	2,001	3,721		0.70	112
1973	3,052	352	213	2,913	5,279		0.70	189
1974	3,586	577	372	3,382	5,290		0.70	206
1975	2,307	616	216	1,907	5,621		0.70	146
1976	2,286	761	139	1,664	8,127		0.70	193
1977	3,128	1,155	157	2,131	8,604		0.70	193
1978	3,655	1,621	196	2,230	10,566	7,820	0.74	263
1979	4,841	2,066	262	3,037	14,611	10,330	0.71	601
1980	6,821	2,696	382	4,507	15,744	11,550	0.73	837
1981	8,513	3,108	386	5,792	19,327	14,342	0.74	1,297
1982	7,828	2,476	436	5,788	23,966	18,872	0.79	1,555
1983	7,023	2,374	325	4,974	29,927	23,262	0.78	2,016
1984	8,815	3,151	293	5,956	36,758	28,843	0.78	3,004
1985	10,511	3,950	352	6,913	43,225	33,520	0.78	3,553
1986	8,994	3,636	332	5,690	47,575	37,636	0.79	2,940
1987	6,888	2,964	221	4,145	52,967	42,089	0.79	2,573
1988	8,811	3,215	367	5,963	67,170	52,226	0.78	3,788
1989	11,392	4,286	505	7,611	70,649	57,540	0.81	3,994
1990	13,034	4,558	686	9,163	84,152	65,420	0.78	4,628

(出典) A~Cは日本工作機械工業会『工作機械統計要覧2014年』2014年, 10-11頁；E~Gはリース事業協会ス・ハンドブック〔第29版〕』2013年, 2・8-11頁より作成.
(注) 1. リース取扱高は, 1975年度までリース事業協会正会員のみ, 1976年度以降は正会員・賛助会員合計額.
2. 1970-77年度のF/Eは, 0.70と仮定.
3. 推計方法は,「リース産業高成長の背景と今後の展望」日本開発銀行『調査』第84号, 1985年5月.

1975年に17.3%だったものが, 80年に49.8%, 85年に67.0%, 90年に75.7%と88年を除いて連年上昇し, 95年以降は8割台を推移する.

その内需についてみると, 1975-85年期間で77年以外は毎年NC工作機械販売額の過半は中小企業（従業者300人以下, または資本金1億円以下）向けであり, 81-86年の累計では中小企業向け販売額の43%を従業者30人以下の小零細企業が占めた. 中小企業でNC機が需要されたのは, 人材の調達難が深刻

リース物件取得額（工作機械） H=G×(F/E)	リース比率（工作機械） H/D
億円	%
99	2.99
64	2.33
78	3.92
132	4.54
144	4.26
102	5.36
135	8.12
135	6.34
195	8.73
425	13.99
614	13.62
962	16.62
1,224	21.16
1,567	31.51
2,357	39.58
2,755	39.86
2,326	40.87
2,045	49.33
2,945	49.39
3,253	42.74
3,598	39.27

広報調査委員会編『リー
表I-4を参考とした.

化したことと，複雑な加工が簡単にできること以上にいったん加工プログラムを作成しておけば初心者でも均質な部品を繰り返し加工できる点が評価されたからであった[46]．

この国内中小企業需要はこの時期の輸出拡大に対しても重要な意義を有していた．それは，1975-85年の最大の輸出相手国であったアメリカで日本メーカーが競争に勝ちえた要因が，①アメリカ大手工作機械メーカーが目を向けていなかったジョブ・ショップ向け低価格NC機から進出し，価格・品質両面の競争力を格段に強化した上で，大手ユーザー市場に進出した販売戦略とともに，②アメリカ市場でも納期，アフターサービス，コンサルタント機能など総合的な販売力の強化を可能にした日本国内の中小企業需要に対応する過程で培ってきた技術力と営業力であったからである．そのため，国内中小企業需要をいかに掴むかが，1970年代後半以降の工作機械各社の業績を決定的に規定した．

先行研究において，この国内中小企業需要を掴む上で重要であったと指摘されているのは，①営業所増設や営業部員増員といった販売面での競争力強化，②「NC教室」，「NCスクール」，「納品係制度」，「マン・ツー・マン・システム」「試作請負サービス方式」といったNC工作機械の操作方法を教えるサービス活動，そして，③生産体制の強化，低コスト化を目指したFMS（Flexible Manufacturing System）の導入の3つである．

これらはもちろん重要ではあるが，あくまでも工作機械メーカー側の要因である．その一方で，当時の中小企業にとって，NC機を導入する際に直面していた問題の第1位は，1980年12月の中小企業庁の調査によると，「価格が高いため資金負担が大きい」（36.5％）であった[47]．

2.2 NC機へのリース利用

 以上のように，工作機械工業のNC化と輸出産業化にとって重要な意味をもっていたが金融面での制約を抱えていた中小企業向けのNC工作機械を中心[48]として，リース利用が1970年代後半以降に伸展した．

 工作機械リース取扱高は，1970年代前半に100-200億円前後で推移した後，78年度以降に増加のテンポを速め，83年度には2,016億円となった（前掲表10-2のG）．その工作機械リース取扱高に対する機械類リース信用保険の付保率（前掲表10-1のA/B）は，1976年度の21.2％から，79年度40.2％，83年度71.6％と急速に上昇している．同保険は，既述のように，中小企業向けのリースに限られていたから，この数値の上昇は，この時期の工作機械リースが中小企業向けを中心に，政府による信用補完制度に支えられながら，急増していたことを示している．また，工作機械の国内市場向け販売に対するリース物件取得額の比率（前掲表10-2のH/D）も，1976年度の8.12％から，79年度13.99％，83年度31.51％と高まっており，工作機械の国内市場においてリース販売の重要度が増していった[49]．

 このように，NC工作機械を中心に重要度を増していった工作機械のリースは，「ディーラー，リース会社主導型」であったとされている[50]．このことの詳細は不明であるが，日本リースは，1982年秋から，安いリース料を設定できるオペレーティング・リースを工作機械に採用し，工作機械のリース契約高を伸ばしている[51]．ディーラ・リース会社主導型であった理由は，リースによる販売は工作機械メーカーにとって，ユーザーの信用調査の手間が大きいことと，多額の運転資金が必要であったことであった[52]．

 しかし，この時期には，工作機械メーカー側においても，独自のリース専門会社を設立する動きが出始めてきた．牧野フライス製作所による牧野リースの設立（1978年9月，本社東京，社長清水正利＝同社社長，資本金500万円，牧野フライス製作所の出資比率100％）[53]をはじめとして，高松機械工業によりファースト・マシン・ファイナンス（1982年7月，本社金沢市，社長川江豊吉＝同社専務，資本金5千万円，高松機械工業の出資比率100％）[54]，そして，日立精機により日立精機リース（1983年5月，本社千葉県我孫子市，社長内藤佑郎，資本金500

万円,日立精機の出資比率20%)[55] が設立されている.

牧野フライス製作所がリース専門会社を設立した理由・目的は,①数千万円の高額な機械については,リースで使いたいというユーザーが増えてきていること,②「不景気や高金利の時には手軽に新鋭機を導入できるリース販売の需要が一段と伸びるはず」(清水牧野フライス社長)という判断のもと工作機械の内需ブーム時に将来の需要下降期に備えて先手を打つことであった[56].高松機械工業のケースは,「中小企業にとって導入しやすい方策の検討」をした結果として,「一般のリース会社経由では審査基準が厳しいなど,ユーザーから利用したくても利用しにくいという声が多い」ことに対応する形で,しかも,「金額的に高いNC旋盤が中心」になると見込んでのリース専門会社の設立であった[57].

3 中小企業メカトロ化減税の実施とリース利用の急増(1984年度〜)

3.1 中小企業メカトロ化減税の導入

前節でみたように,1970年代後半以降,中小企業向けのNC工作機械を中心として伸展していたリース利用をさらに急増させる変化をもたらしたのが,1984年度から実施された中小企業新技術体化投資促進税制,いわゆる,中小企業メカトロ化減税であった.

中小企業メカトロ化減税は,技術進歩の著しいメカトロニクス機器,電子計算機等の導入を促進することにより中小企業の生産性向上及び経営近代化を図るという通産省・中小企業庁の意図を背景として,1984年度に創設された.企業がリースで設備を導入した場合,その企業(リース・ユーザー)にはリース料総額の一定割合(60%)について7%の税額控除を認められるもので,1984年4月1日以後のリース契約から適用された[58].その対象設備は,1984年1月30日に通産省によって決められ,産業用ロボットなど最新鋭のメカトロ機器87設備と,これまで各種の設備投資減税の対象となっていなかったコンピューターおよび周辺端末装置を新たに加え,合わせて88設備が対象とされた[59].

工作機械リース取扱高は，中小企業メカトロ化減税が導入された 1984 年度に，中小企業向け NC 工作機械を中心[60]として，対前年度比 49.0％ 増（全リース取扱高は 22.8％ 増）の 3,004 億円となり，85 年度も 3,553 億円と増加した後，86・87 年度は円高不況の影響で減少したが，88 年度から再び増加し，90 年度には 4,628 億円となった（前掲表 10-2 の G）．工作機械の国内市場向け販売に対するリース物件取得額の比率（前掲表 10-2 の H/D）も，1983 年度の 31.51％ から，84 年度 39.58％，87 年度 49.33％ と高まり，89・90 年度は低下したものの 40％ 前後を占めている．また，工作機械リース取扱高に対する機械類リース信用保険の付保率（前掲表 10-1 の A/B）は，84 年度 70.6％，90 年度 61.4％ と高い比率が維持されていた．

すなわち，1984 年度以降，中小企業メカトロ化減税により刺激された中小企業向けの NC 工作機械を中心としてリース利用はさらに急増し，政府による信用補完制度に支えられながら，工作機械国内販売におけるリースの重要度もさらに高まった．このようなリースの重要度の高まりの中で，急増するリース需要を取り込むべく，以下のような，リース会社，ディーラー，工作機械メーカーによる動きがみられた[61]．

3.2 リース急増への対応

オリエント・リースは，工作機械をはじめとするリース需要の増大に対応するため，機械類リースの営業体制の強化を図った．大阪営業部には既に産業機械課を設けていた（1983 年）のに続いて，1984 年秋に，東京営業部にも産業機械部を設置し，各支店の営業員の増加などを行った．また，1984 年 10 月 1 日付で，工作機械の大手商社であった山善と共同出資で機械の専門リース会社ワイ・オー・マシン・リースを設立し，工作機械，鍛圧機械，測定機器，ロボットなど山善が扱う各種機械のリースや割賦販売などを始めた[62]．

このリース会社をオリエント・リースと共同で設立した山善を含む機械商社業界では，この時期，工作機械販売においてリースでの販売のウエイトが高まっていた．例えば，山善のリースの取り扱いは工作機械販売の 3 割にも及んでおり[63]，また，名古屋市内に本社を置く機械販売会社ではいずれもリースによる工作機械販売のウエイトが 1-3 割に高まり[64]，「特に工作機械業界の地域密

着型の専門商社の間で20世紀後半には,販売促進活動の中心にリースを据えて,その比率も30%を超え50%近くに達するところも現れた」[65]とされている.

このディーラー段階におけるリース利用の重要度の高まりを受けて,工作機械商社の業界団体である日本工作機械販売協会が,1984年に賛助会員制度を新たに設けてリース会社に加盟を呼びかけ,1985年度に23社の有力リース会社が加盟した.その際,リース会社が出した要請は,「リースアップした機械の査定基準を検討して欲しい」というものであった[66].

住商リースは,1984年10月に,工作機械のリース営業を強化するため,NC旋盤大手の森精機製作所と業務提携を結んだ.提携内容は,(1)森精機のNC旋盤およびマシニングセンターのリース需要に対しては森精機が住商リースを優先的に紹介する,(2)リース期間満了後のリース物件に対しては両社は協力して再利用先の開拓などにあたる等である.住商リース側の狙いは,リース会社が単独でリース料を設定した場合,リース期間満了後の中古価値を低目にみるきらいがあり,リース料が割高になる恐れがあるため,森精機の工作機械に関するノウハウを活用して同中古価値の判定を的確に行い,リース料の引き下げ(従来比 5-10%)を図ることであった[67].すなわち,NC工作機械のトップメーカー[68]がもつ技術ノウハウを利用して,ファイナンス・リースより安いリース料を設定可能なオペレーティング・リースを始めることであったといえる.

大隈鉄工所は,1985年9月13日,リース利用の販売に本格的に取り組むため,セントラルリースと業務提携し,「大隈リース」を開始した.提携内容は,大隈鉄工所のNC旋盤,マシニングセンター,研削盤など全機種を対象に,相互の情報を提供し合い,リース販売する場合は従来通り,セントラルリースが機械を買い取るが,リスクは両社の共同負担となるというものであった.この提携の狙いは,従来のリース会社の書類審査だけだったユーザーの信用評価では機械の性能とは関係なく導入機種が決まるケースも多かったため,その信用評価に大隈鉄工所が永年培ったユーザー情報を加味して評価の正確さを高めることで,①与信業務を迅速化し,②リスク判断の確度を高め,③優遇レートの弾力的適用(リース料の割引)を可能にすることであった[69].

この時期に NC 機を中心として急増したリースの契約期間は，同時代の新聞報道[70]，先述の 1984 年のリース事業協会調査において最も構成比が高い期間区分が 5 年超（73％）であったこと，そして，「53 年リース通達」の影響を考慮すると，多くが 6-7 年であったと考えられる[71]．そのため，1978 年度以降に急増したリースの契約期間が終了する 1985 年頃から，リースアップ工作機械が大量発生すると予想され，しかも，NC 機の中古機の大量発生という日本の工作機械業界にとっては初めての事態が予想されたから，それへの対応が問題となった．そこで，日工会は，1985 年 11 月，同会の市場委員会の中にリース対策研究分科会を設置し，工作機械リースについての問題点の洗い出し，そして，焦点とされた NC 工作機械のリースアップ機の実態調査と対策の検討を開始した[72]．また，工作機械大手商社の山善は，1987 年 7 月，NC 機，鍛圧機械などを中古市場から集め，制御部などを取り換えるなどのレトロフィットを行い，同社の海外拠点を活用して，シンガポール，インドネシア等の東南アジア地域へ輸出する業務を開始している[73]．

おわりに

1960 年代から 70 年代前半における工作機械流通の主要形態は割賦販売であり，その割賦販売資金の負担軽減のために，総合商社を頂点とする総代理店制が重要な役割を果たしていた．その中，1960 年代半ばに事業を開始したリース会社，販売資金の負担軽減や中小企業への販売拡大を目的とした工作機械メーカー，そして，実質的な早期償却による節税効果を理由としたユーザーによって，リースの利用が徐々に進み，1970 年代前半には，工作機械の国内市場向け販売に占めるリースの比重は 2-5％ 台となっていた．このことも，1970 年代に進行した総合商社の工作機械離れを可能にした条件となった．

1970 年代後半から，工作機械生産額は驚異的な伸びを示し，日本は世界最大の工作機械生産国となった．この生産額の急増は，NC 化と輸出産業化によって実現したが，その双方にとって，国内中小企業需要が重要な意味をもった．その中小企業向けの NC 工作機械を中心として，工作機械リース取扱高は，1978 年度以降に増加のテンポを速め，工作機械の国内市場向け販売に占める

比率も76年度の8.12%から83年度の31.51%まで高まり，工作機械の国内市場においてリース販売の重要度が増していった．その過程では，中小企業にとってリースがより使いやすくなるような，リース会社によるオペレーティング・リースの採用や，工作機械メーカーによる独自リース会社の設立などの動きがみられた[74]．

1984年度，中小企業の生産性向上と経営近代化を目的として，NC工作機械も対象設備とした中小企業メカトロ化減税が導入された．この減税により刺激された中小企業によるNC工作機械リース需要を取り込むべく，①リース会社による営業体制の強化，②リース会社と商社の提携（機械専門リース会社の設立），そして，③リース会社と工作機械メーカーの提携（オペレーティング・リースの開始，与信業務の迅速化，リース料の引き下げ）という動きがみられた．その結果，工作機械リース取扱高は，この時期にも中小企業向けのNC工作機械を中心として，円高不況の影響のあった86・87年度を除いて，1984年度以降に急増し，工作機械の国内市場向け販売に占める比率も1983年度の31.51%から87・88年度の50%弱まで高まり，89・90年度は低下したものの40%前後を占め，工作機械国内販売におけるリースの重要度はさらに高まった．

また，1970年代に入ると，中小企業の設備近代化と機械工業の振興という目的のための一手段として，通産省によるリースの活用も始まり，工作機械リース取扱高に対する機械類リース信用保険の付保率は，1975年度の26.7%から，1979年度40.2%，1983年度71.6%と急速に上昇し，90年度まで60%以上の比率が維持された．

以上より，1970年代後半以降における中小企業のNC工作機械の導入と日本の世界最大の工作機械生産国化にとって，政府による信用補完制度に支えられたリースが非常に重要な役割を果たしていたといえよう[75]．

注
1) 橘川武郎はME化で欧米諸国のライバルに先行したことが1970-80年代における日本メーカーの国際競争力強化の要因だとしている．橘川武郎「経済成長と日本型企業経営」宮本又郎・阿部武司・宇田川勝・沢井実・橘川武郎『日本経営史〔新版〕——江戸時代から21世紀へ』有斐閣，2007年，356頁．なお，橘川は，「金融・保険業のオンライン化，流通業におけるPOS（販売時点情報管理）システムやEOS（エレクトロニッ

ク・オーダリング・システム，補充発注システム）の導入，製造業（とくに機械工業）でのCAD／CAM（コンピュータによる設計，製造）やFMS（フレキシブル・マニュファクチャリング・システム，フレキシブル生産システム）の採用など」を情報化・ME化の代表的事例としている．

2) 橋本寿朗「ネオ・モダンな経済と日本企業――日本経済の歴史的展開と到達点」『世界』岩波書店，第551号，1991年3月；同『日本経済論――二十世紀システムと日本経済』ミネルヴァ書房，1991年；同「大企業パラダイムは終焉するか――ME革命による『大転換』の時代」岩波書店『世界』第568号，1992年5月；同「『経済発展段階論』と日本経済史――ME技術革新と世界経済史の『大転換』」社会経済史学会『社会経済史学』第58巻第1号，1992年5月；同「〈大転換期〉の構造調整とME技術革命」橋本寿朗編『20世紀資本主義 I 技術革新と生産システム』東京大学出版会，1995年．

3) 前掲，橋本「ネオ・モダンな経済と日本企業」263頁；同「大企業パラダイムは終焉するか」242-243頁；同「『経済発展段階論』と日本経済史」81-82・86頁．

4) 前掲，橋本『日本経済論』121-124頁．

5) 引用も含めて，前掲，橋本「〈大転換期〉の構造調整とME技術革命」107-109頁．ただし，ME化の過程が，工場労働者や中小企業に負の影響を全くもたらさずに進んだわけではないことも留意すべきである．例えば，鎌田慧『ロボット絶望工場』講談社，1988年；森清『町工場のロボット革命』ダイヤモンド社，1982年を参照されたい．

6) 前掲，橋本「『経済発展段階論』と日本経済史」82頁．

7) 前掲，橋本『日本経済論』85頁．

8) 1991年12月の下請中小企業へのME機器の普及率は，NC工作機械61.9％，オフィス・コンピュータ53.1％，マシニングセンタ36.7％，汎用コンピュータ28.9％，CAD27.8％，CAM11.9％，FMS4.0％であった（前掲『20世紀資本主義 I』107頁．元資料は，中小企業庁『中小企業白書』1992年版，110頁）．

9) この項の記述は，別に断らない限り，沢井実『マザーマシンの夢』名古屋大学出版会，2013年，365-368頁による．他に，小林正人・大高義穂「工作機械産業」産業学会編『戦後日本産業史』東洋経済新報社，1995年，396-397頁も参照．

10) 総合商社側においても経営責任の明確化，人材養成，専門商社並みの機動力確保を狙って，工作機械専門の別会社を設立する動きが進行した．その代表的事例は，兼松江商工作機械（1963年設立），伊藤忠工作機械販売（65年），安宅マシンツール（67年），三井物産工作機械販売（68年），三菱商事工作機械（71年），トーメン・マシンツールス（75年）の設立であった．前掲，沢井『マザーマシンの夢』471頁．

11) 「"工作機械ローン"を計画 セントラルグループ4社 主要取引銀行と提携」『日刊工業新聞』1968年2月24日，6頁；「東日本工作機械グループ 割賦販売とリースに進出」『日刊工業新聞』1969年8月11日，6頁．

12) 三十年史編纂委員会編『リース事業協会三十年史――さらなる飛躍に向かって』2002年，5頁．日本リース・インターナショナルは，設備の賃貸会社の必要性を感じており，米国でのリース業の成長を知ったリコーの当時の社長市村清の発案により銀行12行，

第 10 章　日本における ME 化とリース　　299

保険会社 8 社，メーカー 22 社の出資により，米国のリース・プラン・インターナショナル社との技術提携により設立された．オリエント・リースは，米国のリース業についての調査分析を進めていた日綿実業と三和銀行を中心にした 3 商社 5 銀行の出資と，米国のリース会社 U.S. リーシング社の協力により設立された．東京リースは，日本勧業銀行の関連会社として銀行系リース会社の第 1 号として設立された．「レポート：転機を迎えたリース産業——リース市場の構造変化とリース業界の今後の課題」日本興業銀行資料センター編『興銀調査』第 258 号，1992 年 12 月，33 頁．リースと似たレンタル形式による販売は，すでに，IBM のコンピュータ，国内メーカーのコンピュータ（1961 年-），富士ゼロックスの複写機（1962 年-）において，採用されていた．（高橋清美「2 つの世界：通信とコンピュータ」武田晴人編『日本の情報通信産業史　2 つの世界から 1 つの世界へ』有斐閣，2011 年，第 1 章，51-53 頁，日本経営史研究所・富士ゼロックス社史編纂委員会編『富士ゼロックスの歴史〈1962-1992〉』1994 年，49-58 頁）．産業政策の一環として国産コンピュータの一元的なレンタル販売のため 1961 年に設立された日本電子計算機株式会社（JECC）については，その歴史を再検討するための別稿を準備中である．

13）菊竹秀敏「リース産業高成長の背景と今後の展望」日本開発銀行『調査』第 84 号，1985 年 5 月，15 頁；堀内厚律「成長のなかで新たな展開を目指すリース産業」日本長期信用銀行『長銀調査月報』No. 207，1983 年 6 月，2 頁；「急成長を続けるリース業の現状と展望」日本債券信用銀行調査部『調査時報』No. 78，1983 年 7 月，21 頁．他に，オペレーティング・リース（後出）と，ユーザーが行うことが原則となっていた物件のメンテナンスを特約によりリース会社に委託するメンテナンス・リースがある．

14）『日本リース十五年史』1979 年，108 頁．

15）引用も含めて，同上，47-48 頁．

16）同上，49・108 頁；「日立精機　日本リースとの提携強化　NC 機，大型工作機械も来春から対象に」『日刊工業新聞』1970 年 12 月 29 日，4 頁．個別の提携内容は不明だが，例えば，共同パンフレットを作成し，日本リースの営業マンとメーカーの営業マンがともに顧客にリースの利用を勧めるという共同活動も展開されることになったという．前掲『日本リース十五年史』49-50 頁．

17）前掲「日立精機　日本リースとの提携強化　NC 機，大型工作機械も来春から対象に」．このときに追加された機械は，BD 型マシニングセンター，BD 型 NC フライス盤，LN 型 NC タレット旋盤，MJ 型プラノミラー，ASH 型チャックマシン（多軸自動旋盤），ME 型 NC 中ぐりフライス盤，MD 型 NC プラノミラー，AS 型バーマシン（多軸自動旋盤）である．

18）ニュースダイジェスト社編『FA 需給の"架け橋"』日本工作機械販売協会，1990 年，203 頁．

19）前掲『日刊工業新聞』1969 年 8 月 11 日，6 頁．工作機械メーカーの「グループ」については，前掲，沢井『マザーマシンの夢』363-364 頁を参照のこと．

20）前掲，沢井『マザーマシンの夢』第 13 章の分類による．

21) 引用も含めて，「"当社製品のユーザーを保証" 池貝，リース7社と契約」『日本経済新聞』1971年5月28日，7頁；「リース7社と契約 池貝鉄工 全機種の販売で」『日刊工業新聞』1971年5月28日，6頁．契約相手のリース7社は，パシフィックリース，日本リース，芙蓉開発，オリエント・リース，センチュリー・リーシング・システム，昭和リース，芙蓉総合リースであった．
22) リース事業協会調査統計委員会編『リース・ハンドブック』1979年11月，51頁．
23) 同上，50頁，表2．第2位は「効率的な資金運用ができる」47.4％，第3位は「常に最新の機械設備が使える」21.1％であった．
24) 前掲『リース事業協会三十年史』8-9頁．1971年10月には，通商産業大臣の許可を受けて社団法人リース事業協会となっている．
25) 引用も含めて，同上，10頁．
26) 引用も含めて，同上，26頁．
27) 引用も含めて，同上，25-26頁．同大蔵委員会では，栗林卓司（民社党）が，金額1千万円・法定耐用年数10年・リース期間5年のケースの場合，「自分が買ってくるのか，リースをするのかによって損金計上額が三百万円ぐらい違う．ということは，実はリースをした場合にはおおむね百七十万円ぐらい──一千万円の場合ですよ，百七十万円ぐらい税金を払わなくて済む，この実態を税の公平な負担という角度から見て，大蔵省はどうお考えになりますか」と問題にしている．「参議院大蔵委員会（第77回国会閉会後）会議録第1号」1976年7月6日，27頁．栗林については，日外アソシエーツ編『新訂 政治家人名事典 明治～昭和』日外アソシエーツ，2003年，224頁を参照．
28) 引用も含めて，前掲『リース事業協会三十年史』27頁．
29) 前掲『長銀調査月報』No.207，22頁．
30) 『LEASE』第2巻第10号，1973年10月25日，8-9頁．
31) 大蔵省主税局税制第一課課長補佐伊藤甫編『昭和48年6月改正版 減価償却資産の耐用年数とその使い方』日本法令様式販賣所，1973年，41頁．
32) 「リース需要動向調査（昭和59年度）」リース事業協会調査統計委員会編『リース・ハンドブック〔第4版〕』1985年4月，31頁，第1表．
33) 大蔵省主税局税制第一課技術係長山下徳夫編著『最新 減価償却資産の耐用年数表』税務研究会出版局，1984年，51頁．
34) 前掲『リース・ハンドブック〔第4版〕』33頁，第4表．第2位は「効率的な資金運用ができる」53.3％，第3位は「常に最新の機械設備が使える」33.3％であった．
35) 1970年代後半以降については，1976年度から1980年度にかけて，財政の健全化を緊急の課題として，企業関係の租税特別措置がほぼ全面的に改廃されたことも考慮する必要があろう．佐藤政則「産業税制」通商産業省・通商産業政策史編纂委員会編『通商産業政策史 第15巻──第Ⅳ期 多様化時代（4）』1991年，第11章第2節，464-473頁．
36) 引用も含めて，「省力・安全新機械リース金融措置（案）ならびに機械類信用保険制度に関する要望書を提出」『工作機械ニュース』No.80，1972年1月，8-9頁．
37) 前掲『リース事業協会三十年史』37頁．ただし，その詳細を知り得る資料を入手で

きていないため，この制度の効果も現時点では検証できていない．

38) 機械類信用保険制度は，当初，割賦販売のみを保険対象として「機械類賦払信用保険臨時措置法」に基づく5年間の限時措置として1961年に発足，1966年に恒久制度化され，さらに1970年には割賦販売と類似した購入資金借入保証契約に係る販売（ローン保証販売）を保険対象に追加し，法律名も「機械類信用保険法」と改正，通商産業省機械情報産業局において機械類信用保険特別会計により運営されていたが，1984年10月1日から中小企業信用保険公庫に移管された．中小企業信用保険公庫機械保険部「機械類信用保険制度の概要」中小企業信用保険公庫編『中小企業信用保険公庫月報』vol. 27, 1984年10月，8-13頁．

39) 引用も含めて，前掲「省力・安全新機械リース金融措置（案）ならびに機械類信用保険制度に関する要望書を提出」8-9頁．

40) 前掲『リース事業協会三十年史』38頁．

41) 前掲「機械類信用保険制度の概要」8-13頁．

42) 前掲，沢井『マザーマシンの夢』368頁，前掲「工作機械産業」397頁．

43) 同上『マザーマシンの夢』368頁．

44) 前掲「工作機械産業」397頁．

45) 以下，この項の記述は，別に断らない限り，前掲，沢井『マザーマシンの夢』388-393頁による．

46) 前掲，森『町工場のロボット革命』120頁では，中小企業庁「中小製造業技術開発実態調査」1980年12月（ただし，オリジナルは確認できていない）の結果として，「中小企業におけるNC機械導入の目的」は，既にNC機を導入している企業では，第1位「省力化」(62.1%)，第2位「精度向上」(46.8%)，第3位「多種中少量生産を効率的に行う必要から」(35.3%)，そして第4位「熟練工不足」(17.3%)であったと紹介した上で，「これは，たとえ中小工場でも，資本力のある，下請企業色の強い工場では，親会社からの高精度，高品質，コストダウンに応えるために，いやおうなくNC機導入に踏み切るからであろう」としている．また，同書97頁の安藤製作所のケースも参照．

47) 同上，120-121頁．2位以下は次の通り，2位「プログラミング能力の不足などから充分に使いこなせない」36.0%，3位「生産ロットなどの面から充分効率的に稼働できない」29.1%，4位「メンテナンス能力が不足している」20.3%，5位「機械装置自体の精度などに問題がある」8.5%，6位「導入した数値制御機械が当社製品の加工にはマッチしていない」7.9%，7位「現場従業員の反発が大きい」2.5%，8位「その他」1.8%．

48) 前掲『調査時報』No. 78，8頁，通商産業省産業政策局編『主要産業の設備投資計画（昭和58年版）』大蔵省印刷局，1983年7月，320頁．通商産業省産業政策局・サービス産業企画調査官付編『サービス産業年鑑1984』東洋法規出版，1984年1月，64頁．

49) 前掲「工作機械産業」では，「割賦販売が高価なNC工作機械を中小企業にも普及させる要因にもなった」(396頁)としているが，これは過大評価であろう．日工会事務局による「数値制御工作機械生産実績等調査」各年（『工作機械ニュース』掲載）によれば，中小企業向けNC工作機械販売における割賦販売の比率は，1975年の48.8%を

ピークとして，76 年 45.8%，77 年 37.3%，78 年 23.5%，79 年 22.7%，80 年 22.5% と，NC 化率に反比例して低下している．恐らくそのことが原因で，1981 年から販売条件別（現金販売―割賦販売）の調査の代わりに販売形態別（直接販売―間接販売）の調査が行われるようになったと考えられる．

50) そのため，日工会は，リース利用の実態を正確に把握しておらず，業界としての対応策検討のバックデータとする目的で，1984 年 1 月に，調査を実施することにしたようである．「工作機械リース　利用状況を調査へ　日工会　具体的対応の指針に」『日本工業新聞』1984 年 1 月 26 日，8 頁．ただし，日工会の活動を最も良く知ることのできる同会発行『工作機械ニュース』各号の「理事会・委員会・運営事項」においても，この調査が実際に実施された形跡を見つけることはできなかった．

51) オペレーティング・リースは，リース期間終了後に転売ないし再リースすることを条件に，物件元金の 10〜20% を割り引いて（残価設定）リースする方法で，残存価格を 0% とするファイナンス・リースより安いリース料の設定が可能となる．「日本リースの工作機械オペレーティングリース，低料率が魅力で急成長」『日経産業新聞』1983 年 10 月 13 日，15 頁．

52) 「牧野フライス，リース専門会社『牧野リース』設立――ユーザーの需要読み先手」『日経産業新聞』1978 年 9 月 20 日，1 頁．

53) 同上．

54) 「独自のリース会社　高松機械が設立　潜在需要掘り起こし」『日刊工業新聞』1982 年 7 月 8 日，10 頁．

55) 「アフターサービスや修理などの際にもキメ細かい対応が可能で，ユーザー側にとってのメリットが大きい」ことも独自リース会社設立の理由とされている．「工作機械のリース会社　日立精機が設立」『日刊工業新聞』1983 年 4 月 13 日，11 頁．

56) 引用も含めて，前掲『日経産業新聞』1978 年 9 月 20 日，1 頁．

57) 引用も含めて，前掲『日刊工業新聞』1982 年 7 月 8 日，10 頁．

58) その後，2 年ごとに適用期間が延長されたが，2002 年度の税制改正における「中小企業投資促進税制」の恒久化に伴い，2002 年 3 月末で廃止された．前掲『リース事業協会三十年史』76-77 頁．

59) 電子計算機制御を取り入れた機器（メカトロ機器）のうちオーブンなど食品機械（15 設備），NC（数値制御）工作機械など工作加工機械（7 設備），POS（販売時点情報管理）システム装置など流通・サービス設備（6 設備）など，87 設備と情報関連機器 1 設備（電子計算機および周辺端末装置）．『セントラルリース 20 年史　創立 20 年のあゆみ』1990 年，236 頁．

60) 通商産業省産業政策局編『主要産業の設備投資計画（昭和 60 年版）』大蔵省印刷局，1985 年 7 月，316 頁．通商産業省産業政策局・サービス産業官付編『サービス産業年鑑 1986』東洋法規出版，1986 年，72 頁．他に，「中部地方の中小企業，工作機械のリース増加　割賦方式より有利」『日本経済新聞』1984 年 12 月 11 日，7 頁も参照．

61) 他に，「メカトロ減税，リース業界走る　需要増で 2000 億円追加投資へ」『日本経済新

聞』1984年2月22日，朝刊，10頁も参照．
62)「機械類の営業体制強化　今期成約高前年比50％増へ　オリリース」『日刊工業新聞』1984年11月14日，21頁，『オリックス25年史』1990年，82・160頁．他に，「中古工作機械を輸出　リースアップ機械の急増に対処　山善　将来は別会社に」『日刊工業新聞』1987年7月16日，11頁も参照．東京リースも，機械リースの営業を強化するため，1985年10月1日付で組織改革を行い，機械営業部を第一部と第二部に分割し，第一部は工作機械を専門に扱うことになった．「東京リースが強化　電算機と機械の営業部門　組織改革で　成約19％増見込む」『日刊工業新聞』1985年9月23日，12頁．また，ワシノ商事もリースに乗り出していたとする新聞報道があるが，詳細は不明である．「セントラルリースと提携　大隈鉄工」『日刊工業新聞』1985年9月13日，10頁．
63)「山善，今期累損一掃へ」『日本経済新聞』1984年11月20日，朝刊，20頁．
64) 前掲『日本経済新聞』1984年12月11日，7頁．
65) ニュースダイジェスト社編『日工会創立50周年記念　世界への途，半世紀』2002年，142-143頁．
66) 引用も含めて，前掲『FA需給の"架け橋"』156頁．
67)「住商リース，森精機と業務提携　NC旋盤など料金下げ」『日経産業新聞』1984年10月9日，16頁，「住商リースが森精機と提携　NC旋盤，MCリースへ」『日刊工業新聞』1984年10月9日，1頁．
68) 森精機製作所は，1985年度売上高ランキングにおいて，工作機械；第3位，NC旋盤；第2位，MC（マシニングセンター）；第3位であった（前掲，沢井『マザーマシンの夢』390頁，表14-1）．
69)「大隈鉄工所　セントラルリースと提携　工作機械リース販売で」『日経産業新聞』1985年9月13日，10頁，前掲『日刊工業新聞』1985年9月13日，10頁，前掲『セントラルリース20年史』244頁，「リース事業に進出　大隈鉄工所」『朝日新聞』1985年9月13日，8頁．1982年6月のインタビュー記事の中で，大隈鉄工所の大隈武雄社長は，1982年度から落ち込んでいる国内需要（前掲表10-2）を引き上げる刺激策に関する問いに対して，「これからの主力市場は中小企業向けで，そこに売り込む知恵を絞らなければならない．私は，一策として工作機械の本格的なリース会社設立を考えている．必要な期間だけ工作機械を賃貸し，いらなくなったらリース会社が引き取り，改造してまた売り出す．こうすれば，中小企業もかなりNC機に手を出しやすくなるはずだ」と回答していた（「大隈鉄工所社長大隈武雄氏　工作機械の需要落ち込み（そこが知りたい）」『日経産業新聞』1982年6月18日，8頁）．
70)「日工会　リースアップ工作機械　大量発生で影響調査　26日に初会合　対策分科会を設置」『日刊工業新聞』1985年11月18日，12頁，前掲『日刊工業新聞』1987年7月16日，11頁．
71) この外生的に設定された契約期間について，日工会は，「もう一つ，リース販売が急増したことによって生じた見逃せない現象は，初期のファイナンス・リースで設定された7年という標準期間が，更新サイクルの期間にも微妙な影響を与え，あるいは新製品

開発のサイクル・タイムとも重なり，資本財マーケティング分野に一つの時間軸を仮定できたことである．そうした動きは個別の市場戦略なり総体的な需要予測作業などにも少なからず影響を及ぼし，業界変革の一つの引き金ともなってきた．ただし，20世紀も終わり頃には，需給変化が目まぐるしい市場からの要請を受け入れてリース期間を2-3年に短縮したオペレーティング・リースが派生してきた」としているが，この点について検証する準備はできていない．

72) 前掲『日刊工業新聞』1985年11月18日，12頁．ただし，同会発行『工作機械ニュース』No.40（1985年9月）-No.58（1988年9月）の「理事会・委員会・運営事項」で，この分科会の活動の経過を知ることはできるが，調査結果とそれに基づいてどのような対策がなされたのかに関する資料は入手できていない．

73) 前掲『日刊工業新聞』1987年7月16日，11頁．リースアップ工作機械の輸出については，「特に特殊・大型機械は中古機械マーケットで人気を博し，東南アジアの近隣諸国向け輸出にも有力な商品群となっている．それは一方で，輸出検査基準，オーダリーマーケティング問題，PL問題にも絡んで，さまざまな議論を呼んできた」（前掲『日工会創立50周年記念 世界への途，半世紀』142-143頁）とされているが，詳細を検討する準備はできていない．

74) 産業用ロボットについては，中小企業への普及促進を目的とした財政投融資によるリース制度の実施機関として1980年に設立された日本ロボットリース株式会社（JAROL）のリース制度に対して，中小企業ユーザーから技術革新の速さに対応した短期間で設備を更新できるリース制度を求める声が高まったため，JAROLは1982年から中途解約可能なレンタル制度を開始している（拙稿「JAROL（日本ロボットリース株式会社）の歴史――中小企業向け産業用ロボット普及政策実施機関としての役割と限界」茨城大学人文社会科学部『茨城大学人文社会科学部紀要社会科学論集』第3号，2018年9月発行予定）．工作機械についても，既述のように，1974・84年度の「リース需要動向調査」において，ともに，「常に最新の機械設備が使える」が「リース利用物件別の調達理由」の第3位（21.1％・33.3％）となっていたことから，技術革新の速さに対応できる販売制度に対するニーズが潜在していた可能性はある．しかし，これまでのところ，中途解約可能なレンタル制度を求めるユーザー側の声を見い出せていない．

75) ただし，急いで付言すれば，「金融的に担保がなくても機械設備を導入することができるのが大きなメリットですが，（中略）リースは銀行金融に較べると割と安易に利用できることから，リースを安易に利用して設備投資を過剰に行ったところが，現在，そのツケというか，毎月の固定費の支払いに苦しんでいるわけです．特に，従業員が数人の小企業では，大企業と同じNCをリースによって導入することができたものの，バブルがはじけて仕事が激減しても，毎月決まったリース料を払っていかなくてはならないというのが大きな問題」となったことにも留意すべきである．引用は，『名古屋リースのあゆみ 思い出を映して』1994年，66頁．

第11章

日本造船業——国際的地位を維持し続けた構造不況業種

祖父江利衛

はじめに——問題関心と課題の設定

　序章で指摘されているように，"資本"（以下，クォーテーション省略）は本質的に高い流動性を志向するが，資本の再生産過程は具体的な産業への投資を通じて実態化する[1]．そして，資本の産業への投資において，ある一定の歴史的・社会的条件の下で生産要素の組み合わせは，理論上想定されるほどフレキシブルではなく，固定性を意識しなければならない．しかも，その固定性は，生産要素間に限ることではない．広く現実社会に即して述べれば，ある産業部門から他の産業部門への資本移動がいとも簡単に，何のコンフリクトも生じることなく円滑に達成できることなどもあり得ない．産業間であれ，生産要素間であれ，移動に伴う軋轢が現実性を帯びる場合，資本制生産様式の経済社会であるからして，資本の再生産活動を滞らせないことが一義的に重要視される．他方，社会は，その軋轢を可能な限り緩和することを全く埒外に置くことができない．「地域における雇用の場の確保」も大義の一角をなすであろう．あるいは，資本移動それ自体が容易ではないことも想像に難くない．だとすれば，資本移動を促すにせよ，その軋轢を緩和するにせよ，それらの方策や対策を意図的に実施しなければならない場合がありえ，その通常の主体は政府になる．

　これらの軋轢や課題は，2度の石油危機に直面した日本経済に如実に表れた．経済成長率が低下しただけではなく，企業業績も悪化した．岡崎哲二によれば，「設備稼働率と利益率〔総資産当期利益率——引用者注〕が長期に低迷した産業は，当時「構造不況業種」と呼ばれ，1977（昭和52）年6-7月に行われた1978年度通商産業省（通産省）新政策の検討過程でこれら産業への対策が論点になった」という[2]．鷲沢享一は，「これら構造不況産業のいずれにおいても，景気回復後に日本経済が安定成長軌道に乗った段階でなお設備過剰が続き，

〔中略〕業況を放置すれば，企業倒産，大量失業の発生，中小企業者への悪影響等の経済的社会的諸問題の発生が不回避であったため，〔中略〕最大の障害要因たる過剰設備処理をして業界改善を図る」が政策当局の認識だった，と記述している[3]．1978年5月に特定不況産業安定臨時措置法（以下，特安法と表記）が公布・施行され，過剰設備処理に着手した．法律で定められたのは，平電炉業，アルミニウム製錬業，合成繊維製造業，船舶製造業（造船業）の4業種，加えて政令によりアンモニア製造業や尿素製造業など6業種，計10業種が対象となった[4]．

鷲沢は，構造不況に陥った主な理由に基づき構造不況業種を3分類し，それぞれの代表業種を示す[5]．構造不況業種は，過剰生産設備の削減が求められ，処理は1982年度までにほぼ完了した[6]，とされている．そこで，『工業統計（品目編）』に掲載されている品目別生産量を用いて，処理以前（82年以前）の最大生産量を100にして処理後と比較したのが表11-1となる．最大生産量を記録した年次は品目ごとに異なる．また，指数は5ヶ年平均値を示している．

データが示しているのは，設備処理以降のアルミニウム地金や化学肥料（尿素）が生産量を急減させたこと，国際競争力が低下したと分類される合成繊維に於いては，ナイロン長（短）繊維糸は漸減したが，ポリエステル長繊維糸の生産は90年代に3割増加するもののほぼ一定と見なすことが可能，ということになる．世界の合成繊維に占めるポリエステルの比率は，85％程度と高いことが知られている．また，世界全体のポリエステル生産量は，1980年頃500万トン程度だったが2009年には3,250万トンへと，毎年ほぼ持続的に拡大した[7]．ポリエステルの主要品目である長繊維糸は，最近の10余年間でも世界の生産量が99年の1,000万トンから2014年には3,299万トンへと3倍増加している[8]．しかしながら，今日の日本のポリエステル長繊維生産量が世界に占める比率は，1％に満たない．もともと，設備処理開始の頃の合成繊維生産量は米国に続いて世界2位の地位を保持していたにもかかわらず，世界の一貫した需要拡大を享受できずに国際的な地位を低下させた．この需要拡大・生産拡大がもっとも著しかったのは，中国だった．

これに対して，造船業は違った動向を辿ったように思われる．日本造船業の建造実績は，1999年まで世界1位を維持し続けた．また，日本は75年当時

表11-1 主要6品目設備処理以降の生産指数推移

品目	アルミニウム地金	尿素	ナイロン長繊維糸(モノフィラメントを含む)	ポリエステル長繊維糸	鋼製貨物船の新造(20総トン以上の動力船)	鋼製油そう船の新造(20総トン以上の動力船)
(1985年6桁コード)	A 271613	B 201115	C 204211	C 204212	314113	314114
最大生産量(単位)(年次)	1,108,070トン(1976年)	3,253,582トン(1973年)	335,602トン(1978年)	308,978トン(1979年)	8,243,380総トン(1977年)	12,796,801総トン(1974年)
	(100)	(100)	(100)	(100)	(100)	(100)
1985-89年	(18)	(15)	(85)	(102)	(59)	(12)
90-94年	(10)	(14)	(76)	(131)	(46)	(28)
95-99年		(11)	(64)	(129)	(88)	(19)
2000-04年		(7)	(49)	(108)	(99)	(33)
05-09年		(3)	(33)	(74)	(161)	(45)

(出典) 経済産業省『工業統計(品目編)』(Web版) より作成.
(注) 各期間の指数は,その期間の平均値.「アルミニウム地金」は,1991年以降に事業所数が2ヶ所になったので詳細な数字は公表されなくなった.また,2008年以降は「その他の非鉄金属(第1次製錬・精製によるもの)」に統合された.1985年以降に「ナイロン長繊維糸」は「ナイロン短繊維糸」を含むようになるが,ほぼ長繊維糸で占められている.鋼船新造を除く品目欄のA, B, Cは,贅沢の不況理由分類を示す.商品分類改訂で6桁番号は変化したが,新旧対応表で同一品目になることを心掛けた.

「空前のブーム」を謳歌して過去最大の建造量1,699万総トンを記録していたが[9],1位転落後の2000年代にこの数字を上回る実績が生まれ,2010年には,2,022万総トンと最大記録を達成した.確かに,造船業は,高度経済成長期と異なり日本の製造業分野において相対的地位が低下し,日本経済を主導する産業部門ではなくなった.1970年代以降,日本造船業は特定不況産業に指定されたことから,「斜陽産業」,「衰退産業」と一般に見なされるようになったと思われる.しかし,他の構造不況業種と異なり,世界的に需要が減少する下で,国際的地位を維持し続けた.

本章の課題は,日本造船業が構造不況業種となったにもかかわらず,世界市場で約20年に渡り占有率1位という国際競争力を保ち続け,さらに2000年代以降も占有率20%前後,世界3位を維持することができた要因を析出することである.そして,このことを通じて,同時期の日本における資本主義経済システムの一断面を明らかにしたい.

1　石油危機後の造船業における不況対応

　造船業の特異性を合繊（ポリエステル）と比較して確認しておく．第1点は，世界全体の市場状況で，合繊における世界の生産量は，石油危機直後の1970年代末からほぼ等比級数的に拡大した．既述したポリエステルは，2009年に3,250万トンへと達している．対して新造船市場は，2度の石油危機後から長期にわたって低迷し続けた．ブームの頂点1975年，すべての船種の建造量は世界では3,380万総トン，この内でタンカーが67%の2,273万総トン，まさしくタンカー・ブームだった．世界に占める日本の比率は，それぞれ50%と55%になっていた．日本のタンカー建造量1,265万総トンは，総建造量（1,699万総トン）の75%，タンカー・ブームが特に顕著だったことも理解できよう．

　ところが，建造量実績は急減した．世界の状況は1980年が底で，75年の4割以下1,258万総トンにまで低下した（図11-1参照）．日本のボトムは1979年で，470万総トンだった．さらに，底を打った後の回復も順調とは言い難く，世界の建造量実績は1,800万総トン内外で推移し，日本の実績も1,000万総トン以下で横ばいの状態だった．新造船需要の回復は遅々として進まなかっただけでなく，86年以降再度悪化し始め，88年には79・80年の水準を下回り，日本の実績は400万総トンへと下降した．世界，日本の新造船需要が回復し，明瞭な上昇を示すのは，90年代半ば以降にずれ込む．世界実績の2,000万総トン超えが定着するのは95年，3,000万総トンを上回るのが2000年，75年水準に戻るのは2000年代初頭になる．需要の回復が低迷し続けた点は，合繊と明らかに異なる．

　第2点は，そのような世界の動向のなかでの日本の相対的な地位である．1970年代の活況期，世界に占める日本の占有率は既述のように50%で，英国やスウェーデンなどの欧州が40%だった．需要が低迷していた時期の80年代，日本は50%以上を保持し続け，欧州の地位が低下，韓国が台頭し始めた．80年代半ばには，欧州と韓国ともに15%程度になるが，その後の88年頃から日本の占有率は40%へと下がり，韓国が欧州を凌駕，2000年には日本を抜き世界1位の座を奪取した．しかし，とにもかくにも日本造船業は，特定不況産業

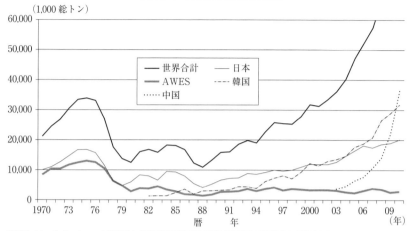

図 11-1 主要国の建造量推移

(出典) Lloyd's Register, *ANNUAL SUMMARY OF MERCHANT SHIPS LAUNCHED IN THE WORLD* および *WORLD SHIPBUILDING STATISTICS* より作成.
(注) 世界合計は, 2010 年に 9,643 万総トンにまで達した. この間の上昇は, ほぼ等比級数的. AWES は西欧主要国.

に指定された後の約 20 年間, 国際競争力を維持し続けた. 合繊とは対照的に, 世界的な需要低迷の下で国際競争力を保持したのが造船業であった.

1.1 第 1 次処理

前節で触れたように, 特安法が 1978 年 5 月に公布・施行され, 造船業も特定不況産業に指定された. 表 11-2 は, 不況業種の「総資本経常利益率」(以下, 利益率と表記) を示している. このデータから, 製造業は一様な不況の影響を被っていなかったことが理解できる. 70 年代, 製造業全体の利益率が極端に低下したのは, 75 年度の 1 年度のみに留まる. 対して, 繊維・非鉄金属・船舶 (以下, 造船業と表記) では, 年度の前後は存在するが, 石油危機後の 70 年代半ば以降に 2-3 年度連続して経常利益赤字を経験した. ただし, 造船業は, もともと利益率が高い業種ではなかった. 60 年代後半, 製造業全体の利益率は 6% 台であったが, 造船業においては 3% 程度で, 繊維や非鉄金属と比較しても低めであった.

法律に先立つ 1976 年 6 月, 海運造船合理化審議会 (以下, 海造審と表記) は,

表 11-2　総資本経常利益率の推移

年度	製造業	繊維	非鉄金属	船舶	年度	製造業	繊維	非鉄金属	船舶
1970	5.9	4.5	2.9	3.0	88	5.7	3.3	4.8	1.4
71	3.9	2.2	0.8	3.0	89	5.7	3.8	4.8	3.0
72	4.7	3.3	1.8	3.7	90	5.2	1.5	4.7	4.1
73	7.1	8.8	6.1	4.0	91	4.0	1.5	3.0	3.6
74	4.7	△0.2	2.5	2.6	92	2.8	1.3	1.7	3.8
75	1.4	△1.4	△3.4	2.0	93	2.0	0.1	0.7	3.1
76	3.2	1.4	△0.4	2.5	94	2.5	0.2	0.9	2.7
77	3.4	0.5	△0.2	1.5	95	3.1	0.3	1.9	3.0
78	4.0	1.3	1.0	△1.0	96	3.7	1.6	2.3	3.6
79	5.8	4.2	3.7	△0.3	97	3.5	1.7	2.5	2.3
80	5.3	1.8	3.3	0.9	98	2.3	0.4	1.2	0.9
81	4.3	1.5	0.8	1.9	99	2.9	0.7	1.7	△1.0
82	3.9	1.5	△0.3	2.0	2000	4.0	0.7	3.3	1.2
83	4.1	1.6	1.4	1.7	01	2.6	0.4	1.0	1.8
84	4.9	2.2	2.3	1.9	02	3.1	0.9	1.0	1.9
85	4.4	2.1	1.0	1.2	03	3.9	1.6	1.9	2.2
86	3.6	2.3	1.5	△1.7					
87	4.6	4.2	3.4	△0.2					

(出典)　財務省『法人企業統計年報』(Web版『財政金融統計月報』の「法人企業統計年報特集」掲載)「5. 業種別財務営業比率表」より作成.
(注)　2004年度以降,「船舶」は「その他の輸送用機械器具」に統合された.

「今後の建造需要の見通しと造船施設の整備のあり方——長期計画と当面の対策——について」の答申を行う[10].ここでは,1980(昭和55)年における日本造船業の建造需要が「650万総トン程度」「〔同年の——引用者注〕操業度は,昭和49年比65%程度と見込まれる」ので,この水準を目途に能力の「調整」(=削減)や施設の新設と拡張との「抑制」が望ましく,これらを「円滑かつ適正に行われるように」政府としても措置を講じる必要があると指摘していた.ただし,「企業の自主努力によって行われるべきものであるが,」と前置きを述べていたので,業界主導の対応を期待していたと思われる.

　答申直前の同年5月に,OECD造船部会において「造船政策に関する一般指導原則」が採択されていた.採択されたのは,「造船能力の適切な削減」,「短期的・長期的に,造船業のためのプロセスを攪乱するようないかなる措置も執るべきではない」,「船価をめぐる行動が公正競争の枠内に留まるように監視すべき」,「新規の建造能力の創造を助長し,構造的不均衡をさらに悪化させ

る措置を控える」の4点であった[11]．前述の海造審答申がこの OECD 一般指導原則に則った内容であることは，明らかであろう．建造能力規模を適正に保つことと過度な船価競争を防ぐことが重要視された．海造審答申を受け，76年11月，1万総トン以上の船舶建造能力のある40社に対して操業時間数勧告が行われ，西欧が受注獲得に対する日本への不満を強めたので，それまで実施されていた船価指導に加え，77年1月から2年間輸出船契約船価の引き上げ指導を講じることにした[12]．

他の産業同様，造船業も苦境の引き金は1973年の石油危機であったが，73年度末時点で3年6ヶ月分の受注残量を保持していたので，実際に不況が本格化するのは77年以降になった[13]．他よりも遅れて深刻化したことは，前掲表11-2からも確認できよう．状況が深刻化したのは，石油危機後に受注が激減しただけではなく，キャンセルも続出したこととされている．この状況に際して，78年7月に海造審から「今後の造船業の経営安定化方策について」の答申が出された．5月に公布・施行されていた特安法の第3条では，不況産業指定をする主務大臣に当該産業の不況の克服と経営の安定を図るための「安定基本計画」作成を求めていた．7月答申は，その計画骨子を内容としていた．ここで，対象となる事業者が「5,000 総トン以上の船舶を建造しうる船台又はドックを有する企業」61社と規定され，61社が保有する年間建造能力は国内建造能力の94.8%に該当する980万 CGT（Compensated gross tonnage　標準貨物船換算総トン），他方の需要量は高く見積もっても85年で640万 CGT，その差340万 CGT が過剰設備と見なせるので，61社の能力からこの部分35%相当を「船台又はドック」基数単位として削減処理すべき，との提言だった[14]．答申では，61社が建造能力規模で4分類され，処理率も示された（表11-3）．大手には，40%削減と高い水準を求め，全体で35%削減を実現，となっていた．無論，付帯して雇用対策や連鎖倒産防止策の必要も述べられていたことは，言うまでもない．

海造審答申により，安定基本計画骨子が明らかになったことを受け，造船各社は特定不況産業の申出を行い，同年8月に造船業（船舶製造業）が特定不況産業に指定され，61社は特定船舶製造業になった．ただし，当初の運輸省や造船業界は特安法に消極的だったという[15]．通産省の打診に対しての運輸省や

表 11-3　61 社の区分と処理率

	区　分	処理率
A　大手　　7 社	1 万総トン以上の船舶を建造しうる施設を有し，年間建造量≧100 万総トンの企業	40%
B　中手　17 社	同施設を有し，100 万総トン＞年間建造量≧10 万総トンの企業	30%
C　中手　16 社	同施設を有し，10 万総トン＞年間建造量の企業	27%
D　その他 21 社	5,000 総トン以上 1 万総トン未満の船舶を建造しうる施設を有する企業	15%
合計　　　61 社		35%

(出典) 海造審答申「今後の造船業の経営安定化方策について」(1978 年 7 月) 別表.

　造船業界の懸念は，特定不況産業信用基金[16]による債務保証を利用して施設（設備処理の中心は，船台およびドックの建造施設なので，以下では施設と表記）処理に必要な資金等を借入しようにも，そもそも処理される施設の担保解除資金の調達さえも困難，担保能力を持ちえないほどに疲弊しているので特安法の制度が利用できない，というものだった．特安法が議論されている頃，中手の波止浜造船が 77 年 12 月に会社更生法の適用を申請，佐世保重工業や函館ドックも経営不振，多くの中手が債務超過に陥っており，しかも，これら経営不振が深刻な企業は，B グループに集中していた[17]．過剰施設処理は，①自力で施設設備を処理しうる，②特定不況産業信用基金の債務保証の下で処理できる，③債務返済が困難，の三通り想定され[18]，造船業で多く存在する③への手当が課題になっていた．

　経緯は省略するが，③への対処は特安法の債務保証だけでは不十分との認識から，特定船舶製造業安定事業協会法が 1978 年 11 月に公布・施行され，同法に基づく施設・付帯設備および土地買い取りの同協会が 12 月に発足した[19]．繊維業界などでも過剰設備買い上げによる共同廃棄事業は実施されてきたが，用地までも買い取り対象とするのは珍しい，とされている．もっとも，処理は船台やドックという施設単位で実施されることになっていたので，用地への手当もせざるを得なかったのかもしれない．過剰施設処理の概要は表 11-4 になる．この時安定事業協会が買い上げた実績は，函館ドックの函館造船所など 9 ヶ所，総額 367 億 7,300 万円（土地分 147 億 6,500 万円），買い上げ面積 63 万 6,980 m^2，建造能力 48 万 9,000CGT に達し，買い上げた施設は，安定基本計画

表11-4 特定船舶製造業の第1次施設処理

		処理前		削減基数および能力			処理後	
		基数	万CGT	基数	万CGT	達成率(%)	基数	万CGT
A	大手 7社 (40%)	55	569	25	225	99	30	343
B	中手 17社 (30%)	38	289	10	103	119 (100)	28	205
C	中手 16社 (27%)	23	79	9	25	119 (98)	14	45
D	その他 21社 (15%)	22	40	6	5	81 (78)	16	26
合計	61社 (35%)	138	977	50	358	105 (100)	88	619

(出典) 造船業基盤整備事業協会編『波濤を越えて——造船業基盤整備事業協会史』2001年,「特定船舶製造業の設備処理状況(企業規模別)」36頁.
 (注) 達成率の( )の値は,安定事業協会が買い上げた9企業分を除いた場合の達成率.また,当初の目標値は,A:228万CGT, B:87万CGT, C:21万CGT, D:6万CGTとされていた.

に盛られた処理すべき能力のうち,大手の分担部分を除く114万CGTの43%に相当した[20]. また,企業数も61社から44社に減少した.この一連の処理は,「第1次処理」あるいは「第1次集約」と呼ばれる.

1.2 第2次処理

造船業における過剰処理の目途が立った1979年から81年にかけて,「ミニブーム」と呼ばれる需要回復の兆しが現れた.需給関係の改善は,施設処理と76年11月から続く操業調整勧告が功を奏したかのように思われた[21]. 受注量が79年度に890万総トン,80年度930万総トン,81年度840万総トンへと増加,78年度の320万総トンとの比較で3倍に達した.需要が回復したのは,無論大型タンカーではない.中東以外の油田開発が進み,あるいは輸送ロットが縮小したので,それまでの長距離・大量輸送に適合的な大型タンカーにかわる中小型タンカーの需要が増したこと,加えて,ドライバルクと呼ばれる石炭や穀物輸送に利用されるハンディサイズのバルクキャリア需要が伸びたためであった[22]. しかしながら,このミニブームは,すぐさま霧散した.中小型タンカー需要の増大は,荷動きが活発化したからではなく,単に大型から中小型への輸送形態の転換を反映した一過性に過ぎなかった.また,ミニブームで投入されたバルクキャリアの船腹過剰も露呈した.

ところが,このような状況下で1983年に三光汽船が大量のハンディサイズ・バルクキャリアを発注する.先進国の経済構造変化,アジアNIESなどの

途上国の経済発展，これらに伴い今後の海上荷動きは多様化するので，相対的に小型の船舶需要が拡大するとの見通しで行われ，さらにギリシャ系船主等が追随した．だが，思惑は完全に裏目となった．船腹過剰が一層悪化，85 年 8 月に三光汽船が会社更生法適用申請をするだけではなく，香港の有力船主も相次いで経営破綻した[23]．海運不況の深刻化が造船業にも悪影響を及ぼし，86 年度には再度多くの造船企業が赤字に転落した（前掲表 11-2 参照）．

　1986 年 6 月，海造審は「今後の造船業の経営安定化及び活性化の方策について」の答申[24]を出し，造船業の構造的問題として 2 点を指摘した．第一は，前回の処理で建造能力は 600 万 CGT 余に削減されているが，今後の船舶需要は 95 年頃でも 480-490 万 CGT とされるので，20% 程度の過剰状態となっていること，第二に「この 10 年余りの間に過度の競争を惹起しやすい産業体制に移行してきた」と述べる[25]．ここでの「過度の競争を惹起しやすい産業体制」とは，これまでの建造は，タンカーに代表される大型船を大手，中小型船は中手と棲み分けされていたが，大型船需要が消失して大手も中小型船に参入し受注を争う構造になったことを指している[26]．さらに，同答申では，造船市場は「一部分を除けばほぼ完全に国際的に開かれており，高度の国際性を有している．」と述べ，「世界の約半分の建造量を占める我が国造船業は〔中略〕応分の責任を果たすべき立場にある」とともに「企業城下町が形成されており，社会的にも大きな影響力を有している」ことを指摘する．答申は，「国際競争力の維持を可能とする強固な経営基盤の確立を図るため，企業の集約化及び設備の再編成等による生産体制の適正化を進める必要がある．」とも述べ，その適正化を図るための手段として過剰施設削減と集約化を位置づけていた．施設や設備という次元にとどまらず，業務提携等による企業のグループ化まで踏み込んだ[27]．

　海造審の答申案を具体化するために，特安法とは別途の特定船舶製造業経営安定臨時措置法（以下，安定法と表記）が 87 年 4 月に公布・施行された．83 年 6 月末に期限がくる特安法を改正する形で同年 5 月に特定産業構造改善臨時措置法（以下，産構法と表記）が制定されたが，この時，造船業は対象から外れた．法改正議論時は，ミニブームや三光汽船による大量発注で，制度の延長が必要とは見なされなかった．加えて，産構法は 85 年 1 月以降に新たな産業指

表 11-5 第 2 次処理後の企業数など

項目	処理前	削減数	処理後
企業数	44 社	18 社	26 社
事業所数	59 ヶ所	20 ヶ所	39 ヶ所
施設基数	73 基	26 基	47 基
能力（CGT）	602 万 7,046CGT	142 万 2,637CGT	460 万 4,409CGT
処理率（％）		23.60%	

（出典）前掲『波濤を越えて』,「構造対策の結果総括表」57 頁.
（注）表 11-4 の 88 基の内, 15 基は 5,000 総トン未満の施設（対象外）になった.

定を認めていなかったので, 独自の法制度を立案・整備する必要が生じてしまった. 安定法でも, 対象となるのは 5,000 総トン以上の建造施設を有する企業だった. また, 特安法から引き継がれた産構法の信用基金制度も利用できなくなったので, 安定事業協会の業務に債務保証業務が加わった[28].

安定事業協会の第 2 次買い上げ規模は, 東北造船本社工場などの 5 ヶ所, 総額 106 億 8,100 万円（土地分 64 億 8,100 万円）, 買い上げ面積 261,733m^2, 建造能力 26 万 7,000CGT で, 一連の処理は 1988 年 3 月末までに終了した. また, 債務保証が合計 95 億円, こちらの弁済は 93 年 10 月までにすべて完了した[29]. 26 万余 CGT は, 安定法に基づく運輸大臣の基本方針で示されていた処理すべき施設能力 120 万 CGT の 22% 程度に相当した[30]. 表 11-5 は, 第 2 次処理前後の企業数, 基数などを示した. 処理は, 第 1 次と異なり, 一律に実施された. また, 2 次処理では企業集約化が推進されたことは既述したが, この過程を通じての企業再編が進み, 26 社が 8 グループに再編された[31].

こうして, 日本の建造能力は, 約 10 年間で, 977 万 CGT から 460 万 CGT へと 53% 減となった. 5,000 総トン以上の建造施設も 138 基から 47 基へ 3 分の 1 に削減された.

2 石油危機と日本造船業の経験

2.1 処理の顛末

この間の日本の経験および世界の船舶需要をトレースすると, 1970 年代初

頭のタンカー需要の急勃興とその後の消失，と見ることができよう．再び前掲表 11-1 の「鋼製貨物船」と「鋼製油そう船」を参照すると，70 年代における貨物船の需要拡大は相対的に控えめで，タンカーほどではない．データは載せていないが，タンカーの 1970 年における建造量は 500 万総トン，貨物船も 450 万総トンと大差はなかった[32]．ところが，タンカーは 73 年の 870 万総トン，74-76 年は 1,120 万-1,280 万総トンを推移し後，80 年代はピーク時の 1 割程度に急減した．95 年以降の建造量上昇が明瞭になった時期でさえ，指数 (1974 年を 100) は 19 だった．

対する貨物船は，大ブレークもしなかったが，その反動も軽微だった．1977 年の 820 万総トンが例外で，76 年 600 万総トン，78 年 660 万総トン，77 年を除く前後 5 年間 (74-79 年) の年間平均建造量は 514 万総トン，この値を 100 とすると 85-89 年：95，90-94 年：73，95-99 年：141 となる．80 年代，90 年代初頭の建造実績低迷は，タンカーの需要が回復しなかったこと，ブームは，67 年の第三次中東戦争に伴うスエズ運河再閉鎖の長期化を背景にしたタンカーの泡沫的な拡大に過ぎなかった，と述べることもできる．従って，タンカー以外の貨物船は比較的堅調な動向を示した．

ところで，タンカー・ブームを日本造船業界全体が享受していたわけではなかった．先にも既述したが，当時は，大手と中手との間で船種の棲み分けがなされ，ブームの主役の大型タンカー建造を大手 7 社が担っていた．図 11-2 の 17 番 (9 万 1,000 総トン) よりも左の施設がそれに該当するが，2 基以外は大手に配置されていたので，グラフからも大型船の担い手が大手であることは一目瞭然である[33]．他方，落合功によれば，中手が輸出船を手掛けるようになるのは，1965 年頃からとされている．第二次大戦中に非常に多く建造され就航した 1 万重量トン級規格型輸送船 (リバティ船) は，戦後に各国に払い下げられたが，このころに代替時期を迎えていた．2-3 万重量トン級貨物船の需要が勃興するとされ，この市場へ中手が参入を目論んだ．この時，中手と大手との間に輸出船建造の技術提携・業務提携がなされ，中手の大手への系列化の端緒が開かれた[34]．中手が更に輸出船市場へアクセスするためには，より大きい船舶の建造が可能な施設への投資を必要とした[35]．しかし，施設が本格稼働するまさにその時，第一次石油危機に遭遇して B グループに分類される造船所の経営

317

図 11-2 大手・中手の処理前施設能力一覧

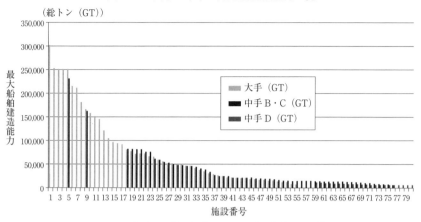

大手：55 基　中手B・C：61 基　中手D：22 基

(出典) 財団法人日本造船振興財団編『造船不況の記録』1983 年,「別紙 3 特定船舶製造業の設備処理状況 (各造船台・ドック別)」205-212 頁より作成.
(注) 中手のB・C・Dは表11-3 の基準.「最大船舶建造能力」とは，当該船台・ドックで建造できる最大の大きさを総トンで示している．CGT で示す年間建造能力とは異なり,「呼称能力」と呼ばれている．このグラフは，5,000 総トン以上の全ての施設を大きい順に並べてある．17 番で能力は 91,000 総トン.

図 11-3 大手・中手の 2 次処理後施設能力一覧

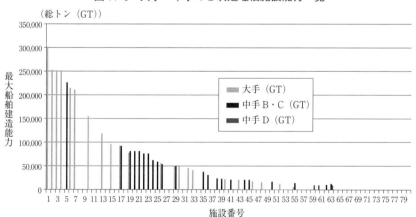

大手：55 基　中手B・C：61 基　中手D：22 基

(出典) 財団法人日本造船振興財団編『造船不況の記録Ⅱ』1990 年,「8-3 グループ別新旧設備状況」132-134 頁,より作成 (この文献に関しては，注46 を参照のこと).

が悪化した. 波止浜造船の経営行き詰まりも大型施設投資が原因とされる[36]. 図11-2のグラフで明らかなように, 17番より右の施設は大手と中手 (B・C) の建造能力が完全にかち合った. さらに, 1万総トン未満は中手間で競合していた. 構築されていた施設分布の下, 大型船需要が途絶えれば, 大手と中手の棲み分けが瓦解し, 大型船以外のすべての領域で仕事量確保の受注争奪が激化するのは, 施設分布の観点からも必然だった.

そして, 既述した過剰施設の一次, 二次処理がなされた. 堂野智史は, 日本における事業所立地や配置の大きな変容を指摘し, 系列内や有力中手グループ内で「棲み分け構造」が再構築された, と主張している[37]. ただし, 棲み分けには, そのような次元と異なる意味合いがあると思われる. 極端に述べれば, ドラスティックに大手と中手との間で施設能力別の分離を実施, 施設の個別建造能力で大手の中型船建造に制約が加えられ, 棲み分けへと必然的に導く状況が醸造された, と考えるべきであろう (図11-3参照). 施設の処理は, 単に総量を半減, 基数を3分の1にしたのではない. その規模別分布をまったく一新した, と捉えるべきであり, 6万-8万総トン級の施設が大手から基本的に淘汰された. 施設の状況からも, 中型船建造のバッティングが解消されていた.

2.2 変貌した造船所の実態

ここでは, 前節を踏まえて個別企業, 石川島播磨重工 (Aグループ), 今治造船 (Bグループ), 内海造船 (Cグループ) の動向を観察する. 表11-6は, Lloyd's Register のデータに基づき, 最盛期 (1971-75年), 第1次処理後 (1981-85年), 第2次処理後 (1991-95年) の各5年間累計の建造実績を各社の事業所ごとに集計した. 東京とか相生などが各事業所, 「船種」欄はその事業所の建造隻数上位2位まで, 各事業所の「総計」に付随している数字はその事業所で当該時期に建造した船種数を表す. 1971-75年の石川島播磨 (以下石播) 東京「総計4」の場合, 4種類の船 (バルクキャリア, 従来型貨物船, タンカー, 調査船) を建造したことを意味する. また, 「総合計」は各事業所を集計した当該企業全体の値となる.

この表11-6に依拠すると, 1971-75年当時は石播と今治・内海との間で建造している船舶も建造量も隔絶していたことが理解できる. 石播の5年間の総

合計建造量は，1,000万総トンを超えていたのに対して，今治・内海は2桁少ない75万総トンと23万総トンに留まった．石播の一事業所にも及ばない．建造された船の1隻平均総トン数も，5万総トンを超えていた石播に対して今治・内海は4,000-7,000総トンだった．この時期は，既述したように空前の大型タンカー・ブームだったが，石播はVLCCに該当する大型タンカー（10万総トン超）を5年間で47隻建造した（その他に建造された10万総トン超の船舶は，鉱油兼用船で5隻）．隻数では4分の1程度だが，総トン数では6割までに達する．横浜や呉では，ほぼ2-3ヶ月に一隻VLCCの大きさの船舶を竣工させていたことになり，大手が如何に大型タンカー・ブームを謳歌していたか，その一端を知ることができる．

　多数の事業所を配している石播では，事業所ごとの特徴も明瞭に表れる．横浜・知多（1974年から）・呉が大型船建造用途の施設であるのに対して，東京・相生（名古屋は73年を最後に新造船がなくなる）は，比較的多種な中・小型船を建造していた．多数の事業所を配していた石播は，幅広いレンジを網羅していたことがわかる．さらに，石播にとって東京や相生で建造していた船舶（gcやbu[38])）がVLCCとの比較で小ぶりでも平均1万総トン超，今治や内海で建造される船舶よりも大きく，しかも，このころの内海の主力は，日本国内向け大・小のフェリーだった．大きさでも船種でも競合しているとはみなし難い．

　既述したように，事実上すみ分けられていた状況が崩れるのが1980年代，第1次処理後になる．81-85年の間，石播における10万総トン超の建造は7隻にまで減少した．その結果，大型船建造を誇った横浜の建造実績は皆無，新設の知多もその施設を持て余すような状況に陥る．大型船の受注が途絶えたためか，呉では建造量をほぼ半減させる一方で，3万-4万総トンの中型船建造で隻数を稼いで実績を確保していた．逆に，中・小型船を担っていた東京は，そのあおりなのか建造数も建造量も激減した．これらの状況に対して，今治と内海は建造量を増大させた．さらに，両社とも，より大きな船の建造を実現していた．一隻平均は1万5,000-3万5,000総トンまで大型化し，今治の今治や内海の瀬戸田で建造されたバルクキャリアは，石播・東京で建造されたバルクキャリアとほぼ同じ大きさとなり，今治の丸亀で建造されたバルクキャリアは石

表 11-6 大手・中手の建造実績動向

石川島播磨	船種	1971-75 年			船種	1981-85 年		
		総トン数	隻数	平均総トン		総トン数	隻数	平均総トン
東京	bu	482,159	36	13,393	bu	122,703	9	13,634
	gc	209,036	22	9,502	gc	60,448	6	10,075
	総計 4	782,467	63	12,420	総計 2	183,151	15	12,210
相生	ta	859,872	25	34,395	bu	803,262	34	23,625
	bu	382,995	12	31,916	pt	132,541	4	33,135
	総計 6	2,167,630	52	41,685	総計 9	1,341,036	52	25,789
名古屋	gc	129,751	14	9,268				
	bu	318,239	11	28,931				
	総計 2	447,990	25	17,920				
知多	ta	651,246	5	130,249				
	総計 1	651,246	5	130,249				
横浜	ta	1,990,671	18	110,593				
	oo	354,145	3	118,048				
	総計 2	2,344,816	21	111,658				
呉	ta	3,695,093	28	131,968	bu	884,590	21	42,123
	oo	349,808	3	116,603	ot	902,483	8	112,810
	総計 5	4,295,563	34	126,340	総計 6	2,415,163	46	52,504
総合計		10,689,712	200	53,449		3,939,350	113	34,862
今治造船	船種	総トン数	隻数	平均総トン	船種	総トン数	隻数	平均総トン
今治	gc	310,977	73	4,260	bu	583,452	40	14,586
	ta	14,802	5	2,960	cc	25,634	3	8,545
	総計 5	330,510	81	4,080	総計 3	616,077	44	14,002
丸亀	bu	339,610	14	24,258	bu	777,330	30	25,911
	gc	24,894	5	4,979	vc	448,841	12	37,403
	総計 3	414,760	20	20,738	総計 8	1,596,169	54	29,559
総合計		745,270	101	7,379		2,212,246	98	22,574
内海造船	船種	総トン数	隻数	平均総トン	船種	総トン数	隻数	平均総トン
瀬戸田	pf	104,855	14	7,490	bu	169,258	10	16,926
	ta	69,205	10	6,921	pt	34,900	4	8,725
	総計 5	189,038	29	6,519	総計 8	266,188	22	12,099
因島	pf	18,239	11	1,658	rf	7,613	8	952
	sc	6,629	2	3,315	fs	12,635	5	2,527
	総計 10	42,189	26	1,623	総計 8	34,765	21	1,655
総合計		231,227	55	4,204		300,953	43	6,999

(出典) Lloyd's Register, *APPENDIX 1982-83, MARITIME GUIDE 1993, MARITIME GUIDE 1997*, の "SHIP
(注) gc：従来型貨物船，bu：バルクキャリア，ta：タンカー，oo：鉱油兼用船，pf：旅客用フェリー，sc：専用貨
自動車運搬船，pt：石油製品タンカー，rf：貨物用フェリー，fs：漁船．時代が下るにつれて区分が細分化す
オリジナルデータでは，石播東京で1971-75年に10万総トン超の油鉱兼用船と大型タンカーそれぞれ1隻建
で10万総トン超を建造するのは無理で，石播の社史等から横浜で建造されたと思われる．この2隻は横浜に

第11章 日本造船業

	1991-95年		
船種	総トン数	隻数	平均総トン
bu	154,411	7	22,059
pt	69,564	3	23,188
総計 5	293,935	15	19,596
ot	332,301	4	83,075
cc	200,670	4	50,168
総計 5	871,997	14	62,286
cc	868,199	17	51,071
ot	1,460,595	10	146,060
総計 2	2,328,794	27	86,252
	3,494,726	56	62,406
船種	総トン数	隻数	平均総トン
bu	280,145	17	16,479
cc	73,432	5	14,686
総計 9	426,588	30	14,220
bu	919,274	27	34,047
pt	363,929	11	33,084
総計 7	2,135,938	58	36,827
	2,562,526	88	29,120
船種	総トン数	隻数	平均総トン
cc	213,683	14	15,263
rf	12,313	8	1,539
総計 11	395,201	41	9,639
	395,201	41	9,639

BUILDERS AND EXISTING SHIPS" より作成.
物船, ot：石油タンカー, cc：コンテナ船, vc：
る. vcは, 当初 sc に含まれていた.
造されたことになっている. しかしながら, 東京
含めた.

播・相生で建造されるバルクキャリアの大きさとほぼ同じになった．海造審が指摘していた「過度の競争を惹起しやすい産業体制」の一端を示しているが，中・小型船に参入した大手が中手を圧倒している状況はなく，事例では今治や内海がバルクキャリア建造で石播と伍していた，とも表現できよう．

第2次処理後，石播の実績低下はさらに進む．1980年代との比較で建造隻数は，半減する．建造量が微減に収まったのは，呉におけるVLCC建造の増大と相生に代わり知多で比較的大型船建造が復活したためであった．確かに大型タンカー建造では石播が今治や内海の追随を許していなかったが，大型タンカー需要は70年代と異なり限定的だった．

次節で国際市場における動向を探るが，1990年代の需要回復は，タンカー，バルクキャリア，コンテナ船の三大船種がけん引し，これらで全体の7-8割を占めていた．その上で比較的占有率が高かったのは，バルクキャリアだった．そして，このバルクキャリア建造において80年代とは異なる変化が出現した．91-95年におけるバルクキャリア建造で今治が石播を凌駕した．2次処理後の石播には5万総トンクラスの中型船やハンディサイズ・バルクキャリアを建造するのに手頃な施設は存在していない（前掲図11-3参照）．また，需要が台頭して

きたコンテナ船建造には，今治や内海も実績を残していた．

このように見てくると，大型タンカー建造を謳歌していた石播は，大型タンカー需要の低下に直面して対応が予想以上に困難だったことが見て取れる．この点は，次節で再度言及するが，大手に大型施設を残させたことそれ自体が結果的に担い手としての中手の台頭を必然化させた，と見なすこともできる．1990年代の需要変化への対応という観点から勘案すると，圧倒的に大手が日本造船業の担い手という70年代の構図ではなくなった．

2.3 再編された日本造船業と国際市場

80年代を通じて再編された日本の新造船体制は，1990年代半ば以降に明瞭な世界的船舶需要の上昇を迎えることになるが，この上昇局面は，70年代初頭の再来ではなかった．つまり，タンカー需要が拡大を牽引したのではなく，多様な船舶の需要が増加した．主な船種は，タンカー，バルクキャリア（鉱石などの専用船を含む），コンテナ船だった．1995-2010年までの間，毎年世界で竣工した船舶の7-8割はこの三大船種で占められた[39]．表11-7が世界と日本の建造量の推移と三大船種の比率を示した一覧になる．やや詳細に述べれば，コンテナ船の比率が相対的に低くバルクキャリアが高い．いずれにせよ，特定の船種の需要拡大に依存したのではなかった[40]．

他方で，日本の特徴はわかりやすい．バルクキャリアという船種建造がほぼ半数を占めた．しかも，世界でバルクキャリアの建造比率が高まると（太字表示の箇所），日本国内でバルクキャリアが占める割合も上昇している．需要が相対的に高かったバルクキャリアに建造の比重を置いたことが，この間の日本の地位を保てた一つの要因，と見なすことも出来よう．この三大船種の価格は，市況による影響があるものの，バルクキャリアは最も安価[41]であり，船体構造が簡素なので建造期間は比較的短い．バルクキャリア（パナマックス[42]やハンディサイズ）建造における中手造船所に着目し，90年代以降の日本造船業において大手を上回る優位性（＝高い収益性）を上小城伸幸が指摘しており，一連の研究は非常に示唆に富む．

本章でも既述したが，もともと中手の主力建造船舶はハンディサイズ・バルクキャリアだった．1990年代以降，このバルクキャリアを一つの極として需

表 11-7　世界と日本の建造総量と船種構成

暦年	世界					日本				
	合　計 総トン	oil %	bulk %	cont %	他 %	合　計 総トン	oil %	bulk %	cont %	他 %
1995	20,354,937	27.2	**37.5**	16.2	19.1	9,034,111	21.1	**46.9**	14.4	17.5
96	24,187,238	24.9	**35.1**	18.0	22.0	10,048,880	24.7	**45.6**	8.1	21.6
97	23,858,378	16.3	**39.1**	23.6	21.0	9,568,150	14.9	**49.1**	18.0	18.0
98	23,591,574	**23.5**	23.0	23.2	30.2	9,904,393	16.6	**36.6**	20.7	26.1
99	25,387,953	**30.5**	24.9	10.7	33.8	11,008,253	28.3	**39.9**	7.7	24.0
2000	29,101,465	**28.3**	22.1	16.7	33.0	11,317,948	27.7	**41.8**	9.7	20.9
01	28,668,564	21.3	**35.2**	22.1	21.4	11,696,433	19.0	**58.1**	9.2	13.7
02	31,354,167	**31.9**	21.2	22.0	25.0	11,467,508	28.5	**40.2**	13.0	18.3
03	33,079,359	**35.9**	17.6	17.2	29.3	12,250,003	33.7	**33.7**	10.5	22.2
04	37,545,734	25.9	**26.1**	17.7	30.3	14,026,898	23.7	**45.8**	3.8	26.7
05	46,254,215	24.2	**25.7**	21.6	28.4	16,080,077	21.2	**52.9**	6.1	19.7
06	51,176,731	16.0	25.5	**28.5**	30.0	17,915,402	15.4	**51.8**	8.4	24.4
07	53,790,200	23.7	21.8	**25.4**	29.1	16,208,290	16.8	**43.9**	9.5	29.8
08	65,322,616	22.4	18.1	**24.5**	34.9	18,382,254	18.8	**33.6**	10.2	37.5
09	75,692,350	28.3	**28.6**	15.0	28.1	18,550,688	20.4	**35.8**	5.5	38.3
10	94,317,131	19.6	**43.8**	15.3	21.3	20,029,243	16.9	**45.2**	7.5	30.5

(出典) Lloyd's Register, *WORLD SHIPBUILDING STATISTICS* より作成．なお，このデータはクォータリーなので，4半期毎の単純合計を各年の値とした．これらの4半期毎の数字は，その後に遺漏が訂正されたりするが，その訂正は反映させていないので，図11-1の値と異なる（こちらが低め）．

(注) 船種項目の oil：石油タンカー，bulk：バルクキャリア，cont：コンテナ船を意味する．石油タンカーは，年次によって原典の oil tanker もしくは crude oil tanker に分類されている値を採用．oil tanker の場合は，oil product tanker が含まれている場合があるが，この点の考慮も行っていない．バルクキャリアには，鉱石運搬船のような専用船を含むが，鉱油のような兼用船は含まれない．兼用船はタンカーにも含まれていない．太字は，その年の構成比が最も高い数字を示す．

要が回復し始めたことも既に述べた．しかし，その一方で大規模施設を存続させた大手にとって，必ずしも大は小を兼ねず作業の効率低下を顕在化させていた，と上小城は指摘する[43]．さらに，「中型標準船」に建造を集中（建造隻数の50％以上）させた「中型船注力型」企業の優位を解く．逆に，「大型船注力型」企業が韓国との競争で苦境に陥ったとする[44]．加えて，売上高営業利益率のモデル分析から，「大型船」建造での建造総トン数拡大や単価は高いが建造期間が長くなる「高度技術船」へのシフトではなく，「中型標準船」での建造数

表 11-8　世界の三大船種建造量（万総トン）と日本・韓国の占

	暦年	1995	96	97	98	99	2000	01	02	03	04	05
タンカー	世界	553	(109)	(70)	(100)	(140)	(149)	(111)	(180)	(214)	(176)	(203)
	日本	34.5	41.2	36.7	29.6	40.3	38.1	36.3	32.8	34.8	34.2	30.5
	韓国	42.8	40.4	49.4	64.0	54.0	58.7	61.5	63.4	59.7	51.4	54.9
バルクキャリア	世界	764	(111)	(122)	(71)	(83)	(84)	(132)	(87)	(76)	(128)	(156)
	日本	55.5	53.9	50.4	66.8	69.4	73.4	67.4	69.3	70.8	65.6	71.6
	韓国	26.0	23.2	33.6	15.4	20.2	16.8	22.6	13.1	5.7	11.5	3.6
コンテナ船	世界	330	(132)	(171)	(166)	(83)	(147)	(192)	(209)	(173)	(202)	(303)
	日本	39.5	18.7	30.6	37.4	31.2	22.6	17.0	21.7	22.5	8.0	9.9
	韓国	19.4	38.5	35.6	26.5	22.1	53.1	55.8	51.0	41.6	64.5	57.1

(出典) 表 11-7 に同じ．年次合計の算出方法も同様．
(注) 世界の 1995 年における各船種の数字は，建造量の実数値を示す．それ以降の各年（ ）で示した値は，1995
太字は，当該船種の最も高い占有率を示す．バルクキャリアでは，中国が 2009 年：37.9％，2010 年：49.9％
も，中国が 2010 年：31.5％ を達成して韓国を上回った．

（隻数）実績が有効と強調する[45]．新規施設増設がほぼ皆無の下，施設の回転率を上げることしか受注増をこなす方策はなかった，とも理解できる．第 2 次処理後，日本の建造施設は 47 基に集約され，中手に「大型船」を手掛ける施設条件はないが，大手には「中型船」用途施設がない（前掲図 11-3 参照）．「中型船」施設に最も適合的な船種であるバルクキャリアの需要が相対的にタンカーやコンテナ船よりも増大し，その好条件を中手が享受できたとも表現できる．

　表 11-8 は，1995-2010 年における日本・韓国の実績が各船種の世界合計建造量に占める比率を示している．ここでも，日本の特徴は，一貫してバルクキャリアに著しく依存していたことが理解できる．世界のバルクキャリアの 7 割が日本で建造された．逆に，韓国において，特に 1998 年以降は，バルクキャリアの建造を希求しなくなったようにも思われる．97 年までと異なるのは，世界のバルクキャリア建造量（需要）が 2003 年頃まで低迷したことであった．これに対して，タンカーやコンテナ船は堅調に拡大していた．そしてこの分野において，韓国造船業は日本を上回ることになる．少なくとも，日本がバルクキャリア，韓国はタンカーというような棲み分けが構築，持続されたことが，1990 年代の日本造船業を取り巻く国際環境であった．加えて，日本が 99 年を過ぎて世界一位の座を韓国にゆずるのは，ひとえにコンテナ船をめぐる状況と思われる．99 年までの日本と韓国のコンテナ船建造は互角だったが，2000 年

有率 (%)

06	07	08	09	10
(148)	(231)	(265)	(387)	(334)
33.8	21.3	23.6	17.7	18.3
45.0	46.8	38.3	32.6	29.8
(171)	(154)	(155)	(283)	(541)
71.2	60.6	52.3	30.6	21.9
3.7	8.4	4.0	19.4	18.6
(443)	(414)	(487)	(344)	(438)
10.3	11.3	11.6	9.1	10.3
61.8	42.5	49.9	58.2	63.4

年を100とした各船種の当該年建造量の指数．
を記録して最大となった．タンカーにおいて

以降の日本のコンテナ船建造実績は世界の中で急速にその地位を失っていく．日本造船業とコンテナ船の関係は，日本のコンテナ商船隊やコンテナ・ターミナルの在り方を含め，日本造船業を考える上での論点になるかもしれない．

おわりに――小括にかえて

そもそも，世界の船舶需要において，1970年代初頭のブームはタンカーに限定され，80年代以降は定常状態に戻った，という理解もできる．大手の独壇場だった大型船（20万重量トン級タンカー）需要が消失した日本造船業は，それまでの棲み分けを超え，大型船に満たないすべての大きさ領域で大手・中手が建造施設でも完全に競合した（前掲図11-2参照）．過当競争を生む施設の処理が求められ，日本の造船業は，政府主導で2度にわたり建造施設を廃棄処理した．その結果，建造能力は処理前から半減した．第1次処理においては大手の処理比率が高く設定されたが，1次・2次を通じて大手が比較的多く処理したのは，建造できる船舶が最大8万総トン以下の施設であった．大手の処理は，都市近郊の施設，同一事業所の複数施設では規模の小さい施設から処理され，処理後の施設22基中10基が9万総トン以上になった．

他方，中手にはもともと10万総トンを超える施設それ自体が2基しかなく，その内の函館ドックの施設は1次で処理され，中手の過剰施設の処理は，計画の114万CGTを上回る132万CGTに達した（前掲表11-4参照）．さらに，第2次では，対象となる能力が260万CGT（大手を除いた部分），一律20％処理だったので52万CGTが計画値だが，実際の処理は68万5,000CGTにのぼった．結果，中手の年間建造能力は408万CGTから191CGTへと53％減となった．また，既述したように，中手の1次・2次を通じた総処理量217万CGT（5,000総トンを満たさなくなった施設を含む）の3分の一，76万CGTを政府系機関が買い入れた．一連の過程で，中手でも比較的建造能力の小さい施設

が処理されたのは明らかのように思われる[46]．中手（B・C・D）の1次処理前の1施設平均建造能力は2万6,000総トン，1次処理後に3万3,000総トン，さらに2次処理後は4万7,000総トンへと，平均建造能力の伸びは一段と大きくなっていた[47]．

大手は，それまで自前で揃えていた中型用途建造施設を処理して手放し，基本的には大型施設に特化した造船所となった[48]．また，建造施設の新規設置は事実上閉ざされていたので，大手の9万総トン以上，6万-8万総トンは中手，このそれぞれの大きさで両者の重複がなくなった（前掲図11-3参照）．処理は，過剰とされる能力のそぎ落し，単に施設を間引きしたのではい．大手の7万総トン前後の施設を排し，結果的に施設能力の分担が構築された．その後の90年代に建造実績が回復し始め，しかも，その増大は，大型タンカー需要と云うよりもバルクキャリアなどの複数の船種でもたらされた．そして，これらの船種はタンカー程に大型ではない．このことは，過剰施設処理時に最も疲弊していたとされるBグループに属し，その中で残存した中手に本領発揮させる途を開くことへと結実した．ライバルとして台頭してきた韓国が別の道を選択したことも追い風となり，1位の座を転落しても2000年代に70年代の建造記録に匹敵する水準に達した．

最後に，冒頭で掲げた課題と関わらせて言及してみる．実際の産業に投下されている資本，その流動化が市場における企業間競争や企業努力でのみ完遂されることはない，そんな局面を観察できた．造船業の場合は，建造施設と用地が不可分である側面[49]が他産業より強く，資産の流動化がより容易ではなかったかもしれない．そのことに留意しつつも，現実には，多くの固定資産（建造施設や用地）を流動資産化するには費用が必要で，その費用調達さえも困難な場合が有り得た．また，90年代の需要拡大を迎えることができた資本は，意図的に固定化の選択をしていた，とも言い難い．資本の合理性や資本の自由な移動ではなく，ある特定の産業（造船業）に固定せざるを得なかった，と考えるべきで，資本の流動化や生産資源の移動（撤退を含め）を資本独自で行うことができるのは，造船業の経験では大手7社のみだった．

造船業に固定化された資本の処理は，市場にすべてが委ねられたのではなく，政府のスキームの下で進められた．しかも，政府の役割は，単に制度設計と政

策の公布，それへの誘導に留まらず，執行主体でもあった．その際，固定された資本をどの程度流動化できるかに関しては，地域社会や地域雇用状況とも関わっており，それらにも左右されるであろう．この点は，本稿で触れることができなかったが，一点だけ触れておく．減少した造船業従事労働力は，建造実績の回復に伴い再び上昇へ転じることはなかった．1976年4月時点の日本造船工業会に属する会員企業の造船部門労働者数は，協力工を含めて14万人だった（従業員11万人，協力工3万人）．その後，87年までに4万人水準まで減少し，以降ほぼこの規模で変化せず，2005年4月においても4万3,000人（従業員1.9万人，協力工2.4万人）に過ぎない[50]．雇用の場の提供という点では，減少を強いられ，低迷し続けた．

注
1）石井晋執筆「序章 2. 本書の構想 2.2 本書の問題意識と分析方法の特徴——"産業"の重視」を参照．
2）通商産業政策史編纂委員会編（岡崎哲二編著）『通商産業政策史 1980-2000 第3巻』経済産業調査会，2012年，29頁．
3）通商産業政策史編纂委員会編『通商産業政策史 第14巻』経済産業調査会，1993年，21頁．
4）法律施行後，これらの業種に属する14の製造業が特定不況産業を申請，指定された．
5）区分の詳細は前掲『通商産業政策史 第14巻』8頁を参照．
6）前掲『通商産業政策史 第14巻』41頁および前掲『通商産業政策史 1980-2000 第3巻』41-42頁．
7）経済産業省繊維課『資料5-1 繊維産業の動向について（主に化学繊維産業）』2010年2月，「世界の主要繊維生産量」．経産省の「今後の繊維・ファッション産業のあり方に関する研究会素材・技術市場化促進ワーキンググループ」第一回会合（2010年2月25日開催）で配布された資料．以下からダウンロード可能（http://www.meti.go.jp/committee/materials2/data/g100225bj.html）．
8）日本化学繊維協会『内外の化学繊維生産動向——2014年』2015年3月．
9）Lloyd's Register, *ANNUAL SUMMARY OF MERCHANT SHIPS LAUNCHED IN THE WORLD*, に依拠．以下，断りのない場合は，Lloyd's Registerのデータに依拠する．『工業統計（品目）』の数字と細部で異なるが，趨勢に違いはない．なお，総トンとは船の重量ではなく，容積を示す単位．
10）76年6月答申の全文は，吉田滋「長期化する造船不況とその対策」『海事産業研究所報』第122号，1976年8月，37-38頁に掲載されている．
11）運輸省海上技術安全局造船課編『造船政策五十年史』1986年，36-37頁，および造船

業基盤整備事業協会編『波濤を越えて——造船業基盤整備事業協会史』2001年，11頁．
12) 前掲『造船政策五十年史』37頁．1.5隻以上を同時に同一船台・ドックでの建造も禁止された．
13) 前掲『造船政策五十年史』39頁，および前掲『波濤を越えて』9頁．
14) 前掲『波濤を越えて』20頁．海造審78年7月答申は，同書の208-210頁に全文掲載されている．他に，官庁船代替建造の積み増しや造船所の船舶解撤推進なども実施された．
15) 前掲『波濤を越えて』18頁．なお，特安法関連の記述は，引用出典表記がないのにもかかわらず，財団法人日本造船振興財団編『造船不況の記録——第一次石油危機に対応して』1983年，に多くを依拠しているように思われる．適時，こちらの文献も参照していく．
16) 特定不況産業の設備処理に必要な資金借入などの債務保証を行う機関として，特安法第13条に基づき発足．日本開発銀行等が出資した（前掲『通商産業政策史　第14巻』37頁）．
17) 特定船舶製造業61社の区分に関して，単に建造能力規模別だけではなく，同じ中手でもBグループは独立系中堅造船所であるに対して，Cグループは大手7社の系列傘下に属していた，とも指摘されている（前掲『波濤を越えて』23頁）．また，経営不振で会社更生法の申請等が既に61社中の14社に達していたという．なお，「中手」とは表11-3の海送審の用法に従う．
18) 図「特定船舶製造業における過剰設備の処理（第1次設備処理の考え方）」（前掲『波濤を越えて』115頁）を参照．
19) 前掲『造船政策五十年史』40頁．買い取り資金は，日本開発銀行と市中銀行から借入，土地売却代金・残存事業者納付金・政府補給金で返済．特定船舶製造業の規定は，同法による．
20) 前掲『波濤を越えて——造船業基盤整備事業協会史』34頁（数字は，同頁の表「土地・設備の買収状況（第1次買収）」に依拠しているが，「土地」の単純合計値を計算した．表記されている小計と異なる）．この時の過剰施設処理（および協会による買い上げ契約の締結）は，79年度末までに完了した（前掲『造船政策五十年史』40頁）．他の業種の計画された処理率（括弧内がその削減すべき能力）と達成率は，以下の通り．アルミニウム製錬：56.6%（93万トン）96.7%，尿素製造：44.9%（179万トン）93.3%，ナイロン長繊維製造：20.3%（7.4万トン）98.1%，ポリエステル長繊維製造：12.8%（4.5万トン）・81.5%（前掲『通商産業政策史　1980-2000　第3巻』39頁）．
21) 前掲『造船政策五十年史』41頁．勧告は造船法7条に基づいていたが，第3回勧告後の79年8月以降は，独禁法による不況カルテルとして81年度末まで実施された（前掲『造船不況の記録』44頁）．
22) 前掲『波濤を越えて』38頁．今日のハンディサイズは1万8,000-5万重量トン．
23) 前掲『波濤を越えて』40-41頁．125隻267万総トンが発注された．
24) 86年6月の答申全文は，前掲『波濤を越えて』215-219頁に掲載されている．

第 11 章　日本造船業　　329

25) 前掲『波濤を越えて』217 頁．Lloyd's Register, *WORLD SHIPBUILDING STATISTICS* に依拠すると，実際の 95 年における日本の建造量は 550 万 CGT．
26) 前掲『波濤を越えて』44 頁．
27) 答申が，造船市場は国際的に十分に開かれている，地域への影響が大きい，国際競争力が維持され，さらなる向上の可能性，を強調しているのは，86 年 4 月に発表された「前川レポート」のスキームに与しない運輸省方針の表れ，との指摘もなされている（前掲『波濤を越えて』48 頁）．
28) 前掲『波濤を越えて』50-51 頁．保証業務を行うために資本金が増資された．
29) 前掲『波濤を越えて』55-56 頁．なお，買い上げ総額の土地分は，本文の記述値ではなく，表「土地・設備の買収状況」の「土地」小計に依拠している．
30) この数字は，87 年 5 月の海造審答申「特定船舶製造業経営安定臨時措置法第 3 条第 1 項の規定に基づき運輸大臣が定める基本方針について」の答申に依拠していた．処理を 88 年 3 月 31 日までに行う，とも定めていた（前掲『波濤を越えて』220-221 頁に全文掲載されている）．
31) 前掲『波濤を越えて』56-57 頁．それまでは，44 社 21 グループ．
32) 60 年代から 70 年代初頭，世界全体でも日本でもタンカー建造が過半を占めるのは，常態ではない．
33) 図 11-2 の注でも述べたが，CGT での年間建造能力ではない．建造可能な最大の大きさを総トンで表示．
34) 落合功「利益無き繁忙と輸出船受注——中手造船所の系列化過程」『修道商学』第 43 巻 1 号，2002 年 9 月，344-346 頁．この種の業務提携の嚆矢は，瀬戸田造船と日立造船とされるが，瀬戸田はこの時の輸出船案件の不手際で経営が悪化し，日立造船の傘下になった．
35) 中手の投資意欲を下支えしていたのは，海造審の 1967 年 5 月や 70 年 3 月の答申で示されていた大型建造施設が不足する，の認識と思われる．70 年 3 月答申では「10 万総トン以上の超大型船建造施設は，今後ますます建造需要が増大するものと見込まれるので，施設の整備を早期かつ積極的に行う必要がある．」（前掲『造船政策五十年史』26-28 頁）と指摘していた．大手が「超大型船」にシフトした後，「大型船」を大手と技術提携をした有力中手が担う，という構想だった．10 万総トンは，タンカーだと 20 万重量トン（VLCC）に該当する．重量トンは最大積載重量（燃料等を含む）を示す．
36) 日夏嘉寿雄「日本造船業成熟期の経営低迷と再生」『帝塚山経済・経営論集』第 17 巻，2007 年 3 月，29 頁．
37) 堂野智史「わが国造船業の立地再編に関する一考察——1970 年代中盤から 80 年台後半を中心に」『経済地理学年報』第 38 巻 2 号，1992 年 5 月，50 頁．なお，村上雅康は，1 次処理において政府が目標達成のため中手にグループ化を行政指導し，共同処理が実施されたことを指摘している（「特定船舶製造業処理に関する一考察」『経済地理年報』第 31 巻 3 号，1985 年 10 月，49 頁）．
38) 詳しくは，表 11-6 の（注）を参照．

39) 需要が LPG/LNG 船を加えた四大船種で拡大してきたことは，麻生潤「東アジア造船業における競争構造の変容と製品セグメント」『アジア経営研究』第 19 号, 2013 年 7 月，で指摘されている．麻生は，日本の特徴は多様な船種の各種船型（＝大きさ）を建造する「多品種少量生産」に対して，韓国は特定船種の大型船を大規模施設で大量に建造する「単品種大量生産」システム，と主張している．

40) 90 年代以降の船舶需要拡大が全船腹量の約 7 割を占める三大船種の動向に依存している点は，上小城伸幸も既に指摘している（上小城伸幸「日本造船業の構造変化——1989 年以降の好況期における「大手」の低迷と「中手」の台頭」『一橋研究』第 29 巻 2 号, 2004 年 7 月, 9 頁）．

41) 2005 年末を例にすると，タンカー・バルクキャリア・コンテナ船 1 総トンあたり単価は，ほぼ 8 万総トン前後（スエズマックス 15.7 万重量トン・ケープサイズ 18 万重量トン・6,350TEU）で 900 ドル：660 ドル：1200 ドル（CLARKSON, *World Shipyard Monitor, January* 2010）．ただし，コンテナ船が割高なのは，船体の造作の差よりも使われる鋼材の質や他より高出力主機を搭載していることが要因かもしれない．コンテナ船は，長さ 20 フィートのコンテナ（TEU）で換算した値で搭載数量を表す．

42) パナマ運河通過可能な最大船舶で，幅が 32.3m 以下．通常は 7.5 万-8 万重量トン（4 万総トン）程度．スエズマックスは，スエズ運河を航行できる船舶（典型は，15 万-16 万重量トン，幅 50m で喫水 20.1m 以内．主にタンカーに使われる呼び方）．それ以上がケープサイズ（バルクキャリアでの呼び方）．船舶の単価は小型化すると割高になる．バルクキャリアでもパナマックスだと 2005 年末で 900 ドル．

43) 前掲「日本造船業の構造変化——1989 年以降の好況期における「大手」の低迷と「中手」の台頭」17 頁．

44) 上小城伸幸「日本の「大手」造船会社の業績格差に関する一考察——1989 年以降の造船需要回復期における各社の製品戦略の違いに注目して」『商経学叢』（近畿大学）第 54 巻 1 号, 2007 年 7 月, 121 頁．上小城の「標準船」とは，建造期間（船台・ドックでの起工から進水を経て竣工）が 1 年未満の船種，（標準船に含まれる）三大船種の中型船は，スエズマックス・タンカー，パナマックス・バルクキャリア，4,000TEU コンテナ船（長さ 295m のパナマックス・コンテナ船）程度までを指している．

45) 上小城伸幸「「経験効果」の再検討——日本の主要造船所の製品戦略と収益性の関係の分析を通じて」『商経学叢』（近畿大学）第 58 巻 3 号, 2012 年 3 月, 416 頁．上小城の分析は，1991 年度から 2001 年度までの 11 年度分，上場 8 社（大手 5 社，中手 3 社）のデータに基づいている．

46) 財団法人日本造船振興財団編『造船不況の記録 II ——構造調整と活性化』1990 年，「8-3　グループ別新旧設備状況」132-134 頁（この文献は奥付がなく，編纂元を引き継いだ団体に問い合わせても不明だった．東京・平河町の日本海事センター海事図書館所蔵で，発行年は同図書館の推定）．中手（B・C・D）の施設は，当初の 83 基から 58 基（1 次処理後），そして 25 基になった．基数は 70％ 超減．ただし，1 次処理後に 5,000 総トン以上の施設として残ったのは，44 基．14 基は 5,000 総トン未満の施設とし

第 11 章　日本造船業

て処理した（本文中 217 万 CGT と 1 次・2 次の処理合計値 200 万 CGT の差 16.7 万 CGT は，この部分）．能力と基数との減少率を考えても，比較的大型施設を残したことが窺える．

47) 中手の 25 基中で，5 万総トン以上能力の施設が 10 基．

48) ただし，このような特徴付けが出来るのは，需要の多い貨物用の商船を対象としているためで，カーフェリー，巡視船（艇）や護衛艦など官庁向け艦船，これらの建造はこの限りではない．

49) ここでは，「筋骨系統」の労働手段（機械的労働手段）と，「脈管系統」の労働手段（労働対象の容器）もしくは一般的労働手段とが一体化している，というような想定．

50) 日本造船工業会編『造船関係資料　2014 年 9 月』2014 年，「15. 本会会員会社造船部門人員の推移」29 頁．76 年と 05 年の建造実績は，両年ともにほぼ 1,600 万総トン．

補論

企業と行政の共生関係と市民の動員
―― 水俣港の国際港化を例として

吉田和彦

はじめに

　本稿の目的は，熊本水俣病事件の「公式確認」が行われた1956年の水俣市と新日本窒素（以下，文中でチッソと表記）との関係の負の側面を素材として，行政や企業の社会的役割について明らかにすることである．まず水俣病事件の公式確認について概観して行政との関わりを中心に研究の成果と課題について検討していきたい．そして，特に「公式確認」の頭初の行政の動きを重視して見ていきたい．また，戦前から港湾計画の基礎が作られていたという戦前と戦後の連続面を確認したうえで，国際港化における市民の動員の結果が，水俣病事件の究明をより困難にしたのではないかという仮説を検証していきたい．

1　水俣病事件研究における行政の評価

　水俣病とは周知のように，有機水銀に汚染された魚介類を多食した結果として発症した有機水銀中毒症のことである．それと同時に有機水銀を基盤としながらチッソの廃液成分の多様性から複合汚染の問題も指摘されている．また原田正純が解明したように，胎児性水俣病患者という，母体より臍帯を通じて有機水銀の影響を受けた患者も存在している．これら水俣病については，新日本窒素附属病院の細川一院長が小児科部長を通じて保健所に報告した1956年5月1日が「公式確認」の日とされている．すなわち公式確認は，保健所（公的機関）が患者の発生を最初に確認した日とされている．しかし，1956年中に市内各病院のカルテを対策委員会が見直した結果，1953年の第一号患者の発

症が実際には確認された．また，現在では1940年代初頭からの患者の存在も指摘されている．なお入口紀男[1]によれば，有機水銀の排水自体が，1932年アセドアルデヒドの生産開始により始まっていたとされている．

また，注目すべき点としては，水俣港開港が1956年5月1日であり，水俣病の公式確認と同一日である点である．新聞記者などによるルポルタージュ等には，公式確認日については，二種類の類型が見られる．ひとつは，5月1日の「事実」としてチッソ附属病院野田兼喜小児科部長が保健所に伊藤蓮男所長を訪ね，細川一院長との連名の報告書を手渡し口頭で報告した．その後，野田医師は病院に一旦戻った．野田医師は，院長とともに病院の車で保健所へ再度来訪し保健所長はこの車に同乗し病室で「水俣病患者」を確認したというものである．いまひとつは，院長の指示で野田医師が保健所へ電話連絡をして伊藤保健所長みずから附属病院に訪れたというものである．この事実経過には，日付が明記されていない．やや穿った見方となるかもしれないが5月1日前に「公式確認」≒「報告と対策の実施」が着手されたが，官報の告示による開港を待って「儀式」として再度，「公式確認」が演出された可能性も否定しえない[2]．

さて，5月1日の公式確認時点では，水俣病は原因不明の「奇病」とされた．そして，新日本窒素附属病院，市立病院，市医師会，保健所，市衛生課の五者により「奇病対策委員会」が設置されることになる．同委員会と熊本大学医学部の調査・研究により56年末には，「ある種の重金属」による食中毒であるとの中間報告がなされた．しかし，この間に患者をかつて伝染病患者の隔離施設として使用された「避病院」に収容して患家を消毒したことにより，水俣病は伝染病であるとの認識が市民の間に広まった．

こうした水俣病発生と行政との関係に関する研究は，1970年代における公害の広がりとともに「企業城下町」の実態解明という問題意識から多く取り上げられてきた．すなわち，国や行政が私企業を曲庇し便宜を図り続けたことが公害を発生させ，そして工場の操業停止を不可能としたという足尾銅山鉱毒事件研究の成果から，水俣市を「企業城下町」と捉えて行政とチッソの結びつきの強さを解明する研究がなされた．石田雄「水俣における差別と抑圧の構造」[3]や船場正富「チッソと地域社会」[4]，深井純一「水俣病問題の行政責任」，

『水俣病の政治経済学』[5],宇井純『公害の政治学』[6]は,その先駆的なものである.ここでは,企業を主体として資本蓄積や拡大再生産に行政がどのように寄与したかを解明している.しかし,同時に「企業城下町」という概念規定により,地域における行政や企業法人や市民を構造的に図式化して把握することで定式化がなされた.このため構造の見取り図だけが静態的に解明され形成過程や崩壊過程についての研究の深まりが概して見られなかった.

このような中で2005年には,永野いつ香報告「水俣病に対する差別の意識構造50年史」[7]がなされた.ここでは,行政の一般的な便宜供与ではなく,水俣病の「発見」されたごく初期に避病院(伝染病隔離病棟)に患者を「隔離」して市内の各区・字(旧村落)ごとに「伝染病」を刷り込み,患者を疎外する状況をつくりだしたことや,行政が伝染病を否定する情報を流さなかったことを指摘した.いわば「つくられた水俣病像」の形成である.1956年5月に発足した「奇病対策委員会」のメンバーの新日窒附属病院長や水俣市保健所長伊藤蓮雄(県職員)は,検査結果により伝染病でないことを知りながらこのような措置をとった.また,市衛生課は,情報を共有しながら避病院へ移送した患家を消毒する措置をとった[8].この結果として各共同体において患者および患家への恐怖や偏見や差別が広がった.このように事件史に位置づけて行政と市民の関係が研究課題とされるようになったのが水俣病「公式確認」50年目となる2000年代の到達点であった.

この永野報告の実証は,月浦,出月,湯堂という字ごとの特性を史料と「聞き書き」により当該患者全員について調査・分析を行った岡本達明『水俣病の民衆史』［2015年］[9]により結実した.同書では,「(1)避病院隔離と患家消毒／この二つの措置は,奇病は伝染病という村人の認識を決定的なものとした.(2)奇病が伝染病でなく,水俣湾の魚介類が媒介するという研究の総合的結論(五七・一・二五)を住民に一切説明しなかったこと／このため村の伝染病の恐怖は長く残存し,魚介類の摂食抑制は徹底せず,症状の増悪と被害の拡大を招いた.その詳細と人権無視の非道な不当性については再説しない.この共通要因は,村の奇病の骨格を形づくった」[10]と述べている.有機水銀による身体の破壊と社会的差別と偏見により水俣病患者は,二重の危害を被ったのである.

岡本は,この共通要因のもとで村落構造の相違から水俣病多発地域である月

浦，出月，湯堂について詳細な分析を行った．「公式確認」より59年間を経てようやくここまで水俣病事件研究の達成がなされた．なお岡本の解明した(2)については，なぜ魚介類の水揚げを禁止するかという事も含めて伝染病という誤解を解かなかったのかという疑問が残る．県は，食品衛生法を根拠に漁獲禁止の権限を有していたが事の重大さから厚生省に伺いをたて否認されている．また，56年の水俣市の施策をみると水俣病について衛生課が防疫という観点から積極的に取り組んでいる．しかし，橋本彦七市長（前チッソ工場長）が最重要視したのは水俣港開港（国際貿易港化）にともなう記念行事の開催であった．「公式確認」当時，本来であれば水俣市の最重要課題は行政をあげて水俣病の原因究明，伝染病という誤解の払拭，市立病院の医療体制拡充などを行うことであった．岡本の(1)(2)に即して言えば避病院ではなく市立病院内に早期に水俣病患者の専用病棟を建設すべきであった．また，伝染病でないことがわかっていたのだから患家の消毒も患者拡大の防止という意味では無意味であった．つまり国際港化の閣議決定に支障が出ないように伝染病に対する防疫を手ぬかりなく行っているというデモンストレーションの意味合いが強かった．その影響として結果的には，水俣病の拡大と社会的差別の広がりに手を拱いていたと言わざるをえない．これは，開港記念行事こそが市行政にとって最大の行事であり市民参加の下で祝賀行事が計画された最重要事項であり「水俣病」対策は衛生課に一任されたことを意味する．このような時に水俣病の発生はできる限り水面下に隠され，記念行事の終了を待って避病院への移送や熊本大医学部での研究の本格化へと移行するのであった．

次節では，市行政の水俣港開港との関わりを中心に水俣市とチッソの共生関係や市民の生活に開港が占めた意義について考察していきたい．

2　企業と行政

日本窒素肥料株式会社は，もともと肥料製造を基盤とする化学工業会社であった．1926年には，水俣工場が変成硫安から合成硫安へ転換した．この結果，不要となった変成硫安の原料であるカーバイドからアセドアルデヒドを経て酢酸を合成する工程においてアセドアルデヒドの製造の過程で水俣病の原因物質

の有機水銀が副生されたのである．戦後のカーバイド工業の課題は，『商工政策史』によれば以下のようなものであった．

　生産は多少の波を示しながらも，昭和二十九年のデフレ期を除けばほぼ順調に伸長し，昭和三十年六七万四二七一トンに達した．しかし，その需要はこれまでその半分以上を占めていた肥料用が伸びを止め，合成用がその大部分を占めるようになった．〔中略〕(第203表参照)．当時アメリカをはじめとする諸外国における石油化学工業のぼっ興は，わが国にも徐々に同工業育成の気運を与えつつあったが，カーバイド工業で今後ますます需要増加が期待される合成用については原料源としての石油化学工業と競合することは明らかである．〔中略〕通産省では〔中略〕昭和三十年六月七日，カーバイド産業研究懇談会に対し，「カーバイド工業の現状に鑑，カーバイド工業の今後における方策如何」との諮問を行なった．〔中略〕カーバイド産業研究懇談会の結論はいってみれば，カーバイドを二万円／トン以下で販売できるようであれば，これまでのカーバイド，アセチレン系誘導品が石油および天然ガスを原料とするものにとってかわられることなく成長するであろうということである．そのためには電力，コークスの価格問題をはじめとしていろいろな点での合理化，近代化および保護政策が加えられるべきだとしている．／この答申を受けて通産省は石油化学工業の育成と並行して，カーバイドの増産と合理化を強力に促進することが必要であるとの結論を得たので，後で述べる石炭化学工業の育成とあわせて，昭和三十一年三月「カーバイド工業のおよびタール工業育成対策」を決定し，その合理化と増産とを推進することになったのである[11]．

ここで業界側（カーバイド産業研究懇談会）からの主張は，生産費（コスト）＋利潤が二万円／トン以下で販売できれば石油化学工業に対抗できるという事である．ただし，企業努力による労資関係の合理化（チッソの場合，安賃闘争），低価格の触媒の導入とともに政府の保護政策を必要とした．また，石油化学工業が現状の大量の電気を必要とする電気化学工業から取って代わることは，明らかであった．石油化学工業が確立するまでは，プラスチック，塩化ビニル等の電化製品製造の素材を生産する要請がある一方で産業としての衰退は明白であった．このように，石油化学工業に取って代わられるのが明白な状況ではイ

ノベーションはあり得ずに労働力と材料費の合理化とコストダウンが求められた[12]．また，政府の直接の保護政策のほかに地方自治体の社会資本の整備がコストダウンを助けることとなった．これがチッソの場合は，水俣市による工業港の国際港化であった．水俣市は，電気化学工業が将来性のない産業であるにもかかわらず新日窒水俣工場を生かす道として莫大な経費の掛かる国際港の基準を満たす港湾建設というインフラ整備へと舵を切った．化学工業界は全体としてコンビナートにおける石油化学工業への参入をはかった．この時にチッソはしんがりとして電気化学工業による生産を果たした．次に水俣港の開発と国際港化についてみていきたい．

3　1920年代からの築港計画

1926年に熊本県は，チッソの港湾設備の不備を補う形で以下のような築港を計画していた．

> 窒素肥料水俣工場は専用港を設けて原料の搬入及製品の移出に当るも雖，一般荷役は水俣川を遡りて碇泊し不便極める原始的荷揚げを行ふ，然るに本川は河床高く干満の差大なれば干潮時は出入り不可能なるのみならず全く為す術なくして実に産業の上に被る影響はすくなしとせず，かく施設皆無なりと雖，本港の港勢実に県下に於て第四位を占め倍々発展の域にあり．〔中略〕三年ケ浦は梅戸湾の南に湾入するものにして北は明神崎にて被はれ西に小路島（ママ）横はりて自然に風波を防げど西南風の悪風入る、を憂ふものなり，尚此地は錨地として可なれども遠浅なるを遺憾とす，故に二百八十間防波堤を築き防波堤内を十八尺及び八尺五寸乃至四尺に浚渫して一千頓級の汽船を入る，に便にし，一万五千八百坪の埋立を為して岸壁及荷揚場の築造をなさんとす，而して倉庫上屋敷地を画し水俣駅より引き込み貨物線を敷設して以て海陸交通運の円滑を計らんとす，其大要を述ぶれば左の如し[13]．

この計画では，1,000トンクラスの汽船が入港するのを前提としており戦後の計画より規模が格段に小さい．アセトアルデヒドの生産が開始されるのが1932年であることも理由の一つであろう．しかし，1926年の鉄道施設（後の

鹿児島本線），水俣駅設置を受けて貨物の有効利用を核とする港湾設計には全く同じ考え方を採用している．

また，三年ケ浦が遠浅であり浚渫の必要を説いている．この後，チッソの朝鮮興南の大工場建設もあってか工業港建設計画は実施されなかったが，具体的な計画が立てられていたことは重要である．この計画案をひな形に地形や鉄道を生かしてチッソ水俣工場の輸出入に資する計画が復活した．つまり戦後，水俣市と県が国に対して貿易港開港とそれに対応する港湾計画の実施を求めた．ただ，戦後の場合には百間排水溝からのチッソ工場のヘドロ（通称ドベ）によりさらに水深が浅くなり浚渫を必要とした．その工事の繰り返しが有機水銀の湾外への流出を促進した．ここでは水俣港の拡張は，チッソのために内務省土木局の計画の下，県の事業計画から出発したものであることを確認しておきたい．

水俣港開港に関して直接取り組まれた研究としては，前掲の船場正富の「チッソと地域社会」[14]，深井純一の「水俣病問題の行政責任」[15] および『水俣病の政治経済学』[16] などがある．船場は，「市が貿易港認可のために国に提出した書類には，水俣港の輸出品目として，硫安一万t，硫燐安二万屯，竹材三五〇t，輸入品目として，燐鉱石三・七五万tカリ六，〇〇〇t，黒鉛九〇〇tが記載されており輸出入品の九九％以上がチッソで占められていることがわかる．また，チッソの『水俣工場新聞』の開港特集号は，開港が指定されるまでは門司で通関して鉄道に積みかえて水俣まで運んでいたために，三倍の輸送費がかかっていたと報じている」[17] とするなど，一貫して市財政および行政計画がチッソの利益のためのものであったことを論証している．一方深井は，県・市の行政責任を追及する立場から1952年の熊本県技師三好礼治復命書以来の県首脳部の対応の遅れを批判している[18]．色川大吉は，『水俣の啓示 下巻』において三好技師復命書に基づいて百間港の浚渫が水俣病被害を拡大させたと指摘している．「一九四九年〔昭和二四年〕から五ヵ年間継続の県営事業として百間港浚渫と埋立て工事を行なったのである〔中略〕このとき，浚渫した総土量約八四五万立法メートル，その浮泥の中に，アセトアルデヒド生産工場から排出されていた猛毒の有機水銀などの重金属がまじっていたのである．それが湾内の魚介類を死滅させ，多くの水俣病患者を発生させた」[19] とした．また，後藤

孝典も貿易港開港後の浚渫工事が水俣病の被害を拡大したとの指摘をしている[20]．言説・表象分析の分野からは，小林直毅が水俣病の公式確認と貿易港開港が同日であるとされる点に着目して「二〇〇六年五月一日をもって『水俣病事件五〇年』と語る言説が編制されるとき，戦後復興から高度経済成長への転換期を起点とする水俣病事件史が構築される」と述べている[21]．このように港湾工事，インフラ整備が水俣病拡大の大きな原因の一つであるとする視点を受け継いで水俣港開港の問題を考察していきたい．

ところで，水俣港とは，百間港と梅戸港を合わせた呼称である．梅戸港は，1915年より日本窒素工場専用港として整備された．百間港は，百間排水口よりのカーバイド残渣が堆積，1949年度より五ヵ年計画で百間港の浚渫工事がなされてきた．チッソ工場のカーバイド残渣は，最も多いところで7.5メートルも港内に堆積して船舶の航行を妨げたからである．この間，1953年より水俣市は，建設省よりモデル港湾都市に指定された．そして，1955年初頭より橋本彦七市長等が中心となって県知事の協力の下に大蔵省，運輸省長崎税関はじめ関係各方面に陳情が繰り返されて1956年3月9日に貿易港指定の閣議決定がなされた．こののち，『官報』8801号「関税港の一部を改正する法律」により5月1日より国際貿易港として開港した[22]．熊本県内では，三角港についで2港目であった．港湾の規模から言えば八代港の方がはるかに大きい．また臨海工業地帯の発展や重要港湾指定の条件からすると第2節で確認したような事実上チッソ一社の利潤追求にのみ効果のある指定がなされたのは，当時の化学工業界のなかでチッソの占める位置の高さをそのまま示すものであろう．

はじめて貿易港に関する記事が新聞紙上に表れるのは，1954年12月である．
> 水俣市では百間港を貿易港とする計画を進めていたが，近く長崎税関に開港認可の請願を提出する．〔中略〕昨年度からの新日窒工場の燐鉱石などの輸入で外国船の入港は急激に増加するものとみられており，市では是非県南部の重要開港場としての実現を切望している[23]．

ここでは，チッソの需要が開港の第一条件とされているとともに開港により県南部の重要港として物資の集散地として水俣市の発展を図る姿勢が窺える．

1955年2月17日，三選を果たした桜井熊本県知事と橋本市長は，港湾建設計画を日本港湾協会に委嘱した．港湾整備の必要な理由の第一として「本年3

月から新日本窒素の硫安燐安の生産に伴う原料，生産品の輸出入によって，これら外航船の入出港は倍加を予想せられるのであります」[24]と述べている．このように地域の有力企業のために県市が全面的に協力していることがわかる．同協会は，審議の結果これを受託し，5月30日に水俣港修築計画調査委員会が設置された．同委員会は，6月29日に現地調査を行った．そして，12月20日に報告書が提出された．

報告書では輸出入が門司港からの機帆船による二次輸送に頼っている状態であると指摘したうえで「然るに梅戸は規模狭小，拡張の余地も殆んどない様な現状であるから，現在計画されている荷役施設の改善を行うとしても将来余り多きを望め得ぬ状態であることに鑑み，本計画では百間港の改善を主眼と，繋船岸壁の築造，港内水面積の浚渫，工場用地の造成，荷揚場の改善，臨港交通施設の整備等次の要綱の如くに施設する方針とした．」[25]と論じている．また，同報告書では，接岸可能船型を最大5千総トン級として1965年の年間貨物取扱量を70万トンと予想している．この報告書は，県・市の諮問に合わせて重要港湾としての条件をととのえるため①5千トンクラスの船舶の入港可能な岸壁の建設，②そのための水深確保のための百間港の更なる浚渫の実施，③貨物列車引込線等を含めた付帯施設の敷設および建設を勧告している．それまで梅戸港をチッソ専用港，百間港を他の旅客および貨物輸送と分けていたのを，貿易港とすると同時に両港を併せてチッソの利用に供する計画となっている．事実上，チッソの使用港湾を梅戸港から梅戸と百間の使用へと領域を拡張するものであった．なお，委員会の構成員は，表12-1の通りである．

運輸省第四港湾建設局は，門司に本拠を置き中国地方・九州を統括し戦前内

表12-1　水俣港修築計画調査委員会

役職名	経歴及び現職	氏名
委員長	日本港湾協会理事・運輸省港湾総局長	山田三郎
委員	日本国有鉄道施設局長	佐藤輝夫
同	運輸省第四港湾建設局長	加藤正晴
同	運輸省九州海運局長	吉田善次郎
同	元運輸相第四港湾建設部長	松尾守自治
同	日本港湾協会理事	鈴木栄一郎

(出典)『港湾』，1956年3月号，26頁．

表 12-2　1949 年度の水俣港の状況

港名	水深	定期航路	主要積出品
百間港	満潮時 2.6m（工事終了後は 4.6m）干潮時 1.0m	定期船舶なし 1949 年度出入船舶トン数 12,004 トン	坑木，製材品，竹材，薪，他 毎月約 2,066 トン

（出典）『新水俣市史　下巻』1991 年，417 頁より抜粋．

務省時代は，中国大陸をもカバーする位置づけで浚渫および埋立に始まる港湾建設を所管していた．また，国鉄の施設局長がメンバーに入っているのは水俣駅付近から工場と百間港を結ぶ引き込み線の施設を前提としていたからである．委員会がたちあげられた時点で百間港を中心とした港湾機能拡張計画の実施が織り込み済みであったと言えよう．しかも表 12-2 を見る限り百間港の改修は，1949 年 1 年間の浚渫で内航船の航行に支障がなくなるまで回復しており 5 ヶ年もの継続事業で浚渫を行うほどの必要は認められず，これ以上の浚渫は，外航船の入港を想定したものである．別の言い方をすると十分な大型外航船の接岸施設がこれから建設に着手される時点で見切り発車の様相で拙速に貿易港開港が行われたということである．国際港開港の式典が挙行された時点では港湾施設は完全には完成されていなかったことになるのである．

　なお，委員会報告書によれば，水俣市三年ケ浦を浚渫土壌により埋立て岸壁を築造する計画であり 5000 トン，2000 トン級の船舶各一隻の接岸を可能にさせるもので色川大吉の指摘のように 1949 年から始まった一連の浚渫や埋立が有機水銀を含む土砂を巻き上げ，また，有機水銀の溶解した海水を撹拌し，湾口の恋路島に遮られて月浦，湯堂，茂道方面へ流失した可能性が非常に高い．これが，1954 年に「猫てんかん」が生じた大きな要因のひとつであろう．結局，すでに 1949 年より 5 ヶ年の県営事業として実際の作業は第四港湾建設局が受け持った．浚渫を行ったのは，この当時から水俣港を貿易港ないしは，重要港湾に昇格させる規模拡張の準備がなされていたと考えるのが妥当であろう．このように捉えると水俣港の貿易港化は，占領期の 49 年より準備されていたこととなり GHQ/SCAP の意向が働いたであろうことを考慮せざるをえない．中国大陸では，日本の降伏後に国民党と共産党の内戦が行われ 1949 年 10 月 1 日には，中華人民共和国が成立した．米国政府は，内戦への不介入の立場を貫

いたが中国大陸に直近の日本を占領していた第九軍にとっては「有事」に備えて消耗品の弾薬等の確保は必要不可欠であった．チッソ水俣工場は，火薬製造や戦闘機の「風防硝子」の製造が可能で戦時中には実際に戦闘機の風防の素材等の製造がされた軍需工場であり太平洋戦争末期には，米艦載機の爆撃や機銃掃射を受けた．占領下では，1950年6月25日に開始された朝鮮戦争で日本に駐留していた米第九軍が国連軍として参戦し日本全体が米軍の後方基地となりPD工場（戦車等の修理工場）が指定され日本経済は好景気に沸いた．朝鮮戦争は，1953年7月27日に休戦協定が発効したが，あくまで休戦という不安定な状態にあった．

このような状況下で，委員会報告書に基づき1956年1月には，次のように報道されている．「二十四年の市制施行から七年新日窒水俣工場を中心に飛躍的発展を遂げた水俣市のことしの課題は水俣港の貿易開港と重要港湾の指定獲得にある」[26]と述べている．なお，重要港湾指定は運輸省の管轄であり，これが指定されるのは，入港船舶数の増加した1960年のことであった．この年には，化学工業の主流は，通産省の行政指導もありチッソに代表される従来の電気化学工業から石油化学工業へと転換し，チッソ自体も丸善石油（現コスモ石油グループ）の千葉県市原市工場に主力を移した．その結果，後に重要港湾の指定も解除されチッソ水俣工場の梅戸港の使用が放棄され百間港もそのほとんどが有機水銀汚染地として1977年から600億円以上の巨費を国・県・チッソが支出した「水俣湾公害防止事業」により第四港湾建設局とクリタ工業の手で埋立てられた．1971年，水俣港の港域がさらに南の袋湾まで拡張されて新栄合板株式会社（元チッソ子会社で九州で唯一の合板会社）がラワン材の輸入等を現在まで継続していることで辛くも貿易港としての地位を保っているに過ぎない．このようにみてくるとアジア・太平洋戦争期に地域の大地主でもある深水吉毅町長による都市計画（日本窒素肥料工場を中心とした道路整備計画＝社会資本整備）は，現在に至るまでの水俣市街地における住宅地，商店街，工場の配置をチッソ中心に構造化することに成功したものであったといえる．それに対して，橋本彦七市長が推進した貿易港指定に基づく社会資本の整備は，チッソを中心とした工業港の発展であった．しかし，それは通産省や化学工業協会の参画した石油精製を中核とする高度成長を本格的に担う複合的大コンビナート

の建設とは異質のものであった．すでに古くなった電気化学工業の技術では，地域の発展を担う中核的企業としての地位の持続はもはや不可能であった．それは，むしろ戦後の冷戦構造の中での仇花でしかなかった．その後の水俣病発生以後のチッソの代表的技術であるディスプレイの液晶は，千葉県の市原工場で生産され海外へは航空貨物，国内ではトラック輸送等で供給されることになるのである．このように化学工業協会加盟の各社が石油化学工業へと移行する中で，チッソはしんがりとして電気化学工業による生産を行い，人命軽視の有機水銀の排出継続も港湾という社会資本の使い捨ても強行されるに至ったのであった．

4 水俣開港記念祝賀祭における市民の動員

　開港の正式決定が県を通じて市へ伝えられたのが4月25日であった．この後，若干の変更ののち祝賀記念行事は7月21-23日までの3日間と決定された．祝賀式典は，22日に挙行された．祝辞を読んだ来賓は，代理も含めて表12-3のような人々であった．

　また，歓迎側の主な顔触れは，次のようなものであった（表12-4参照）．

　表12-3・4を見てわかることは，①代理とはいえ大蔵大臣の出席を求めていること，②第四港湾建設局の果たした役割が大きかったこと，③歓迎側が主にいわゆる地方名士の集団である中で4名という多人数が新日窒から出ており，総務部長や工場長が含まれていること（西田栄一は，後に工場長）．これを見ると工事主体が第四港湾建設局にあり，受益者がチッソであることが明白である．また，副会長に着目すると市民の代表は，市議会議員，商工会議所が代表する商店会（商工業者），チッソ（法人としての企業および社員の代表としての幹部）である．なお渕上末記市議は，水俣町時代からの職員であり，町時代に助役となっており水俣漁協の理事などを歴任していた．祝辞には，林産資源の積出港や九州南部の港湾拠点といった抽象的な表現は見られるが，あくまで将来の可能性の問題であり具体性に欠く．また，貿易港として海外へ直接輸出できるメリットとは，結びつかない．実体としては，チッソの利益のための貿易港であるのが，それだけでは国や地方公共団体が私企業の利益のために最大限のバッ

表12-3　来賓祝辞一覧

職名	氏名	代理者
大蔵大臣	一万田尚登	大蔵省税関部鈴木正課長補佐
長崎税関長	野田為範	
運輸省第四港湾建設局長	蔵地浪統	山本栄次長
熊本県知事	桜井三郎	
熊本県市長会会長	坂口主税	
水俣商工会議所会頭	金子秀依	

(出典) 水俣市役所商工課「水俣開港記念関係綴」1956年, 水俣市立図書館蔵.

表12-4　水俣開港祝賀協賛会名簿

協賛会役職	職名	氏名
祝賀協賛会名誉会長	市議会議長	尾田　学
会長	水俣市商工会議所会頭	金子秀依
副会長	新日窒総務部長 商工会議所副会頭 市議会総務委員長	入江寛二 原　斗蔵 渕上末記
顧問	新日窒工場長 警察署長 新日窒 新日窒 教育長 県議 駅長 旅館組合長 消防団長 消防長 水俣税関出張所長	前田予三 畑中　□ 西田栄一 児玉義忠 青木幸治 長野春利 林田健二 永田虎彦 村下改蔵 市川末雄 北川宗四郎
参与	以下略	

(出典) 表12-3に同じ.

クアップをはかったことを糊塗するために「公共の福祉」の論理を持ちだしているように見える．しかし，単純に国や地方自治体がチッソに奉仕しているかというとそうも言いきれない．開港祝賀祭には，海上自衛隊の護衛艦や航空機と海上保安庁の艦船が参加しているのみならず米極東艦隊の巡洋艦も寄港し，艦長が即席のスピーチさえしているのである．この点では戦後においてチッソの「軍需産業」への転換可能な化学工業としての性格を反映していると言えよ

346

う．まず，新聞記事から見ていきたい．

　この日〔十九日――引用者〕午後六時に水俣百間港に海上自衛隊佐世保第七警戒隊の上陸支援艇〝さわぎく〟〝つた〟（いずれも三八〇㌧）の二隻が市民の歓迎を受けて入港，〔中略〕きょう二十日は午前十時から中学生の旗行列，〔中略〕同十一時海上自衛隊鹿屋航空隊の飛行機七機と飛行艇一機の祝賀飛行，各種展覧会などがあり，午後は二時仮装行列，同五時米極東艦隊軍艦二隻の入港についで夜八時から本社主催の花火大会が水俣川に光の供宴を繰り展げた[27]．

新聞社が協力していることは，重要である．この米艦艇の訪問は，以下の資料で明らかなように水俣市長の要請によるものである．

　　昭和三十一年六月五日
　　　　　　　　　　　　　　　　　　水俣市長　橋本彦七　印
　　貴艦隊を水俣港に入港方お願いについて
　　拝啓貴官益々御清栄のこととおよろこび申し上げます．
　　さてこの度当水俣港は五月一日附をもつて貿易港として指定をうけ，国際的な港ととして輝かしいスタートを致したのでありますが，〔中略〕本式典に錦上花を添え且つ貴国と南九州地区住民との親善を図るため水俣港に祝賀入港の栄を賜るよう格別のご配慮をお願申上げる次第であります[28]．

　戦前の日本窒素肥料水俣工場長であった橋下市長が貿易港になった証として米艦艇の入港は，戦前昭和天皇が陸軍大演習の途上に水俣工場に行啓した際に企業と地域住民に与えた影響を思い出すものであった．戦前の天皇巡幸は，チッソの力を見せつけ汚悪水の放出や埋立に対する批判を封じる圧力となった．〔中略〕

　なお，市側の資料では，チッソ工場内尚和会館において米艦船軍人らの招待がなされていることがわかる．さらに7月17日付佐世保税関支署長よりの通知でアメリカ側の人員は，通訳1名を含め15名となった．

　　昭和三一年七月一三日
　　　伺
　　　米艦乗組高級士官招待会を左記により開催して差支へないかお伺い致しま

す

記
一，期日　　七月二十一日午前十時から
二，場所　　尚和会館
三，人員　　米高級士官二〇名──司令官，夫人
　　　　　　地元側　市長助役収入役総務課長商工課
　　　　　　　協賛会長名誉会長副会長３日窒工場長
　　　　　　　　扇興支店長，鎌田課長，村島次長　　計三六名[29]

　公務で水俣港に表敬訪問した士官をチッソの施設で接待することは事実上，市とチッソが米軍艦の招待者ということを意味するのではないだろうか．扇興運輸は，戦前からのチッソの運送会社である．
　また，次の２資料を見る限り佐世保税関支署長の仲介を受けて市職員が米佐世保基地司令官に直接接触して交渉していることがわかる．

　昭和三一年六月一四日　水第二八四[30]
　謹啓
　梅雨期とは申しながら昨今の空模様は実に御鬱陶しいことヽ存じます．扨て先般米海軍佐世保基地司令官訪問のため錦地に参上致しました節は御多用中の処格別のご配慮を賜り御好情のほど只々恐縮に存ずる次第で御座います．
　開港記念祝賀式典にはなほ交渉の余地が残されていることでもありますし今後共宜敷御指導とご援助の程を御願し取敢ず書面を以つて御礼申し上げます．
　　　　　　　　　　　　　　　　　　年　　月　　日
　　　　　　　　　　　　　　　　水俣市助役　　大崎金平
　　　　　　　　　　　　　　　　商工課長　　　村田清八

　昭和31年7月3日　水俣市長　橋本彦七　殿[31]
　　　　　　　　　　　　　　　　　佐世保税関支署長
　　　　　　　　　　　　　　　　　田中正雄印
　米艦艇の水俣港え（ママ）の派遣方回答について

首題について本月2日基地司令官に面接の上別紙の通り回答を得たので御通知いたします．

記

1　艦艇派遣

6月18日付をもって大崎助役宛御通知した艦種について次の通り変更になった

DE52　DE361の2隻（同型）

噸数約2000噸，長さ360呎幅36呎ドラフト36呎乗組員　1隻200名内外

2　入港月日

7月20日午后3時（時間については出来るだけ希望にそうようにする．

ここでは詳述しないが，米軍艦船や自衛隊の護衛艦の寄港や航空自衛隊の飛来が国際港の開港祝賀の象徴となった．ここには，二つの理由があった．ひとつは国際貿易港として開港したものの，工業港として貨物の輸出入が主体である．豪華客船の入港をみなと祭りの祝賀の中心に置くことは不可能である．また，開港して税関機能も付与されたもの，大型貨物船の入港のための浚渫やバースの整備はこれからであり，これらを市民に見学披露するだけの新鋭設備も今後の建設に待たねばならない．このような中で米軍と自衛隊をみなと祭りに招待するという苦肉の策がとられた．国際色を強めるため米海軍2隻を招へいしたわけであるがハワイその他から訓練等の途中に寄港するのではなく基地司令官の裁量権がある程度及ぶ範囲で，日本国内佐世保の基地所属ないしは入港中の艦艇がこの役割を担わされたのである．それは，ある種の演出であるが米艦隊を動員して約400名の米兵を有する軍艦の乗組員が上陸することで国際貿易港の実態を水俣市民に強く印象付け，技術的には衰退せざるをえない水俣工場へのインフラとイメージの両者において繁栄の見取り図を示すものであった．

市役所が中心となり次の様な行事が7月20日「水俣開港みなと祭」当日を中心に5日間にわたってとり行われた．

1．ミスみなと発表会

2．米日親善野球（塩浜グラウンド）

3．職場対抗野球
4．小中学生旗行列・国旗配布（一小，二小，一中，二中）
5．盆踊り大会（百間港）
6．陸上パレード（仮装行列）
7．NHK歌謡コンクール
8．恋路島一周搬送レース
9．熊日花火大会（百間港）
10．スタンドキャバレー仮設
11．第七管区海上保安部，機帆船，うたせ船小型発動機船の動員した海上パレード
12．みなと祭り当日正午の日窒，一小，一中，二小，二中のサイレン，西念寺をはじめとした四寺院の梵鐘等による祭り当日の市民への徹底[32]．

　ここで注目したいのは，4校の小中学生旗行列・国旗配布と12のサイレン等による祝賀の演出である．港に近く市街中心部の4校が選ばれたのかも知れない．しかし，水俣病の多発地帯の袋小，袋中学校（海の学校）は除外されているのである．この点は，非常に重要である．久木野村の合併は1956年9月1日であり当時葛渡小，葛渡中は水俣市外である．市内の湯出小，湯出中はサイレン等が鳴らしたとしても港まつり会場へ届かない位置に立地していた．サイレンの設備がなかったとしても4の小中学生の旗行列には，袋小，袋中，湯出小，湯出中は除外されている．しかし，袋小，袋中は，サイレンの設備があればリアス式の湾を隣り合わせてサイレンの届く範囲であった．また，会場へ引率して戻るにも1日の労力を使うことになり学校側で積極的に参加する意思がなかったのかもしれない．いずれにせよ「みなと祭り」を企画する側はそれを良しとしている．市の中心から見て別格の扱いを受けたということである．袋小中学区は，集落の働き手にチッソ社員が多い集落もあったにもかかわらず祝賀行事の中で原因不明の病気の発生している地帯として埒外に置かれた．また，周縁の集落を除外することで市街地の結束を固めたという見方も成り立つであろう．
　ここからわかることはチッソを中心にその「恩恵」にあずかる行政と商店街が動員されて，チッソが国際化を祝う主役として登場したのである．高度成長

初期の平和産業の原材料を生産しながらも軍事的転用が可能な企業を中心とする都市の発展の方向付けにふさわしい未来への祝福を演出している．さらに言えば，チッソ水俣工場が衰退していく見通しの中で実態を無視したイメージとしての半永久的チッソ水俣工場の繁栄を前提に市・市民の繁栄が共生関係にあるという既存の言説が形を変えて存続されていく．そして，水俣病の広がりを漁業売り上げの障害とみなす水俣漁業協同組合の漁業者も海上パレードに動員されている．さらに，このような動員の形態の成立が，さらに水俣病の隠ぺいに役立っていく．積極的な形は取らないものの，行政が差別を助長し構造化することで「水俣病隠し」を行い市民の分断を図ったという推測も全く否定できるものとは言えない．

　繰り返しになるがこの時期は市医師会，保健所，新日窒病院，熊大医学部がチッソの発展の根底を揺るがしかねない病気の原因究明に全力を挙げている時期であった．まるで「水俣病」などないかのごとく行事が演出された．また，「公式確認」後『西日本新聞』[33]は，「死者や発狂者も水俣に伝染性の奇病」という見出しで報じ，『熊本日日新聞』は，さらに8日遅れで保健所の話として「一応病原体は間違いないと思う」[34]と報じている．そして水俣開港港まつりの終了後の8月末に「ビールスではない」という伝染病否定の報道がされることになるのである[35]．この間，市衛生課による度重なる消毒作業の影響もあり水俣病は伝染病であるという言説が市民の間で完全に打ち消されることはなかった．相変わらず伝染病として地域共同体から切り離された漁民家族では，魚価の暴落を恐れて水俣病と名乗り出れば「親子の縁を切る」とさえいわれる事態となった．

　結果として市中心部（チッソ工場と商店街）が漁村集落との一体感を持ち得なかった．また，漁村内の利害関係（水俣病患者が出ると魚が売れなくなる）や「伝染病」という誤った流言からくる共同体内の防衛意識の中から患者及び家族の差別が構造化され，差別の頂点に「明るい水俣市の未来像」としての国際貿易港祝賀行事が対置されたのである．

　後に見られる被害の広がりを考える時，市がなすべきことは，権限はたとえなくともチッソと話し合い，工場の操業の一時停止を要請することであったであろう．また，熊本県に働きかけて食品衛生法等に基づき漁の禁止と魚の販売

禁止の措置を求めるべきであった．また，漁業者の損失については県が充分な補償を行うことの進言も水俣市の果たすべき役割であったであろう．水俣病患者に対する補償行為を避けようとしたチッソや市行政の判断は，長い目で見ればチッソという私企業の将来に対する最善の策を閉ざす行為であったとも考えられる．しかし，市は，チッソの目先の利益を優先させ市民を動員して開港を祝った．

　市民は，この行事に動員された．一つ一つの行事は営利追求と地方自治体の利害の一体化であり，米国艦艇の寄港や自衛隊をはじめとした機構の展開により国際港となったことを印象づけ市とチッソの協力関係を再確認することになった．この行事が空気のように異論なく行われれば行われるほど水俣病患者の存在は見えない者達，圧倒的少数者として扱われる．小中学生の旗行列は日常生活の延長の上に更にまた水俣市におけるチッソの影響力を刻みつけるものであった．また，サイレンや梵鐘を打ち鳴らすことは市という行政機関が市民に開港の祝賀を暗黙のうちに強要するものであった．

　現在，5月1日には，市の行政無線で市主催の水俣病犠牲者への慰霊式がエコパーク[36]で行われる際の参加の呼びかけ，参加できない場合は職場等での黙とうの要請が繰り返される．しかし，市主催の慰霊式より古くから鹿児島県境の乙女塚において毎年供養が行われ患者，患者家族，支援者が参集している．現在の水俣市は，水俣病患者，患者家族及び支援者，他地域からの流入者により一枚岩ではなくなっている．

　開港を市民が祝う間，市行政トップは水俣病対策を衛生課という一部門と奇病対策委員会という市の横断的組織に丸投げして市の全力を挙げて原因の解明と対策を打ち出すことを放棄した．おかげで責任を丸投げされた市衛生課をはじめとする「奇病対策委員会」は，患者発掘を精力的に行うことが可能となった．また，熊大医学部もこれに合流した．結果的には前工場長の橋本市長による水俣病をできる限り表面化させない努力にもかかわらず，否それゆえにこそ水俣病を放置したことがチッソの社運を傾けた．同時に開港を目玉にした市民の動員というある意味での「水俣病隠し」は，後の水俣漁協を除く不知火海各漁協のチッソ工場一部占拠を生みだした．そして，当時の自転車等を壊されたチッソ従業員は「暴力反対」の集会を開き，公害企業の従業員という意識がな

いことを明らかにした．彼ら（チッソの第一組合）が水俣病患者に寄り添えな
かったことを恥とする宣言を出すのは，後の安定賃金闘争の時に第二組合が組
織されるようになってからであった．水俣港開港と祝賀行事への市民の動員は，
水俣市の中で何重もの市民間の反目と対立を助長した．この動員によりつくら
れた対立の構図は，水俣病患者の著しい増加の中で，チッソによるできるだけ
少ない金額での「解決」という指向を支えていく梃になったのである．それは，
1959 年の「見舞金」により患者に沈黙を強いることに成功したと工場側が理
解したことで更に，変わらず続いていくことになるのである．このような企業
と行政の共生関係と市民の動員による社会資本形成は，市場原理を無視した特
定地域における利益の合意形成が水俣病の患者や「潜在患者」の意志を無視し
て市民の埒外から排除することで，チッソの発展ないしは存続≒水俣市の発展
という言説を流通させた．このような共生関係と動員の構築ないしは地方自治
のすりかえは，患者による訴訟行為と支援者の運動の提起の中でも，原因を不
問にして事実の解明を放棄したうえでの「水俣病は終わった」という言説の端
緒となったのである．その意味で企業と行政の共生関係や動員にからめとられ
ざるをえない市民生活の再生産は，すぐれて経済的行為であったと言わなけれ
ばならない．

おわりに

　熊本水俣病患者は，チッソ，行政の圧力の下で沈黙を強いられていたが，新
潟水俣病の公式確認によって「熊本水俣病患者自身の沈黙の責任」を痛感し，
支援者，弁護士等の協力のもとに市民主義的運動により，チッソと国を筆頭と
する行政の責任を裁判で問うことになる．そのことがデマの流布や補償金等の
生みだす対立感情や，市民によるデマや症状への誤解も含めた「ニセ患者」と
いう言説の流布や「病名変更運動」を生みだしていく．そのことは，患者を
「市民」の埒外に置いた「公式確認」当初の誤りを反省する端緒とすることか
ら始められたはずの「もやいなおし」という反省と和解の模索についても，
「市民と水俣病患者」という線引きないしは枠組みを乗り越えられないままう
やむやに終わってしまった感が強い．たとえば 2016 年版中学校公民教科書

（水俣市を含む芦北地方事務所管内では，東京書籍版）では，水俣病を高度成長の負の側面として捉えている．また，水俣病を現在も多数の患者が生活しているにもかかわらず過去の事象・「教訓」として捉えているように見受けられる．また，地域の中には行政と学校等とチッソがいわば「三位一体」となって「新もやいなおし」というべきものを推進する動きも存在する．かつての「もやいなおし」が水俣病患者と患者を差別した市民との関係の「和解」や「歩み寄り」・「共生」・「内面世界の再構築」を主眼としたのに対して加害者のチッソと加害責任を有する行政も含めたかつての責任追及や反省を棚上げして地域の明るい未来像を模索して次世代を担う若者に課題を担わせようとしているかにも見える．しかし，国賠法に基づく裁判など患者の「第二世代訴訟」や支援者の第二世代の「水俣病は終わっていない」ということを突きつける運動の中で企業あっての「市民生活」から農業・漁業の新しい形態へと自治の回復へ向かう可能性の芽が見出される時期にさしかかっているのかもしれない．

　それと同時に公害に対する企業の責任の追及や国および行政の責任を明らかにすることが今後とも必要であろう．水俣病の場合は，アジア・太平洋戦争中に発症した患者の存在がすでに明らかになっている．その後は，1953年以降の患者が確認され，1956年には存在を隠しきれないほどに劇症型の患者が発症した．水俣病は，高度成長の結果として，公害が発生したのではなく公害を伴うことで高度成長が成立したことを示している．また，占領期に患者数がゼロとなっていることについても偶然か否かについて考察する必要があろう．このようにすそ野の広い水俣病事件において「公式確認」時に市が県とともに働きかけて実施した貿易港開港とその祝賀行事は，水俣病解決をより困難にさせる桎梏となった．そして，それは市民を動員するという意味で，地方公共団体の権能を極端に肥大化させて資本に奉仕する道を開いたのであった．有形無形にこの枠組が変わっていないという意味でも水俣病事件史は終わっていないのである．

注
1）入口紀男『メチル水銀を水俣湾に流す』日本評論社，2008年．
2）この点については，別稿で検討を試みたい．ただし，見通しを述べるならば，新日本

窒素が行政に強い影響力を持つ「企業城下町」的状況の中で，5月1日以前に公式確認が行われながらも情報が県まで達せずに，5月1日の水俣港の開港をまって公式確認が実現したという，附属病院細川医師・伊藤保健所長・田中市衛生課長，三者の「盟約」と「告発」可能性も考えざるをえない．

3）色川大吉編『水俣の啓示 上巻』筑摩書房，1983年．
4）宮本憲一編『公害都市の再生・水俣』筑摩書房，1977年．
5）同上；深井純一『水俣病の政治経済学』勁草書房，1999年．
6）宇井純『公害の政治学』三省堂，1968年．
7）原田正純・花田昌宣編著『水俣学講義 第4集』日本評論社，2008年，338-339頁．
8）水俣市は，当初において「水俣病」について「伝染病」であると表明したことはない．しかし，消毒や避病院への移送は地域住民に伝染病との疑惑を晴らす情報の提供を何ひとつ行っていない．基本的な構図は永野報告の通りである．しかし，市議会で田中實衛生課長は要旨として次の如く述べている．「原因は，不明である．しかし，市当局としては手を拱いているわけにいかずに消毒を行った．この消毒以後には新患者は発見されていない」等と答えている．やや冗長と思える答弁には消毒の地域住民に与える影響を知悉したうえで，チッソ工場と市行政首脳部の「圧力」を突破して水俣病の封じ込めを阻止しようとする苦渋の選択を感じさせるものであった．
9）岡本達明『水俣病の民衆史』第1-6巻，日本評論社，2015年．元チッソ水俣工場第一組合長．『近代民衆の記録 7 漁民』新人物往来社，岡本達明・松崎次夫『聞書 水俣民衆史』全5巻，草風館，1989-1990年，西村肇・岡本達明『水俣病の科学』日本評論社，2001年を刊行した．
10）水俣病「公式確認」後の56年には，奇病対策委員会を立ち上げ市衛生課やチッソ附属病院医師が現地調査を行い，医師会は自分たちの誤診となるカルテの見直しを行い旧来の死亡した患者の発掘を行った．このように「市の施策」そのものには岡本の分析の如く重大な問題を含んでいたものの奇病対策委員会の活動には評価すべき点もあった．
11）通商産業省編『商工政策史 第二十一巻』化学工業（下）278-292頁，1966年．
12）武田晴人『日本産銅業史』東京大学出版会，1987年では，技術進歩や労使関係を実証的に分析し生産費に着目して分析を行った．同書では，必ずしも明示的ではないものの著者の隠れたテーマとして例えば技術的低位を労働者の負担で補うなど労働力ではなく労働者として捉えることで，技術と人間を分析しようとしていると思われる．公害発生のメカニズムについて，生産段階での労働者を公害の第一の犠牲者として捉える観点からの公害原論としても有効な分析がなされている．
13）『港湾』第5巻第2号，1927年2月，53-55頁．港湾協会の機関紙．水野錬太郎会長の元に副会長に内務省の設計技師として辣腕をふるった古市公威が就任しており内務省土木局の港湾関係の専門研究雑誌であり会の常務理事には三菱商事，三井物産，日本郵船等の社長がなっている．
14）船場正富「チッソと地域社会」宮本憲一編『公害都市の再生・水俣』筑摩書房，1977年．

15）深井純一「水俣病問題の行政責任」宮本編同上.
16）前掲, 深井『水俣病の政治経済学』.
17）前掲, 船場「チッソと地域社会」72 頁.
18）前掲, 深井『水俣病の政治経済学』112-113 頁.
19）色川大吉編『水俣の啓示 下巻』筑摩書房, 1983 年, 97 頁.
20）後藤孝則『沈黙と爆発』集英社, 1995 年, 54 頁.「水俣港が貿易港の指定を受けたことは, 水俣病被害を拡大する一因になった. 港湾機能を維持するため, 何年にもわたって水俣港が浚渫されることになったからだ. 浚渫は, 堆積したヘドロをかきまぜただけでなく, 浚渫されたヘドロの一部が恋路島の外側に投棄された」としている.
21）小林直毅編著『「水俣」の言説と表象』藤原書店, 2007, 33 頁.
22）『新水俣市史 下巻』水俣市, 1991 年の記述を中心にして概要を略記した.
23）『熊本日日新聞』1954 年 12 月 14 日.
24）『港湾』1956 年 3 月号, 20 頁.
25）同上, 23 頁.
26）『熊本日日新聞』1956 年 1 月 7 日.
27）同上, 1956 年 7 月 20 日.
28）水俣市役所商工課「水俣開港記念関係綴」(1956 年) 水俣市立図書館蔵.
29）同上.
30）同上.
31）同上.
32）同上.
33）『西日本新聞』1956 年 5 月 8 日.
34）『熊本日日新聞』1956 年 5 月 16 日.
35）同上, 1956 年 8 月 25 日.
36）エコパークとは, 水俣湾を埋立て作られた公園施設である. 1970 年代に水俣病研究の比較対象として有機水銀被害のない地域を選定調査を熊大医学部で始めたところ有機水銀中毒症を疑われる患者が複数発見された. これを朝日新聞記者がスクープして第三水俣病として取り上げられた. また, 他地域でも水銀使用工場との関係で汚染の懸念が示され「水銀パニック」といわれる社会現象を起こした. この終息のため三木武雄副総理兼環境庁長官は, 水俣湾の埋立を決定した. 現在, 野球場, 陸上競技場やテニスコート, 薔薇園等が整備され市民の憩いの場にもなっている. しかし, ヘドロ状の硫化水銀をコンクリート等で遮断することなく埋立た事による危険性や護岸に使われた鋼板矢板セルの腐蝕, 耐用年数を越え放置されている危険性の指摘があるにもかかわらず市主催の慰霊式会場として使用されている.

あとがき

　武田晴人東京大学名誉教授を中心としたわれわれの研究グループは，共同研究を進める過程で，これまでに武田晴人編『日本経済の戦後復興』（有斐閣，2007年），同『戦後復興期の企業行動』（有斐閣，2008年），同『高度成長期の日本経済』（有斐閣，2011年）などの研究成果を発表してきた．先の3冊が時代を限定した実証研究であったが，本書は日本経済史の方法論に着目したところにその特徴がある．

　ひとつの共同研究がその成果を書物という形にするまでには，それぞれの歴史がある．約3年半にわたり3回の合宿を含む32回の議論をかさねた本研究会も例外ではない．「あとがき」の役割として本書が誕生した経緯を（私の感想も含め）説明しておく必要があろう．

　2002年2月に発足し「戦後史研究会」と名付けられた共同研究（詳しくは，『戦後復興期の企業行動』と『高度成長期の日本経済』の「あとがき」参照）を引き継ぐ形で，2012年2月に第1回の研究会が開かれた．その際，当時の池元のレジュメによると，研究会の目的は「橋本・武田説やその研究手法を検証し，経済史・経営史での位置やその可能性を明らかにし，批判的に継承するための手掛かりになるような研究」をすることであった．その目的を達成するため，日本経済の歴史を「構造的」に分析する方法を採用することが石井晋さんから提案された．

　研究会の名称を日本経済史研究会としたのも時期を限定した実証研究を深めるだけではなく，日本経済史研究の方法論に議論を進めたいという思惑があった．また，本書を『日本経済の構造と変遷』とし，その目次を方法論（分析方法の検討）とこれを踏まえた実証的な日本経済史分析（歴史的な実証）の2部構成にしたのは，以上のことを念頭に置いたことによる．経済史の方法論について武田先生を中心としたメンバーで議論し，過去の研究史を含め先生の研究成果を我々なりに総括したいという思いは，先生の退職が近づくにしたがい強くなっていった．

　2012年2月から2015年7月まで，ほぼ月に1回のペースで定期的な研究会

を開催し，そのうち最初の2回で研究会の方針を決め，2012年3月（第3回）から2013年3月（第11回）まで，日本経済史の方法論に関連する先行研究を検討した．その後，第11・12回の研究会で，本書の構成と役割分担を決め，2013年5月（第13回）から2015年7月（第32回）まで，各自分担するテーマについて報告と討議などを執筆の進捗にあわせて行った．その間，2013年8月（第16回），2014年3月（第22回），2014年9月（第25回）に合宿形式で各自が原稿を持ち寄り集中的に討議した．

　研究会はメンバーの報告に対する武田先生のコメントを手掛かりに，石井晋さんが議論をリードする形で進んだ．本書の執筆者以外にも宣在源さん，西野肇さん，平山勉さん，林采成さん，榎一江さん，河村徳士さん，韓載香さんが研究会で報告し，議論を深めることに貢献してくれた．また，メーリングリストを使った活発な意見交換と研究会後の酒宴での討議も研究会を補完してあまりあるものとなった．

　武田先生を中心とした研究会がかくも長く続いた理由は，メンバーの多くが大学院生時代にお世話になり研究上で大きな影響を受けていることや，1980年代末から毎月のように開かれてきた「読書会」に参加することをきっかけとする長期の研究交流によってメンバーがお互いの課題や研究方法をある程度理解しあっているなど，共同で研究する土壌があったこと，そうした中で先生から研究に関する何かを学び取りたいという強い意志がメンバーにあったためだと思う．

　2015年3月に東京大学を退職された武田先生のお祝いと記念という趣旨も研究会の立ち上げの時には考えられており，そのため先生が退職される日を目途に本書の刊行を計画して進めてきた．それが大幅に遅れたことに関してはお詫びの言葉もないが，武田先生にはこの場を借りて長年の学恩に感謝するとともに，ご健康には十分に留意していただき，今後とも変わらぬご指導をお願い申し上げたい．

　最後に，本書の出版を引き受けていただいた日本経済評論社の柿﨑均社長と担当編集者の新井由紀子さんに，この場をかりて御礼申し上げたい．

　　　2018年7月　　　　　　　　　　研究会を代表して　池元有一

編著者紹介

武田晴人（たけだ はるひと）第1章

東京大学名誉教授
1949年生まれ
東京大学大学院経済学研究科博士課程単位取得退学　経済学博士（東京大学）
主要業績：『鈴木商店の経営破綻』（日本経済評論社，2017年）；『異端の試み――日本経済史研究を読み解く』（日本経済評論社，2017年）

石井晋（いしい すすむ）序章，第3章

学習院大学経済学部　教授
1968年生まれ
東京大学大学院経済学研究科博士課程修了　博士（経済学）
主要業績：『戦後日本の資金配分』（共著，東京大学出版会，2002年）；「流通――流通過程の革新と小売業の発展」（武田晴人編『高度成長期の日本経済――高成長実現の条件は何か』有斐閣，2011年）；The Japanese Apparel Industry and Consumer Society from 1950 to the 1970s, Haruhito Takeda Ed., "Micro-Performance During Postwar Japan's High-Growth Era", Springer, 2016

池元有一（いけもと ゆういち）あとがき

国士舘大学経営学部　准教授
1966年生まれ
東京大学大学院経済学研究科博士課程単位取得退学
主要業績：「高度経済成長期の流通業の情報化」（武田晴人編『日本の情報通信産業史』有斐閣，2011年）；「コンピュータ産業の初期市場」（原朗編著『高度成長始動期の日本経済』日本経済評論社，2010年）；「製粉業」（武田晴人編『戦後復興期の企業行動――立ちはだかった障害とその克服』有斐閣，2008年）

執筆者紹介（執筆順）

呂寅満（よ いんまん）第2章

江陵原州大学国際通商学科　教授
1965年生まれ
東京大学大学院経済学研究科博士課程修了　博士（経済学）
主要業績：『日本自動車工業史——小型車と大衆車による二つの道程』（東京大学出版会，2011年）；「企業再建——再建整備の実施とその意義；自動車産業の事例」（武田晴人編『日本経済の戦後復興——未完の構造転換』有斐閣，2007年）；「1960年代前半の産業政策——『特振法』の構想と通産省の国際競争力認識」（武田晴人編『高度成長期の日本経済——高成長実現の条件は何か』有斐閣，2011年）

日向祥子（ひゅうが しょうこ）第4章

明治大学政治経済学部　准教授
1977年生まれ
東京大学大学院経済学研究科博士課程修了　博士（経済学）
主要業績：「コンツェルン内の利害調整にみる行動規範——1920年代古河コンツェルンの事例」（社会経済史学会『社会経済史学』第71巻5号，2006年1月）；「『事業部制』導入前の三菱合資会社における資金管理」（三菱経済研究所『三菱史料館論集』第8号，2007年3月）

高嶋修一（たかしま しゅういち）第5章

青山学院大学経済学部　教授
1975年生まれ
東京大学大学院経済学研究科博士課程修了　博士（経済学）
主要業績：『都市近郊の耕地整理と地域社会——東京・世田谷の郊外開発』（日本経済評論社，2013年）；『都市の公共と非公共——20世紀の日本と東アジア』（共編著，日本経済評論社，2013年）；『近代都市の装置と統治——1910～30年代』（共編著，日本経済評論社，2013年）

金容度（きむ よんど）第6章

法政大学経営学部　教授
1964年生まれ
東京大学大学院経済学研究科博士課程修了　博士（経済学）
主要業績：*The Dynamics of Interfirm Relationships: Markets and Organization in Japan*, Cheltenham : Edward Elgar Publishing Ltd., 2015 ; "Interfirm Cooperation in Japan's Integrated Circuit Industry, 1960s-1970s", *Business History Review*（Harvard Business School）Vol. 86 Issue 4, 2012；『日本IC産業の発展史——共同開発のダイナミズム』（東京大学出版会，2006年）

内藤隆夫（ないとう たかお）第7章

東京経済大学経済学部　教授
1969年生まれ
東京大学大学院経済学研究科博士課程修了　博士（経済学）
主要業績：「明治期佐渡鉱山の製錬部門における技術導入」（北海道大学『経済学研究』第62巻第3号，2013年2月）；「明治期石油精製業者の製造・販売活動と原油調達」（『東京経大学会誌』第279号，2013年12月）；「植民地企業城下町の構築と変容」（白木沢旭児編著『北東アジアにおける帝国と地域社会』北海道大学出版会，2017年）

杉山（石井）里枝（すぎやま［いしい］りえ）第8章

國學院大學経済学部　教授
1977年生まれ
東京大学大学院経済学研究科博士課程修了　博士（経済学）
主要業績：『日本経済史』（共編，ミネルヴァ書房，2017年）；『戦時期三菱財閥の経営組織に関する研究』（愛知大学経営総合科学研究所叢書，2014年）；『戦前期日本の地方企業──地域における産業化と近代経営』（日本経済評論社，2013年）

長谷部宏一（はせべ こういち）第9章

富山大学経済学部　准教授
1953年生まれ
北海道大学大学院経済学研究科博士後期課程単位取得退学
主要業績：「明治期陸海軍工廠における特殊鋼生産体制の確立」（北海道大学『経済学研究』第33巻第3号）；「1943年から1950年における我が国普通圧延鋼材の生産と消費──線材と珪素鋼板の場合」（『富大経済論集』第59巻第1号，2013年7月）

宮﨑忠恒（みやざき ただのぶ）第10章

茨城大学人文社会科学部　准教授
1976年生まれ
東京大学大学院経済学研究科博士課程修了　博士（経済学）
主要業績：「設備資金調達と都市銀行」（武田晴人編『高度成長期の日本経済──高成長実現の条件は何か』有斐閣，2011年）；『戦後統制期日本の政策金融』（雄松堂書店・日本博士論文登録機構，2015年）

祖父江利衛（そふえ りえ）第11章

関東学院大学経済学部　非常勤講師
1958年生まれ
千葉大学大学院園芸学研究科修士課程修了　博士（経済学）［東京大学］
主要業績：「造船業──国際競争力回復の要因」（武田晴人編『戦後復興期の企業行動──立ちはだかった障害とその克服』有斐閣，2008年）；「造船業──輸出競争力と市場基盤」（武田晴人編『高度成長期の日本経済──高成長実現の条件は何か』有斐閣，2011年）

吉田和彦（よしだ かずひこ）
　1960 年生まれ
　東京外国語大学大学院総合国際学研究科博士課程単位取得退学
　主要業績：「川崎製鉄の千葉進出と京葉臨海工業地帯――大規模開発の連続と断絶」（栗田尚弥編著
　『地域と占領――首都とその周辺』日本経済評論社，2007 年）

日本経済の構造と変遷

2018年7月25日	第1刷発行	定価(本体6800円+税)	

編著者	武	田	晴	人
	石	井		晋
	池	元	有	一
発行者	柿	﨑		均

発行所　株式会社　日本経済評論社

〒101-0062　東京都千代田区神田駿河台1-7-7
電話　03-5577-7286　FAX　03-5577-2803
URL: http://www.nikkeihyo.co.jp/
印刷＊太平印刷社・製本＊誠製本
装幀＊渡辺美知子

乱丁・落丁本はお取替いたします．　　　Printed in Japan
© Takeda Haruhito, Ishii Susumu & Ikemoto Yuichi 2018
ISBN978-4-8188-2478-2

・本書の複製権・翻訳権・上映権・譲渡権・公衆送信権(送信可能化権を含む)は，㈱日本経済評論社が保有します．

・ JCOPY 〈(社)出版者著作権管理機構委託出版物〉
本書の無断複写は著作権法上での例外を除き禁じられています．複写される場合は，そのつど事前に，(社)出版者著作権管理機構(電話 03-3513-6969，FAX 03-3513-6979，e-mail: info@jcopy.or.jp) の許諾を得てください．

異端の試み 日本経済史研究を読み解く	武田晴人	6500 円
新版　日本経済の事件簿 開国からバブル崩壊まで	武田晴人著	3000 円
鈴木商店の経営破綻 横浜正金銀行から見た一側面	武田晴人	4800 円
歴史の立会人 昭和史の中の渋沢敬三	由井常彦・ 武田晴人 編	2800 円
同時代史叢書 「国民所得倍増計画」を読み解く	武田晴人	3500 円
高度成長始動期の日本経済	原朗編著	6400 円
高度成長展開期の日本経済	原朗編著	8900 円
現代日本再生産構造分析	村上研一	4200 円
資本主義的市場と恐慌の理論	江原慶	4600 円
戦前期日本の地方企業	石井里枝	4800 円
都市近郊の耕地整理と地域社会 東京・世田谷の郊外開発	高嶋修一	5800 円

表示価格は本体価（税別）です

日本経済評論社